高等院校经济管理类专业"互联网+"创新规划教材

公共关系学实用教程

（第2版）

任焕琴◎主　编

北京大学出版社
PEKING UNIVERSITY PRESS

内 容 简 介

本书以关系为逻辑起点，以和谐理论为基本假设，以组织－公众－环境－关系为基本概念，以系统论的道德取向为研究方法，以多学科的关系理论为理论依据，以社会文化条纹的组织为主体定位，以调查研究和对话为传播方式，以实现组织利益和公共利益的和谐为最终目标，结合我国公共关系学的实践和最新研究成果，系统地介绍了公共关系学的宏观层面和公共关系理论体系。

本书从章节的选取、分篇，到具体内容的写作和案例的选用，始终注重应用性和可操作性。本书在每章章首提出了教学目标、教学要求，并导入案例，同时附有复习题、案例应用和知识链接，以便于读者进一步理解教材的内容。

本书可作为高等院校公共管理、市场营销等专业的教材，也可供企业经营管理人员和对公共关系学感兴趣的各类人员参阅。

图书在版编目(CIP)数据

公共关系学实用教程 / 任焕琴主编. —2 版. —北京：北京大学出版社，2022.1
高等院校经济管理类专业"互联网＋"创新规划教材
ISBN 978-7-301-32616-9

Ⅰ. ①公… Ⅱ. ①任… Ⅲ. ①公共关系学—高等学校—教材 Ⅳ. ①C912.3

中国版本图书馆 CIP 数据核字 (2021) 第 207022 号

书　　　名	公共关系学实用教程（第 2 版） GONGGONG GUANXI XUE SHIYONG JIAOCHENG （DI-ER BAN）
著作责任者	任焕琴　主编
策 划 编 辑	李娉婷
责 任 编 辑	李瑞芳
数 字 编 辑	金常伟
标 准 书 号	ISBN 978-7-301-32616-9
出 版 发 行	北京大学出版社
地　　　址	北京市海淀区成府路 205 号　100871
网　　　址	http://www.pup.cn　　新浪微博：@ 北京大学出版社
电 子 邮 箱	编辑部 pup6@pup.cn　　总编室 zpup@pup.cn
电　　　话	邮购部 010-62752015　　发行部 010-62750672　　编辑部 010-62750667
印 刷 者	北京虎彩文化传播有限公司
经 销 者	新华书店
	787 毫米 ×1092 毫米　16 开本　21 印张　538 千字 2012 年 9 月第 1 版 2022 年 1 月第 2 版　2024 年 8 月第 3 次印刷
定　　　价	58.00 元

未经许可，不得以任何方式复制或抄袭本书之部分或全部内容。
版权所有，侵权必究
举报电话：010-62752024　电子邮箱：fd@pup.cn

第 2 版前言

大学教材的主要职能是传播知识，在知识经济时代，教材内容不断更新是形势发展的必然。本书是为了适应经济环境、市场状况以及管理者和学科层次的变化，使高校的公共关系学更有针对性和时代感，在总结多年公共关系的教学经验的基础上编写而成。

公共关系经历了由"理性"向"人性"的转变。尊重人性的、尊重个人感情和尊严的、人文的、开放的文化，是公共关系得以滋生及成长的土壤。市场经济活动方式的变化带动了公关观念和实务的发展；政治生活的民主化又为公共关系的产生和发展创造了重要条件。随着党和国家"全面建成小康社会"宏伟目标的提出，公共关系在我国各个行业越来越受到重视。

本书结合我国企业公共关系环境与实践，系统地介绍了公共关系的基本概念、理论、方法和最新研究成果。全书共分3篇12章。第1～7章为公共关系学基础理论，主要研究和论述公共关系学产生的历史条件、研究对象、研究方法，并对公共关系学程序的4个步骤进行了深入的分析；第8～10章为实务操作，主要研究公共关系工作中各种具体的实务操作，包括专题活动、交际技巧、危机处理等；第11、12章为实务礼仪，主要研究公共关系学的实用礼仪。

本书的特色有3点。第一，每章开篇都有导入案例；篇中根据内容穿插案例分析。第二，每章结尾都附有本章小结、习题和案例应用，便于读者进一步理解教材内容。第三，增加了公共关系学实用礼仪的内容，使本书的内容更加完整。

本书教学建议：师生在教与学的同时，要注重实践性，将基本理论与组织活动相结合，并能对实践活动起到明确的指导作用。本书突出表现这一要旨，落实在课后的实际操作训练中。

本书由主编任焕琴拟定编写大纲，并与副主编冯艳娟、黄信恒、杨淑雅共同对各篇章进行修改加工，最后由主编任焕琴对全书统编定稿。编写分工如下：冯艳娟编写第1、2章，黄信恒编写第3、4章，宁卫杰编写第5章，杨娜编写第6章，张玲燕编写第7、8章，李欢欢编写第9～12章。杨淑雅负责课程思政内容的编写。

本书在编写过程中，参阅了大量国内外论著、教材和其他有关资料。在此，谨向诸位原作者一并表示谢意！

由于编者的水平和时间有限，书中疏漏和不足之处在所难免，诚望各位专家、读者批评指正。

编　者

2021 年 5 月

资源索引

目 录

第1篇 基础理论

第1章 总论 ………………… 2
1.1 公共关系的历史演进 ………… 4
   1.1.1 西方近现代公共关系的起源与发展 ……………… 4
   1.1.2 当代中国的公共关系发展 ……………………… 8
1.2 公共关系的内涵和特征 ……… 10
   1.2.1 公共关系的内涵 ………… 11
   1.2.2 公共关系的特征 ………… 13
   1.2.3 公共关系辨析 …………… 13
1.3 公共关系的原则 ……………… 15
   1.3.1 实事求是原则 …………… 16
   1.3.2 平等互惠原则 …………… 17
   1.3.3 开拓创新原则 …………… 17
   1.3.4 全员公关原则 …………… 19
1.4 公共关系的职能 ……………… 20
   1.4.1 采集信息 ………………… 21
   1.4.2 参谋咨询 ………………… 21
   1.4.3 传播沟通 ………………… 22
   1.4.4 教育引导 ………………… 24
   1.4.5 协调关系 ………………… 25
   1.4.6 塑造形象 ………………… 25
   1.4.7 监测环境 ………………… 26
   1.4.8 危机处理 ………………… 27
   1.4.9 专题策划 ………………… 27
本章小结 …………………………… 28
习题 ………………………………… 28

第2章 公共关系的构成要素 …… 31
2.1 公共关系的主体 ……………… 32
   2.1.1 社会组织的概念、特征和分类 ………………… 33
   2.1.2 社会组织与组织环境 …… 34
   2.1.3 社会组织目标与公共关系目标 ……………… 35
   2.1.4 公共关系机构 …………… 37
   2.1.5 公共关系人员 …………… 41
2.2 公共关系的客体 ……………… 50
   2.2.1 公众的含义与特征 ……… 50
   2.2.2 公众的分类 ……………… 51
   2.2.3 内外部公众关系 ………… 54
2.3 公共关系的传播 ……………… 60
   2.3.1 传播原理 ………………… 61
   2.3.2 公共关系的传播媒介 …… 64
   2.3.3 公共关系沟通 …………… 64
   2.3.4 公共关系的传播效果 …… 65
2.4 公共关系目标 ………………… 67
   2.4.1 组织公共关系目标 ……… 67
   2.4.2 组织形象的特征 ………… 68
   2.4.3 组织形象的类型 ………… 69
   2.4.4 形象塑造的原则 ………… 70
   2.4.5 组织形象的塑造 ………… 71
本章小结 …………………………… 73
习题 ………………………………… 73

第3章 公共关系调查 …………… 77
3.1 公共关系调查概述 …………… 79
   3.1.1 公共关系调查的作用 …… 79
   3.1.2 公共关系调查的原则 …… 80
   3.1.3 公共关系调查的内容 …… 81
3.2 公共关系调查的程序 ………… 84
   3.2.1 确定调查的总体方案设计 ……………… 85
   3.2.2 制定公共关系的调查方案 …………… 87
   3.2.3 实施调查方案 …………… 88
   3.2.4 处理调查资料 …………… 92
3.3 公共关系调查问卷的设计 …… 92
   3.3.1 问卷的类型及内容设计 … 92
   3.3.2 问卷的结构设计 ………… 93
3.4 公共关系调查报告的撰写 …………………………… 95
本章小结 …………………………… 96
习题 ………………………………… 96

第4章 公共关系策划 ·················· 100
4.1 公共关系策划概述 ·············· 102
- 4.1.1 公共关系策划的内涵 ········ 102
- 4.1.2 公共关系策划的类型 ········ 104
- 4.1.3 公共关系策划的编制要求 ················ 106
- 4.1.4 公共关系策划书的撰写 ···· 108

4.2 公共关系策划的运作 ·············· 110
- 4.2.1 公共关系项目策划 ·········· 110
- 4.2.2 公共关系主题策划 ·········· 113
- 4.2.3 公共关系目标策划 ·········· 114
- 4.2.4 公共关系时机策划 ·········· 116
- 4.2.5 编制公共关系预算 ·········· 119

本章小结 ·· 120
习题 ··· 120

第5章 公共关系实施 ·················· 124
5.1 公共关系实施概述 ·············· 126
- 5.1.1 选择公共关系模式的含义 ······························ 126
- 5.1.2 公共关系实施的原则 ········ 126
- 5.1.3 公共关系实施应考虑的因素 ······························ 127

5.2 战术型公共关系的活动模式 ······ 130
- 5.2.1 日常事务型公共关系 ········ 130
- 5.2.2 建设型公共关系 ·············· 131
- 5.2.3 进攻型公共关系 ·············· 133
- 5.2.4 防御型公共关系 ·············· 134
- 5.2.5 维系型公共关系 ·············· 135
- 5.2.6 矫正型公共关系 ·············· 137

5.3 战略型公共关系的活动模式 ······ 139
- 5.3.1 宣传型公共关系 ·············· 139
- 5.3.2 交际型公共关系 ·············· 141
- 5.3.3 服务型公共关系 ·············· 142
- 5.3.4 社会型公共关系 ·············· 144
- 5.3.5 征询型公共关系 ·············· 146

本章小结 ·· 148
习题 ··· 148

第6章 公共关系评估 ·················· 151
6.1 公共关系评估概述 ·············· 153
- 6.1.1 公共关系评估的含义 ········ 153
- 6.1.2 公共关系评估的作用 ········ 153

6.2 公共关系评估的内容 ·············· 153
- 6.2.1 公共关系工作程序的评估 ······ 153
- 6.2.2 公共关系活动类型的评估 ······ 154
- 6.2.3 公共关系目标的评估 ········ 155
- 6.2.4 目标受众反应的评估 ········ 156
- 6.2.5 公共关系活动效益的评估 ······························ 157
- 6.2.6 公共关系机构工作绩效的评估 ······························ 158
- 6.2.7 公共关系活动的评估报告 ·························· 159

6.3 公共关系评估的方法 ·············· 160
- 6.3.1 目标管理法 ··················· 160
- 6.3.2 民意测验法 ··················· 162
- 6.3.3 德尔菲法 ······················· 163
- 6.3.4 实验法 ·························· 164

本章小结 ·· 165
习题 ··· 165

第7章 企业文化 ······················· 168
7.1 企业文化概述 ······················ 169
- 7.1.1 企业文化的内涵与特征 ····· 170
- 7.1.2 企业文化的功能 ············· 174
- 7.1.3 企业文化的基本结构 ········ 177

7.2 公共关系与企业文化 ·············· 182
- 7.2.1 公共关系与企业文化的异同性 ·························· 183
- 7.2.2 公共关系与企业文化的互补性 ·························· 183

7.3 企业文化在企业中的地位 ········ 184
- 7.3.1 企业文化与企业形象的关系 ······························ 185
- 7.3.2 企业文化与企业品牌的关系 ······························ 187
- 7.3.3 企业文化与企业战略的关系 ······························ 187

7.4 企业文化建设 ······················ 188
- 7.4.1 企业文化建设的基本原则 ·························· 188
- 7.4.2 企业文化建设的基本程序 ·························· 190
- 7.4.3 生命周期 ······················· 192

本章小结 ·· 192
习题 ··· 193

第 2 篇　实务操作

第 8 章　公共关系专题活动 …………… 196
- 8.1 公共关系专题活动概述 ………… 197
  - 8.1.1 公共关系专题活动的概念 …………………… 197
  - 8.1.2 公共关系专题活动的基本原则 ……………… 197
  - 8.1.3 公共关系专题活动的基本要求 ……………… 200
- 8.2 庆典活动 ……………………… 202
  - 8.2.1 庆典活动的类型 ………… 202
  - 8.2.2 庆典活动的策划 ………… 203
  - 8.2.3 庆典活动的举行程序 …… 204
- 8.3 展览活动 ……………………… 204
  - 8.3.1 展览活动的特点 ………… 205
  - 8.3.2 展览活动的类型 ………… 205
  - 8.3.3 展览活动的组织流程 …… 206
  - 8.3.4 展览活动的效果检测 …… 208
- 8.4 赞助活动 ……………………… 208
  - 8.4.1 赞助活动的作用 ………… 208
  - 8.4.2 赞助活动的类型 ………… 209
  - 8.4.3 赞助活动的步骤 ………… 210
  - 8.4.4 赞助活动应注意的事项 … 211
- 8.5 新闻发布会 …………………… 212
  - 8.5.1 新闻发布会的特点 ……… 212
  - 8.5.2 新闻发布会的流程 ……… 212
  - 8.5.3 新闻发布会的策划 ……… 213
  - 8.5.4 主持人、发言人应注意的事项 …………………… 214
- 8.6 开放参观活动 ………………… 214
  - 8.6.1 对外开放参观的作用 …… 214
  - 8.6.2 对外开放参观的组织 …… 214
- 本章小结 …………………………… 215
- 习题 ………………………………… 216

第 9 章　公共关系技巧 ………………… 218
- 9.1 公共关系活动中的人际关系 …… 219
  - 9.1.1 公共关系的交往方式 …… 219
  - 9.1.2 公共关系的社交心理 …… 222
  - 9.1.3 公共关系的社交技巧 …… 225
- 9.2 公共关系谈判的技巧 ………… 228
  - 9.2.1 公共关系谈判的原则 …… 229
  - 9.2.2 公共关系谈判的一般程序 ……………………… 231
  - 9.2.3 公共关系谈判的准备工作 ……………………… 233
  - 9.2.4 公共关系谈判的常用策略 ……………………… 236
- 9.3 公共关系演讲技巧 …………… 240
  - 9.3.1 公共关系演讲的表达技巧 ……………………… 241
  - 9.3.2 公共关系演讲的心理效应 ……………………… 245
  - 9.3.3 公共关系演讲的情感调动 ……………………… 247
- 本章小结 …………………………… 249
- 习题 ………………………………… 250

第 10 章　危机公共关系 ………………… 252
- 10.1 危机公共关系概述 …………… 253
  - 10.1.1 危机公共关系的类型 … 254
  - 10.1.2 危机产生的原因 ……… 255
  - 10.1.3 危机的基本特性 ……… 259
- 10.2 危机公共关系的处理 ………… 260
  - 10.2.1 危机公共关系的处理原则 ……………………… 260
  - 10.2.2 危机公共关系的处理策略 ……………………… 263
  - 10.2.3 常见危机事件处理要点 …… 266
  - 10.2.4 危机公共关系的评价 …… 269
- 本章小结 …………………………… 270
- 习题 ………………………………… 270

第 3 篇　实务礼仪

第 11 章　公共关系礼仪 ………………… 274
- 11.1 公共关系礼仪概述 …………… 275
  - 11.1.1 礼仪与公共关系礼仪 …… 275
  - 11.1.2 公共关系礼仪的作用 …… 276
  - 11.1.3 公共关系礼仪的基本特征 ……………………… 277
  - 11.1.4 公共关系礼仪的原则 …… 279
- 11.2 公共关系社交礼仪 …………… 280
  - 11.2.1 社交礼貌用语 ………… 280
  - 11.2.2 见面礼仪 ……………… 282
  - 11.2.3 日常行为礼仪 ………… 283

11.2.4 餐饮礼仪 …………… 286
 11.2.5 舞会礼仪 …………… 289
 11.2.6 服饰礼仪 …………… 289
 11.2.7 仪容礼仪 …………… 291
 11.2.8 仪态 ………………… 293
本章小结 ………………………… 296
习题 ……………………………… 296

第12章 公共关系日常实务礼仪 …… 298
12.1 公共关系公务礼仪 …………… 299
 12.1.1 接待礼仪 …………… 299
 12.1.2 会议礼仪 …………… 300
 12.1.3 洽谈礼仪 …………… 301
 12.1.4 馈赠礼仪 …………… 302
12.2 公共关系文书礼仪 …………… 303
 12.2.1 公共关系文书的
     内容与特点 ………… 303
 12.2.2 公文 ………………… 304
 12.2.3 通知 ………………… 305
 12.2.4 信函 ………………… 306
 12.2.5 书信 ………………… 307
 12.2.6 商业书信（英文）的
     格式 ………………… 309

12.3 社交类公共关系文书 ………… 309
 12.3.1 社交类公共关系文书的
     内容与特点 ………… 309
 12.3.2 请柬 ………………… 310
 12.3.3 贺年卡 ……………… 311
 12.3.4 聘书 ………………… 311
 12.3.5 欢迎词、欢送词、
     答谢词 ……………… 312
 12.3.6 祝贺词 ……………… 314
 12.3.7 邀请信 ……………… 315
 12.3.8 贺电 ………………… 316
 12.3.9 开幕词 ……………… 316
 12.3.10 慰问信 …………… 316
 12.3.11 唁电与报丧讣告 … 317
12.4 公共关系专业文书礼仪 ……… 318
 12.4.1 新闻稿 ……………… 318
 12.4.2 公共关系简报 ……… 319
 12.4.3 公共关系广告文案 … 320
本章小结 ………………………… 322
习题 ……………………………… 322

参考文献 …………………………… 324

第1篇

基础理论

第 1 章

总　　论

教学目标

通过本章学习，了解西方近现代公共关系的起源与发展及当代中国的公共关系。认识公共关系的内涵和特征及公共关系的结构要素，能够辨析公共关系。掌握公共关系的基本原则和 8 项职能。

教学要求

知识要点	能力要求	相关知识
公共关系的内涵	（1）了解公共关系的背景；（2）了解中国的公共关系状态；（3）掌握公共关系的内涵；（4）了解公共关系的特点	（1）公共关系的内涵；（2）公共关系的特征；（3）传播沟通；（4）公共关系活动
辨析公共关系	（1）培养自己的公共关系意识；（2）学会分辨公共关系与其他关系	（1）宣传；（2）广告；（3）庸俗关系；（4）人际关系
公共关系原则	（1）了解公共关系原则的内容；（2）学会用公共关系原则来处理事务	（1）互惠互利；（2）实事求是；（3）公平诚信；（4）开拓创新；（5）全员公关
公共关系的职能	（1）认识公共关系的职能类别；（2）理解公共关系职能的内容，掌握其操作要领；（3）学会承担公共关系职能范围内的责任	（1）采集信息；（2）参谋咨询；（3）协调关系；（4）教育引导；（5）塑造形象；（6）危机处理；（7）监测环境

基本概念

公共关系学　公关管理

国家公关：从全国两会到博鳌论坛

在热点三天就过期的时代，中国的"两会时间"及其衍生的诸项议题，却有着贯穿全年"国家公关"的生命力，影响着国民生活的方方面面。

从早年的政务网站到政务微博、政务微信，再到"国务院客户端""外交一点通"等新一代政务微平台的出现，政务"互动"不再是个概念化的用词。

时间拨回到2015年10月，以一群平均年龄27岁的青年为主力，国务院客户端开始筹备。据悉，美国、英国甚至南非的政务APP，以及《卫报》《纽约时报》等国际一流媒体的新闻APP，都曾是这支青年团队借鉴甚至走访的对象。2016年2月26日，国务院客户端正式上线，不仅立足于"国务院办公厅中国政府网发布政务信息和提供在线服务的新媒体平台"，而且提出"你身边的中央人民政府"这一口号，并将"用户能用客户端办实事，不仅做到好看，还能有更强的功能性价值，让公众真正用起来"作为远期目标。

在2016年的国务院客户端1.0版本中，即"开宗明义"地在首页设有"要闻、总理、政策、部门、地方、服务"模块，并在首页下部的模块中设有更具延展性的"政务大厅"，可谓整合了媒体、机构乃至广大群众最为关心的政策更新、民生信息等"干货"。与之对应的，是上线10个月累计超过2000万次的下载量，以及超过700万次的激活用户量。

随着2017年1月20日国务院客户端2.0版本上线，主张"国务院客户端在你身边"，并采用极简风格的宣传海报、强调"关心大事，更关心你""中英资讯，看你想看""丰富创意，有料有趣"等鲜明的内容看点，让人再次眼前一亮——在苹果商店的相关评论区中，"一点也不官僚的官方软件""首评献给国家""洋气"等正面评价接踵而至。而在延续"互动性/实用性"方面，该版本首页还增加了"简政放权，我来@国务院"留言活动入口，以及"掌上政务服务大厅""国务院文件搜索"等模块。

2018年，伴随国务院客户端3.0版本的上线，中国政府网官方微信发布了一组微海报，并将诉求点逐一对应"物价、社保、食品安全、就医、职业资格"等热门议题。其海报文案也是可圈可点，例如"不能让不合理的价格，凉了我对生活的热爱""有了自己的保障，晚年才会更安心""一家人舌尖上的安全，再怎么重视都不为过""心里门儿清，才能放心去外地看病""我和梦想之间，不再有不必要的职业资格证阻挡"等。

此外，2018年两会期间有关国务院客户端的另一刷屏事件，就是黄渤议政"H5+视频"。内容是黄渤参与李克强总理座谈会的视频集锦及部分采访片段。这支"H5+视频"脉络清晰，达到了两大功效。首先，通过黄渤这一"国民级明星"的话题号召力，增加了中外舆论对政府工作的关注度。进而，通过展现李克强总理平易近人的施政风范、黄渤妙趣横生的议政特色，为客户端增强了趣味、看点与热度——有力地扣题"民之所望，施政所向"。

一直以来，全国两会、中国发展高层论坛、博鳌亚洲论坛，构成了辐射全年的"中国政经季"，同时也是每年进行国家政策颁布与宣导的关键周期。尤其是博鳌亚洲论坛的设立，成为海内外的政经界、学术界要人与中国领导人、政府要员对话的重要平台，甚至可以说是"两会时间"这一概念的外延组成部分，正如一些媒体曾形容的"两会开篇，博鳌接棒"。

经过早年的筚路蓝缕，2018年的博鳌亚洲论坛，在议程设置上与"两会时间"进一步接轨，其"国家公关"的价值进一步提升。首先，是行政级别的对位，国家主席习近平应邀出席博鳌亚洲论坛2018年年会开幕式并发表重要主旨演讲；其次，是议程设置的深化，年会主题"开放创新的亚洲，繁荣发展的世界"及四大论坛版块"全球化与一带一路""开放的亚洲""创新""改革再出发"（约60多场正式讨论），进一步贯彻了"坚持改革开放，坚持全球化"的经贸策略；最后，2018博鳌亚洲论坛·梧桐夜话等论坛，让对外的"博鳌"与对内的"两会"形成优势互补，进一步强化了"两会时间"的沟通效果。

综上所述，无论是从传播工具的"沟通力"迭代、沟通关键人的"视野"保障、外延平台的"接轨"补位，还是在"国家公关"领域最具代表性的"两会时间"，无疑都在朝着更具体的方向进行升级与扩展。单纯站在"传播策略""个人风格""地缘战略"等微观视角进行解读，只会增加"窄化"甚至"曲解"的风险概率。

同样，"沟通力"迭代、"视野"保障、"接轨"补位，也进一步印证，无论是"两会时间"本身，还是其背后的"国家公关"，都在指向"诠释力"。正如埃里克·霍布斯鲍姆1968年在剑桥大学对他的学生所说的："有时候，关键的不是去改变世界，而是去解释世界。"

（资料来源：编者根据中国公关网相关资料整理。）

思考题

从该案例中你能体会到什么是公共关系吗？

1.1 公共关系的历史演进

随着社会主义市场经济的迅猛发展和市场经济环境的不断完善，公共关系学因其独特的魅力越来越受到社会各界的普遍重视和各类组织的广泛应用。运用公共关系理论和技巧，树立良好的组织形象，提高经营者的管理水平和决策能力，已经成为社会组织谋求发展的重要手段，是社会组织处理好各种纷繁复杂关系的有效办法。公共关系学也将为社会组织创造和谐的环境，推动整个社会文明的进步。

1.1.1 西方近现代公共关系的起源与发展

公共关系作为一种全新的思想、一种科学而系统的理论、一种新型的职业，起始于19世纪末20世纪初的美国。此后，随着社会经济、政治、思想、文化及其社会历史条件的不断发展和变化，公共关系的发展也经历了不同的历史时期并呈现出新的特征。

现代公共关系的产生至今已经历了4个阶段。

1. "公众受愚弄"时期（费尼斯·巴纳姆时期）

有组织的公共关系活动起始于19世纪中叶在美国风行一时的报刊宣传代理活动。19世纪30年代，新闻报刊业在美国得到了社会各界的关注，开始有了长足的进步，形成了一场较大规模的"报刊宣传运动"。当时的一些政治组织和公司企业发现利用报刊宣传自己的主张、美化自己的形象有意想不到的效果，于是纷纷雇用一些记者在报刊上发表文章或通过与新闻界有关系的人员为本组织做宣传，挖空心思"制造新闻"，完全不顾职业道德。报纸为了扩大发行量，也推波助澜，常"制造新闻"吸引读者，以离奇的故事引起公众的好奇和注意。

在这方面最具代表性的人物是费尼斯·巴纳姆。应该说，费尼斯·巴纳姆是一个新闻传播方面的行家，他具有卓越的吸引公众的才能，但是却走向了极端。因为费尼斯·巴纳姆所处的时代是公共关系孕育生长的重要时期，费尼斯·巴纳姆非但没有增进公共关系的正面影响，反而败坏了报刊宣传人员的声誉，滥用公众信任的大众传播手段。为了赚到更多的钱，费尼斯·巴纳姆可以无中生有，制造神话。他的工作信条是"凡宣传皆好事"，完全不把公众放在眼里。其致命的弱点有两个：一是这种宣传对公众的利益全然不予考虑，甚至出现了美国铁路大王"让公众见鬼去吧！"的谩骂公众的典型个案；二是几乎所有的报刊宣传员都以获得免费的报刊版面为满足，并为此不择手段地为自己制造神话，欺骗公众，这种做法与公共关系职业的基本要求和道德准则相去甚远。因此，这就使整个"公众受愚弄"时期成为公共关系历史上一段不光彩的时期。

这一时期的报刊宣传活动已带有一定的组织性和较为明确的目的性，其范围已不仅限于政治领域、思想宣传领域，而且扩大到了经济领域，与谋求经济利益的愿望紧密结合在一起。

2. "说真话"时期（艾维·李时期）

1903年，美国著名记者艾维·李在美国开办了一家正式的公共关系事务所，标志着现代公共关系的问世。从此，公共关系事业进入了一个前所未有的发展时期。19世纪末，美国已进入垄断资本主义时代，垄断财团占有社会的绝大部分财富。这一时期成为资本主义巨商和垄断资本家横行的时代。垄断财团及其巨头的声誉每况愈下，与社会公众之间的矛盾、冲突与日俱增。于是，一些大财团和大公司公开雇用记者创办自己的报刊，仿效"公众受愚弄"时期报刊宣传活动的手法，杜撰有利于工商巨子的耸人听闻的"神话"和"新闻"，遮掩自己公司和企业中出现的各种问题。结果适得其反，公众对垄断财团的敌意倍增。于是，以"说真话""讲实情"来获得公众信任的主张被提了出来，并越来越得到工商界一些开明人士的赞同。艾维·李就是"说真话"的公关思想的代表人物。

艾维·李曾是《纽约日报》等报纸的记者。他审时度势，针对费尼斯·巴纳姆"公众受愚弄""凡宣传皆好事"的宣传活动的局限性，提出了"说真话"的公共关系理论思想。在艾维·李看来，一个企业、一个组织要获得良好的形象和声誉，不是依靠向公众封锁消息或以欺骗来愚弄公众，而是必须把真实情况披露于世，把与公众利益相关的所有情况都公之于众，以此来争取公众对组织的理解与信任。如果披露真实情况确实对组织不利的话，应该是调整组织的行为，而不是极力地遮盖实情。通常情况下，一个企业与员工或其他社会组织处于紧张或摩擦状态，往往是这个组织的管理者不注重与公众沟通造成的。因此，要想建立良好的公共关系，创造最佳的生存发展环境，其最根本的公关理念是"说真话"。

1906年，艾维·李向新闻界发表了阐述其公共关系活动的《原则宣言》，在宣言中提出了处理企业关系的"公开管理原则"，他指出："我们的计划是代表企业单位及公众组织，对于公众有价值且为公众所乐闻的课题，坦率而公开地向新闻界和公众提供迅速而准确的消息。""凡有益于公众的事必有益于企业和组织。"这一宣言成为反映他的公共关系基本思想的重要文献。

艾维·李开创公共关系事业之后，曾经成功地运用公共关系学原理处理一些重大事件，在社会上产生了热烈的反响，为他本人和公共关系学赢得了很高的声誉。1904年，艾维·李被美国著名的实业家小约翰·戴维森·洛克菲勒聘为私人顾问。这时的洛克菲勒正由于科罗拉多州燃料公司和钢铁公司工人罢工而处于焦头烂额的境地，他在处理罢工事件时，态度强硬，不容妥协，对工人进行镇压，在当时声誉极坏，被称为"强盗大王"。艾维·李接受此事件的协调使命后，采取了几项不同凡响的措施：调查事发原因并公之于众，聘请有声望的劳资关系专家来主持调查，以示公正；邀请工人代表参与商讨解决劳资纠纷；建议增加工人福利并向慈善事业捐款，以改变企业形象。洛克菲勒接受了艾维·李的建议，公众逐渐改变了对洛克菲勒的看法，平息了事端，挽回了声誉，从此艾维·李声名鹊起。

此后，美国许多大公司如美国电话电报公司、公平人寿公司、铁路公司等纷纷聘请艾维·李为公司的公关顾问或公共关系代理人。宾夕法尼亚铁路公司请艾维·李协助处理铁路的一些公关事务。在处理一起重大事故时，按照公司惯例本应对报界封锁一切信息，但艾维·李却反其道而行之。他请来许多新闻记者参观事故现场，并且由该铁路公司支付费用，还成立了新闻发布中心，报道事故过程、提供信息、协助收集有关事故的材料。该铁路公司的经营者以怀疑的眼光看待艾维·李的活动。就在这时，纽约铁路公司也发生了一次较大的事故，管理者按照传统的方式处理事故，拒绝向报界透露消息。两种对事故的处理方式截然不同，结果宾夕法尼亚铁路公司处理事故的方式大受赞扬，而纽约铁路公司处理事故的方式则受到公众的猛烈抨击。正因为艾维·李在公共关系理论和实践方面的卓越建树，公共关系界的多数人把他看成现代公共关系的鼻祖，称其为"公共关系之父"。

党的二十大报告提出，我们必须坚持解放思想、实事求是、与时俱进、求真务实，一切从实际出发，着眼解决新时代改革开放和社会主义现代化建设的实际问题，不断回答中国之问、世界之问、人民之问、时代之问，作出符合中国实际和时代要求的正确回答，得出符合客观规律的科学认识，形成与时俱进的理论成果，更好指导中国实践。

3. "投公众所好"时期（爱德华·伯尼斯时期）

艾维·李作为公共关系的创始人，虽然提出了一系列独创的公关思想观点和观念，但是由于当时历史条件的限制和个人精力的局限，还没有形成比较系统的公共关系理论，而主要是凭借个人经验开展公共关系工作。真正完成公共关系理论体系奠基任务的是美国著名的公关顾问爱德华·伯尼斯。

爱德华·伯尼斯于1891年出生于维也纳，是著名心理学家、精神分析学派创始人西格蒙德·弗洛伊德的外甥。1913年，爱德华·伯尼斯受聘于美国福特汽车公司，担任该公司公关部经理，为塑造福特公司在公众心目中的良好企业形象、促进福特公司迅速发展立下了汗马功劳。第一次世界大战期间，他曾在威尔逊总统成立的官方公共关系机构"克里尔委员会"担任委员，负责向国外新闻机构提供美国参战的有关情况和背景资料。第一次世界大战结束后，他和夫人在纽约开办了一家公关公司，并开始致力于公共关系的理论研究。1923年，爱德华·伯尼斯出版了他的第一部公共关系学专著《公众舆论之凝结》（又译为《舆论明鉴》），标志着公共关系学作为一门学科正式诞生。同年，他在纽约大学首次讲授公共关系课程，成为第一位在大学里讲授公共关系的人，并且出版了教科书《公共关系学》。1928年出版了《舆论》，使公共关系的基本理论和方法形成了一个较为完整的体系。

爱德华·伯尼斯在《公众舆论之凝结》一书中首次提出"公共关系咨询"的概念，并对它的作用做了详细的解释。在他看来，公共关系咨询有两种作用：其一是向工商业组织推荐它们应采纳的政策，这种政策的实施可以保证工商业组织的行为符合社会利益；其二是把工商业组织执行的合理政策、采取的有益社会行为向社会广为宣传，帮助工商业组织赢得公众的赞誉。爱德华·伯尼斯公关思想的核心是"投公众所好"。他认为，以公众为中心，了解公众的喜好，掌握公众对组织的期待与要求的态度，确定公众的价值观念应该是公共关系的基础，在此基础上，按照公众的意愿进行宣传，才能做好公共关系工作。爱德华·伯尼斯对现代公共关系的重要贡献主要表现在：公共关系活动职业化；公共关系摆脱了对新闻界的从属；公共关系运用程序、方法、技巧现代化，提出了公共关系的整个运作过程应当包括从计划到反馈，最后到重新评估等8个基本程序；初步建立了现代公共关系的理论体系；强调了舆论以及通过投其所好的方法和通过宣传引导公众舆论的重要性；"投公众所好"是公关思想的核心和立足点；使公关观念有了科学的含义；主张获得公众的谅解与合作应当成为公共关系的基本信条。

爱德华·伯尼斯的理论探讨和实践活动为公共关系的职业化、科学化和公共关系教育的发展做出了重要贡献，使他享有公共关系先驱者之一的美誉。1924年，美国《芝加哥论坛报》发表社论，强调提出："公共关系已经成为一种职业、一种艺术和一门科学。"爱德华·伯尼斯终生投身于公共关系，1962年退休之后，仍然关注着公共关系事业的发展。

4. "双向对称"时期（斯科特·卡特李普时期）

第二次世界大战以后，国际经济、技术和劳务合作日趋频繁。但由于不同民族和国家之间在交往过程中存在语言文字、思想文化、社会制度和风俗习惯等方面的障碍，客观上要求必须有一批公共关系的专业人员从中斡旋，进行有效的沟通与协调。正如美国《公共关系手册》提出的，打算进入外国市场的美国商人发现，他们的当务之急是解决公共关系问题，因为对外关系的交恶，十有八九不是出于利益的冲突，而是由于语言、文化、传统等方面的隔阂。一个社会组织要想在世界范围内有所发展，必须要和发生利益关系的一方相互了解、相互信任、相互支持，最终才能共同发展。在公共关系的体系、地位和作用方面，传统的公共关系与现代的公共关系有不同的认识。

传统的公共关系理论认为，公共关系无论其科学发展的理论深度如何，在公共关系实践中，都是作为"一项具体工作"而表现出来的。"公共关系工作就是试图去保持和推进社会对组织的良好印象，这是建立在拥护组织的公众将会不断吸收组织的产出这样一个假设基础上的。"这类工作只注重将有关组织的信息扩散到组织环境之中，而忽略了将有关环境的信息传递给组织的过程。这种理论实质上是把公共关系的组织系统看成"封闭系统"，把公共关系活动被动化、僵化了，这是典型的公共关系具体工作论。

现代公共关系理论认为，公共关系首先是作为一种职能出现的，它要求以"开放系统"的思想方法去分析公共关系，以"双向对称"的理论模式去规划公共关系，即组织与其公共关系的维持与改变是建立在产生-反馈-调整各个环节相互作用的基础上的，组织在把自己的信息传递出去的同时，还要注意听取公众的反馈信息，并将公众的反馈信息吸收到组织下一步的决策之中。在这种模式中，公共关系具有潜在的、能够发挥参谋或顾问作用的能力，可以对决策过程施加影响。这种潜在能力能够在危急时期产生控制局势的作用，而且作为对外环境的感应系统，公共关系还可以防止潜在危机的发生。

1953年，斯科特·卡特李普、阿伦·森特、格伦·布鲁姆在《有效的公共关系》中论述了"双向对称"公共关系的模式，即公共关系的一个开放模型，从根本上改变了普遍存在的认为公共关系是一项具体工作的看法。这一模式就是"双向对称"，它表明沟通是双向的，而且信息交流改变着组织公共关系的双方。开放系统的"双向对称"公共关系模式的基本思想，一方面，要把组织的想法和信息向公众进行传播和解释；另一方面，又要把公众的想法和信息向组织进行传播和解释，目的是使组织与公众形成一种双向沟通和对称和谐的关系。运用"双向对称"公共关系模式，最重要的要求是对环境进行有目的性的感应，以便发现和预测对组织与公众关系有影响的环境变化。根据"双向对称"公共关系模式，公共关系必须有选择地注意那些对组织有影响的公众或组织政策所涉及的公众。这不仅需要确定目标公众，而且还要运用研究技术，在协调组织本身的同时协调公众。开放系统的"双向对称"公共关系模式还具有在组织内部促进正确行为产生的功能，指导并影响公众知识结构、观点与行为的功能。在这种模式中，对于公众的知识结构、观点与行为所进行的影响，都是为了实现和维持组织目标，这一目标是组织与公众共同的利益。

当今世界，科技革命、知识革命和产业革命不仅使每个国家的政治、经济乃至整个社会都发生了划时代的变化，而且也使整个世界的经济、政治格局和人们的思想观念都发生了重大变化，其社会发展的总体趋势表现为：一方面，社会日益走向多元化与多极化；另一方面，各种社会矛盾和对立日趋缓和。这就使得任何一个社会组织只有增强与其他社会组织和公众的沟通、协调与合作，才能得以生存和发展。因此，社会组织与其相关团体和公众的自觉的、积极的、有目的的、有计划的相互沟通与联系就变得更加迫切和必要。开放系统的"双向对称"公共关系模式正是这一社会客观环境下的必然产物。

 知识链接

党的二十大报告提出，中国坚持对外开放的基本国策，坚定奉行互利共赢的开放战略，不断以中国新发展为世界提供新机遇，推动建设开放型世界经济，更好惠及各国人民。中国坚持经济全球化正确方向，推动贸易和投资自由化便利化，推进双边、区域和多边合作，促进国际宏观经济政策协调，共同营造有利于发展的国际环境，共同培育全球发展新动能，反对保护主义，反对"筑墙设垒"、"脱钩断链"，反对单边制裁、极限施压。

1.1.2 当代中国的公共关系发展

现代公关是在20世纪80年代初，随着改革开放悄然传入中国内地的。它起先是作为一种新的经营管理方法和技术，由南向北，从东到西，由服务行业向工业企业，由外资企业向国有企业，由企业组织向政府组织，在中国迅速传播，发展势头迅猛。其原因是它顺应了历史发展的潮流，适应了改革开放和建立社会主义市场经济体制的需要。当代中国公共关系发展大致经历了3个发展阶段，即导入时期、迅速发展时期和成熟稳定发展时期。

1. 导入时期

导入时期为20世纪80年代初期及中期。随着改革开放的发展，在深圳、广州等地的一些中外合资企业和外商独资企业，学习海外的管理模式，出现了公共关系活动，最早在企业内设立公关部。这些公关部的经理，多数是由在国外受过公共关系培训的人担任。

1980年，深圳蛇口华森建筑设计顾问公司成立，这是我国第一家公共关系性质的专业公司，它主要是适应特区建设的需要，提供经验与技术。1982年，深圳竹园宾馆设立公关部。1983年，中外合资的北京长城饭店设立公关部。1984年，广州中国大酒店设立公关部。后来，广东电视台以这批宾馆、酒楼的公共关系活动为背景拍摄了国内第一部反映公共关系理论与实践的电视连续剧《公关小姐》。该剧在全国放映后，使公共关系被亿万中国人所知晓。1984年9月，我国国有企业第一家公关部——广州白云山制药厂公关部正式成立。1984年11月，《经济日报》发表长篇通讯《如虎添翼——记广州白云山制药厂的公共关系工作》，并配发重要社论《认真研究社会主义公共关系》，对公共关系的引进和发展阐述了原则性的看法和指导性的意见。这标志着现代公共关系正式进入中国。

导入时期的公共关系主要是把国外的公共关系运作模式、运作程序、管理经验及具体做法引入中国。由于当初人们对公共关系缺乏认识和了解，公共关系的运用多采取简单搬用或模仿外国公共关系的做法。即便如此，对刚实行改革开放政策的中国人来说，能以新的思想观念接受外国的经验、技术，已经是一个了不起的进步。

2. 迅速发展时期

迅速发展时期为 20 世纪 80 年代中后期。这期间，中国呈现第一个"公关潮"。其标志是专业公关公司、公共关系协会、公共关系教育培训及公共关系理论研究迅速发展起来。

1985 年，两家世界上最有影响的公关公司——伟达公司和博雅公司先后进入中国。其中，博雅公司与中国新闻发展公司达成协议，成立中国第一家公关公司——中国环球公关公司。1986 年 12 月，成立全国第一家省级公共关系协会。1987 年 5 月，全国权威性的公共关系社团组织——中国公共关系协会在北京正式成立。全国各省、自治区、直辖市，以及若干大中城市相继成立地方性公共关系协会或学会，许多企业内部的公关部开始运作，并取得了较好的实践成果。"健力宝"等企业的公共关系活动在全国范围内产生轰动效应。1985 年 1 月，深圳市总工会举办全国第一个公共关系培训班。在此前后，深圳大学、中山大学、北京大学、首都师范大学、复旦大学、清华大学、中国人民大学等相继讲授公共关系课或开办公共关系专业。1986 年 11 月，中国社科院新闻研究所公共关系课题组编著的《塑造形象的艺术——公共关系学概论》正式出版。同月，王乐夫、廖为建等人的公共关系专著问世。从 1988 年起，全国公共关系组织联席会议相继在杭州、西安、广州等地召开。1989 年，全国高校第一届公共关系教学研讨会召开。弗兰克·杰夫金斯著的《公共关系学》、斯科特·卡特李普等著的《有效的公共关系》在中国翻译出版。1988 年 1 月，中国第一家公共关系专业报纸《公共关系报》在杭州创刊，向全国发行。1989 年 1 月，中国第一份国内外公开发行的公共关系杂志《公共关系》在西安创刊。公共关系的理论研究十分活跃，理论成果十分丰富。据不完全统计，在迅速发展时期，公共关系专著、译著、教材公开出版发行近 100 部。在第一次"公关潮"时期，虽然仍有机械模仿、层次较低、良莠不齐、鱼龙混杂等现象，但理论上和实践上的"百家争鸣，百花齐放"的局面却为下一时期的公共关系发展打下了较好的基础。

3. 成熟稳定发展时期

成熟稳定发展时期为从 20 世纪 90 年代初至今，其标志有 4 个。

第一，中国的公共关系得到党和国家领导人的关注。1991 年 5 月，中国公共关系协会在北京召开全国公共关系工作会议，对公共关系事业的发展进行经验总结与交流。李瑞环、薄一波等同志在给会议的贺词中充分肯定了中国公共关系事业取得的成绩，明确指出了公共关系事业的发展方向和根本任务。这在全国产生了重要影响。

第二，公共关系的教育和理论研究日趋成熟。1994 年 4 月，中国国际公共关系协会成立，促进了中国公共关系理论研究与社会实践的国际化，推动了公共关系事业的进一步发展。1994 年，中山大学被教育部批准开办部属院校第一个公共关系本科专业，随后在一些名牌学府开始尝试招收公共关系方向的硕士生、博士生。至今，所有的本科院校全部开设了公共关系学课程，约有 20 多所各类学校开设了公共关系高职专业。全国公开出版的公共关系学专著、教材、译著、工具书等已超过 1000 种。其中具有代表性的全国通用教材有《公共关系学》（获全国优秀畅销书奖）、《中国公共关系教程》《中国公共关系大辞典》等。

1990 年，中国公共关系协会学术委员会在河北高碑店召开全国第一届公共关系理论研讨会。之后，在上海、福州、杭州、石家庄、大连等地召开第二届至第六届全国公共关系理论研讨会，极大地推进了中国公共关系的理论研究进程。在这一时期，学术研究较为活跃，一些学术流派开始产生，如形象学派、协调学派、传播学派、管理学派等，细化和深化了对公共关系的研究。

第三，公共关系的实践活动从自发走向自为、从盲目走向自觉、从照搬走向自主创造。全国有一大批公共关系专家、学者分别主持、策划、操作企业公共关系、企业形象识别系统（Corporate Identity System，CIS）、政府公共关系、城市 CIS 和城市形象建设。

第四，1998 年，经国家劳动和社会保障部批准，公共关系职业被载入"国家职业分类大典"，纳入国家正式职业行列。1999 年，国家职业资格工作专门设立公共关系专业委员会，这标志着我国公共关系职业化迈出了关键的一步。

1.2 公共关系的内涵和特征

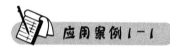

京东投入 7500 万元支持加班员工接子女团聚过年

2017 年春节来临之际，京东宣布将投入约 7500 万元，用于支持春节期间坚守岗位的员工将子女接到身边过团圆年。据了解，这项名为"我在京东过大年"的专项福利是从 2014 年春节开始实行的，京东为此累计投入达 2 亿元，共帮助超过 2 万个员工家庭春节团聚。

从 2013 年起，为了最大限度地满足消费者过年购物的需求，京东率先推出"春节不打烊"的举措，2017 年更是加大了"春节不打烊"的服务力度，全国 110 个城市的自营普通订单、446 个城市及区县的大件订单、69 个城市的生鲜冷链订单春节期间将持续生产、配送，不间断地为用户提供服务，这就意味着春节将有数万名京东员工需要坚守工作岗位。

京东的绝大多数员工来自农村，他们常年在外打拼，与子女团聚的机会不多，为了感谢春节坚守岗位的员工，也为给这些员工在家乡的留守子女送去温暖，京东集团 CEO 刘强东在 2014 年亲自发起了"我在京东过大年"专项福利项目，为一线员工发放"子女团聚补贴"，每个孩子 3000 元、多个孩子 6000 元，用来支持员工将子女接到身边一起过年。

多年来，京东一直在不断关注和提升一线员工的福利待遇水平。京东是物流行业内少有的为一线员工上五险一金的企业，除此之外，京东还为一线员工提供意外伤害商业保险以及年度福利健康体检，为不同工作岗位的一线员工定向增加检查项目。如给配送员定向增加了专项的腰肌劳损检查和专项的肠胃检查等。同时，一线员工还享有包括夜班补贴、搬仓风雨同舟补贴、防寒防暑补贴、西藏等特殊地区补贴等在内的 30 多种福利补贴及节日慰问。京东还是国内首家为配送员设立纪念日的企业，每年的 4 月 28 日是京东致敬一线员工的"配送员日"，借此，京东呼吁广大客户与社会各界尊重和支持物流基层员工的工作。

同时，京东还通过"爱心救助基金""我在京东上大学"等员工关怀政策和措施全方位呵护员工的生活、家庭和职业成长。据京东相关负责人介绍，这一系列福利政策是为了让京东员工尤其是京东一线员工不仅能得到更安定的生活保障，还能拓宽职业成长空间，以给自己和家人创造一份更好的生活。

京东物流配送服务在消费者中有口皆碑，热情、朴实的京东配送小哥以暖心服务打动用户的各种故事在社会上广为流传。电商物流行业普遍存在员工工时长、工作累、报酬低等劳资矛盾，而京东的管理经验说明在这样的行业背景下，同样可以创造出令人羡慕的高昂士气、充满激情的团队和出色的业绩。京东这种"情感型"管理和"家庭式"的企业文化源自创始人刘强东多年的农村生活经历,刘强东曾表示,这种文化是骨子里面的,我从农村出来,农民的生活方式就是从小一家人都在一起,永远在一起,我们对待员工不仅是把他们当作企业的职工,更应看作家人。正是京东这种以人为本的管理理念打造了这样一支高素质的团队,提升了员工的尊严感、归属感和自豪感,员工们带着这种心态去服务用户,才成就了京东远优于行业的"极致用户体验"。

【拓展视频:感人的公益广告,老爸的谎言】

京东全方位的员工福利保障制度,为其吸引、保留了大批一线人才,正是这些人才让京东坚实的脚步行遍大江南北,甚至登上国际舞台。追随是一份信任,更是一份责任,以人为本,对一线员工的细致关爱正是京东完善的企业社会责任的真实体现。

(资料来源:编者根据人民网相关资料整理。)

1.2.1 公共关系的内涵

1. 公共关系的定义

"公共关系"一词是由英文"Public Relations"翻译而来。1892年,美国的多尔曼·伊顿在耶鲁大学做了题为"公共关系与法律职业的责任"的演讲,其间第一次使用了"公共关系"(简称公关)的概念。到今天,有关公共关系的定义已逾千种,几乎每一本书,都是一家之说。这些众多的定义可分为5种类型,即管理职能论、传播沟通论、社会关系论、现象描述论和表征综合论。

如上所述,各类公共关系著作虽定义繁多,但难以形成比较一致的观点,其原因有以下几个方面:第一,定义繁多显示了公共关系学科的成长性和不成熟性;第二,国内外专家、学者、组织根据不同的价值取向来理解和解释并用不同的语言来表述公共关系;第三,展现了公共关系学科百家争鸣、百花齐放的景象。

本书对公共关系的定义做出如下表述:公共关系是组织运用传播手段,进行协调公众关系、改善发展环境、树立良好形象的管理活动。这一定义有以下几层含义。首先,公共关系是一种特殊的、团体型的社会关系。它揭示了组织与公众的关系状态,发生这种关系的前提是组织与公众有某种利益上的牵连。如果没有这种双向的、互动的、利益上的联系,是不能形成公共关系这对矛盾的。这种利益上的关系是界定公共关系的重要条件之一。其次,公共关系是一种管理活动。它是组织为了实现其目标进行的实践活动。通过对各项活动的管理,逐次推进目标的实现。再次,公共关系的重要任务是树立良好的组织形象。通过树立良好形象,增强组织的吸引力、凝聚力、感召力,形成归属感,提高组织的知名度与美誉度,这样才能实现组织目标和公共关系目标。最后,组织总是在一个具体的环境中来实现组织目标和公共关系目标的。因此,环境是否良好与组织的利益关系极大。通过公共关系活动来改善环境,使环境对组织有利,还要运用信息的传播与沟通的手段,把信息定向传播,然后收集公众反馈信息并运用相关原则、原理,指导协调好组织与公众的关系,创造良好的关系状态,帮助组织实现各种目标。因此,可以认为公共关系就是组织形象的管理活动。

2. 公共关系的结构要素

公共关系的结构由组织、公众、媒体、环境4个要素组成,它们相互联系、相互制约。组织是公共关系活动的主体,是公共关系活动的发起者、策划者、实施者、调控者与评估者。公众是公共关系活动的对象，在组织目标实现的过程中可以发挥巨大的能动作用。媒体是组织实施关系管理的载体，是连接组织与公众的桥梁和纽带。环境是组织与公众生活的载体、活动的物质空间。组织、公众、媒体在一个特定的具体空间里进行运作，实现组织目标，缺一不可。

3. 对公共关系含义的理解

（1）公共关系是一种关系

公共关系的定义揭示了它是一种组织与公众的关系，发生这种关系的前提是组织与公众有某种利益上的牵连。这种利益上的关系是界定公共关系的重要条件之一。

（2）公共关系是一种观念

处理事情的时候，人们常说要有公共关系思想，这个公共关系思想就是公共关系观念。公共关系观念的内涵极为丰富，如信息传播沟通、协调、透明度、双向平衡、互惠互利等。没有这些观念，难以实现对关系的管理。

（3）公共关系是一种文化

文化是人类在改造自然、社会和人本身等方面所进行的各种活动，以及所创造的物质财富和精神财富。现代公共关系在社会生活中是为主流文化服务的亚文化，是联系社会主流文化与该文化群体中的个体文化，即组织与公众的一个重要桥梁和中介。亚文化在得到组织与公众的认同，融入他们的生活，具有生命力与影响力的同时接受主流文化的指导和影响。因此，现代公共关系是现代社会生活中一种文化现象，从组织运作的各个环节来看，无不充满了文化的氛围。

（4）公共关系是一种活动

现代公共关系是一种组织为了实现组织目标进行公共关系的实践活动，如进行公共关系策划、信息传播、沟通、协调等，无一不是具体的公共关系活动。

（5）公共关系是一种状态

现代公共关系是指一种公共关系状态，是指组织与公众相互联系的情况、相互作用的程度及其发展趋势。它表现在知名度、美誉度、凝聚力、组织效率和社会效益5个方面。如果某一个组织在这5个方面做得较好，那么表明该组织具有良好的公共关系状态。

（6）公共关系是一种意识

现代公共关系是一种意识，即全员公关意识。具有全员公关意识的组织，其公共关系工作不仅会得到全体内部职工的支持，而且内部职工也会自觉地去从事公共关系工作，创造出良好的公共关系效益。

（7）公共关系是一门学科

现代公共关系作为一门学科，表现为一种理论形态，形成了一门系统的理论体系。它有自己的概念、原理、原则、范畴和具体的操作方法及规律，并随着公共关系实践的发展而不断完善和丰富。它既是一门高度综合的边缘性、交叉性学科，也是一门具有可操作性的应用学科。

（8）公共关系是一种艺术或方法

现代公共关系为实现组织目标，在运作中表现为一种艺术或方法。它不能照搬别人或过去的方案，因为成功的公共关系活动是特定情境的产物。只有根据组织、公众、公共关系人员的具体情况，采取最佳的方法来沟通、传播，使关系协调，才能实现组织目标。

(9) 公共关系是一种职业

公共关系是一种职业，从事这项工作的人员，其工作内容主要是塑造形象、平衡利益、协调关系、影响公众。随着时代的发展，企业作为市场主体的重要组成部分越来越关注自身企业形象的塑造，公共关系行业正在蓬勃发展，公共关系职业也深受年轻人的喜爱。

1.2.2 公共关系的特征

1. 信息的双向传播与沟通

组织是靠信息的传播与沟通使公众知晓，然后把公众的信息反馈给组织（传播者）的。通过多次的反馈，组织与公众找到彼此都可以接受的点，称为"中点"，通过这样的信息传播与沟通，使主客体达成共识。

2. 兼顾公众利益

兼顾公众利益又称双向平衡。组织进行公共关系活动，必须首先制定方针、政策。这个方针、政策是为组织目标服务的，也是为组织的利益服务的。制定组织的方针、政策时，要充分注意组织与公众的利益应大体平衡，在以组织利益为主的前提下，兼顾公众的利益。如果组织和公众的利益失衡太明显，则对双方都是不利的。

3. 公共关系是组织行为

现代公共关系的行为主体是组织，公共关系活动的策划、实施与评估都需要组织出面。个人不可能成为公共关系活动的主体，因为这与公共关系的定义相悖。

4. 公共关系是一种管理行为

现代公共关系是一种现代的管理行为，是对关系进行管理手段。如前所述，对关系进行管理最有效的手段是公共关系，它可以对众多的关系进行广泛的管理，局限性小，收效快而且稳定。

5. 个人也可运用公共关系的某些原理、原则、方法和技巧

尽管公共关系是组织行为，但是它是由人来操作的，所以作为个人也可以借用公共关系的原理、原则、方法和技巧，为实现个人的价值和目标提供服务，如一位大学毕业生利用老师的一封介绍信，找到了一份满意的工作。公共关系对提高个人素质，使其适应现代社会发展有着积极的作用：它能促进个人观念更新，适应社会需要；它能提高个人的能力，如创造能力、交际能力、自我调节能力、应变能力等。

1.2.3 公共关系辨析

1. 公共关系与庸俗关系

公共关系在我国普遍传播后，出现了明显的两极分化。在一些开放型公司里，公共关系人员地位高，公共关系工作计划周密、效果好；在一些中小型企业里，表面上开展公共关系工作，实则使用行贿术，经营色情业，公共关系成了"姿色加手腕"的代名词，致使社会上也有人把公共关系与庸俗关系等同视之，甚至认为它比一般的"拉关系""拍马屁"还要恶劣。其实，公共关系与庸俗关系水火不容。两者从表面上看都是利用关系网去达到目的，但却有着本质的区别。

(1) 植根的土壤不同

公共关系植根于高度发展的商品经济社会。社会化大生产的出现和发展，使社会生产力水平不断提高，物质产品不断丰富，卖方市场向买方市场转化，市场竞争激烈。公共关系就是在这种条件下产生的。庸俗关系植根于自给自足的小农经济土壤，社会生产力水平低下，物质产品供不应求，就产生了贿赂型经营。

(2) 最终目标不同

公共关系追求的是社会整体效益，以社会公众的长远利益为出发点和归宿。庸俗关系追求的是个人或小集团的眼前利益。

(3) 手段不同

公共关系是在公开事实真相的基础上进行双向沟通，争取社会公众的了解和支持，通过公开、合法的各种传播媒介向整体性社会公众介绍本组织的政策和行为。庸俗关系所采用的手段，往往是进行个人之间的私下交易。有些人不惜损害集体利益、国家利益，牟取个人私利。还有些人以行贿、受贿的手段，互相利用，各自抓住对方把柄，使这种不正当的关系维持下去。因此，庸俗关系与公共关系在做法上是背道而驰的。

(4) 发展不同

公共关系已发展成一门学科，而庸俗关系永远不可能被社会承认，更不可能发展成学科，是必须摒弃的。中国的公共关系具有浓重的人际关系特色，应该将人际交往型公共关系中正常的宴请赠礼和庸俗关系区分开来。

2. 公共关系与人际关系

人际关系是依赖某种媒介并通过个体交往而形成的人与人之间的关系，即私人关系（Private Relation），如因血缘关系而形成的父母与子女的关系、以职业为纽带而形成的上下级关系和同事关系等。人际关系与公共关系是两个既有联系又有区别的不同概念。人际关系与公共关系的联系很紧密。组织内部的联系主要是个人与个人之间的联系，组织与组织之间的联系也往往表现为一个组织中的若干人与另一个组织中的若干人之间的联系。公共关系实务工作除了运用大众传播手段，也常常通过人际关系的沟通来进行。尤其在我国，目前大众传播的技术还不十分发达，大量的公共关系工作还依靠人际关系的沟通来进行。因此，公共关系是以人际关系为基础的，良好的人际关系有助于组织内部环境和外部环境的和谐与改善。但公共关系与人际关系毕竟是两种不同的事物，两者的区别主要表现为以下3个方面。

(1) 目的不同

公共关系的目的是为组织在社会公众中树立良好形象，建立组织与社会公众之间的良好合作关系。人际关系的目的是实现个人的心理需要，建立个人与个人之间的和谐的人际环境。

(2) 结构不同

公共关系的主体是组织，在组织与社会公众的交往中实现的是组织的宗旨，体现的是组织的价值观念、行为规范。其客体对象——公众也是一个整体概念，即使是通过人际交往的形式来实现公共关系，构成关系的主客体仍然是两个集合体。人际关系则是个人与个人之间的关系，关系的主体与客体都是个体，实现的是个人的意愿、个人的目的，体现的是个人的价值观念和行为规范。

（3）沟通方法不同

尽管公共关系也需要人际沟通的手段，但它主要是运用大众传播和群体传播的技术和方法，如报纸、电视、广播，或召开记者招待会、大型集会等。人际关系则以自己的言语举止为媒介，采用个人之间面对面的直接交谈，或通过电话、书信等形式。总之，公共关系不是人际关系，它要比人际关系复杂得多。因此，在开展公共关系工作时，不要把它当作人际关系来处理；即使是以个人身份出现，也必须增强自己的角色意识，要通过个人之间的关系，将组织与社会公众联系起来。

1.3 公共关系的原则

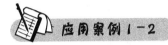

欢聚有力量，农夫山泉携手聚划算引爆偶像经济

2018年6月30日，由农夫山泉维他命水赞助的 NINE PERCENT 粉丝见面会杭州场在黄龙体育馆举行。当天，农夫山泉携手聚划算举办的"为偶像欢聚"主题快闪店同时落地。

在 NINE PERCENT 粉丝见面会现场，农夫山泉最新的 NINE PERCENT 维他命水广告惊喜首映，现场的粉丝都非常幸运地成为第一批看到它的人。当天晚上，该广告片在农夫山泉官方微博发布后，短短几天时间便赢得近30万次转发和近6万条评论，瞬间引爆线上，好评如潮。

活动期间，农夫山泉通过线下活动，以及线上微博、天猫旗舰店、互动吧等多种渠道赠送见面会门票和 VIP 合影门票，回馈消费者和粉丝，扩大活动的影响力。

线上线下活动充分蓄水，农夫山泉顺势首发 NINE PERCENT 定制维他命水。2018年7月2日10：00至7月5日08：59，限量 NINE PERCENT 定制维他命水在天猫欢聚日活动首发，一上线就展现出惊人的爆发力，4500份明星定制产品开团后1分钟内全部售罄，单日明星定制品销售超1万箱。

近年来，农夫山泉频频押宝年轻化的娱乐综艺节目，而且每押必中。尤其是在2018年大火的《偶像练习生》节目中，农夫山泉更是将产品营销和节目机制相结合，开创品牌营销之先河。节目结束后，农夫山泉立即签约"NINE PERCENT"代言维他命水，凝聚"90后""00后"年轻消费群体的"阴谋"暴露无遗。

这与天猫欢聚日以"聚一起真快乐"的理念不谋而合。因为随着新快消时代的来临，年轻消费群体在家庭购物中扮演的角色越来越重要，预计在未来的5～10年内，"90后""00后"将成为快消品的主要消费群体。年轻消费群体更愿意为颜值和个性买单，这在后期的一场快闪店活动中得到充分印证。

2018年6月30日，农夫山泉携手聚划算举办的"为偶像欢聚"快闪店惊喜落地黄龙体育馆外。该快闪店设置了与 NINE PERCENT 人形立牌合影留念、现场应援并实时展现在电子互动屏上、参与线上互动领取应援礼包等多种有趣的玩法，浓厚的"偶像氛围"吸引了众多粉丝和消费者参与。

据统计，活动当天快闪店进店量超5000人次，近千名粉丝在现场对 idol 表达心声，粉丝参与快闪店互动获得农夫山泉天猫欢聚日 NINE PERCENT 定制帆布袋等偶像周边4000个。

玩转新零售，打通线上和线下的互通、连接和互动。本次活动引导粉丝现场发布微博互动，通过线上传播、裂变分享，引爆线上话题；农夫山泉官方微博发布活动信息，当天转发量破10万，话题阅读量超2000万。

这场活动将线下粉丝和消费者引流到线上并沉淀为品牌粉丝。据统计，活动当天农夫山泉天猫官方旗舰店增加粉丝1.2万人。整个活动期间，共18万名消费者参与农夫山泉互动吧互动，并全部转化为店铺粉丝。

公共关系既是一门科学，又是一门艺术。因此，成功地开展公共关系活动不仅要掌握一定的公共关系原理、方法和技巧，而且还必须遵循一定的基本原则。

（资料来源：编者根据中国公关网相关资料整理。）

1.3.1 实事求是原则

公共关系作为一种客观存在，必须以事实为基础，没有事实，公共关系就无法开展，先有事实，后有公共关系。艾维·李创办的宣传顾问事务所，开创了公共关系这一新的职业，正是因为有不少企业组织面临着如何运用传播媒介来争取舆论、树立品牌形象的事实，公共关系职业应运而生。

现代社会组织与环境之间处于不断的相互作用之中，两者之间存在平衡与不平衡、协调与不协调的对立统一关系。公共关系工作的任务就是要变不协调为相对协调。一般地说，总是先有不平衡、不协调的"事实"，然后才有变不平衡为平衡、变不协调为协调的公共关系的工作。因此，公共关系的开展必须以事实为基础，以科学的调查研究和对事实的充分了解与掌握为基本条件。一个组织要开展公共关系工作，首先要考虑的不是技巧，而是对事实的准确把握，考虑通过什么方法搜集关于公众情况的资料，收集关于组织与环境的相互作用情况的资料。搜集关于双方可能存在的不平衡、不协调的种种事实，才能进一步策划公共关系的行动计划。因此，事实必须是全部公共关系工作的起点。

1. 全面掌握事实是关键

掌握客观、真实的事实是进行预测、决策的关键，全面、客观地掌握有关事实对公共关系活动的开展具有决定性的作用。客观地掌握事实，要求公共关系人员在调查、了解有关事实时，既不能文过饰非、报喜不报忧，也不能偏听偏信，抱有先入之见，必须尊重事实，如实报告，必须杜绝主观随意性，力求实施的公正性与真实性，以避免将不准确的信息传递到决策层，导致决策偏差。所以，公共关系人员必须从事实的广度、深度全面把握客观事实。总之，事实不但在本质上决定了公共关系的存在，而且还从掌握它的质与量两方面决定了公共关系的开展水平。因此，全面掌握客观事实是关键。

2. 实事求是地传播信息是根本

公共关系活动的一项主要工作就是传播信息，一方面，将组织的信息向其公众传播，另一方面，将公众的信息反馈给组织，从而使双方相互适应、相互了解。从艾维·李的《原则宣言》提出"公众必须被告之"开始，"讲真话"就成为公共关系传播的原则与立场，以事实为基础，主动地告知公众。实施告知公众的过程，即信息传播的过程，传播信息并不难，难就难在如何实事求是地传播信息，因为信息传播的结果对组织与公众都有利害关系，在对双方都有利、对双方都没利、对一方有利对另一方没利这3种情况下，后两种情况面临的问题比较麻烦。既要实事求是地传播事实，又要使不利的影响降到最低。广东强力啤酒厂曾得益于卓有成效的公共关系活动，但由于隐瞒产品质量问题使企业的形象毁于一旦。这充分说明了公共关系必须坚持诚实守信、实事求是的原则。传播学告诉人们，要传播事实结论，更要传播形成事实的过程，这样才有助于不利的一方了解事实真相，降低不利影响。

需要指出的是，公共关系要做到诚实信用，既要考虑企业的利益，又要考虑公众的利益。产品的质量是企业的生命，也是树立企业良好形象的关键。"公共关系90%靠自己做得好，10%是宣传。"人们强调在信息传播时应遵循实事求是的原则，并不是要人们机械、呆板地执行，而是灵活地、辩证地掌握它、贯彻它，这就要求公共关系人员不仅要有高尚的职业道德情操，同时还要具备相应的传播技术水平。

1.3.2 平等互惠原则

公共关系不是以血缘、地域为基础，而是以一定的利益关系为基础的，一个社会组织必须要得到相关公众的支持才能发展，而这种支持的前提是双方的共同发展。日本住友银行以往在招聘员工时有这样一道考题："当组织利益与国家利益冲突时，你如何处置？"答案是你要尽可能保持两者利益的平衡，不能偏袒一方，理由很简单，漠视国家利益者，最终必然会因此而受到政府的惩罚。

社会组织在开展公共关系活动中，要注意遵守平等互惠原则。平等互惠原则是指公共关系活动要兼顾组织与公众的双方利益，在平等的地位上使双方互利互惠。

公共关系活动必须遵守平等互惠的原则，不能单纯地追求组织的利益。只有在公众也同样受惠的前提下，才可能得到公众的支持和合作。事实上，任何一种良好的社会关系要得到维护和发展，必须对双方都有利。公共关系强调主体和客体的平等权利和义务，尊重双方的共同利益和各自独立的利益，谋求本组织利益与相关公众利益的平衡协调，最终使组织运作与环境达成自动平衡。公共关系必须信守组织与自己的公众对象共同发展、平等相处、互利互惠、共存共荣的坚定信念。公共关系必须以公众为本，一个失去了公众的组织也就丧失了生存的环境。为了满足公众的合理需求，有时可能要求组织对眼前利益做出必要的"牺牲"。从长远来说，这是对组织生存环境的维护，属于组织的公共关系投资，是形象建设的要求。因此，组织在与公众交往沟通的过程，应从公众利益出发，真诚地对待公众，设身处地为公众着想，以公正平等的态度展开公共关系活动。

坚持平等互惠原则必须做到以下几点：第一，要对公众负责，由组织行为引起的问题对相关公众负责，实际解决由组织行为引起的问题，同公众一起承担社会问题的责任；第二，要对组织负责，协助本组织完成自身既定的任务，把组织生存、运行、发展建立在满足公众利益需求的基础上；第三，必要时牺牲组织的眼前利益也要满足公众的根本利益要求，这是公共关系的战略要求，也是对组织生存环境的维护。总之，社会组织在保证组织自身工作圆满完成的同时，要善于平衡组织与公众的利益，当组织利益与公众利益相抵触时，公共关系强调组织的利益服从公众利益。

1.3.3 开拓创新原则

一切事物都在发展变化之中，没有变化，发展也就无从谈起。公共关系的变化与发展，无不体现着社会组织不断更新观念、更新模式来适应不断变化的外部环境。在网络经济时代，"注意力"经济成为主流，"注意力""眼球"成为稀缺资源，谁能争取到足够数量的"眼球"，谁就能战无不胜。搜狐总裁张朝阳曾说："再好的产品如果不与注意力和瞩目性相结合，也创造不了价值。"国际公共关系协会主席卡罗琳·法齐奥称："公关界出现了类似广告界的趋势，要么你在30秒内抓住我的注意力，否则我就会转到另一个频道或网站。"因此，必须为客户迅速、有效、真实地传播简明易懂的信息，不仅要做到吸引注意力，而且要做到留住注意力。

1. 思维创新是决定性的创新

思维的创新必须遵循科学的策划规律。作为策划思维的主体——人脑，在进行策划思维时是有明确目的的，也有一定的价值模式和知识储备。当人们认识事物、策划公共关系活动时，容易用僵化的视角来认识事物，当人们以多元化的视角全方位地观察事物时，新的创意思路将会产生。从肯定视角来看，可以在失败、消极因素中看到希望；从否定视角来看，可以在一帆风顺中找到危机；从自我和非我视角来看，可以认识自我与非我、人类与社会，认识团体之间、民族之间差异的合理性；从求同视角来看，可以认识事物的普遍性；从求异视角来看，可以认识事物的特殊性，打破思维定式，突破经验教条，使策划进一步向理性回归。

2. 方法创新是提高工作效率的保证

做任何事情都要讲究方法，有了好的方法，将事半功倍，反之，事倍功半。公共关系是一项挑战性极强的事业，与各种各样的人打交道，其工作方法很重要，以情感人、以理服人、以利动人、以法制人，正是工作方法创新的具体表现。同时，公共关系的重点是传播信息、沟通组织与公众之间的关系、塑造组织形象。信息的传播与沟通，追求的是快捷、灵通、有效，公共关系人员应主动利用先进的传播工具及技术，综合运用各种媒介资源，达到传播效果的倍增效应。

3. 内容创新是公共关系活力所在

公共关系工作面临的是多层次、多变化的公众，如何适应多种变化，不断调整或变更有关工作内容，也是公共关系的一个重要课题。创新的出发点与归宿点都是满足公众的需求。随着生活水平的日益提高，人们已经不满足于基本的衣、食、住、行的需求，情感需求、精神需求成为主流。公共关系活动内容必须适应公众需求的变化，反映社会变化发展的时代特征，才能取得成功。

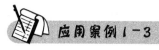

应用案例1-3

飞利浦：以有意义的创新　助力健康中国建设

《2018年国务院政府工作报告》显示，过去5年，中国经济结构出现重大变革，消费贡献率由54.9%提高到58.8%，服务业比重从45.3%上升到51.6%，成为经济增长的主动力。随着中国消费者生活质量的普遍提升，他们对健康的诉求也在不断升级。而随着"健康中国"上升为国家战略，健康消费必将成为消费升级新"风口"。

瞄准人们越发关注健康的趋势和其中蕴含的商机，飞利浦早在2015年就进行了名为"飞利浦6.0"的转型，为人们在"健康关护全程"中提供创新、整合、互联的解决方案。

2018年6月，飞利浦健康生活事业群全球首席执行官范爱博先生携带飞利浦全球团队到访中国。在接受记者采访时表示，中国是飞利浦第二大本土市场，并且在飞利浦全球发展战略中将承担越来越重要的角色。中国政府正大力推行的"健康中国2030"国策也与飞利浦的转型方向不谋而合。我们希望通过努力，将健康生活产品渗透到人们生活的方方面面，助力"健康中国2030"的实现。

1. 健康关护全程　科技推动创新升级

范爱博先生多次来过中国，他惊讶于中国年轻人的变化：消费升级的大背景下，人们更加愿意为健康投资。飞利浦多年来深耕本土市场,深刻洞察本地消费者的需求变化,目前正致力于以创新科技为从健康的生活方式及疾病的预防,到诊断、治疗和家庭护理的整个健康关护全程提供服务,从而提高人们的健康水平,以"有意义的创新"为消费者高品质的健康生活提供解决方案。

范爱博先生这样阐述飞利浦健康生活的愿景:成为人们健康生活的顾问,鼓励他们成为自身健康的管理者,养成更健康的生活方式,从而预防或延缓慢性疾病的发生。

范爱博先生向我们强调,"健康护理"不仅仅意味着医疗保健,更代表着健康的生活方式,也就是"防患于未然"。以飞利浦 Sonicare 钻石亮白智能系列声波震动牙刷为例,不但以每分钟 31000 次震动、360 度无死角对口腔进行清洁,更配合个性化刷牙指导 APP,通过智能定位感应、智能摩擦感应及智能力度感应追踪洁齿动作,提醒漏刷并进行补刷,为消费者提供及时的反馈和辅导。

2. 深化战略合作　引领健康科技

在 2018 年京东 6·18 大促中,飞利浦在个护电器、空气净化器、美容电器等品类勇夺魁首。后续,飞利浦与京东在北京签署了全球战略合作伙伴协议,双方将本着互利共赢、协同发展的原则,进一步深化智能家居、渠道拓展、大数据分析、供应链协作等多领域战略合作,为中国乃至全球消费者带去健康生活理念。

范爱博也出席了与京东的战略合作伙伴协议的签署仪式。他表示,飞利浦很高兴能与京东一起为更多消费者提供优质的健康生活解决方案,实现飞利浦的企业愿景。

通过此次战略合作升级,飞利浦将借助京东海量的消费者大数据优势,通过 AI(Artificial Intelligence,人工智能)算法与大数据集成,即时获取市场反馈和消费者需求,从而为消费者提供更符合需求的健康生活解决方案,推动产品创新升级。同时,飞利浦也将继续加强与京东的全球战略合作,帮助京东在世界范围内开拓新兴市场,致力于为全球更多用户带去飞利浦的健康生活解决方案和京东的优质服务。

范爱博先生在接受采访时说:"中国的电商行业体量全球最大,借由电商平台,飞利浦产品触角得以向二、三、四线城市延伸。更重要的是,电商行业的发展促使企业思考如何为消费者提供更健康、更高品质的产品,也为企业如何与全球市场交易提供了启发。"

3. 机遇与挑战共存　中国市场大有可为

2018 年是中国改革开放 40 周年。站在新时代的起点,以人工智能为代表的智能革命正加速融入全球经济社会,带动技术革新,推动产业升级和经济转型。作为最早进入中国的跨国公司之一,飞利浦同样认为物联网、大数据、人工智能等智慧手段将会在健康事业中扮演越来越重要的角色。

这样的土壤,也大大激励了诸多像飞利浦这样具有前瞻战略眼光的健康科技企业。未来飞利浦大部分产品将基于数字化和人工智能技术,同时为了能够更好地为中国消费者提供更符合需求的产品,飞利浦在上海成立了一家全球研发中心,与本地智能生态系统融合共创,开发符合中国市场实际需求的人工智能解决方案,并将这样的解决方案运用到个人健康管理情境中。

飞利浦凭借对消费者的洞察和丰富的临床经验,致力于在数字化设备、人工智能技术、数据整合分析等方面不断加快本土化创新,以此实现助力"健康中国 2030"建设的愿景。

(资料来源:编者根据中国公关网相关资料整理。)

1.3.4　全员公关原则

全员公关原则是指一个组织公共关系工作的开展,不仅要依靠专职公关部门员工的不懈努力,还有赖于其他部门员工的配合,要求组织的全体员工都树立公关观念,都要关注并参与公共关系工作,都要为公共关系工作做出贡献。

要搞好全员公关,必须进行全员公共关系管理。所谓全员公共关系管理,即通过全员的公关教育与培训,增强全员的公关意识,提高全员公关的自觉性,加强整体的公关配合与协调,全面调动员工的公关能力,形成浓厚的组织公关氛围与公关文化。具体来说要做到以下几点。

1. 树立全员公关意识

组织的领导应关注组织的公共关系状态，在经营管理中提出公共关系方面的要求，在实际工作中支持和指导公共关系工作。职能部门和基层的负责人，需要了解自己的公共关系责任：清楚自己的工作职责与公共关系的关系；努力使所属部门的业务支持整体公共关系目标；在工作中及时向公共关系人员寻求协作；让公关部门了解本部门的计划、作业、人员变动及新产品（服务）等方面的最新信息。

2. 充分重视全员的公关配合

组织及其公关部门要将公共关系的日常性工作与全体员工的日常行政、业务、生产工作结合起来；应该在有关的规章制度中明确每一个部门或岗位对公共关系应负的责任。

3. 努力培育组织的公关氛围

组织及其公关部门要经常在干部、职工中进行公共关系的教育和培训，开展公共关系方面的评比和奖励，努力培育组织的公关氛围和公共关系文化。

1.4 公共关系的职能

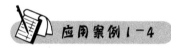

羊羔的说服力

一个牧场养了许多羊。牧场主的邻居是个猎户，养了一群凶猛的猎狗。这些猎狗经常跳过栅栏，袭击牧场里的小羊羔。牧场主多次请猎户把狗关好，但猎户不以为然，只是口头上答应，没过几天，他家的猎狗又跳进牧场横冲直撞，咬伤了好几只小羊羔。

忍无可忍的牧场主去找镇上的法官评理。听了他的控诉，明理的法官说："我可以处罚那个猎户，也可以依照法令让他把狗锁起来，但这样一来你就失去了一个朋友，多了一个敌人。你是愿意和敌人做邻居，还是愿意和朋友做邻居？"

"当然是和朋友做邻居了。"牧场主说。"那好，我给你出个主意，按我说的去做，不但可以保证你的羊群不再受骚扰，还能赢得一个好邻居。"法官如此交代一番，牧场主连连称是。

一回到家，牧场主就按法官说的挑选了3只羊羔，分别送给猎户的3个儿子。看到洁白温驯的小羊，孩子们如获至宝，每天放学都要在院子里和小羊羔玩耍嬉戏。因为怕猎狗伤害到儿子们的小羊，猎户做了个大铁笼，把狗结结实实地锁起来。从此，牧场主的羊群再也没有受到骚扰。

为答谢牧场主的好意，猎户开始送各种野味给他，牧场主也经常用羊肉和奶酪回赠猎户，渐渐地两人成了好朋友。

很显然，要说服一个人，最好的办法就是为他着想，让他能从中受益。同样道理，公共关系活动能使组织与公众之间建立互惠互利的良好关系，使组织在公众面前树立良好形象，这是公共关系最主要的作用，也是公共关系能受各种社会组织青睐的根本原因。

（资料来源：董原，2013. 公共关系学 [M]. 北京：中国铁道出版社.）

公共关系的职能是指公共关系在社会组织运行过程中的工作范围和应承担的责任。公共关系以塑造和改善社会组织形象为目标，围绕这一目标所开展的具体活动和工作形成了它的职能范围。公共关系自身独特的职能范围使它与组织的其他管理部门区分开来，并逐渐得到社会各类组织的重视。

1.4.1 采集信息

收集信息是公共关系工作的基础，社会组织每天都会遇到大量的问题。例如，公众的需要、新闻的焦点、市场的需求、产品的优劣、顾客的心理、高新技术的运用与发展、竞争对手潜在的威胁、组织形象等。大量的信息在飞速流动，谁能更快地掌握并能够更好地运用信息，谁就有可能赢得更大的主动性，更稳定地占领市场。企业之间的竞争，从一定意义上来说就是信息的竞争。美国麻省理工学院斯隆管理学院对美国六大公司150多个企业进行系统的调查后得出结论：成功的技术革新或新产品60.8%是来自用户的建议或改进了用户在使用中所出现的问题的结果。总之，收集信息是组织生存与发展的需要，也是组织公共关系工作中最基本的职责。因为在信息社会里，信息就是资源，就是财富。采集信息的内容包括以下几个方面。

1. 公众需求信息

公众需求是公众态度与意见的基本出发点，组织要想与公众建立良好的关系，必须了解公众的需求。因为公众的需求不仅是组织生存和发展的依据和动力，而且是公众利益和兴趣之所在。公众的需求包括物质方面的需求、精神方面的需求和未来的需求。例如，超美需求，公众对某种商品美感的追求而产生的购买欲望；同步需求，公众为迎合或追赶时代潮流而对某种商品产生购买的欲望；优越需求，为赢得他人赞赏而产生购买某种商品的欲望；习俗需求，公众由于受种族、宗教、文化背景、传统观念或某种社会环境等影响而产生的对某种商品的特殊需求欲望；价格需求，价格因素对绝大部分公众有较大的吸引力和影响力。另外，公众对商品的便利性、好奇、偏爱等需求，也是促使公众购买某种商品的因素。

2. 公众对产品形象的信息

产品形象是组织形象的客观基础。只有产品被接受而且受欢迎，企业存在的价值才能得到社会认可。公众对产品的意见和评价是多方面的，如质量、性能、功能、价格、款式、包装、售后服务等。公众对产品反映的好坏直接决定产品的销路和组织的生存。公众对产品优、缺点的评价及改进建议，是组织适应市场，在竞争中求得发展的关键。

3. 公众对组织形象评价的信息

组织形象包括公众对组织工作效率、经营理念、员工素质、服务质量、履行社会职责等方面的评价。组织形象是公众对组织的整体评价，而不是对某个方面、某项内容的评价。

1.4.2 参谋咨询

公共关系人员由于掌握了大量信息，对组织、社会和公众的基本情况比较了解，能够站在公众的需求和社会环境，以及组织自身利益的综合角度，客观地、科学地为组织设计具有较强社会适应能力和应变能力的决策方案。只有当公共关系成为最高管理层进行决策的一部分时，公共关系活动才最有效。因此，公共关系活动绝不是在政策、方案形成后去报道或发布信息的工作。

1. 帮助组织确定决策目标

现代企业的决策越来越专门化，整体的决策目标体系要分解为各个职能部门的专门决策目标，如生产决策目标、技术开发决策目标、财务决策目标、市场营销决策目标等。然而，各种专门决策目标又往往高度体现了本部门的利益，而忽视了从全局和社会的角度考虑决策有可能带来的社会效应。这就要求公共关系人员依据公众需求和社会价值来综合审视各专门决策目标可能引起的社会问题，并敦促决策部门及时调整决策目标，使决策目标既反映组织发展的要求，也反映组织的需求和社会利益。

2. 协助组织制定和选择决策方案

决策方案是实现决策目标的各种方法和措施的总和。公共关系人员要善于运用公关手段，协助决策者评价、选择和实施有关决策方案，特别是要关注决策方案在经济效益和社会效益方面的统一和协调，促进决策者重视决策行为的社会影响和社会效应。公共关系人员参与制定决策方案，要保证决策方案中必须包含两方面的内容：一是树立组织的良好形象；二是对组织的发展方针、政策、计划进行评估和建议。

上海奥美携手金纺　全新品牌理念触动千禧消费群

2018年7月，上海奥美携手联合利华旗下品牌金纺重塑全新品牌理念，发起新一轮情感营销攻势。整个营销方式一改金纺以往以产品功能性为主要宣传点的沟通方式，而更多从当代年轻人的情感需求出发，唤起消费者情感上的共鸣，从而让品牌更加深入消费者内心。同时，全新品牌营销活动选择备受年轻消费者喜爱的明星马思纯为代言人，以她健康时尚的舞台形象传达金纺品牌精致生活的新主张。

基于对年轻消费者的洞察和新的品牌理念，营销战全新打造三则拍摄精美的广告，分别为柔软篇、律动篇和吸引力篇，将金纺柔软、防静电、持久芳香三大功能点结合咖啡馆、美术馆与夜幕派对三个精致的生活场景进行呈现。

在此次营销战中，金纺品牌以"点滴精致，源自你身"的生活态度触动千禧一代消费群体，他们重视自身内心的感受，认为精致生活源于生活中的点滴，比如细细品味一杯手磨咖啡、阅读一本好书、精心呵护一件衣物，通过自己多一点爱的方式，去收获更精致的人生。而营销战中，上海奥美为金纺提出的情感宣言"你怎么对待自己，世界就怎么对待你"，深切地触动了广大年轻消费者的内心深处，在情感上产生了强烈的共鸣。

上海奥美集团董事总经理陈静仪认为：此次金纺的营销战充分发挥了奥美在传播策略、目标市场洞察，以及娱乐营销创意等多方面的专长。我们通过对金纺的品牌分析，确定以年轻消费群体为传播对象，遴选这一潜在消费人群所喜爱的明星马思纯进行代言，以富有情感的创意，为原本功能化的洗护产品增添了感性的色彩，把精致生活源于自身内心感受与生活中的点滴，护理衣物也是好好对待自己的理念自然地表达出来，深入挖掘了品牌在功能点之外的情感价值。

（资料来源：编者根据中国公关网相关资料整理。）

1.4.3 传播沟通

组织在不同的发展时期，其传播沟通应当有不同的内容和侧重点，公共关系人员要学会针对不同时期的特点做好自己的传播工作。

1. 组织初创的时期

组织初创时期宣传工作的主要任务是争取建立公众对本组织最初的良好印象，使公众产生对组织产品和服务的信心，同时使组织有吸引力，能够招揽人才，稳定员工情绪，争取投资来源。这时公共关系人员应当善于打造声势，先声夺人，使组织不同凡响。要做到这一点就应当在建立自己独特的风格、塑造自己特有的形象方面下功夫，如组织和产品的命名，商标、广告的制作，门面的装修等。这些都关系到组织最初形象的建立，也关系到组织今后的发展。美国肯德基在进入北京时，就制造了大规模的宣传声势。公司举行中外记者招待会进行大力宣传，并花 10 万美元租用通信卫星向全世界传播。同时，在北京前门大街肯德基快餐店门口树立起肯德基快餐业创始人的塑像，轰轰烈烈的公关宣传使肯德基快餐业在中国迅速发展起来。

2. 组织遇到风险的时期

在组织遇到风险的时期，组织的领导者和公共关系人员要沉着冷静，不要灰心丧气，要抓准时机，采取灵活机动的宣传策略，使组织及产品迅速被公众接受，从而度过风险期，转危为安。1959 年 11 月 9 日感恩节前夕，美国卫生教育福利部部长詹姆斯·弗莱明突然宣布，当年的克兰梅作物由于除草剂的污染，在实验室老鼠身上做试验产生了癌。当时正值克兰梅销售旺季，在大众传播十分发达的美国，"克兰梅致癌"的消息不胫而走，克兰梅的销售额直线下降。这一消息对于制造克兰梅果酱和果汁的海洋浪花公司而言，无疑是一个晴天霹雳。面对这突如其来的打击，该公司立即成立了一个 7 人的公共关系小组，向新闻界说明克兰梅是纯净的，并宣布要在第二天举行记者招待会，在美国全国广播公司《今日新闻》栏目中安排一个专访节目，让公司副总裁澄清此事。然后又致电詹姆斯·弗莱明，要求他立即采取措施，挽回因他失言造成的无法估量的损失。11 月 12 日，他们特别邀请了正在竞选总统的查德·尼克松和约翰·肯尼迪在电视屏幕上吃了 4 份克兰梅果酱，喝了一杯克兰梅果汁。通过采取一系列传播沟通措施，克兰梅在感恩节重新回到了货架上，使公司免受破产之灾。

3. 组织处于顺利发展的时期

在组织处于顺利发展的时期，公共关系的传播沟通应当致力于保持和维护组织的形象和声誉，巩固既有的成就，并且再接再厉，进一步扩大本组织的影响。广州中国大酒店在开业一周年之际，组织酒店全体员工拍"全家福"照片，近 3000 名员工在体育看台上组成一个"中"字，"中"既是酒店名称的第一个字，又象征全体员工的精诚团结。这一活动不仅营造了酒店良好而和谐的氛围，而且通过媒体的广泛传播引起了很大反响，扩大了组织的知名度。此外，组织在发展时期还应居安思危，从实际出发，从长远着眼，制定预防措施，避免今后组织形象遭受损害。

4. 组织形象受到损害的时期

组织形象蒙受损害通常有两方面的原因。一是外部原因，即由于公众的误解或他人的陷害而造成的。例如，1985 年 9 月，墨西哥发生了一场并不严重的地震，但由于某些记者渲染夸张的报道，给游客造成一种恐怖印象，使墨西哥的旅游业受到很大打击。二是内部原因，即由于组织自身工作没有做好，危及了公众利益而造成的，如废气、废水、废渣的排放泄漏，食物中毒，重大工伤事故等。在遇到前一种情况时，公共关系人员应当针对公众的误解进行必要的解释，澄清事实，对于他人的陷害予以揭露，并将本组织采取的预防措施向公众宣布，以防止公众继续受骗。在遇到后一种情况时，公共关系人员应当本着实事求是、有错必改的态度，坦率地检讨自己的过失，并积极采取补救措施，设法减少危机造成的影响，同时将组织已经或正在采取的改进措施及时公布于众，求得公众的谅解，以帮助组织重振声誉。1988年4月27日，美国一架波音737客机从檀香山起飞不久发生故障，飞机在高空发生爆裂性失压，一名空中小姐被猛烈的气浪抛出窗外，殉职蓝天。驾驶员临危不惧，沉着操纵，使飞机终于脱险，安全着陆，其余旅客和机组人员平安返还。这次空难无疑对公司的信誉构成威胁，但波音公司对此并未缄默不言，而是迅速做出反应，主动宣传并解释这次事故的原因是飞机太陈旧导致金属疲劳。这架飞机已飞行了20年之久，起落达9万次，大大超过了保险系数，却仍能在严重事故之后安全着陆，这足以证明波音飞机的可靠性能。而且新型波音飞机已经解决了金属疲劳的技术难题，因而购买波音公司的新产品就更安全了，这样，波音公司变被动为主动，通过新闻媒介及时而真实地加以宣传，不仅没有损害公司的形象，反而进一步赢得了信誉。

1.4.4 教育引导

公共关系作为一门塑造组织良好形象的艺术，不是一个公关部门或几名专业的公共关系人员就能完成这个艰巨任务的，它需要组织全体员工的共同努力：一方面，通过对本职工作的负责向消费者或服务公众提供称心如意的优良产品和服务；另一方面，通过员工对组织的关切和对组织形象的推崇来共同努力达成此项目标，即所谓的"全员公关"。同时，它也需要组织决策层真正树立良好的公共关系意识，将公关理念切实贯彻到决策及行为中，这意味着公共关系必须做好对决策层及全体员工的教育与引导工作。在组织创立期，要加强宣传教育，引导内外部公众了解组织、喜欢组织，提高组织知名度与美誉度；在组织顺利发展期，引导员工不断扩大组织的影响面，争取社会各种力量的关心和支持，借力发展；在组织形象受损时，则要坦诚说明事实真相，争取公众的谅解，并引导内部公众一起努力恢复组织形象。教育引导工作具体包括以下内容。

1. 员工的文化素质、道德观念、业务技术的培训教育

开展员工的文化素质、道德观念、业务技术的培训教育可以提高员工的基本素质，有计划、有步骤地使组织内部员工具备良好的文化修养和业务技术，更出色地履行本职工作，并能有意或无意地为组织形象"添彩"。例如，某一组织的个别员工在社会上违法乱纪，最终被绳之以法，他的行为对组织形象就是一种损害；反之，某位员工热心社会公益事业，义务献血数十年，或奋不顾身与歹徒搏斗，维护社会的安定，获"见义勇为"奖，这就是对组织形象的一次非常好的宣传，是一次成功的组织形象展示活动。

2. 组织主体内员工的系统公关知识教育

对员工进行系统的公关知识教育可以让全体员工了解公共关系基本原理与准则，从而树立正确的公共关系意识，时时处处以组织形象和公众利益为重，在内以主人翁态度，保证良好的服务质量和产品品质，在外能自觉地宣传本组织的成就，维护组织的正面形象。北京长城饭店曾有过这样两件"小事"，但却反映出饭店员工出色的公关理念。一件是服务员进客房打扫时，发现房客将看了一半的书扣在床上，服务员没有简单地将书合拢或折叠一角再合拢，而是找来一张小纸条，放在分页中再合拢放好；另一件是服务员进客房打扫时，

发现房客将零钱散乱在床上和桌上，她找来保安，一起细心地收拢，放置在一起，并在旁边留下一张纸条，上面写着："先生，您好，您的零钱已收拾在一起，共计××元，请您收好，服务员×××。"

3. 决策层及各部门主管的公关技能培训

决策层及各部门主管有针对性地进行公关技能培养可以提高其在传播、沟通、社会交往中的能力。例如，进行接待规范、礼仪、习俗、演讲技巧、谈话技巧、接受电视采访等方面的训练，规范公共关系基本层面的工作要求。

1.4.5 协调关系

所谓协调关系，是指公共关系在协调组织与社会公众之间关系方面具有重要作用。在现代社会，组织是一个开放系统，必须和周围环境建立广泛的联系。要达到这一目的，除了宣传引导外，公关部门还应通过其他一些日常交往活动，如座谈会、联谊会、研讨会、节庆活动、参观拜访、社会服务、社会赞助等，与公众进行有效的沟通，培养公众对组织的感情，赢得他们对组织的理解和支持。如果说宣传引导侧重于从组织到公众的定向影响，着眼于组织对公众认识的引导，那么沟通协调则侧重于组织与公众之间的双向交流，着眼于组织与公众情感的联络。

1. 组织内部沟通

组织内部沟通是让管理部门和员工彼此了解对方的想法和意图，协调好管理部门与员工、管理部门与股东以及管理部门之间的关系。实践证明，组织内部关系紧张，员工抱怨较多，很多都是源于内部沟通不够。成功的组织必然有一个高效的信息沟通网络，保证全方位信息交流的畅通，从而形成一个充满信任、团结合作气氛的良好内部环境。

2. 组织外部沟通

组织外部沟通是组织与其外部各类公众之间进行的信息交流。这种信息交流能避免或减少组织与其外部环境之间的摩擦和冲突，即便发生了冲突，也能在沟通的基础上迅速予以协调。组织外部沟通的办法很多，如开展社会赞助。组织作为社会的一员，对社会福利、卫生、教育、市政建设和文化生活的发展负有社会责任。同时，组织也只有在一个健全的社会里才能求得生存与繁荣。因此，组织开展社会赞助，帮助解决社会问题，可以在社区、媒介、顾客、员工等公众心目中树立社会责任感强的良好形象，赢得公众的好感。1983年，美国波士顿大学教授的调查研究表明，那些让公众感到社会责任感强的公司，往往也是赢利多的公司。因此，社会赞助是一项既对公众有利，也对组织有利的活动。

1.4.6 塑造形象

"形象"一词的本意是指人与物的形态、相貌、外观等，而组织形象则是指社会公众对组织及其行为综合认定后形成的一种总体评价，是组织的表现与特征在公众心目中的反映。

良好的组织形象对任何一个社会组织而言，都是一笔无形的财富，也是每个组织追求的最高目标，曾有人说过，假设可口可乐公司遍及世界各地的工厂在一夜间被火烧光，那么第二天的头条新闻一定是各国银行巨头争先恐后地向它提供贷款，这就是组织形象的价值。

良好的组织形象能给组织带来无穷的益处，为带有该公司名称的所有产品或服务创造出消费信心，如"肯德基"品牌，在中国儿童消费者心目中已树立一种超然的形象，以至于其连锁店遍地开花，令同类竞争者望而却步；预先为新产品的成功做了保证，为保留或吸引人才创造了条件；员工为自己在一个优秀的组织中工作感到自豪，各类人才也会慕名而来，使组织能招揽更多的优秀人才。

良好的组织形象能为吸引社会资金提供便利。随着西部大开发战略的实施，西部地区经济飞速发展，但资金和人才依然制约着其高质量发展，这就需要西部地区：要有一个良好的投资环境，一种真心实意欢迎外部企业投资、开发、赢利的良好氛围；要加大宣传力度，展示自身丰富的资源优势、优美的自然环境和淳朴的民俗风情，即尽快树立良好的地方形象。树立良好的地方形象有助于增进政府对组织的好感和帮助，有助于增进社区的支持，有助于建立与完善良好的营销网络。

1.4.7 监测环境

环境对于一个组织而言，是指对组织运行起着潜在影响的外部系统或力量。也有人将环境描述为"从整个宇宙中减去代表组织的那一部分后剩下的部分"。环境分为一般环境和具体环境。一般环境由经济环境、社会环境、技术环境等构成；具体环境是指竞争者、政府、股东、顾客、供应商、金融机构等公众。一个组织的生存和发展，离不开它所处的环境的影响和制约。

监测环境是指通过信息收集和观察，预测影响社会组织生存和发展的内、外部环境的变化情况和趋势。监测组织环境的关键在于全面、真实、及时地收集组织环境信息。监测环境的方法主要是通过收集信息、分析加工信息来完成的。因此，监测环境从根本意义上说，也是收集信息职能的一个重要部分。监测环境是一项比较复杂的"工程"，内容也十分广泛，就其主要方面分析，应重点关注三大趋势。

1. 监测环境变化趋势

环境可以从经济、社会、技术3个方面对组织产生影响。环境对组织运行的影响是不言而喻的，如社会需求和市场环境的变化会从整体上影响组织的经营。因此，组织必须密切关注社会环境的发展动态，以使组织能根据环境变化主动采取相应措施，获得更大的发展空间。

2. 监测政府决策趋势

在现代社会，任何社会组织必然要和政府部门打交道，如企业在开业之前，就要向相关政府管理部门进行资格申请，获得批准后方可进行生产经营活动。在生产经营活动中，又必须与工商、税务、卫生等部门打交道。因此，组织必须受到政府部门直接或间接的影响，组织必须和政府部门打交道，同时必然受到政府的法律、法令、法规以及政治、经济、文化、外交等方面政策的影响。任何组织的现实行动都必须符合政府的现行政策，未来行动则必须符合政府的未来政策走向。这就要求公关部门密切关注政策环境，随时掌握政府决策动态和方向，及早预测与组织有关的各种现行政策可能发生的变化，以及这种变化可能带来的机遇和挑战，以使组织提前准备应对之策，保证组织的正常发展。

3. 监测竞争对手的发展态势

每个组织都存在一个或多个竞争者。组织必须洞察竞争对手的状态、借鉴竞争对手的成功经验和失败教训，分析竞争对手的优劣，预测竞争对手的未来走向，这样才能使组织知己知彼，取长补短，立于不败之地。监测竞争对手的现实状况和发展态势，是公共关系的重要工作。

除此之外，还需监测股东、顾客、供应商、金融机构、媒介等公众的动态，做出反应。环境因素大多是动态的，存在不确定性，如顾客的偏好改变、竞争对手引进了新技术等，这些都应随时引起组织的关注。

1.4.8 危机处理

危机是由于外界环境因素或组织自身因素引起的危及组织形象和生存发展的突发性和灾难性事件或事故。危机是组织生存发展的大敌，处理不好往往会造成重大损失，甚至威胁组织的生存。因此，公共关系的重要职能之一就是控制组织的危机，即对危机进行有效的防范和全面的处理。

首先，建立危机的"预警"机制。组织在运行过程中，不可能避免突发事件的发生。如何对可能发生的事件进行调查、监控是非常重要的。公共关系可通过不断的信息采集、分析和反馈，对组织运行状态进行监测，及早发现或捕捉那些可能引起纠纷和事故的隐患。这样一方面可以缓解矛盾，杜绝恶性事件的发生；另一方面能预先采取必要对策，避免出现束手无策的被动局面。其次，当危机发生时，公共关系应进行妥善处理，在调查研究的基础上，对当事的公众、有关主管部门和新闻媒介，以及内部员工都要实事求是地说明真相，掌握对外报道的主动权，以组织为第一消息发布源，时刻将公众利益放在首位，主动承担责任，争取以诚恳的态度和切实的行动为解决矛盾和问题创造有利条件。同时采取果断的应急措施，及时控制事态的发展，并与新闻媒介取得联系，争取使它们对事件进行客观、公正、准确的报道。

1.4.9 专题策划

策划活动是公共关系的重要职能之一。由海马汽车主办的"汇聚全家福，挑战基尼斯——向祖国60周年献礼"活动自2009年8月8日正式启动。作为一个向祖国60周年华诞献礼的活动，该活动开始后即刻得到了海马用户和广大网友的热烈响应，首周官方网站注册量便轻松过万。活动征集照片的时间，从新中国成立之日起至今，跨度长达60年，其中既包括了温馨感人的家庭生活，也包括了积极向上、团结一致的团队工作场景，参与者通过"汇聚全家福，挑战基尼斯"活动平台充分表达了他们对"家"的解读，并最终体现了对祖国这个大"家"的热爱。至9月20日，活动征集"全家福"照片的数量超过10万张，官方网站注册人数达30万，网站浏览量突破百万大关。9月25日，随着最后一张全家福照片拼贴完成，一幅长21米高17米、由来自祖国20000多个家庭的26800张"全家福"照片共同拼成的巨型中国地图，出现在金山岭长城脚下。至此，历时近50天的海马汽车"汇聚全家福，挑战基尼斯——向祖国60周年献礼"活动正式落下帷幕。整个活动有气势、有声势、生动活泼、特征鲜明、主题突出，给人们留下了深刻的印象，达到了比较理想的公共关系效果。

本 章 小 结

本章主要阐述了公共关系的内涵、原则、职能和公共关系的发展过程等内容。公共关系是组织运用传播手段,进行协调公众关系、改善发展环境、树立良好形象的管理活动。

公共关系的原则有实事求是原则、平等互惠原则、开拓创新原则、全员公关原则。

公共关系的基本职能有采集信息、参谋咨询、传播沟通、教育引导、协调关系、塑造形象、监测环境、危机处理、专题策划。

学习本章应注意了解公共关系内涵的辨析,注意探讨公共关系的含义和特征,把握其各种观点;应明确公共关系的基本原则,并注意公共关系的职能与作用。通过学习本章,可为公共关系全学科的学习打下坚实的理论知识基础。

习 题

1. 填空题

(1) 艾维·李在（　　　）中郑重提出了"凡是有益于（　　　）必有益于（　　　）"的信条。他主张"公众必须被（　　　）",应该向公众"（　　　）"。

(2) 商务公共关系是指（　　　）为塑造良好的（　　　）,创造和谐的（　　　）,谋求与公众共同（　　　）,而运用（　　　）与公众进行双向沟通和协调的一种独特的管理活动。

(3) 组织形象是指（　　　）对一个（　　　）内在精神素质和（　　　）事物的认识和（　　　）,简单而形象地说,就是组织在公众（　　　）中的印象。

2. 选择题

(1) 公共关系的基本要素包括（　　　）。
   A. 组织　　　　　B. 传播　　　　　C. 环境　　　　　D. 公众

(2) 在市场营销中,公共关系侧重于（　　　）。
   A. 塑造企业整体形象　　　　　B. 强化企业形象的市场影响力
   C. 营造良好的市场环境　　　　D. 创造长期的营销环境

(3) 公共关系学是（　　　）与（　　　）相结合的产物。
   A. 管理学科　　　B. 电子学科　　　C. 传播学科　　　D. 人文学科

(4) 现代信息社会中管理学发展的一个趋势是日益重视（　　　）。
   A. 传播资源　　　B. 信息资源　　　C. 关系资源　　　D. 形象资源

3. 简答题

(1) 什么是公共关系?公共关系有哪些构成要素?

(2) 如何理解公共关系状态?

(3) 为什么现代公共关系诞生于 19 世纪末 20 世纪初的美国?

(4) 艾维·李对现代公共关系的主要贡献是什么?

(5) 贯彻公共关系的全员公关原则要注意哪些问题?

4. 实际操作训练

按规范设计企业公共关系状态监测表，安排学生对某企业进行公共关系状态监测，分析企业公共关系工作存在的问题和解决的措施，并提交一份监测报告。

5. 案例应用

一场关于薯条的消暑潮流席卷中国，金拱门（麦当劳）是怎么做到的

一个印着薯条图案的透明背包在2018年夏天意外地走红了。

你似乎在哪里都可以看到它——传统文化与新兴潮流相互映衬的老北京胡同，年轻人们背着它穿梭其中，像一个最新的流行符号；香港招牌错落的街市，夏日热闹氛围与女生们清凉的装束之中，这个透明背包可谓一个恰到好处的点缀……

在上海、成都、重庆、西安等十多个城市，印着薯条的透明背包、雨伞与夏日拖鞋出现在年轻人的穿搭选择里。看上去，好像是薯条元素成为2018年夏天的时尚潮流，时尚界和年轻人都在为之兴奋。

但不好意思，这并不是来自什么巴黎设计师的时尚单品，说出来你可能不太相信，这些潮流单品全都出自餐饮品牌麦当劳。而引爆这一切的，则是一个已经诞生数年的"大薯日"活动。从2015年开始，麦当劳便在其与粉丝互动的"麦麦粉丝节"当中加入了"大薯日"——在大暑这一个节气，取麦当劳经典产品"薯条"之趣意，以"薯"消暑。

配合"大薯日"，在麦当劳门店中，除了推出新品"薯格"，还有"买一送一"这样的超级促销。如今的"大薯日"，更像是一个让麦当劳粉丝与品牌互动，并且吸引更多潜在客户成为粉丝的入口。

当时引发大家更多关注的是麦当劳在"大薯日"期间在线上售卖的麦当劳周边。以往的"麦麦粉丝节"里，无论是"大薯日"还是"派DAY"，麦当劳的周边只是以极少数量、单向赠送的方式送给幸运粉丝。这种将麦当劳经典元素与潮流单品跨界的营销方式，在社交网络上大获成功，不少粉丝疯狂留言询问获得机制，甚至愿意溢价购买。

2018年大薯日，麦当劳制作了8000个薯条手袋、5000把薯条雨伞和3000双薯条拖鞋，在线上的闪店公开售卖，降低了粉丝获得周边产品的门槛。这些设计迎合了当下的时尚潮流及年轻人的穿搭审美，加入了品牌与产品的元素但并没有喧宾夺主，而是恰到好处。换句话说，这些周边是年轻人真正喜欢，并且乐意使用的。

麦当劳在跨界周边的设计上也如"大薯日"一般，配合了夏日节气的主题。购买一包薯条来消暑，已经不足以吸引渴望追求酷的年轻人，在个人生活方式即为自我潮流的年轻人心中，他们需要更多可以表达自我的东西。再看看麦当劳那些看上去就很清爽和酷炫的透明背包、雨伞及夏日必备的拖鞋，每一件都击中消暑与潮流的需求。

品牌推出跨界周边并非什么新鲜事，在过去的一两年内，这样的营销方式层出不穷。但是如麦当劳这样，用相关周边引发一场关于薯条和品牌的消暑狂欢，则是一个品牌营销能力的考验。

麦当劳的办法是将这些周边与"消暑"的概念渗透入年轻人的生活方式当中。

为了体现"全民过大薯"，当时麦当劳在北京、上海、广州、重庆、深圳和香港等10个城市选取了经典场景，捕捉年轻人与麦当劳经典周边单品如何度过大暑的瞬间。将麦当劳试图打造的"大薯日"和"以薯消暑"的习俗与城市的特色风土人情相结合，从而引发粉丝与顾客的共鸣。

上海的年轻人在石库门的阴影下乘凉，透明雨伞与薯条拖鞋在画面中显得惹眼而明亮；重庆的茶馆里，年轻人们背着透明背包，穿着薯条拖鞋，用最地道的方式与夏天消遣……像是打卡一样，在麦当劳的呼吁之下，全国各个城市的年轻人，纷纷在社交网络上上传自己"演绎"麦当劳消暑周边的照片。

这背后的驱动力，则是他们看到了在自己熟悉的城市之中，用一种酷的方式来消暑的可能。麦当劳便是通过这些带有亲近感的场景和画面，让他们加入这场狂欢中，再通过自发传播，形成一个蔓延全国的消暑潮流。

事实上，想要让年轻人参与到一场由品牌发起的消暑活动中，并不简单。

社交网络时代，传播渠道与方向已经由过去的单一轨迹，变成了错综复杂的环境。每个人都可以制造声量，并且影响传播的角度与方向，无论你是品牌，还是个人。而品牌在这样的传播环境之中，或许只有真正了解目标消费者，通过洞察与互动，与他们成为朋友才能够有效沟通。

麦当劳"大薯日"的消暑盛宴也是这样——它基于多年来对年轻一代消费者的洞察，配合"大薯日"的消暑节点，将关于酷的潮流，注入各地年轻人的生活方式之中，让他们在其中找到共鸣与认同，从而自发地参与到消暑狂欢中。

麦当劳近年来在社交网络上一直有着不俗的表现，近期的世界杯营销与这次"大薯日"也同样在年轻人群体中制造出不少的社交声量（Social Buzz）。

藏在背后的逻辑其实并不复杂，但是要获得认可则需要一定的积累和洞察——去了解你的客户群真正喜欢什么，哪怕只是一个简单的薯条手袋。

（资料来源：编者根据中国公关网相关资料整理。）

问题：

"薯条消暑"案例中运用了哪些公共关系的原理与技巧？

【拓展视频：公共关系史，从讲故事到讲真话】

【第1章　在线答题】

第 2 章

公共关系的构成要素

> **教学目标**

通过本章学习，掌握社会组织、公众、传播的含义；了解社会组织与环境的关系、社会组织与形象的关系；了解公众的特点、公众分类的意义，组织基本目标公众的情况；掌握传播的基本原理、公共关系的传播媒介及传播效果。

> **教学要求**

知识要点	能力要求	相关知识
社会组织的要素	(1) 掌握社会组织各要素的含义；(2) 了解社会组织的特征与功能；(3) 熟悉社会组织的科学分类；(4) 了解社会组织与环境的关系	(1) 公共关系机构；(2) 公众；(3) 公共关系环境；(4) 组织活动；(5) 公共关系目标；(6) 组织形象定位
公共关系人员的素质和技能	(1) 熟悉公共关系人员的基本素质和技能要求；(2) 善于培养自己的公共关系意识；(3) 提升自己的公共关系素质	(1) 公共关系职业；(2) 公众信息传播；(3) 关系协调；(4) 形象管理；(5) 传播媒体
公共关系传播的要素	(1) 了解传播的基本要素；(2) 熟悉传播的基本方式及特点；(3) 学会在公共关系实践中运用传播模式	(1) 自身传播；(2) 人际传播；(3) 人群传播；(4) 组织传播；(5) 大众传播；(6) 传播效果
公共关系形象与目标	(1) 了解社会组织与形象的关系；(2) 了解组织目标与塑造形象的关系；(3) 理解组织形象对组织发展的重要性	(1) 公众印象；(2) 有形形象；(3) 无形形象；(4) 真实形象；(5) 理想形象；(6) 目标策划

> **基本概念**

社会组织　公众　传播

公关部和公关人员

时下商战愈加激烈,许多企业都说要公关,但是否应该成立公关部?公关部到底可以做什么?由什么人来做?

有一本著名的商战小说,女主人公是一位美丽干练的销售精英,没有她拿不下的订单。美丽的女销售遇上竞争对手兼过去的恋人,终于倾诉衷肠:"我不会再做你的对手了,我就要转到公关部做总监了。"

请问,要是把你从销售部调到公关部,是提拔你还是贬低你?

做了十多年的公共关系我才发现,世界上没有比这个行业更难解释的了。其他的行业如木匠、设计师、律师、法官、司机、会计、导演、星探、发型师、闻香师、兽医等,都可以用一句话解释清楚,唯有"公共关系"无法解释清楚。

其实这个行业的人,最讨厌其他行业盗用自己的名义,如"夜总会招男女公关,要求五官端正,乐于奉献,月薪两万,兼有提成"。

公共关系界有一个"大腕儿",外界都请她讲课。有一次她在一个很大的场合给人们讲某著名跨国公司如何在中国市场打造形象,塑造令消费者信赖的品牌,让企业文化具有凝聚力,让员工具有归属感。她用生动的语言和案例赢得了热烈的掌声。她说:"我今天特地叫来了我的父母坐在台下,很多年以来,他们一直不大清楚我在做什么,今天是我给他们的回答。"

公共关系界的"大腕儿",给自己的父母解释自己做什么工作,尚且需要讲一个小时,别人又该怎么办呢?

简单一些说,如果你是级别不断上升的商务人士,如果你是正在扩大财富的企业家,你可能碰到下面的情况。

产品质量出了点小问题,电视台的人扛了机器在工厂门口拍摄,你厂里的保安把大块头的摄像师绊了一个跟头,人和机器都摔坏了,第二天全城市民都指责"黑产品"和"黑保安";苦心经营的产品,总是敌不过那些在公众面前颇有人缘又找了明星做代言的竞争品牌;国家遇到了一场自然灾害,全国人民都在捐款和声援,你作为名人一时激动在网上跟人争执,说我们公司员工捐款一律不超过10元,第二天你和你们公司都要被唾沫淹没;被评为"全国知名企业家",在央视颁奖晚会上只能有一分钟的获奖感言,多一秒都不行,你该说什么,怎么在一分钟之内让观众记住你和你的公司?

这个时候,有个声音在你耳边说,该成立公关部了。

21世纪是传播的世纪,公共关系的世纪。只要一个人或组织需要依靠公众生存,他就需要公共关系。那么公共关系到底是做什么的呢?

公共关系的主体是社会组织。组织在开展公共关系活动、落实公共关系任务、执行公共关系职能时,必须依赖于一定的组织机构和人员,这是做好公共关系工作的组织和人员保障。

(资料来源:龚荒,2009. 公共关系——原理、实务、案例 [M]. 北京:清华大学出版社.)

思考题

什么是公关部?公关部在企业中的地位和作用是什么?对公共关系人员有哪些要求?

2.1 公共关系的主体

社会组织是公共关系的主体,即公共关系活动的承担者、实施者、行为者。

社会组织在公共关系活动中起着控制者和组织者的作用,主宰着公共关系活动,决定着公共关系状态。因此，认识社会组织的结构与功能，明确组织形象的重要性，对于全面理解公共关系的有关理论、有效地开展公共关系活动具有重要意义。

2.1.1 社会组织的概念、特征和分类

1. 社会组织的概念

作为公共关系活动主体的社会组织是指一个群体，即为实现一项共同的目标而有计划、有组织地建立起来的社会机构，并对机构中的全体人员指定职位、明确职责、交流信息、协调工作，使之在实现既定目标过程中获得更好的效果。各种社会组织通过一系列的相关活动，发挥自己的职能，满足社会各个领域的不同需要。工厂、商店、机关、学校、医院等都是这样的社会组织。

一个社会组织的构成包括以下几个方面。

（1）有一定的共性

组织要有一定的共性，并由经过挑选的人员组成相互依赖、彼此合作的集体。

（2）有确定的目标

组织目标是指所要完成的任务及其活动所要达到的目的。社会组织是人们有意识地为实现特定的目标而建立起来的，它的行为有很明确的目标导向。因此，确定的目标是社会组织形成和发展的基本要素，也是社会组织最基本的特征之一。

（3）有一个规范性的组织章程

组织章程的内容包括组织名称、性质、目标、任务、原则、机构等。组织章程在一定程度上来说是对组织结构的安排和设置，即社会组织为实现其目标而规定信息沟通、权利和责任的正式系统，以便把任务、权利和工作流程结合成有机统一的整体，成为一架高效运行的机器。

（4）有一个权威的领导班子

组织整体功能形成的根本因素就在于拥有一个权威的领导班子，按照组织目标和内在机制结构的要求，对组织进行统一领导、指挥和管理，发挥自身的表率功能、代表功能、象征功能、升华功能，凝聚组织内部的分散力量，形成统一的意志和行动。

（5）有一定的物质基础和技术设备

任何社会组织都是一个"输入－输出"系统。组织的动作既需要有人，又需要有一定的物质投入，即需要运用一定的技术、设备、工具，消耗一定的材料和能源。

2. 社会组织的特征

社会组织是社会的基本元素。尽管它的存在形式千差万别，但一般都具有以下特点。

（1）导向性

社会组织是人们为了实现特定的目标而建立起来的，它的行为有很强的目标导向。建立组织就是为了达成某个特定的目标，组织的成员正是"为了一个共同的目标，走到一起来的"。

（2）整合性

组织一般都具有严密的内在结构和机制，组织内各分支系统、各个流程环节、各个成员之间都存在相互依存、相互作用的关系。通过这种结构纽带，社会组织把分散的人、财、物、信息与环境等因素在一定范围内整合起来，从而服务于组织目标的实现。

（3）动态性

社会组织是社会发展的产物，它的存在和发展势必要受到社会环境的制约。环境的不断变化要求组织不断地调整自己的方针、政策、经营理念等，不断进行自我协调、自我改造和自我更新来适应环境的变化需要，只有这样，组织才能够更好地在社会上生存发展。

3. 社会组织的分类

社会组织是具有特定目标、职能及一定独立性的社会群体，具有多样性。组织的目标、组织的原则、组织利益往往有很大差异，所以必须对社会组织进行科学的分类。社会组织的分类有多种角度：有的从组织的社会功能的不同来划分，有的从组织的目标与受益者关系的不同来划分，还有的从组织对环境适应的不同来划分，等等。

由于公共关系研究的是组织形象塑造问题，因此，对组织进行分类将有利于人们更好地把握公共关系。社会组织的存在纷繁复杂、形式各异，可以根据不同的标准对其进行不同的分类。但鉴于组织类型对公共关系行为影响较大的因素主要是赢利和竞争，这里主要根据组织是否赢利和是否具有竞争性为标准，将组织分为4类，即竞争性营利组织、竞争性非营利组织、独占性营利组织和独占性非营利组织。

（1）竞争性营利组织

这类组织一般包括生产型组织、商业组织、服务型组织等。它们为了自己的经济利益，为了在市场竞争中争取顾客，一般都会比较主动地争取公众的支持，树立良好的组织形象，但比较容易偏重与市场活动直接相关的公众，其公共关系行为的营利性较为明显。

（2）竞争性非营利组织

这类组织一般包括各类专业学术团体等，它们没有营利动机。但由于需要在竞争中赢得舆论的理解和公众的支持，因此也十分重视公共关系，会尽可能广泛地建立和发展自己的公共关系。

（3）独占性营利组织

这类组织是指在市场竞争中居独占性地位的组织。由于其产品或服务具有独占性，其他组织无法与其竞争，这类组织很容易产生违背公众利益的行为，从而使自己陷入不利舆论的困境。我国改革开放发展到今天，这类组织已经不多了。

（4）独占性非营利性组织

这类组织主要包括国家机关和军队等。由于利益驱动及压力竞争的缺乏，这类组织往往容易忽略自己的公众，公共关系意识比较薄弱，公共关系行为相对滞后。

2.1.2 社会组织与组织环境

1. 组织环境的概念

组织环境的定义尚未统一，但并不冲突。加雷思·琼斯说："组织环境是指超出组织边界但对管理者获得、运用资源有影响的一系列因素和条件的组合。"斯蒂芬·P. 罗宾斯说："环境是指对组织绩效起着潜在影响的外部机构或力量。"托马斯·卡明斯说："组织的环境是指任何组织之外的直接或间接影响组织绩效的事务。"管理学教授赵锡斌认为："所谓企业环境，是指一些相互依存、互相制约、不断变化的各种因素组成的一个系统，是影响企业管理决策和生产经营活动的现实因素的集合。"

组织环境是指影响组织活动的一切内部和外部因素的组合。

2. 组织与组织环境的关系

每个社会组织都是组织环境的产物，反过来又影响、改变着组织环境。

组织与组织环境的关系，不是组织对组织环境做出单方面的适应性反应，组织对组织环境也具有积极的反作用。主要表现为4点：①组织主动地了解环境状况，获得及时、准确的环境信息；②通过调整自己的目标，避开对自己不利的环境，选择适合自己发展的环境；③通过自己的力量控制环境的状况和变化，使之适应自己活动和发展，而无需改变自身的目标和结构；④可以通过自己的积极活动创造和开拓新的环境，并主动地改造自身，建立组织与环境新的相互作用关系。

另外，组织对组织环境的反作用也有消极的一面，即对组织环境的破坏。这种消极的反作用又会影响组织的正常活动和发展。组织环境是相对于组织和组织活动而言的，只有相对于组织和组织活动的外部物质和条件才具有组织环境的意义。在人类产生之前，自然界就客观存在，只有在人类通过分工协作形成了自己的社会活动，从而也产生了对这些活动的管理之后，自然界的一部分与人类的这种活动相关联，才成为组织环境。因此，组织环境的性质与内容都与组织和组织活动息息相关：与一定经济组织的经济管理活动相联系的是经济组织环境；与一定军事组织的军事管理活动相联系的是军事组织环境；与一定教育组织的教育管理活动相联系的是教育组织环境等。这些组织环境都是与一定组织和组织活动相对应的。

2.1.3 社会组织目标与公共关系目标

1. 社会组织目标

当社会组织的形象发生恶性变化时，应尽可能地促使它朝相反的方向转化，至少要阻止它继续恶化的势头；当社会组织的形象产生良性变化时，应保持它的发展趋势，并进一步将其深入；当社会组织的形象比较模糊时，应尽可能树立起一个清晰的、良好的组织形象。

（1）组织形象定位

所谓组织形象定位，是指组织根据环境变化的要求、本组织的实力和竞争对手的实力，选择自己的经营目标及领域、经营理念，为自己设计出一个理想的、独具个性的形象位置。定位理论最早出现在20世纪60年代末美国广告界的一些文章里，1972年，在美国很有影响的《广告年代》杂志上正式出现。当时强调的是通过广告攻心，将产品定位在顾客的心中潜移默化，而不改变产品的本身。到20世纪80年代，美国著名营销专家菲利普·科特勒开始把定位理论系统化、规范化。他指出，定位就是树立企业形象，设计有价值的产品和行为，以便使细分市场的顾客了解和理解企业与竞争者的差异。可见，要想组织在公众心目中留下清晰、深刻的印象，就必须有准确的形象定位。

在现代社会中，多数组织采用公共关系、广告等宣传手段塑造自身的形象。可广告及公共关系活动数量的暴增，导致对公众的影响力相对减弱。加上繁多的形象宣传方法造成沟通"过度"使公众更难在眼花缭乱的市场中确认某一组织。此时，最有效的辨识方法就是明确独特的组织形象定位。只有这样，才能使组织形象深入人心，使其在消费者心目中扎下根。否则，组织形象就无法产生。

例如，日本尼西奇公司在第二次世界大战结束时只有30多名职工，生产雨衣、游泳帽、卫生带、尿垫等多种产品，品种杂多，缺乏准确的形象定位，生产经营极不稳定。战后的经济恢复和发展为企业带来了契机。有一次，尼西奇公司的董事长多川博在考虑市场定位时看到了一个日本的人口普查报告，得知日本每年大约出生250万个婴儿。多川博想，如果每个婴儿用两条尿垫，一年就需500万条。如果能够出口，市场就更大了。于是尼西奇公司把企业及产品定位于"尿垫大王"上，放弃一切与尿垫无关的产品，最后通过明确的形象定位占得日本70%以上的婴儿尿布市场，成为名副其实的"尿垫大王"。由此可见，在当今产品、宣传都极大丰富的时代，组织形象要得到公众的认可，首先就必须进行准确的定位。

（2）组织形象定位的原则

组织形象定位主要应遵循以下原则。

① 组织形象的定位应将组织利益与社会利益相结合。

② 组织形象的定位应将民族化与全球化相结合。

③ 组织形象的定位应追求个性化与差异性。

④ 组织形象的定位应强调统一性与连贯性。

（3）组织形象定位的特征

① 组织形象定位的性质——找寻差异。即组织塑造形象的过程和活动均是发掘、维护和提升个性，围绕个性或独特性来开展的。因此，组织形象定位事关组织本来形象的总体态势和特征，它是组织形象战略的核心，是组织形象塑造活动中具有决定性的因素和环节。

② 组织形象定位的依据——环境分析。具体来说，环境分析的内容主要包括社会环境分析、组织实态分析等。社会环境分析主要是对经济发展、技术进步、国家政策、法律规定、社会文化等因素的分析；组织实态分析即通过系统性的组织实态调查，一方面把握组织自身的实际状态，另一方面把握社会公众对组织的期望和要求。环境分析的过程实际上就是进行大量的、系统的市场调查和形象调查，以及对这些调查资料进行整理、归纳、统计的过程。

③ 组织形象定位的基础——组织总体发展战略。组织形象定位是在组织总体发展战略的基础上制定的，它必须反映组织总体发展战略的内容，这也是组织战略管理的客观要求。也就是说，组织形象定位与组织总体发展战略之间是互相联系、互相影响、互为保证的双向的动态关系。

④ 组织形象定位实现的手段——管理职能的发挥和传播活动的开展。要想实现组织形象定位的决策意图，一方面在组织的运作和各项社会活动中，必须严格以组织形象定位决策的要求来约束、规范组织的行为，并对外部公众实施科学的引导和管理；另一方面还要把这种具有个性特征的组织形象运用系统的传播策略和传播手段传递给公众，使公众不仅看到、体验到组织的各种行为和社会活动，同时还能了解组织产生这些行为的内在驱动力，感受到组织的思想和文化等，从而使组织确立独特、鲜明和丰满的形象地位。

2. 公共关系目标

公共关系目标是指在一定时期内，能控制组织机构公共关系活动全过程的总目标和指导实施方案中的各个分目标。组织机构的各项公共关系工作都围绕这些目标而开展。确定公共关系目标应遵循下述原则。

(1) 与组织整体目标相一致

公共关系是社会组织在完成工作总目标过程中派生出来的工作内容。因此，它必然服从和服务于社会组织的总目标。这就决定了公共关系目标与社会组织总目标是从属关系，公共关系目标要从组织整体利益出发，进行通盘考虑。

(2) 塑造组织的有效形象

公共关系目标的内涵，一方面要考虑社会公众的共同利益和共同要求，另一方面要考虑组织发展的利益。确定公共关系目标时，选择组织利益与公众利益的相交点，是塑造组织有效形象、实现社会效益与经济效益统一的关键。

(3) 把抽象的目标概念具体化

公共关系目标应采用具体的、可测量性的目标。这样既有利于实施，又便于检验，执行起来也不会使人无所适从。

2.1.4 公共关系机构

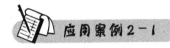
应用案例 2-1

国际知名公关公司简介

1. 奥美公关

1980 年成立于美国纽约的奥美公共关系国际集团（简称奥美公关）是世界十大专业公关公司之一。它和奥美广告等姊妹公司分享同一企业品牌，自 1995 年开始在中国大陆设立分公司，目前已成为国内著名的国际公关企业。2002 年，奥美公关收购西岸公关，这是跨国公关公司向本土公关公司抛出的第一个绣球，为其本土化策略迈出了重要的一步。奥美公关中国区董事总经理柯颖德认为："在国外品牌到中国抢占市场的时候，我倒觉得中国的企业首先要想的是，如何在中国巩固住自己的市场。而利用好公关这个手段值得企业家们考虑。"

在中国，奥美公关从事于建设和保护品牌形象的事业，并且协助客户进行改革。奥美公关的服务范围涵盖业务增长、企业变革、资金筹集、危机管理、领导地位定位、行政总裁来访安排、媒体关系、技巧开拓、产品销售、结盟关系拓展、员工和政府关系等。奥美公关致力于提供解决之道，所以很多国际大企业都选择了奥美公关作为自己的公关代理，比如 BMW、IBM、联合利华、美林证券、福特汽车等世界著名企业都是奥美公关在中国的长期服务客户。

奥美公关的愿景是致力于建设优势品牌，并使之传承百世。他们帮助国内外的客户销售他们的产品，在日益碎片化和愈加喧闹的数字化世界中，让其品牌有所作为。他们能够定位品牌的市场目标。而对于创意和实效"双峰"的坚持，确保了每场营销战的创造力和有效性。此外，他们还拥有整合营销的专利工具——FUSION，它能够帮助客户的品牌在复杂多变的市场中有效穿行。

在全世界 120 个国家范围内，奥美公关共有 450 个分支机构，服务于 500 多家公司和组织。其中许多重要的客户与他们的合作关系已历经半个世纪。自从 1992 年进入中国市场，25 年当中奥美公关帮助许多本土、国际客户在中国市场取得成功。

2. 博雅公关

博雅公共关系有限公司（简称博雅公关，Burson-Marsteller）是全球领先的战略传播和公关公司。他们运用自身的战略眼光，打造创新的计划，协助客户建立并巩固企业和品牌声誉。他们可为客户提供包括公共关系、公共事务、数字媒体、广告等诸多传播服务，服务的客户涵盖跨国公司、行业协会、专业服务公司、政府及其他大型机构。

1985年，博雅公关在新华社的邀请下进入中国，成为最早进入中国市场的国际公关公司之一。今天，他们通过在北京、上海、广州、成都和深圳5地的服务团队，向客户提供可衡量的传播和顾问服务。

博雅中国汇聚了各行业的传播专家，将国际先进经验和对中国市场的了解予以充分结合。该公司的中国团队具备政府机构、消费类产品营销、金融、高科技等诸多领域背景，全心致力于帮助客户实现可衡量的传播目标。

3. 蓝色光标

正如其公司主页上显示的那样，蓝色光标（数字）传媒集团（以下简称蓝色光标）是一家在大数据和社交网络时代为企业智慧经营全面赋能的数据科技公司。蓝色光标及其旗下子公司的业务板块有营销服务（数字营销、公共关系、活动管理等）、数字广告（移动广告、智能电视广告、中国企业出海数字广告）和国际业务，服务内容涵盖营销传播整个产业链，以及基于数据科技的智慧经营服务，服务地域基本覆盖全球主要市场。

蓝色光标业务的历史最早可以追溯至1996年。蓝色光标公关顾问机构，业内俗称"蓝标"，1996年由几位志同道合的年轻人共同创立。仅仅用了8年的时间，蓝色光标已经发展成为中国本土规模最大的专业公关代理公司之一，在上海、广州、成都、西安等地设有分支机构。上海蓝色光标是上海地区口碑最好的公关公司之一；广州蓝色光标，以对媒体运作的深刻了解而著称。蓝色光标于2010年在深圳证券交易所创业板上市（股票代码：300058），2017年公司营业收入超过152亿元人民币。蓝色光标公司总部位于北京，现有员工约6000人，在中国各大区域设有分支机构，并在北美、欧洲以及亚太其他国家和地区拥有国际业务网络。

蓝色光标持续服务于约2000个国内外品牌客户，其中世界500强企业100多个。客户涵盖信息技术、汽车、消费品、房地产、互联网、金融、游戏七大行业的知名品牌。

蓝色光标是首都文化企业30强单位，也是北京文化产业投融资协会联席会长单位、首都文化产业协会常务理事单位；同时还是中国广告协会副会长单位、中国4A协会会员单位。蓝色光标作为中关村高新技术企业，拥有软件著作权70多项、技术专利近20项。

4. 爱德曼

爱德曼（Edelman）是全球领先的独立公关公司，致力于在急剧变化和快速融合的世界中帮助客户建立和维护企业品牌形象。爱德曼公司成立于1952年，总部在美国，是世界上最大的独立公关公司，在全世界拥有40多家分公司和2000多名专业咨询顾问。1985年，爱德曼进入中国市场，在北京、上海和广州设有办事处，并在全国18个二线城市设有合作机构。

爱德曼最著名的公共关系案例是在短短的两年半时间内帮助纽约人寿（New York Life）提升了在中国的知名度，获得了中国政府发放的非常有限的经营许可证，在激烈的竞争中脱颖而出。他们在亚太地区有超过25年的历史，业务遍及11个市场。他们全力投入当地社区发展，全力帮助社区发展。专注于创新品牌营销、企业传播、利益相关者传播、科技传播、媒体关系、B2B传播、新媒体互动营销、卫生保健品牌传播以及可持续和企业社会责任传播。他们洞察客户利益相关者的需要，以及不断变化的传播和媒体环境。他们协助客户提升品牌信任、改变消费行为、引导受众互动，并最终帮助客户获得商业成功。他们凭借创新理念和专业服务，基于对市场、品牌、受众和互动模式的充分了解，致力于为客户提供系统解决方案并创造价值。

（资料来源：编者根据网络资料整理。）

1. 公共关系机构的职能

社会组织的公共关系机构是指特定社会组织处理、协调、发展本组织与社会公众和组织内部公众关系的部门。

公共关系机构与计划部门、业务经营部门、财会部门、劳动人事部门等一样，是组织体系的重要组成部分，是重要的职能部门。它在组织中的地位与作用是其他部门无法替代的。具体来说，其职能作用有以下几方面。

① 追求组织和社会利益的一致。
② 以真实和符合社会公众利益的方式来树立组织的形象。
③ 协调社会各界关系，减少摩擦。
④ 应酬组织的烦琐工作，成为领导的"有效代表"。
⑤ 培养员工感情，做到组织与员工同舟共济。

2. 公共关系机构的设置原则

设置公关部机构要从组织的实际出发，坚持所设置的公关部必须分工协作、协调一致、有效工作，使公关部成为追求共同目标的机构，自愿效力的工具，沟通意志的桥梁，进行协调工作的中枢。具体说来，应遵循以下原则。

（1）任务、目标原则

任务、目标原则是指要依据组织公共关系工作任务的大小和重要程度、组织的目标来决定公关部的规模、人员编制及在组织结构体系中的地位。在这里，有两个方面必须考虑：一是组织的总目标，二是受组织目标所制约的公共关系目标。总目标是全体员工共同奋斗的目标。公共关系目标是组织总目标的重要组成部分，目的是配合组织总目标的实现。正是包括公共关系目标在内的许多具体目标的连锁，才构成了一个完整的目标体系。

按照任务、目标原则设置公关部要以事为中心。因事设机构、设职务、配人员，以做到人与事的高度组合。一般来说，大、中型经济组织公关事务较多，需要设置公关部，而其他社会组织若公关事务较少，其公共关系机构也相应小些。

（2）分工协作原则

分工协作原则是指组织公关部内部既要有明确的分工，又要密切地协作，使公关部构成一个有机的整体，如在公关部内部设置媒介关系组、职工关系组、社会关系组、宣传资料组等。不同的机构，要有明确的职责范围，这不仅有利于提高公共关系工作专业化水平和工作效率，而且有利于明确责权。如果公关部内部没有分工，必然形成遇事相互推诿、无人负责的状况。当然，分工不等于分家。作为组织内部的一个部门，人员有限、力量有限，而且某一专项的公共关系工作往往工作量较大，靠一两个小组、几个人员在一定时间内是难以完成的，需要大家配合才能完成。对于较大型的公共关系活动，需团结一致，齐心协力去完成。同时，公关部的多方面工作是相互联系、相互渗透、相互作用的。只有彼此协作得好，才能产生积极的整体效应。

（3）精干高效原则

公关部的人员应该精干、有活力、工作效率很高。在服从组织经营管理和有效开展公关活动的前提下，力求减少内部机构的数量和人员。只有机构精简、人员精干，工作效率才能提高。否则，追求规模大、人员多，必然出现机构臃肿、因人设事、人浮于事、办事拖拉、效率低下、费用增加等情况。结果，公关部本身不但不能提高组织形象，反而在对外接触和工作过程中有损组织形象。要坚持精干高效原则，关键是公共关系人员的配置。组建公关部时，一定要慎重地选拔人才，把真正具备公关才能的人安排在公关岗位上，做到才职相称、人尽其才。

(4) 责权对等原则

责权对等原则也就是责权一致原则。所谓权力，是指在规定的职务上具有指挥和行事的能力。所谓责任，是指接受职位、职务时应尽的义务。有多大的权力必须承担多大的责任，这是理所当然的。

公关部受组织的委托，负责处理内外、上下级关系，必须要有相应的权力。没有权力，该拍板时不能拍板，该表态时无权表态，显然会失去协调关系的能力，所肩负的责任也必然落空。只赋予权力，而没有明确的责任，势必为公关部提供滥用职权的机会和条件。坚持责权对等，其职务、权力和责任等明确、规范，制定出章程，公共关系人员在工作中才能有所遵从。

3. 内部公共关系机构的设置模式

组织内部设置公关部，需要从两个方面进行考虑。

(1) 宏观体制

宏观体制即公共关系在整个组织体系中的地位。根据我国一些组织设置公关部的情况来看，绝大多数组织的公关部与其他职能部门平行，即为二级管理部门，由一名副职领导分管。在特殊情况下，公司经理也可以直接主管，公关部则向公司经理报告工作。某公司内部公共关系机构的设置如图2.1所示。

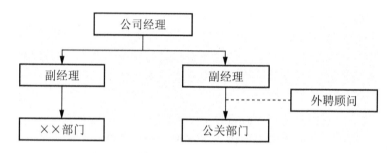

图2.1　某公司内部公共关系机构的设置

(2) 微观体制

微观体制即一个公共关系内部的构成和职能的划分，这需要根据组织的规模和工作重要性程度而定。一般有以下模式可供选择。

按公共关系分类设置的公关部，如图2.2所示。

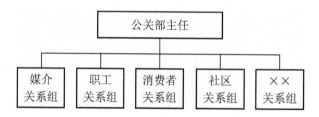

图2.2　按公共关系分类设置的公关部

按公共关系过程设置的公关部，如图2.3所示。
按公共关系技术设置的公关部，如图2.4所示。

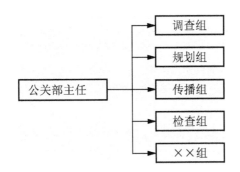

图 2.3　按公共关系过程设置的公关部

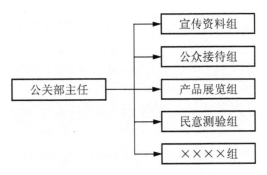

图 2.4　按公共关系技术设置的公关部

2.1.5　公共关系人员

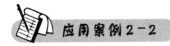

选才标准

1. 奥美公关公司

客户经理的任职资格：①有 4 年以上公关服务背景，有汽车行业客户服务经验者优先；②具备整合营销或公共关系传播策划能力、组织能力及项目管理能力；③具备良好的文字驾驭能力和良好的新闻敏感性；④熟悉各类媒体的宣传模式，并能熟练应用；⑤诚实可靠、坚韧、乐观，具有团队合作精神；⑥具备良好的英文沟通交流能力。

公关实习生的任职资格：①对公共关系、媒体关系、市场营销充满热情；②有一定文案基础，思维活跃，有创意，有公众号运营经验者优先；③具有社交网络互动的能力，对当前社交网络交流有较好认识，有一定的图片、视频设计与编辑能力为佳；④具有良好的沟通能力和团队合作精神，做事认真负责；⑤热情、主动、积极，刻苦耐劳，对工作能够认真负责，坚持跟进项目一段时间；⑥英文读写能力强。

2. 博雅公关公司

实习生要求：①本科或以上学历毕业生；②具备优秀的中、英文写作及口头表达能力；③具备较强的沟通能力和团队协作能力；④具备同时处理多项任务的能力；⑤在工作压力下能较好地管理时间和安排工作优先次序；⑥有媒体、广告、市场营销领域相关经验者优先考虑。

3. 迪思公关公司

客户经理任职要求：①2 年以上公关或互动营销行业相关工作经验；②具有丰富的网络媒介经验，能熟练应用各种网络营销手段；③善于发现项目炒作点，并具有一定的写作能力，能够比较流畅地撰写稿件和方案；④具有良好的团队合作精神，良好的组织协调能力和表达能力；⑤有独立工作能力，责任心强，工作细致认真；⑥能承受较大的工作压力。

实习生任职要求：①有志于从事广告、公关、营销策划、设计等传播行业的在校生；②具备极强的沟通与人际交往能力；③有团队合作精神；④能熟练应用计算机办公软件。

（资料来源：编者根据网络资料整理。）

从知名公关公司的选才标准不难发现，大家都相当自觉地遵循着以下几项原则。

（1）具有良好的沟通能力、表达能力和团队合作能力。

（2）具有良好的文字驾驭能力、写作能力。

（3）具有热情、认真、主动、积极等性格特点。

（4）强调熟悉媒体、广告等或致力于从事该行业。

（5）对管理者而言强调有一定的经验。

1. 公共关系人员的职业素质

中华人民共和国人力资源和社会保障部将公共关系人员定义为：专门从事组织机构公众信息传播、关系协调与形象管理事务的调查、咨询、策划和实施的人员。

公共关系人员应具备较好的心理素质，有良好的知识结构和实际操作能力与技巧，并要具备良好的职业道德，这样才能成为一个合格的公共关系人员。

从狭义上理解，公共关系人员是指从事公共关系职业的专职人员；从广义上理解，公共关系人员泛指组织内部和外部从事直接的公共关系工作、公共关系理论研究和公共关系教学的人员，以及在公共关系协会等公共关系组织机构工作的人员。

任何一次严谨的调查、巧妙的公共关系策划、有力的传播、圆满的操作、科学的评估都要由训练有素的公共关系人员来完成。有人说，公共关系的竞争就是公共关系人才的竞争，此话不无道理。优秀的公共关系人才为组织开拓市场，可以想人之所未想、能人之所未能，创造奇迹；可以为组织塑造国际名牌、积累巨大的无形资产。在国外，有人将公共关系人员、医生与律师并称三大自由职业者。20世纪80年代，美国统计最富竞争力的20项职业中，有8项与公共关系有关。

公共关系人员的素质是指公共关系从业人员在运用传播媒体，实施增强组织机构的生存能力和在公众心目中树立良好形象的目标过程中，所表现出来的知识、个性、兴趣偏好、风度、工作作风、政治及文化素质修养等生理和心理方面的总和。

有人认为，公共关系从业人员应具备现代企业家、宣传家和外交家的素质。这看上去似乎要求偏高一些，但从现代社会的发展情况来看，公共关系从业人员的基本素质确实需要花较大力气去培养和提高。

素质是一个集生理学、心理学和社会学等多种意义的综合范畴。狭义的素质单指人的生理特征；广义的素质则主要指人的社会心理特征，包括人的感知能力、记忆能力、思维能力、反应能力和运动能力，以及个人的性格、兴趣、知识、品格及气质等特征。

公共关系人员的心理素质是组织公共关系人员基本素质的基础。一般论述公共关系人员心理素质往往从希波克拉底对人类性格的4种划分开始，即胆汁型、多血型、黏液型、抑郁型，或从内向型、外向型进行剖析，而在社会生活中的绝大多数人都是综合型。人的心理素质也是如此，社会角色的要求与塑造大大超过生理因素对一个人影响的程度。总的来说，公共关系需要情商高的人才。根据公共关系工作的实际需要，公共关系人员必须具备以下心理素质。

(1) 追求卓越、渴望成功的心理

成功首先需要的是成功的心态、成功的欲望，需要有成功的动力。俗话说："不怕做不到，就怕想不到。"想不到就不会成功，可如果连追求卓越、渴望成功的愿望都不具备，想都不敢想，就会从根本上与成功无缘。公共关系需要人发挥自己最大的聪明才智，以不断创新的能力去竞争，要敢想、敢于创造惊世之作，策划出引起轰动的公共关系活动。与一个普通工人在生产线上按部就班地完成自己工序的任务不同，公共关系需要去创造、策划，放眼组织之外，关心社会公众，在全国乃至世界范围内寻求机遇、寻求成功。因此，公共关系需要更强大的动力系统。

公共关系活动虽然有时看上去轰轰烈烈，但凡是从事专职公共关系工作的人都深知其中甘苦。策划一个大型公共关系活动对人的心力、体力都是极高的考验；社会对公共关系工作期望又很高，如果没有强烈的事业心，就坚持不下去。不求上进的平庸之辈和只顾眼前、见好就收的实用主义者都不可能成为一个合格的公共关系专业人员。

(2) 易于投入、热情工作的心理

公共关系行业与医生行业有些类似，是为社会组织诊断，由于其职业道德和生存需求，往往不能自由选择公众对象，正如医生不能选择病人一样。另外，公共关系行业在很大程度上是一个中介行业、代理行业，因而不可能只埋头干一件事就会获得成功，一个公共关系人员如果不能迅速转换角色、迅速投入新领域，就无法工作。

公共关系是一个既动脑又动手，既有学又有术的职业，公共关系人员不是审批方案的决策者，要做到嘴勤、手勤、腿勤，要动脑，要动手写，动手做，要到处跑。一个公共关系人员能否胜任这些工作，是否受欢迎，关键在于是否具备愿意投入、热情工作的心理素质。

(3) 自信的心理

公共关系要创新，必然要承受压力，甚至是巨大的压力。有自信心是公共关系人员职业心理最基本的要求。有了自信心，才能激发极大的勇气和毅力，最终创造出奇迹。

公共关系是一项创造性的劳动，它的价值在于塑造出组织最佳形象，创造出前所未有的效益，因而在手法、技巧上要敢于走前人没有走过的路。当一个创造性的新方案一时得不到大多数人的理解与支持时，有较强的自信心，敢于坚持用实践去检验真理，很可能就能成功；如果缺乏自信心，不敢承担必要的风险，也许一个天才的设想就会被平庸所扼杀，一个创新的领域就被经验主义所束缚，公共关系就因失去其创造性的艺术光芒而丧失存在的价值。

(4) 开放乐观的心理

公共关系本身就是一种开放型的工作，因而要求公共关系人员以一种开放的心理适应这一工作。公共关系人员在工作时会遇到各种各样的人，应该能够应付自如、游刃有余，善于异中求同，与各种类型的人建立良好的关系。

此外，公共关系人员还应具有强烈的求知欲，多研究新事物，关心新问题，接受新知识、新观念，不拒绝一切有益于公共关系的信息。公共关系工作的创新性会带来一定的风险，工作中就必然会遇到这样、那样的困难与挫折。面对困难与挫折，公共关系人员应能达观面对，走到哪里就把微笑带到哪里，而不能把满脸愁容带给公众。这不仅是对公共关系人员的一种心理素质要求，而且还是公共关系人员的一种职业规范。

2. 公共关系人员的品质

（1）个性心理品质

个性心理品质指个性心理倾向（如动机、兴趣、思想等）和相对的静态特征（如性格、气质等）。

① 兴趣。兴趣是人们行为的导向，一个人想要做什么，怎样设计自己的前程和奋斗目标，在很大程度上由兴趣决定。从科学的角度讲，兴趣是指人们积极探究某种事物、进行某种活动的倾向。兴趣能借助人情感的愉悦来使人乐于做一件事。一般来说，它能成为人们克服困难创造奇迹的动力。作为公共关系人员，兴趣可以驱使人努力学习公关知识，刻苦钻研公关技能，勇敢地投入公共关系事业中；兴趣可以使人能经受住困难与挫折的考验，知难而进；兴趣可以使人积极主动地刻意创造。这些对公共关系人员来说尤为重要，因为只有独树一帜的创新，才能达到最佳的公关效果。

② 性格。性格是指一个人对现实稳定的态度体系及与之相适应的习惯的行为方式。这就是说，个人对国家、对组织、对他人、对自己持何种态度，面对突发事件采取何种行为方式等。这些都是个人性格的反映，所以一个人的性格对工作、生活起着很大的作用。人的性格的形成既有天生的因素，又有后天的造就，具体地说，人的性格形成是社会环境与自我调节共同作用的结果。作为公共关系人员要认真地弥补自己性格方面的缺陷，使之健康地发展。

③ 气质。气质是指一个人的典型的、稳定的心理特点。这种心理特点主要表现为心理活动的动力特征。心理活动的动力是指心理过程的速度、稳定性、强度和灵活性等。

不同的气质类型往往给一个人的心理活动涂上独特的个人色彩。例如，胆汁质的人所表现出来的谦虚带有自制的色彩，抑郁质的人所表现出来的谦虚则带有胆怯的色彩。需要说明的是气质类型本身无好坏之分，但对从事不同类型的工作来说，某种气质类型更为适宜，某种类型则稍微困难一些。对于从事公共关系工作的人来说，多血型的人较适宜，而抑郁型的人不太适宜。

总之，公共关系人员最佳的心理应表现为以下4点：①乐观外向，轻松兴奋，心平气和，很善于并且乐于与人交往；②有理智、重实际，不感情用事、忽喜忽怒；③精明能干，富有事业心，虽然待人友善热情，但绝不是天真，因为这样的人往往具有一种天然的魅力，从而能够吸引公众，公众愿意与之交往；④头脑冷静，绝不是为了交往而交往，而能在不露声色之中左右公众，形成或改变公众的态度，进而达到自己的目的。

（2）伦理道德

伦理道德是指以高尚的思想情操去处理人与人之间、个人与社会（集体）之间的关系。

（3）职业道德

职业道德是指与人们的职业活动紧密联系的、具有自身职业特征的道德准则和规范，也就是从事一定职业的人们在职业活动过程中必须遵循的行为规范的总和。

职业道德是一定社会对于特定职业从事者的要求，是社会道德在职业劳动中的具体体现。公共关系人员的职业道德是指公共关系人员在从事公共关系活动中所必须遵循的行为规范的总和。

(4) 政治品德

政治品德是指正确的世界观，以及建立在这个世界观基础上的政治立场和所代表的思想等。这是作为合格的公共关系从业人员的基本素质。

3. 公共关系人员的知识素质

公共关系人员的知识素质是指其知识结构与水平。知识结构与水平在很大程度上决定了一个人的业务能力和思维能力。

(1) 知识结构的特点

公共关系工作的特殊性要求公共关系人员的知识水平也比较高，这是因为能力的提高毫无疑问是与知识修养成正比的。公共关系人员需要掌握的学问门类较多，包括文化、经济、法律、科技等方面，也包括本专业方面的要求。但无论怎样分类，总体上有如下特点。

① 广博性。公共关系学科内涵小、外延宽，大量的公共关系实务的成败取决于公共关系人员综合知识和综合能力的表现。因此，要求公共关系人员要有广博的知识。另外，由于公共关系具有多种职能，这就是说，公共关系人员必须具有实施多种职能的相关知识。若公共关系人员要将公共关系艺术应用于管理之中，那么他必须掌握与管理科学相关的知识，如市场学、管理学等。若公共关系人员将公共关系艺术应用于宣传、推销活动中，则要求他掌握社会交往、人际沟通等相关知识。由此可见，作为公共关系人员来说，广博的知识是必不可少的。

② 更新性。社会发展日新月异，人类认识不断深化，知识更新也日渐迅速，当然公关知识也不是凝固的、僵化的和不变的，它是一个动态的、开放的、不断吸收新知识、不断进行自我完善的知识体系。公共关系人员也应该认识到这一问题，要跟上时代发展，及时学习新知识。只有这样，才能更有效地提高自己的公共关系能力。

③ 实践性。公共关系工作是一项操作性很强的工作，有很多知识是不能仅凭书本获得的，必须在实践中学习，在实践中提高。否则，尽管熟知原理，但是工作起来仍不能得心应手。

④ 层次性。公共关系工作分为初、中、高 3 个层次，相应地对公共关系人员也就有不同程度的要求。从事中级公关事务的人员，与应掌握一些人际交往、礼仪接待方面活动的组织实施的初级公关人员相比，其要求较高一些，除了前面讲的初级公关知识，还应掌握与各类专题活动（如记者招待会、开业大典等）的组织、策划等有关的知识。高级层次的公共关系即公共关系创造策划，对公共关系人员要求更高，不但要掌握与公共关系有关的学科知识、熟练掌握公共关系实务的技巧，还要了解和掌握有关创造、策划等方面的知识和技巧，只有这样，才能为组织创造出新颖的、具有轰动效应的公共关系活动。

(2) 知识结构的内容

公共关系人员的知识结构是公关知识体系在其头脑中的固化，这个知识体系包括职业公共关系人员从事公共关系工作所必需的专业知识和相关知识。一般来说，成功的公共关系人员应该是一专多能的"杂家"。通常要求公共关系人员所具备的知识结构包括 4 个方面。

① 公共关系的基础理论知识。公共关系理论是人们对于公共关系社会实践活动的科学的总结和理论概括。知识应包括公共关系的基本概念，公共关系的由来和基本原则，

公共关系的三大要素，即社会组织、公众和传播的概念与类型，不同类型的公共关系机构的构建原则和工作内容，公共关系工作的基本程序等。公共关系的理论体系与知识结构是一个开放的系统，要不断地发展、充实，逐渐吸收各国的特色并深入行业之中，开拓新的领域。

② 公共关系的基本实务知识。公共关系是一门哲理性、实务性都很强的学科，公共关系人员除了要通晓公共关系的基本知识，还必须具备公共关系的基本实务知识。公共关系的基本实务知识包括公共关系调研的知识、公共关系策划的知识、公共关系活动实施与评估的知识、处理各种危机的知识、公众对象分析的知识、与各类公众打交道的知识、社会基础文明和社交礼仪的知识等。

③ 与公共关系密切相关的学科知识。一个合格的公共关系专业大学生应具备的知识、课程包括：A. 专业骨干课程——公共关系关系学、公共关系人员素质、策划；B. 传播学及相关门类课程——传播学原理、媒介理论与实务、演讲与口才、人体语言、应用写作、计算机应用、谈判理论与技巧；C. 管理学及其相关课程——管理学原理、组织文化、市场营销、广告概论、会计学原理、法律门类课程（如经济法）；D. 基础课程——社会学、心理学、文化学、逻辑学、实用美学。此外，公共课按教育部规定开设。

④ 与服务对象相关的特定的公关知识。公关部是一个人才能力互补的群体，作为其中一员应有自己的专长，或长于对内关系，或长于对外传播交往，或长于专题策划，或长于国际公共关系，以便在群体中发挥自己的作用。没有一定专长的公共关系人员在今天的公共关系工作中会感到力不从心，很难有更好的发展。

4. 公共关系人员的智能素质

公共关系人员的智能素质主要指其综合运用知识的能力。从管理学的角度讲，管理学重视人的知识水平，但更重视人的智能水平，要求多谋善断，富有开拓精神，敢于创新。由于公共关系的工作过程是一种信息的传播活动，所以要求公共关系从业人员必须具备良好的智能素质，即有丰富的工作经验，有观察问题、分析问题和解决问题的能力，有认识世界和改造世界的综合能力。

5. 公共关系人员的身体素质

公共关系人员的身体素质主要是指其体格状况，要求身体健康。

6. 公共关系人员的职业道德准则与职业能力

公共关系人员是公共关系事业的主力，是组织形象的主要策划者和传播者，其素质的高低、优劣，直接影响公共关系的效果。公共关系人员应具备较好的心理素质，有完整的知识结构和解决实际问题的能力，并要具备良好的职业道德，这样才是一个合格的公共关系人员。

（1）公共关系人员的职业道德准则

道德是社会意识形态之一，是人们共同生活及其行为的准则和规范。公共关系要讲职业道德。早在 1923 年，爱德华·伯尼斯在他的第一本专著中就提出了公共关系从业人员的职业道德。此后，各国的公共关系协会、国际公共关系协会都制定了公共关系的职业道德和行为准则，中国也做了这方面的探索。公共关系职业道德成为公共关系事业发展过程中的一个不可回避的探索。公共关系人员应自觉遵循以下已为行业认同的职业道德准则。

① 强烈的事业心和高度的责任感。公共关系人员应自觉地认识到自己所从事的工作是本组织整个工作的重要组成部分，自身工作的优劣关系到组织目标能否实现。因此，在工作中要有献身精神，要尽心尽责、锐意进取，从而卓有成效地完成自己所担负的每一项工作。

② 忠诚。这是对公共关系人员最起码也是最重要的职业道德要求。这种忠诚既是对组织的忠诚，也是对公众的忠诚。对组织的忠诚表现为不得抵制组织目标，忠诚地为组织的目标工作。对公众的忠诚表现为对公众讲信誉，全心全意地维护公众的利益。

③ 正直。公共关系人员应具有公正坦率的道德品质。正直一般表现为性格的刚直、作风的正派、品德的公正无私。公共关系人员要与众多的服务对象打交道，其言行稍有不端，就会损害公众的利益，也会损害组织的形象。正直要求说真话、不吹牛、不撒谎，坚持原则、守信用、不背信弃义。无论是在公共事务中还是在私人生活中，都应该襟怀坦白、堂堂正正。这样才能给公共关系工作带来良好的声誉，工作才能取得成效。

④ 热情。公共关系人员在与人交往中，必须热情洋溢、真诚而礼貌。公共关系人员是代表组织与公众和其他组织交往的，在一定程度上称得上是组织的社会活动家和外交家。热情的态度可以使对方感到你的诚意、恳切、友好、礼貌，为交往的顺利进行打好基础。当然，要求公共关系人员热情，绝不意味着可以丧失自己的立场，更不能搞曲意奉承，把公共关系变成庸俗关系。

⑤ 注重仪表。仪表包括人的仪容、姿态、举止和风度，这是反映一个人内在美的外部形象。良好的仪表首先要有高尚的感情和道德情操，做到内在美与外表美的统一。公共关系人员应该做到衣冠整洁、举止大方、言谈适度、讲究礼仪，一言一行要表现出积极、认真、向上的精神风貌。端庄的仪表既是对别人的尊重，也是自重自爱的一种表现。

在众多公共关系组织制定的职业准则中，《国际公共关系道德准则》的影响最大。很多国家的公共关系组织都采用该准则，或以此为范例做些变动，以适应自己国家的需要。

《国际公共关系道德准则》由国际公共关系协会名誉会员、法国的卢西恩·马特拉特起草，于1965年5月12日在雅典国际公共关系协会全体大会上通过，所以又称《雅典准则》。

（2）公共关系人员的职业能力

职业能力是人们从事其职业的多种能力的综合。公共关系人员不仅要有良好的知识结构，还应具备必要的职业能力。

美国著名学者斯科特·卡特李普等人所著的经典著作《有效的公共关系》将公共关系工作概括为十大类：写作、编辑、与新闻媒介联络、特殊事件的组织与筹备、演讲、制作、调研、策划与咨询、培训、管理。根据这些工作内容，将公共关系人员的能力概括为：对紧张心理的控制能力；个人创造能力；好奇心与求知欲，有很强的认知能力；精力过人、有雄心大志；客观地考虑问题，实事求是，有出色的判断能力；具有从他人的角度考虑问题的能力；为他人服务的精神；全面的适应能力。

公共关系传到中国以后，各界先后对中国公共关系人员的标准和能力提出要求。1999年，中华人民共和国劳动和社会保障部提出公共关系的职业能力特征是：较强的口头与书面语言表达能力；协调沟通组织内外公众关系的能力；调查、咨询、策划和组织公共关系活动的能力。

随着改革的深入和人才素质培养的需要，还可以将公共关系人员的能力素质分解概括为以下 8 个方面。

① 较强的文字和口头表达能力。公共关系人员的文字和口头表达能力是其从事公共关系工作的基本功。公共关系人员担负对内外宣传、塑造组织形象的任务，要编写组织宣传材料，撰写新闻稿件，编写组织刊物，为发言人和领导撰写演讲稿，起草活动计划方案，撰写各种报告和总结。这些工作都要依靠公共关系人员的文字功底。公共关系人员的文笔不仅要有闪光的灵感、丰富的情感。商场就是战场，要分秒必争，舆论就是"无冕之王"，与它打交道不能有丝毫差错。为了向外界及时报道宣传，公共关系人员经常需要边组织公共关系活动边撰写高质量的新闻稿，活动一结束，稿件马上发出；一个好的策划思路出现，有时要抢在竞争对手之前把文章发出来。文字功夫不过硬，就可能会贻误战机，使精心策划的活动失去新闻价值。

口头表达方式是最常用、最简捷的传播手段，也是人类沟通思想的重要手段。古人评价口才时说："一人之辩，重于九鼎之宝；三寸之舌，强于百万之师。"西方国家有人认为："口才、金钱、原子弹是人类生存的三大武器""口才、金钱、计算机是人类生存的三大工具"。心理学家认为："人才不一定有口才，有口才的人一定是人才。"公共关系工作在很大程度上是一种劝说工作。因此，公共关系人员需具备一定的口头表达能力，要能清晰明了地发布信息、表达思想，而且要幽默机智、谈吐风雅、引人入胜、令人信服。公共关系人员应有意识地训练自己的演讲、谈判能力。

② 健全的思维能力。公共关系工作属于一种智力产业，健全的思维能力对于公共关系人员来说至关重要。

健全的思维能力要求公共关系人员心智成熟。

健全的思维能力要求公共关系人员的思维具有系统性。公共关系工作千头万绪，公众的要求千差万别，公关事务具体而繁杂，这就要求公共关系人员有一定的系统运筹能力，思路清楚，安排得当，抓住关键，提纲挈领。

健全的思维能力要求公共关系人员有一定的思维深度，善于全面思考，分析问题能由浅入深、由表及里、去粗取精、去伪存真，善于抓住事物的本质，找出矛盾的症结所在。

健全的思维能力要求公共关系人员能善解人意，能进行换位思维，领悟他人意图。公共关系人员的角色地位要求他上对决策者、下对公众，着眼于人心的管理，在人们的心中塑造组织形象。如果不能站在他人的角度、公众的角度考虑问题，就做不好公共关系工作。

健全的思维能力要求公共关系人员能明确自己的地位，在客户面前要甘当助手、甘当配角，尊重客户。公共关系策划要从客户利益出发，成功后也不要喧宾夺主，将其当作炫耀的资本。

当然，从人的智力发展角度看，健全的思维能力还应包括敏锐的观察能力、良好的记忆能力、丰富的联想能力等。

③ 良好的创造能力与学习能力。一位美国专家在分析杰出企业家成功的奥秘时提出了一个耐人寻味的命题："不断创新是卓越。"从本质上讲，每一次成功的公共关系活动都是一次创造性的劳动。满足公众日益增长的求新、求异、求美心理需求，需要公共关系人员的创造能力；企业形象的定位、企业识别系统（Corporate Identify System，CIS）的创意、企业文化的设计要想在社会上引起轰动效应，需要公共关系人员的创造能力；即便是日常的公共关系传播、宣传和接待工作，要想做得与众不同、令人难忘，也要求不断创新。

另外，由于互联网的出现，信息的传播速度与公开性大大提高，而公众的欣赏水平和品位越来越高，竞争对手越来越强，公共关系人员若没有较强的创造能力、学习能力，将无法生存。

④ 较强的组织谋划能力。组织谋划能力包括策划决断能力、计划设计能力、组织实施指挥调度能力和平衡协调能力等几个方面，是公共关系人员有计划、有步骤地从事某种活动并使之达到预期目标的实施操作能力。公共关系实务是一种目标指向型的活动，往往由一系列公共关系活动构成，有些大型公共关系活动还要涉及对外交往，如与上级和兄弟单位合作等，若没有良好的组织能力，即使有再绝妙的创造性思维也是枉然。当今的企业公共关系实务工作大都由集体来完成，这就要求公共关系人员能与组织内外的各种人协同工作。公共关系人员不仅要能穿针引线，使各方人士联合在一起，而且要充分调动每个人的积极性，使他们的聪明才智充分发挥出来，形成智力群体优势。在举办各种公共关系活动时，公共关系人员应能控制进度、把握全局，擅长指挥调度，遇事沉着机敏，使整个活动有条不紊地进行。

⑤ 信息采集处理能力与知识管理能力。从信息科学的角度看，公共关系实务工作就是一种信息工作，属于信息产业的一部分。因此，一个合格的公共关系人员不仅应具备公共关系意识，而且应具备信息意识，学会运用现代化的信息技术，包括计算机、多媒体、互联网、E-mail、电子商务等，掌握信息调研方法和信息加工管理、处理的方法，以胜任组织的调研咨询和信息发布工作，并自觉培养自己的超前意识和科学预测能力。

知识管理就是运用集体的智慧提高应变能力和创新能力。知识管理不仅限于信息管理，最显著的是知识的创造和知识的利用，追求知识的创造、发现和传播的最大化。它是信息采集处理能力的延展。

⑥ 善于与他人交往的能力。一个人社交能力的强弱是衡量他对现代开放社会是否适应的重要尺度。缺乏社交能力就会在自己与他人、自己与社会之间形成一道心理屏障，很难做好工作，也难以被别人理解和赢得别人的信任。

公共关系的日常工作都要同大量的社会公众打交道，社会交往能力是打开工作局面的基本能力。好的公共关系人员应该是一位社会活动家，善于同各种各样的人打交道。因此，公共关系人员要有意识地培养自己处世融群的能力，掌握打开人际关系之门的钥匙，待人热情诚恳、落落大方、礼貌周全、宽厚坦诚，注意培养自己的气质，形成一定的人格魅力，有能力迅速取得别人的信任。

应用案例2-3

张晔说错了吗？

某单位总经理在欢迎新员工联谊会上念新来员工的名单，当念到"张晔"（yè）时，总经理读成"张华"。张晔马上站了起来，当场给予纠正："经理，我的名字不叫张华，那个字读作'晔'，我叫张晔。"全场愕然。就在此时，总经理秘书马上站起来打圆场，对总经理说："经理，不是您读错了，是我在打字的时候把'日'字旁丢掉了。"回头对那位新员工："张晔同志，对不起，这事儿责任在我。"

分析：虽然张晔说的是真话，但选错了时间、场合，更没能把握准自己的身份，这显然是一个足以引起严重后果的错误。

⑦ 自控和处理危机的应变能力。公共关系人员要代表组织面对公众，因而他们在公众面前应展示一种"公务性自我"。职业要求公共关系人员带着"永恒的微笑"，公共关系人员不管自己遇到什么困难、内心多么烦躁甚至痛苦，不管遇到多么挑剔的公众，都应通过自

我调节加以控制。个人的喜怒哀乐、心理失衡应通过正确渠道去宣泄,而不应带给公众。这不仅是公共关系人员应具备的一种能力,而且也是一种职业道德。当公共关系人员在工作中遇到各种各样的难题和意想不到的危机时,应做到"每临大事有静气",沉着机智、有条不紊地化险为夷。

⑧ 正确掌握政策、理论的能力。中国的组织公共关系实务是在社会主义制度下、在党和政府的领导下开展的,这是公共关系的政治环境。在世界上,各国的公共关系,包括资本主义的公共关系都把对国有政策和理论动态的研究列入日常工作之中,以谋求与社会发展和政策环境的协调,跟上时代发展的步伐。

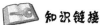

党的二十大报告提出,要积极参与全球治理体系改革和建设,践行共商共建共享的全球治理观,坚持真正的多边主义,推进国际关系民主化,推动全球治理朝着更加公正合理的方向发展。反对一切形式的单边主义,反对搞针对特定国家的阵营化和排他性小圈子。推动世界贸易组织、亚太经合组织等多边机制更好发挥作用。

2.2 公共关系的客体

公众是公共关系的客体,是社会组织形象好坏的评价者,是与组织发生互动关系的对象。

2.2.1 公众的含义与特征

公共关系中的"公众"这一概念特指公共关系工作对象的总和,即与一个社会组织发生直接或间接联系,对该组织的生存和发展具有现实的或潜在的影响力的个人、群体和社会组织。这个定义说明了公众是与公共关系主体交流信息的对象,它与公共关系的主体有相关的利益,公众与公共关系活动密切相关。公众的基本特点如下。

1. 群体性

公众不是单一的群体,而是与某一社会组织运行有关的整体环境相关联的。任何社会组织的生存和发展都离不开一定的公众环境。公众的群体一般可分为三大类型。

① 社会组织,即人们为了某种目标,有计划、有组织地建立起来的一种社会机构。

② 初级社会群体,是指人们在面对面交往中所形成的具有亲密性的人际关系群体,如家庭等。

③ 其他同质群体,即不能归入以上两类的同质群体,是指那些不存在某种社会关系而联系在一起,但因为共同面临某一问题,从而转化为公共关系的对象的群体。

2. 共同性

能被称为某一组织的特定公众,他们之间必定具有某种内在的共同性。这种共同性就是相互之间的某种共同点,如共同的利益、共同的需求、共同的目的、共同的背景等。这些共同点,使一群人或一些群体和组织具有相同或类似的态度和行为,构成组织所面对的公众。

3. 多样性

公众是一种社会群体,其存在的形式不是单一的,而是复杂多样的,呈现多元性。公众可以是个人，也可以是一些社会团体或社会组织机构，他们的主观意识或工作目标以及价值取向、处事态度、处事方法等不尽相同或者完全不同，对同一问题的感受和要求也不一致。即便是同一类公众，他们对问题解决的要求也不一定相同。这就导致公众的存在形式和公众层次呈现多维的性能，这是由于公众内部的组织之间和个人之间因利益关系不同而表现出的多样化。

4. 多变性

公众的多变性主要体现在公众对象的多变和公众态度的多变两方面。公共关系要处理的公众群体是一个开放的系统，始终处于变化之中。任何组织面临的公众，其性质、形式、范围等均会随着主体条件、客观环境的变化而变化。公众群体随着问题的产生而形成，随着问题的解决而自然消失。例如，大型超市每天接待的大批顾客，他们都带着"购买日用消费品"的共同问题，从而形成了这家超市的消费者公众群体。这些顾客如果买到了如意商品，离开商店，那么由他们组合而成的公众群体也就自然消失了。但是其中有部分顾客发现自己购买的商品质量有问题，回到这家商店来交涉，则彼此毫无关联的顾客因商品的质量、赔付问题联系起来，形成了这家超市的公众群体，等超市解决了他们的问题，保障了他们的利益，随着他们的满意而归，这一公众群体也随之解体。

由于客观环境的不断变化和主观趋向、情趣、财力、时间安排、需求等的不断变化，公众的态度也处在不断变化之中。例如，喜欢川菜者可能会有品尝潮州菜的欲望，甚至会一度喜欢上潮州菜。

5. 相关性

一个社会组织的公众总是与这个组织存在着某种利益关系。公众的意见、观点、态度和行为对组织有一定影响，而该组织的决策和行为也对这些公众具有实际的或潜在的影响力和作用力，制约着其利益的实现、需求的满足等。由于公众的态度、动机和行动受到个体和环境两种因素的影响，公共关系主体经常借助对环境因素的改变来达到逐渐影响公众态度和行为的目的，因此，公众具有可导性，这也是公共关系能够不断取得成就的原因。

2.2.2 公众的分类

公众是广泛而复杂的，一个组织要开展公共关系，就要认清本组织所面临的各类公众，对公众进行科学的分类。弄清公众分类，目的是根据不同类型的公众制定不同的方针、政策和措施，以便取得良好的公关效果。下面介绍几种常见的分类方法。

1. 根据公众形成的范围进行划分

根据公众形成的范围进行划分，可以分为内部公众和外部公众。内部公众是指特定组织内部的机构和人员，这类公众和该组织有着最直接、最密切的利益关系，如某企业的内部所设置的正式组织机构、非正式组织、股东、经营管理人员与职工等都是该企业的内部公众。这就是说，一个组织不仅置身于外部环境之中，而且有着自己的内部环境，这个内部环境与外部环境一样，同样会与组织发生不断的交互关系。而且相对来说，协调内部公共关系比协调外部公共关系更为重要。因为内部公共关系是外部公共关系的基础。只有内部公共关系和谐协调，才有可能建立良好的外部公共关系。

外部公众是指组织内部公众以外，与组织发生直接或间接联系的组织与个人。一般企业的外部公众包括新闻媒介、政府机构、教育机构、顾客、社区、商品供应厂商等社会群体。外部公众构成组织生存和发展的外部环境。协调组织外部公众之间的关系，塑造组织的良好形象，不断提高组织的知名度和美誉度是组织的公共关系工作的主要任务。特别是组织的公关部门和人员，其工作的重点往往在外部而不在内部。因为协调内部公共关系虽然是整个公关的基础，但这种协调工作主要由组织的领导者和管理人员通过思想教育、管理制度和情感沟通来实现，而不是完全由组织内部专司公共关系职能的部门和人员来承担。

2. 根据组织对公众的好恶程度进行划分

根据组织对公众的好恶程度进行划分，可分为受欢迎的公众、不受欢迎的公众和被追求的公众。

受欢迎的公众是指主动对该组织表示兴趣，而该组织也对他们表示欢迎的公众，例如，与企业建立长期稳定的购销关系的供应商和顾客，为某社会组织投资的股东或提供赞助者，都是受欢迎的公众。

不受欢迎的公众是指那些对某一特定社会组织一厢情愿地追求，而该组织又力图躲避的公众。例如，对某一社会组织违章摊派、一厢情愿地索取赞助，以及有意识地进行没有必要的管、卡、压等单位，都属于不受欢迎的公众。

被追求的公众是指某些对某一特定组织并不感兴趣，需要该组织主动去追求的公众，如报纸、杂志、电台、电视台等新闻界公众，往往都需要组织主动联系，积极争取对其宣传报道，形成良好的社会舆论环境。

3. 根据公众的组织状态进行划分

根据公众的组织状态进行划分，可分为组织公众和非组织公众。

组织公众是指与该社会组织发生直接或间接联系的社会组织。组织公众具有固定的组织机构，是相对稳定的社会群体。它既包括与特定社会组织在地理位置、日常社会生活上联系密切的社会群体与具体单位（如居委会、派出所、储蓄所、邮电局、医院、学校等），也包括与特定社会组织在地理位置上不一定有密切联系，但在其他方面有密切联系的社团型、权力型公众（如银行、科研部门、政府机关、司法单位等）。

非组织公众是与特定社会组织有直接或间接联系的分散的、无固定组织形式的公众。包括流动性很大、非常分散的流散型公众；临时集聚又很快分散的聚散型公众；按一定规律集合或分散的周期性公众；虽无一定组织机构，但在成员、数量上相对固定的公众。

4. 根据组织与公众关系的密切程度进行划分

根据组织与公众关系的密切程度进行划分，可分为非公众、潜在公众、知晓公众和行动公众。

非公众是指那些不被特定社会组织各项方针、政策、行为左右，同时其行为与要求也不影响该组织而远离组织的公众。即组织与这类群体不发生联系，不产生任何的交互作用。在社会学的视野中，公众始终存在，而从公共关系的角度，这类群体都是"非公众"。研究并确定非公众的概念，对于减少公共关系工作中的盲目性具有重要意义。

潜在公众是指将来可能与特定社会组织发生利害关系和联系的公众。人们常说的"潜在用户""潜在顾客"等就属于这类公众。在特定社会组织所处的环境中，当某个社会群体面临着由该组织的行为引起的某个共同问题，但公众本身还没有意识到这一问题的存在时，这个社会群体就成了该组织的公共关系人员心目中的潜在公众。社会组织在公共关系工作中认识潜在公众可以使公共关系人员有计划、有目的地调整公共关系目标，制定公共关系规划，防患于未然，为公共关系工作的顺利开展扫清障碍。

知晓公众是指由潜在公众发展而来的公众。潜在公众已经面临某一特定组织的行为所引起的共同问题，但他们尚未意识到。知晓公众则不仅面对共同问题，而且本身已意识到这一问题的存在。例如，20世纪80年代初，美国一家化工厂建于一条河边，造成该河流严重污染，民意检验表明，58%的当地居民了解这家化工厂是主要污染源，对该厂来说，这部分公众就是知晓公众。

行动公众是指由知晓公众发展而来的公众。行动公众不仅意识到问题的存在，而且准备或已经采取行动以解决他们在和某一特定社会组织利害关系中存在的某一共同问题。例如，上例中河流附近的居民意识到化工厂污染河流而组成反污染委员会，要求治理这条河流，传播媒介支持这一行动，发表社论，批评这家化工厂，这些采取行动的公众就是行动公众。社会组织应掌握行动公众，通过日常的公共关系工作加强联系，沟通信息，以保持组织的正常发展。

5. 按照公众对组织的重要程度进行划分

按照公众对组织的重要程度进行划分，可以把公众分为首要公众、次要公众和边缘公众。

首要公众是直接影响特定社会组织生存和发展的公众，如社会组织的员工，企业的顾客和资金的提供者，制约组织发展的政府主管部门。正是因为首要公众对组织最为重要，所以是组织公共关系工作的主要对象，应集中人力、物力、财力来维持和改善其关系，创造一种和谐的气氛。

次要公众是指对特定社会组织的生存和发展虽不产生直接影响，但却取决于首要公众的影响和制约作用的社会公众。例如，一家公司的董事会是该公司的首要公众，而一般的社会大众则是该公司的次要公众。但是，次要公众并不永远是次要的，在一定条件下会转化为首要公众。因此，一个组织仅仅为首要公众做公共关系工作是不够的，还必须注意调整好与次要公众的关系，为组织的发展创造一个有利的环境。

边缘公众是指距特定组织的各项工作更低一个层次的公众，也是对组织的生存和发展影响不大的一类公众，如一般社会大众中的未成年人，对于工商企业来说就是边缘公众。同样，边缘公众在一定条件下可以转化为次要公众，甚至转化为首要公众。因此，社会组织在公共关系过程中，在重视首要公众、次要公众的同时，应兼顾边缘公众关系的处理和协调。

6. 根据公众的态度进行划分

根据公众的态度进行划分，可以分为顺意公众、逆意公众和独立公众。

顺意公众是指其意见和态度与特定社会组织的看法一致或基本一致的公众。这类公众对社会组织所奉行的政策、采取的行动持赞赏、支持和合作的态度，是组织的朋友与伙伴。这类公众队伍越大，对组织的发展越有利。因此，一个组织的公共关系工作的首要目标就是保持和壮大顺意公众的队伍，经常与他们沟通，不使其态度逆转，不让他们被竞争对手争取过去。

逆意公众是指其意见和态度与组织的看法相悖或基本相悖的群体。这类公众对组织奉行的方针政策、采取的行动持反感、反对、不合作的态度。逆意公众形成的原因有两个方面：一方面是在利益上与组织产生了矛盾；另一方面是由于信息沟通渠道不畅或信息传递失真造成误解。对于逆意公众，社会组织唯一的办法就是了解逆意公众产生的原因，根据具体问题采取必要的措施，扭转局面，从而重新获得这些公众对组织的好感。

独立公众是指对组织的方针政策和行为持中立态度，或态度不明朗，或不表示态度的公众。这类公众对组织既无好感也无敌意，对组织的政策和行为既不支持也不反对。这样的公众对组织无敌意，完全可以转变为对组织有好感，或者说转化为对组织的主动支持与合作。因此，这部分公众是组织争取的对象。只要组织想尽办法争取这类公众，就完全有可能使其转变态度，成为组织的顺意公众。

综上所述，社会组织的公众是由多种类型公众有机结合而成的复杂体系。组织的公关部门必须在辨认公众的基础上，依据本组织的资源和公共关系状况，在众多的公众中选定符合效率、效益原则的公众作为公共关系对象，以使公共关系对象明确，活动内容具有针对性，节约开支，效益显著。

2.2.3　内外部公众关系

1. 内部公众

内部公众是指组织内部的传播对象，包括组织内部全体成员构成的公众群体，如企业内部的员工、股东，政府部门的干部、工作人员等。内部公众是外拓发展的主要力量，同时具有主体和客体两重性特征。

日本松下公司的创始人松下幸之助先生非常重视对员工的激励，他经过常年观察研究后发现：按时计酬的职员仅能发挥工作效能的20%～30%，而如果受到充分激励则可发挥工作效能的80%～90%。于是松下幸之助十分强调"人情味"管理：车间里、机器旁，当一个员工兢兢业业、一丝不苟操作时，常常会被前来巡视的经理、领班发现，他们先是拿起零件仔细瞧瞧，然后会拍拍你的肩膀，说上几句"很好""不错"之类的话；当你完成一项重大技术革新，或当你的一条建议为企业带来重大效益的时候，老板会不惜代价地重赏你，他们习惯于用信封装上现金奖励给员工。更令人叫绝的是，为了消除内耗，减轻员工的精神压力，松下公司公关部还专门开辟了一间"出气室"，里面摆着公司大大小小行政人员与管理人员的橡皮塑像，旁边还放上几根木棒、铁棍，假如你对自己某位主管不满，心有怨气，你可以随时来这里，对着主管的塑像拳脚相加暴打一顿，以解心中积郁的闷气。过后，有关人员还会找你谈心聊天，为你解惑。久而久之，在松下公司就形成了上下一心、和谐相容的"家庭式"氛围。这也是在世界同行业竞争中，松下公司的产品总是格外受人青睐的秘密。

由此可以看出，加强内部公众沟通的目的是培养组织成员的向心力、凝聚力，培养组织成员的主体意识和形象意识。其传播意义有以下几点。

(1) 组织需要通过自己员工的认可和支持来增强内聚力

一个组织的存在价值、整体形象,首先要取得自身成员的认可,然后才可能得到社会的认可。组织的目标与任务必须得到自己员工的理解与支持,才能更好地贯彻与执行。因此,良好的内部关系是公共关系的起点,良好的内部关系可以培养员工对组织的认同感、归属感,增强组织的凝聚力。

(2) 组织需要通过全体员工公共关系来增强外张力

一个组织的对外影响力有赖于全体员工的努力和配合。一个组织首先应将自己的员工作为重要的公共关系对象。因为组织的每位成员都直接与外部联系,组织的整体形象是通过每位成员在各自工作岗位上的良好行为具体表现出来的。在对外交往中,每位组织成员都是非常重要的公共关系主体。这种主体性的充分发挥源于组织成员对组织的认同感、归属感、向心力和凝聚力。

除此之外,组织还应积极主动地营造一种"人和"的工作环境,让员工能在良好的工作环境中充分展示自己的个性和追求自己的价值。这样,这个组织就具备了足够的凝聚力,组织的整体价值能得到充分体现。

(3) 内部公共关系管理的意义

内部公共关系是指一个社会组织内部横向的公共关系和纵向的公共关系的总称。具体表现在以下几个方面。

① 有利于创立一个组织的公共关系文化,形成共同的价值观念。

② 有利于产生一种凝聚力,即形成一种群体意识,使个人目标与组织目标达到高度一致,树立一种以组织为中心的群体意识。

③ 有利于激励机制的形成。

④ 有利于对外展示组织形象。

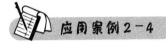

应用案例2-4

顺丰速运快递员被掌掴事件

[事件起因]

2016年4月17日,一则顺丰速运(后文简称顺丰)快递员被京牌轿车车主掌掴的视频在网上引发公众关注。视频内容显示,快递员因与轿车发生剐蹭被车主打了6个耳光。在整个过程中,该车主边打边骂,在快递员向其道歉后,车主称"说对不起就完事了?"仍然继续打了快递员两个耳光。据顺丰相关负责人介绍,事发时,视频中的黑色轿车阻挡了部分路面,快递员示意其挪动车辆。黑色轿车挪动车辆后,快递车穿过轿车车头与路边围栏的空隙过程中,黑色轿车突然向右后方倒车,由于车头运动轨迹有弧度,因此与正在通过的快递车发生了碰撞。

该视频通过微信朋友圈的传播在网络上引起了轩然大波。不少网友纷纷表示,打人者实在太猖狂,简直就是无法无天!更有不少快递员声援被打的快递员,甚至有网友从视频中调取了该轿车车主的信息,并号召大家"人肉"其本人,"每人都给他打个电话,谴责他!"据悉,男子所驾车辆系京B牌照出租客运车辆,车主姓李,车型为北京现代BH7203AY,该车还存在"违法未处理"情况。

[官微回应]

顺丰的官方微博对快递员被打一事迅速做出回应,并且向网友表示已找到受委屈的员工,并承诺照顾好他:"我们的快递员大多是二十几岁的孩子,他们无论风雨寒暑穿梭在大街小巷,再苦再累也要做到微笑服务，真心希望发生意外时大家能互相理解，首先是尊重。我们已找到这位受委屈的员工，顺丰会照顾好这个孩子，请大家放心。"

4月17日晚11时左右，北京市公安局官方微博发布消息征集相关线索："网传快递小哥被打视频，我们已经关注到。但不知道该事件发生的具体时间和地点。请热心网友向我们提供详细信息，以便进一步核查处理。"

4月18日上午，就"快递员被打"一事，顺丰再发严正声明，鉴于对方反复殴打快递员，行为极为恶劣，公司不同意对方调解诉求，以后发生此类事件顺丰仍将依法维权，希望彼此理解和尊重对方。

[总裁发声]

4月18日晚9时许，顺丰总裁王卫在朋友圈转发一篇《太欺负人了！快递小伙不小心把一辆车剐了，司机下车又打又骂》的文章，并撂下话："我王卫向所有的朋友声明！如果我这事不追究到底！我不再配做顺丰总裁！"

对于最底层的一线员工，顺丰没有选择就这样忽视他，总裁亲自为他出头，安排高层持续跟进，公司出钱做伤情鉴定，不接受调解，要求追究刑事责任，并承诺未来将保护每一位员工！

其实，顺丰对于一线员工的重视并不只在表面上，是真正由内而外、由来已久的。

因为，顺丰的总裁王卫就是快递员出身。只有真正干过一线工作，才能深刻理解快递员有多辛苦，他们是"最可爱的人"！顺丰除了拥有管理理论体系这个企业管理的外功，还有心法四诀："有爱心，与员工有同理心；有舍心，与员工慷慨分享；有狠心，出于爱与舍对员工严格要求；有恒心，长期坚持这样做下去。"

对于一线员工，顺丰给予他们足够的尊重和丰厚的收入；对于中层员工，顺丰的中层都是公开竞聘，包括副总裁与区总级别的职位都通过竞聘产生。先通过一些业绩、过去管理层评价等指标筛选，然后告诉公司为什么要做，能做成什么样。顺丰总是将有能力、有意愿的人放到他愿意去的位置。

员工公众是内部公众最重要的部分，在组织形象的塑造中既可以起到积极作用，也可能产生消极的作用。二者的关系具体表现在以下3个方面。

（1）员工公众是组织形象的体现者

员工公众的文化素质、专业水平、职业道德、言谈举止、服务态度等都是组织形象的缩影，他们每天的言行举止都直接影响着组织形象。

（2）员工公众是组织形象的传播者

他们处在组织对外公共关系的第一线，不管是不是刻意，他们都在有意无意中传递着组织的信息。

（3）员工公众是组织形象的反馈者

员工公众经常与组织的客户、消费者、竞争者等公众对象接触，比较了解外界对组织的看法，可以随时随地将外部信息反馈给组织。这些信息可以帮助矫正组织形象。

员工公众有着极大的重要性。员工对企业的重要性表现为员工是实现企业目标的主要力量，员工是塑造企业形象的基础，良好的员工关系能创造一个和睦融洽的人际关系环境。

员工公众的公共关系管理包括：培养企业文化，体现员工价值；建立双向沟通渠道；掌握用人之道，保障员工权益等。

具体分析，顺丰的做法主要体现了以下两个方面的内容。

（1）重视员工利益

顺丰的官方微博对快递员被打一事及时做出回应，连发严正声明，不同意对方调解诉求，要依法维权，并对被打快递员进行抚慰。甚至连深居简出的总裁王卫都发声了。每一位员工都是企业的主体，他们对企业的认可和忠诚是企业得以生存的基础。企业内部的公共关系管理中一个十分重要的任务就是要促进管理层与员工之间的相互信任和支持，提倡团队精神，增强企业的凝聚力。顺丰从员工的角度考虑问题，保证员工的各项权益，使生活和工作在其中的快递员感到自己是企业的一分子，促使其更加忠于企业。另外，快递员有了强烈的归属感，从而加强了自我管理和自我教育能力，自觉地遵守各项管理制度，发挥应有的效力，最终促进顺丰的发展。

(2) 塑造决策者形象

顺丰总裁王卫的一条朋友圈，把事件推向了高潮。除了弱势群体遭殴打本来就具备很强话题性这个原因外，还因为这是素来深居简出的王卫罕见发声。王卫在公众前素来是"神龙见首不见尾"，就连在外界流传的照片，也是屈指可数。这给了这个事件很大的话题性，引发了媒体从业者的关注。而王卫的态度坚决有力，引发了听者共鸣，极大地刺激了公众的情绪。

王卫借此稳住顺丰内部，令顺丰内部获得了更胜往日的凝聚力。设想，如果员工工作期间受人殴打，老板没有发声，必然导致士气低落，负能量会慢慢蔓延到企业的每个角落。

（资料来源：编者根据凤凰网相关资料整理。）

2. 社区公众

社区公众是指组织所在地的区域关系对象，包括当地的权力管理部门、地方团体组织、当地的居民百姓。社区关系也称区域关系、地方关系、睦邻关系。社区是组织赖以生存发展的基本环境，是组织的根基。

上海搪瓷一厂是一家有着多年历史的老厂。该厂原先厂房狭小，设备陈旧，"三废"严重。烟囱灰、矽尘和噪声不仅严重影响了本厂职工的身体健康，而且也严重影响了周围居民的正常生活。其中最为严重的是喷花车间喷出的矽尘，使天空总是黄烟滚滚，弄得周围居民家中满是灰尘，连花木都枯死了。周围居民意见很大，投诉信函像雪片一般飞到上级政府部门，还不断有人上门质问。为了改善企业与社区公众的关系，在社区中树立起良好的形象，上海搪瓷一厂专门成立一个领导小组，一方面抓除尘工作，另一方面积极开展社区公共关系活动。他们邀请附近居民代表来厂参观，了解生产中的具体情况；与居民委员会召开座谈会，虚心听取居民的批评和意见，诚恳地道歉。经过一段时间的努力，矽尘被控制住了，噪声也减小了。同时，厂区周围居民也感到上海搪瓷一厂是真心对社区民众负责的，怒气也逐渐消除了。上海搪瓷一厂在社区中的声誉迅速好转。

由此可以看出，搞好社区关系的必要性有以下两点。

(1) 社区关系直接影响组织的生存环境

发展良好的社区关系是为了争取社区公众对组织的了解、理解和支持，为组织创造一个稳固的生存环境。社区如同组织扎根的土壤，没有良好的社区关系，组织就会失去立足之地。组织的地方性活动直接受到社区的制约，组织与社区关系的好坏也直接影响着组织其他各方面的关系，如员工家属关系、本地顾客关系、地方政府关系和媒介关系等。

(2) 社区关系直接影响组织的公众形象

发展良好的社区关系体现了组织对社区的责任与义务，为社区造福，为社区公众做贡献，通过社区扩大组织的影响。社区公众涉及当地社会政治、经济、文化、教育等各个方面和阶层，客观上对组织存在不同的感受、要求和评价。由于处于同一社区，对组织的某一种评价和看法又极容易相互传播，形成区域性影响，从而形成组织的某一种公众形象。很显然，组织的社区关系好坏，会直接影响组织的社会公众形象。如果一个组织连左邻右舍的关系都处理不好，就很难在社会上获得良好的名声。因此，组织要想提高自身在社区中的地位，就要主动承担必要的社会责任和义务。

3. 顾客公众

顾客公众是指购买与使用本组织提供的产品或服务的个人、团体或组织。一般来说，顾客公众的对象多种多样，泛指一切物质产品和精神产品及服务的购买者和消费者。顾客是与组织具有直接利益关系的外部公众，现代企业已清醒地认识到，顾客就是上帝，顾客就是效益，谁拥有顾客，谁就拥有发展机会。

英国航空公司所属波音747客机008号班机准备从伦敦飞往日本东京时，因故障推迟起飞20个小时。为了不让在东京等候本次班机回伦敦的乘客耽误行程，英国航空公司及时帮助这些乘客换乘其他公司的飞机。190名乘客欣然接受了英国航空公司的安排，分别改乘别的班机飞往伦敦。但其中有一位日本老太太叫大竹秀子，无论如何都不肯换乘其他班机，坚决要乘英国航空公司的008号班机。迫于无奈，原拟另有飞行任务安排的008号班机只好照旧到达东京后再飞回伦敦。一个罕见的情景出现在人们面前：东京—伦敦，航程达13000千米，可是英国航空公司的008号班机上只载着一名乘客，这就是大竹秀子。她一人独享该机的353个座席以及6位机组人员和15位服务人员的周到服务。有人估计说，这次只有1名乘客的国际航班使英国航空公司至少损失约10万美元。从表面上来看，这的确是一个不小的损失。可是，从深一层来理解，它却是一个无法估价的收获。正是由于英国航空公司一切为顾客服务的行为，在世界各国来去匆匆的顾客心目中换取了一个用金钱也难以买到的良好公司形象。

由此可见，建立良好顾客关系的意义有以下几点。

（1）能够为企业带来直接利益

企业的经济效益必须通过市场才能实现。顾客就是市场，良好的顾客关系有利于企业的市场销售，能够给组织带来直接的利益，并为企业产品的销售创造一个良好的气氛与和谐的环境。现代企业之间的竞争越来越激烈，各企业在争取顾客的注意力、影响顾客的消费选择和消费行为的市场传播过程中，公共关系日益成为企业青睐的市场传播手段，用多元化的传播方式去疏通渠道，理顺关系，消除障碍，联络感情，吸引公众，争取人心，为产品的销售营造一个良好的气氛与和谐的环境，必然会给企业带来直接的利益。

（2）体现企业正确的经营观念和行为

一个企业应该把顾客的利益和需求摆在首要位置。企业的所有政策和行为必须以顾客的利益和需求为基础。只有获得顾客的信任与好感，企业才有可能获得更大的利润。可见，正确的经营观念和行为必然表现为良好的顾客关系。

4. 媒介公众

媒介公众指传播媒介机构及工作人员，如报社、杂志社、广播电台、电视台的编辑和记者。传播媒介是组织与公众联系最主要的渠道，也是组织最敏感、最重要的公众之一。媒介公众是具有双重性格的特殊公众，它既是公共关系人员赖以实现公共关系目标的重要媒介，又是公共关系人员必须尽量争取的重要公众。传播媒介传递信息迅速、影响力大、威望高，它可以左右社会舆论，影响、引导民意，对社会的经济、政治局势的变化具有不容忽视的作用。因此，它在欧美被看作立法、司法、行政三大权力之后的"第四权力"，任何组织和个人都不能轻视传播媒介这一重要舆论工具。

建立良好的媒介关系的意义有以下两点。

（1）有利于形成良好的公众舆论

传播媒介是塑造组织形象的"把关人"。公共关系的重要任务之一就是为组织创造良好的公众舆论，争取舆论的理解与支持。因此，与"把关人"建立良好关系，可以形成良好的公众舆论的环境。

(2) 良好的媒介关系是运用大众传播手段的前提

传播媒介是组织与外界沟通的中介，大众传播媒介一般不是由组织内部公共关系人员掌握和控制的，公共关系对大众媒介的使用必须通过新闻界人士才能实现。因此，与新闻界人士建立广泛而良好的关系，是成功运用大众传播媒介的必要前提。

5. 政府公众

政府公众是指政府各行政机构及官员和工作人员。任何社会组织都必须接受政府的管理和制约，都必须与政府职能部门打交道，包括工商、人事、财政、税务、市政、治安、法院、环保、卫检、海关等。

政府公众是所有传播沟通对象中最具有社会权威性的对象。建立良好的政府公众关系的意义有以下两点。

(1) 政府的认可和支持最具权威性和影响力

政府掌握着制定政策、执行法律、管理社会的权力职能，具有强大的宏观调控力量，代表公众的意志来协调各种社会关系。一个组织的政策、行为和产品如果能够得到政府的认可和支持，无疑将对社会各个方面产生重大影响，甚至使组织的各种渠道畅通无阻。为此，应该把握一切有利时机，扩大本组织在政府部门的信誉和影响，使政府了解本组织对社会、对国家的贡献和成就。

(2) 能够为组织形成有利的政策、法律和社会管理环境

政府的政策、法律和管理条例是一个组织决策和活动的依据和基本规范，组织的一切行为都必须保持在政策法律许可的范围之内。通过良好的政府关系，组织能够及时了解有关政策的变动，能够较方便地争取政策性的优惠或支持，能够对有关本组织的问题在进入法律程序之前或管理程序之前参与意见，为组织的发展创造有利条件。

6. 名流公众

名流公众是指那些对公众舆论和社会生活具有较大影响力和号召力的知名人士，如政界、金融界、工商界的首脑人物，科学界、教育界、学术界的权威人士，文化界、艺术界、影视界、体育界的明星，新闻出版界的舆论领袖等。这类公众的数量不多，但在传播中的作用很大，能在舆论中迅速"聚焦"，影响力很强，是一支不容轻视的力量。

健力宝集团曾聘请被誉为"体操王子"的体操运动员李宁为总经理助理，主管公共关系与信息传播工作。借助李宁在国内外体育界的崇高声誉，健力宝集团进一步开拓了海内外体育界的高层关系，进一步确立了其"运动饮料王国"的地位。国内外公众看到，作为健力宝总经理助理的李宁活跃在亚运会、奥运会的许多重要场合，使健力宝集团在亚运会、奥运会等国内外高层次的体育运动盛会中一次又一次地成为世人关注的热点，说明李宁在体育界的公共关系能使健力宝集团如虎添翼，其公关价值在健力宝集团得到了充分的体现。

由此可见，通过社会名流去影响公众和舆论，往往能取得事半功倍的效果。建立良好的名流公众关系有利于组织的管理人员在与社会名流的交往中，获得广泛的社会信息和宝贵的专业信息，还可以通过社会名流的良好社会关系网络，为企业广结善缘。

2.3 公共关系的传播

百事春节品牌公共关系活动：把乐带回家

【拓展视频：百事"把乐带回家"】

从2012年开始，百事"把乐带回家"每年春节都会和消费者见面，到2018年已经是第7个年头了。2012年到2018年，每年主要以贺岁微电影的形式呈现，讲述春节期间回家的故事，每年的故事演绎都有不同程度的变化，有时候"家"指的是小的家庭，有时候"家"指的是社会集体的大家。

继2016年的《猴王世家》，2017年的《家有儿女》后，2018年百事又推出了一部"把乐带回家"系列影片《2018把乐带回家之霹雳爸妈》（简称《霹雳爸妈》）。这部影片由曾国祥执导，邓超、周冬雨、张一山、吴莫愁、王嘉尔主演，林更新特别出演。该片讲述一个两代人关于爱与梦想的故事，于2018年1月15日在爱奇艺、腾讯等视频网站上线。

这部影片汇集了穿越、魔幻、歌舞诸多元素，复杂的人物关系也是一大话题点。微电影上线仅24小时，全网播放量就突破1亿。

春节营销大战硝烟弥漫，为什么百事的"把乐带回家"却能够在消费者脑海中形成认知？

一个IP通过多年的经营与沉淀，或许能够在特定的市场中形成记忆点，但若想引起大规模覆盖消费者的认知，还有哪些营销洞察在起作用呢？通过挖掘《霹雳爸妈》的创意洞察，或许也是对"品牌如何获取营销内容流量"的一个思考与启发。

1. 流量最大化，让品牌内容成为热度话题制造机

邓超、张一山、周冬雨、吴莫愁、王嘉尔、林更新，影片云集国内6位一线大咖共同出演，在微电影演员阵容上堪称豪华巨制。此外，影片的制作班底是《七月与安生》的原班人马，媲美电影级别的明星和制作班底。聚集当红的流量明星和实力派演员，在一定程度上已经为品牌战役奠定了观影量的基础保证，再通过品牌营造的优质内容和创新的表现手法，将老旧的情怀牌打出了新花样，也成为营销中真正实现内容流量最大化的一个快速通道。

2. 深入洞察，抓对痛点，收获共鸣

一场品牌战役能否与消费者建立接触点，洞察产生的记忆点是核心。在大多数品牌都还停留在回家陪伴父母的立意点上时，百事的思考角度放在了在传统文化下的中国家庭，面临两代人沟通问题时，如何寻求到一个好的方式去化解误解，从而帮助子女和父母双方去建立更加健康的亲子关系。

这个带有深刻家庭烙印的大主题，在新年营销中使百事作为一个品牌icon，更像是爱与家概念的传递者与表达者，而内容属性紧贴各年龄段大众的情感需求，也让IP具备天然的流量赋能价值，在传统春节的背景下，更容易在消费者中激起共鸣。

3. "不煽情，不做作"，收割年轻消费者的好感度

在创意表达方式上，相较于春节营销的"套路"——煽情感人，百事则选用了轻松搞笑的喜剧方式表现两代人的相处，并且创新地融入了歌舞形式，还加入穿越这一脑洞大开的剧情，在感受到品牌创造的春节欢乐氛围的同时，也很明显地感受到了其对年轻群体的攻势。

通过进一步挖掘百事《把乐带回家》的系列战役，可以发现，它不仅在IP内容经营上坚持创意输出，同时与电商平台的合作营销也十分紧密。

1. 联合天猫推出限量定制款"百事可乐天猫精灵"

百事准确洞察消费者的行为特点，抓住当下年轻人的消费习惯，选择与天猫开展深度合作。意在借势

天猫平台所带来的自然流量，实现最大化的产品曝光。此次合作围绕"把乐带回家"这一主题，推出限定"百事可乐天猫精灵套装"，以独家定制化明星语音彩蛋吸引粉丝关注，同时"把乐带回家"这一主题也完美契合天猫年货节本身。

2. 携手京东JOY狗打造联名款，送新年祝福

生肖狗年之际，百事又与京东达成合作，设计新春萌狗拜年H5（5个旺财萌狗），旺财乐福限量罐化身萌狗拜年团，一起送新年祝福。用户只要输入用户名字与祝福语，就能请萌狗为用户送出专属语音祝福，易玩且趣味十足。迅速成为消费者又一记忆点。

另外，百事还携京东IPJOY狗推出品牌联名罐，以萌力十足的联名罐进击当下年轻人对萌宠追捧的趋势，同时也契合中国人对春节生肖年的美好愿景。

不管是和天猫的"百事可乐天猫精灵"还是和京东的狗年祝福定制，百事的《把乐带回家》系列，让我们看到了品牌与平台之间的创新玩法，通过内容反哺流量的价值赋能，实现品牌最终想要达到的产品营销最佳化的效果。与此同时，作为一个成熟的IP与内容营销的现象级案例，也再次向市场强调了品牌IP概念的生命力，人格化内容的生长模式，也更容易赢得消费者的好感与认可。

不难看出，百事《霹雳爸妈》的营销亮点表现在以下3方面。

① 前期预热。在微电影正式上映前，百事通过官方渠道放出先行预告片，并持续曝光电影相关片段，6位明星的演员阵容吸引了众多网友的关注。

② 巧妙玩梗。在剧情方面，《霹雳爸妈》采用了类似电影《乘风破浪》的穿越梗；在主题方面，两代人对世界的不同看法不影响各自对所怀抱梦想的追求；在人物方面，演员角色的设定增添了不少笑点与看点。

③ 传播推广。微电影推出后，片中的明星演员一一转发，粉丝们也纷纷点赞，再加上新闻、自媒体大号的推广，让该片迅速达到刷屏之势。

（资料来源：编者根据搜狐网相关资料整理。）

2.3.1 传播原理

没有现代传播技术的产生，就不会有现代公共关系，没有传播的理论指导，公共关系实务活动就无法进行。因此，从原理上弄清传播过程尤为重要。

1. 传播的基本含义

在公共关系中，传播是社会组织利用各种媒介，将信息或观点有计划地与公众进行交流的双向沟通活动。这个定义包含两个方面：传播是一个有计划的完整的行动过程；传播是一种信息的分享活动。

2. 传播的要素

传播的要素有两类：一类是基本要素，是传播的"硬件"，包括信源和信宿、讯息或信息、媒介、信道、反馈；另一类是隐含要素，是传播的"软件"。每个要素都会对传播效果产生一定的影响。

3. 传播的模式

模式是事件的内在机制以及事件之间关系的直观的、简化的形式。所谓传播模式分析，就是把传播过程分解为若干组成部分，以显示其在传播过程中所起的作用。

自20世纪20年代以来，西方传播学家从各个不同的角度对传播过程进行了探讨，提出了许多传播理论和对传播过程进行高度概括的传播模式。在此介绍几种比较典型的传播模式理论。

(1) 香农-韦弗模式

1949年,美国著名的信息论专家、数学家克蒙德·艾尔伍德·香农与其合作者沃伦·韦弗提出了"传播的数学理论"。香农-韦弗模式如图2.5所示。

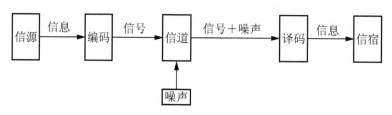

图2.5　香农-韦弗模式

这种模式区别于其他模式的特点在于:它提出了"噪声"的概念,客观地反映出在传播过程中,某些信号由于会受到不同程度的曲解和误解,从而可能引起信息的失真。但该模式仍属于一种单向直线传播模式,存在两个明显的缺陷:第一,缺乏信息反馈;第二,忽视了影响社会信息传播过程中的环境因素,如政治、经济、社会、文化环境等。

(2) "反馈传播"模式

美国大众传播学权韦尔伯·施拉姆提出的"反馈传播"模式,主要讨论了传播过程中主要行动者的行为,把行动的双方描述成对等的、都行使着各自几乎相同的功能。"反馈传播"模式如图2.6所示。

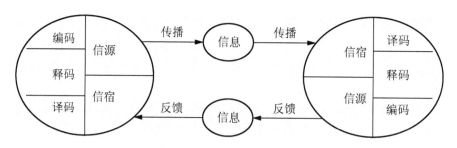

图2.6　"反馈传播"模式

这种模式是一种双向的循环式运动过程,与传统线性传播模式的根本区别在于:第一,它引进了反馈机制,将反馈过程与传播者、接收者双方的互动过程联系起来,认为传播是一种互动的循环往复的过程;第二,在这一循环系统中,反馈对传播系统及其过程构成一种自我调节和控制,提出传播者、接收者双方要顺利沟通,必须根据反馈信息调节自身行为,使整个传播系统始终处于良性循环的可控状态。

(3) 公共关系传播模式

公共关系传播模式是根据施拉姆"反馈传播"模式的理论设计的,如图2.7所示。

公共关系传播模式表明:信息来源是组织;传播的内容是为了实现组织公共关系目标的信息;传播渠道是人际传播媒介、大众传播媒介等;传播对象是组织所面对的公众;根据反馈的信息,不断调整、修改下一步传播计划,从而树立起良好的组织形象。

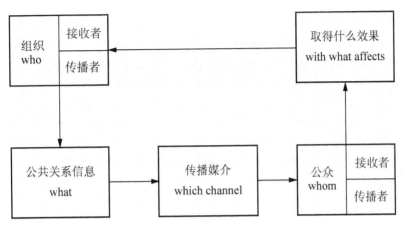

图 2.7　公共关系传播模式

4. 传播的基本方式及特点

关于传播方式，学术界有 3 种说法，即 5、4、3 观点。一种观点认为，生活中存在 5 类传播方式，即自身传播、人际传播、人群传播、组织传播、大众传播；第二种观点取 5 类中的 4 类，即自身传播、人际传播、组织传播、大众传播；第三种观点则在 4 类中取 3 类，即人际传播、组织传播、大众传播。编者认为，现代社会人们的交流、沟通方式丰富多样，很难用几种类型完全概括，如果站在组织公共关系目标立场上去审视，应该集中人力、财力搞好个体自身传播、人际传播、组织传播和大众传播。

(1) 个体自身传播及其特点

个体自身传播也称个体内向交流。其特点是信息的传者与受者同为一体。从传播学的角度看，个体自身传播是人类一切传播行为的基础。

(2) 人际传播及其特点

人际传播即个体与个体之间的传播与沟通。其特点是双方参与性强，传播符号多样，信息的传递和反馈同时进行或间隔时间很短，感情色彩强烈。从传播学的角度看，人际传播是人类最常见、最广泛的一种传播方式。

(3) 组织传播及其特点

组织传播即组织与其成员、组织与其所处环境之间的传播与沟通。其特点是传播的主体是组织，传播的对象十分广泛、复杂，传播有明确的目的性和可控性。从传播学的角度看，组织传播是疏通组织的内外沟通渠道、密切组织内外关系的一种重要传播方式。

(4) 大众传播及其特点

大众传播即通过大众传播媒介（如报纸、期刊、广播、电视、网络等），将复制的信息传递给分散的大众。其特点是传播机构高度专业化，传播对象高度大众化，传播手段高度技术化，传播内容高度通俗化。从传播学的角度看，大众传播是现代社会科技高度发展的标志，随着科学技术的不断发展，大众传播的现代化程度也必将进一步提高，其作用也愈显重要。

2.3.2 公共关系的传播媒介

信息是不能独立存在的,必须依附于某个特定的载体才能显示。信息的物质载体就是传播媒介,凡载有信息的任何物体都可视为传播媒介。如此看来,传播媒介是一个十分广泛的概念,为了更进一步了解这个概念就必须对它进行分类。

传播媒介可以按照物质载体的不同类型和社会功能两个方面来进行划分。

1. 按照物质载体的不同类型进行划分

信息的传播要以物质作为载体,按照物质载体的不同类型,传播媒介一般可分为符号、一般实体和人体3种类型。

2. 按照社会功能进行划分

信息载体的不同,会引起各类传播媒介社会功能的差异。按照社会功能的大小,传播媒介可分为大众传播媒介、自控媒介和人员媒介。

2.3.3 公共关系沟通

信息的传播与沟通是公共关系的活动方式和工作过程,是连接公共关系主体与客体不可缺少的构成要素。

1. 公共关系的沟通原则

(1) 双向沟通原则

公共关系活动依靠的是信息的双向沟通。为了协调关系而开展沟通活动,是公共关系特殊性的表现,离开沟通活动就没有公共关系。因此,沟通是公共关系工作的唯一手段,通过它来吸引公众、影响公众,进而改变公众的态度。

(2) 有效沟通原则

有效沟通原则是指公共关系沟通的运用必须取得一定的效果。公共关系沟通的目的在于沟通社会组织与公众的关系,以求得组织更好的发展。

2. 公共关系的沟通网络

信息的沟通都是借助于一定渠道进行的,由不同沟通渠道所组成的结构形式称为沟通网络。改善沟通应重视选择合适的沟通渠道,完善组织的沟通网络。

沟通的有效性与它的结构形式有一定的关系,不同类型的沟通网络,有不同的特点和适用条件。下面介绍几种常用的沟通网络。

(1) 链式沟通网络

链式沟通网络表示一个分层次的组织结构,信息逐级传递,既可向上,也可向下。它也是一种主管与下级之间有中间管理者的组织结构,如图2.8 (a) 所示。

(2) 轮式沟通网络

轮式沟通网络表示主管居中分别与4个下级发生沟通的组织结构,如图2.8 (b) 所示。

(3) 圆式沟通网络

圆式沟通网络表示从主管开始依次与下级沟通的组织结构,如图2.8 (c) 所示。

（4）全渠道式沟通网络

全渠道式沟通网络表示组织内每个人都可以和其他4人直接沟通，沟通网络中没有中心人物，所有的成员都处于平等的地位，如图2.8（d）所示。

（5）"Y"式沟通网络

"Y"式沟通网络表示4个层次逐级沟通，而且第二层次有两个上级的组织结构，如图2.8（e）所示。

（6）倒"Y"式沟通网络

倒"Y"式沟通网络表示主管通过秘书与下级进行沟通的组织结构。在这种结构中，秘书往往是关键的、掌握权力的人，如图2.8（f）所示。

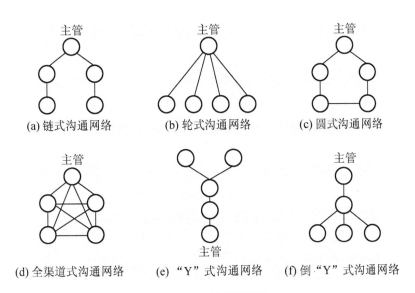

图 2.8　组织沟通的网络

通过上述简要的分析可以看出，各类沟通网络各有所长，没有绝对的好坏之分，只有适用条件的不同。因此，应根据需要合理选择。一般地，如果要求速度快、容易控制，轮式沟通网络比较合适；如果组织庞大，实行层级管理，则链式沟通网络较为合适；如果主管工作过于繁忙，需要秘书支持其情报工作，则倒"Y"式沟通网络较为合适。

2.3.4　公共关系的传播效果

所谓传播效果是指信息传播者通过传播媒介对信息接收者的心理、行为、态度和观念等所产生的影响程度。

1. 传播效果理论

传播效果理论经历了一个漫长的发展过程，国外研究传播效果的理论较多，这里仅介绍两种比较有名的理论。

（1）魔弹效果论

魔弹效果论又称皮下注射论，是传播学孕育时期关于传播效果和受众的理论。该理论认为，大众传播具有极其强大的威力，能影响和改变社会公众的态度和行为。

（2）有限效果论

有限效果论形成于20世纪40年代，在以后的二三十年间，几乎主宰了整个传播学界。这种理论认为，传播效果受到来自公众本身特点及社会文化诸多变量因素的影响；传播不是单方面的行为，而是传播者与接收者双方交互作用的活动；传媒的作用是有条件、有限度的。

除此之外，还有几种传播效果研究理论，如满足与使用理论、采用－扩散论、说服论、一致论、防疫论和社会参与论等。

2. 影响传播效果的因素

通过对传播效果的理论分析，可以清楚地发现，接收者是影响传播效果的客观因素；同时我们还要从传播者自身寻找主观原因；此外，在传播沟通过程中还会有一些其他因素影响传播效果。

影响传播效果的因素主要有以下4个。

（1）传播媒介

公众对传播媒介的要求，一是要使用简便、易于掌握、易于得到；二是比较有效，即它的使用效果受到普遍的重视与承认，如果特别有效，即使在使用、控制上有一定难度，人们也会努力得到或掌握它。

公众对媒介选择的这两个因素可以概括为一个等式：

$$选择或然率 = 报偿的保证/费力程度$$

从这个公式可以看出，选择或然率与报偿的保证成正比，而与费力程度成反比。因此，公共关系工作要注意选择适当的媒介传播信息，选择不当，就有可能达不到传播效果。

（2）信息的内容与表现方式

传播者传播的信息是否为接收者所关心、感兴趣，是否重要、新鲜，是否可靠、可信，这一点是接收者价值判断的中心点，也是决定传播效果的关键所在。公共关系人员在传播信息时要注意内容的趣味性，与接收者的相关性以及信息来源的可靠性，内容的真实性，观点的客观性、科学性。

除了对内容自身的要求外，内容的表现方式也非常重要。形式、方法不当，再好的内容也难以传播出去，还可能会引起公众的误解甚至反感。表现方式包括从传播者的形象、权威性，内容的结构、节奏、变化，到遣词造句的方法、语气、语调等方方面面。

（3）信息的重复

一个人接触某一信息的次数越多，越容易接受它。同样的信息多次发出，接收者会逐渐由生疏到熟悉、由漠然到亲切，甚至在长期接触后，会把这一特定的内容形式融入自己的生活。因此，同样的信息在相当长的时间里重复出现，是取得以至增强传播效果的重要因素。

（4）接收者接收信息的条件

时间、空间对接收者接收信息是否有利，对传播效果也有相当大的影响。接收者的接收环境存在各种干扰或没有足够的时间接收，这些因素都会使传播效果大打折扣。

从传播类型来说，不同种类的传播其效果也不相同。个人传播在各类传播形式中的传播效果最好，传播率最高，而其他传播形式的传播效果不及它的一半，但个人传播的影响非常有限。随着传播群体的增大，传播内容的针对性、具体性下降，反馈的质量、数量下降，群体传播与大众传播的效果就不太明显了。因此，传播学家提出这两类传播只是有"适度效果"，即一次具体的传播活动对某一个接收者来说，效果是有限的。其中的影响因素：一是接收者本人的思维定式，二是接收者周围团体、个人的影响。

2.4 公共关系目标

公共关系目标是经过组织策划、开展各种类型的公共关系活动所追求和渴望达到的一种状态或标准，也就是要明确决定"做什么""做到什么地步""要取得什么样的期望成果"。

2.4.1 组织公共关系目标

组织公共关系目标既是对组织调查中发现的各种问题的圆满解决，又是完成公共关系任务、实现理想构想的体现。组织公共关系目标是公共关系人员确定的努力方向，也是组织形象定位的过程，是公共关系全部活动的核心。

1. 确立公共关系目标的重要性

① 确立公共关系目标是公共关系策划的依据。公共关系策划必须以目标为核心层层展开，通过实现一个个具体目标，达到理想的公共关系状态。如果没确立目标或目标不够明确，公共关系工作就会有极大的盲目性。
② 确立公共关系目标是指导、协调公共关系工作的依据。
③ 确立公共关系目标为评价公共关系活动效果提供了标准。
④ 确立公共关系目标是提高工作效率、实现公共关系活动价值的保障。

2. 确立公共关系目标的要求

公共关系策划所依据的目标要明确、具体，要具有可行性和可控性。
（1）明确性
目标的明确性是指目标的含义必须十分清楚、单一，可直接操作，有明确的内容与要求。具体要求如下。
① 工作对象应是特指的，如针对什么人、解决什么问题、选择什么手段，应十分明确。
② 目标应该是结果式而非过程式的，是可予以明确评估的，否则将不具备约束力。
③ 目标是可以确定其责任范围的。
④ 要明确实现目标的约束条件。
（2）具体性
目标要作为实施的准则和评价的标准，就必须是清晰的，而不是模糊的；必须是具体的，而不是抽象的。它必须做到以下几点。
① 定性。要塑造一个什么性质的形象、以什么特色投入竞争，要在审时度势的基础上加以确定。
② 定量。要引起、促成形象的质变，必须通过量的积累。怎样才算树立了良好的形象；知晓度、美誉度到底要提到多高；要争取公众的理解与支持，到底有多少人对组织理解、支

持；目标比上年有哪些变化……这些问题都应该用数据说明。

③ 定时。任何一个层次的形象目标都应该具有一定的时间限制，都应该有明确的时间表。无期限的目标往往会流于形式，既不能督促执行，又不能适时评估。

④ 定空间。各项目标、各层次活动将在什么范围内开展，在什么范围内产生影响，在什么地方举行，要租用什么样的场地，传播信息的覆盖面有多大等，这些问题都必须确定。

（3）可行性

在明确具体目标后还有一个与现实情况是否和谐的问题。一个可行的目标必须具有现实性，应从实际条件出发。目标要有激励性、挑战性。

（4）可控性

公共关系实施时间进度的要求必须和目标进行对比，做好各影响因素的预测工作，及时发现各种因素对目标的影响，及时针对关键影响因素采取有效的预防和应对措施，确保目标的有效落实。

2.4.2 组织形象的特征

组织形象即社会公众对组织综合评价后所形成的总体印象。组织形象包括组织精神、价值观念、行为规范、道德准则、经营作风、管理水平、人才实力、经济效益、福利待遇等要素。组织形象是这些要素的综合反映。其主要特点如下。

1. 整体性

组织形象是一个有机的整体，形象是由组织内部诸多因素共同作用的结果。以一个企业为例，企业形象包括以下内容。

① 企业历史、社会地位、经济效益、社会贡献等综合性因素。

② 员工的思想、文化、技术素质及服务方式、服务态度、服务质量等人员素质因素。

③ 产品质量、产品结构、经营方针、经营特色、基础管理、专业管理、综合管理等经营管理因素。

④ 技术实力、设备、地理位置等其他因素。

这些不同的因素形成不同的具体形象，但这些具体形象只是构成企业整体的基础，而完整的企业形象是各个具体要素的总和，这才是对组织具有决定性意义的宝贵财富。

当然，对有些组织而言，可能会因某一方面的形象比较突出，进而掩盖了其他方面的形象，导致组织形象片面或不完整。其实这也是正常的，因为组织宣传有侧重点，公众也不可能全面了解组织的所有情况，他们对组织的印象主要源于自身所能接触到的组织的一个或少数几个方面的情况，这就要求组织要认真对待每个方面、每个环节，从而在公众心目中形成良好的整体性印象。

2. 主观性

组织形象是公众对组织的意见或看法，因而具有主观性。因为社会公众本身具有差异性，其社会地位、价值观念、思维方式、认识能力、审美标准、生活经历等各不相同，观察组织的角度、审视组织的时空和维度也不相同，所以社会公众对同一企业及其行为的认识和评价也有所不同。"公说公有理，婆说婆有理"就是这个道理。此外，在形象塑造和传播过程中，必然要发挥组织员工的主观能动性，渗透企业员工的思想、观念和心理色彩。因此，组织形象是主观的。

3. 客观性

形象是一种观念，是人的主观意识，但观念的反映对象却是客观的。也就是说，组织形象所赖以形成的物质载体都是客观的，建筑物是真实存在的，产品是真实存在的，组织的员工也是具体的，组织的各种活动也是实际存在的。因此，组织形象作为客观事物的反映，是不以人的意志为转移的，不能在虚幻的基础上构筑组织形象。

人们说组织形象是客观的，是基于一种统计规律。组织形象是公众的意见或看法，这个公众不是单个的人或少数群体组织，而是一个公众的集合。个人的意见是主观的、可变的，但作为一个整体的公众或大多数公众的意见则是客观的。虽然有些人可能被误导或因其他原因而产生错误看法，但这也正是公共关系状态的一种反映。如果不从整体公众来理解组织形象，便无法形成组织形象。因为，做得再完美的企业也总会有反对者，再蹩脚的公共关系也会有人拍手叫好。

4. 相对稳定性

当社会公众对组织产生一定的认识和看法以后，一般会保持一段时间，而不会轻易改变或消失，这就是组织形象的相对稳定性。要在公众心中留下印象并不容易，特别是在当今产品众多、广告泛滥的年代；然而，要改变一种产品或一个组织在公众心中的形象就更难了。组织形象的这种相对稳定性可能会产生两种结果：一种是组织因良好形象被维持而受益，另一种是组织因不良形象难以改变而受损。虽然形象不是一成不变的，但要改变一种形象却是不容易的。

2.4.3 组织形象的类型

组织形象是多层次、多维度的，应该从不同角度来把握组织形象。

1. 按组织形象的内容划分

按组织形象的内容划分，可分为特殊形象和总体形象。

特殊形象是组织的某一方面或少数几个方面给公众留下的印象，或者组织在某些特殊公众心中形成的形象，如企业的良好服务使某些顾客形成了组织"优质服务企业"的形象，企业的某一次慈善捐款给公众留下了乐善好施、热心公益事业的形象。特殊形象对企业很重要，因为公众是不可能全方位、全面地了解组织的。组织在他们心中留下的往往就是这种特殊形象，而且大多数公众就是因为组织在某些方面的独特形象而支持组织的，如歌迷对演唱会、球迷对球星等。因此，特殊形象是组织改善形象的突破口。

总体形象是企业各种形象因素所构成的形象的总和，也是各种特殊形象的总和，但两者又不是简单的总和。举一个比较极端的例子：某位员工工作敬业、技术一流，人际关系也好，深得领导和同事的赞许；但不喜欢他的人可能说，他没有个性或没有特长。所以对一个组织而言，就应该努力追求总体形象和特殊形象的和谐统一。

2. 按照组织形象的真实程度划分

按照组织形象的真实程度划分，可分为真实形象和虚拟形象。

真实形象是指组织留给公众的符合组织实际情况的形象；虚拟形象则是组织留给公众的不符合企业实际情况的形象。

虚拟形象形成的原因是多方面的，既可能有传播信息过程中的失真原因，也可能有公众评价的主观性、偏向性原因。需要说明的是，真实形象不一定就是好形象，而虚拟形象也未必等于坏形象，如企业经营伪劣产品被曝光在公众中形成的一个不好形象是真实形象，而一个骗子在被揭穿之前的公众楷模形象往往是虚拟形象。一些企业也通过虚假统计数据在上级部门（官员）那里形成了一种好形象，但这肯定是虚拟的。对企业来说，应追求真实的良好形象，而避免虚拟的形象。

3. 按照组织形象的可见性划分

按照组织形象的可见性划分，可分为有形形象和无形形象。

有形形象是指那些可以通过公众的感觉器官直接感觉到的组织形象，包括产品形象（如产品质量性能、外观、包装、商标、价格等），建筑物形象，员工精神面貌，实体形象（如市场形象、技术形象、社会形象等）。它是通过组织的经营作风、经营成果、经济效益和社会贡献等形象因素体现出来的。

无形形象则是通过公众的抽象思维和逻辑思维而形成的观念形象。这些形象虽然看不见，但可能更接近企业形象的本质，是企业形象的最高层次。

对企业而言，这种无形形象包括企业经营宗旨、经营方针、企业经营哲学、企业价值观、企业精神、企业信誉、企业风格、企业文化等。这些无形形象往往比有形形象更有价值，如对鸿星尔克、可口可乐、索尼等企业而言，他们的企业信誉等无形资产比那些机器设备和厂房要重要得多。

此外，还可以按形象的现实性，把组织形象划分为实际形象和期望形象。

2.4.4 形象塑造的原则

形象塑造是一项长期而艰巨的任务，不是一个人或一个具体行动就可以完成的。它需要按照一定的原则，通过一定的途径，全方位地进行塑造。

1. 系统性原则

形象塑造涉及多方面因素，要做大量艰苦细致的工作，是一项系统工程。它需要企业增强意识，重视战略，周密计划，科学组织，上下配合，各方协调，不断加强和完善；需要动员各方面力量，合理利用企业的人、财、物、时间、信息、荣誉等资源，并对这些资源进行优化组合，使之发挥最大作用，产生最佳效益。另外，形象塑造不是单在企业内部就可以完成的，而是要通过公众才能完成的，因为形象最终要树立在公众的脑海中。它需要面向社会，动员社会上的有生力量，并利用社会上的积极因素来完成。这一切都说明，形象的塑造是一项复杂的社会系统工程。

2. 全员化原则

形象塑造要求企业所有员工都具有使命感，这种使命感来自荣誉感，能够对员工产生强大的凝聚力，无法设想一盘散沙或牢骚满腹的员工会向公众展示良好的形象。英国学者莱斯利·德·彻纳东尼认为，企业要使所有的员工都能认识、理解、表达自己企业的形象，这对企业的战略实施至关重要。只有全体员工达成共识，才能使不同领域的角色融为一个整体，使不同部门的成员向着一个方向努力。美国学者大卫·艾克在《品牌领导》一书中也曾提到，企业应把内部的传播工作放在优先考虑的地位，即在得到外部认同之前，首先在内部推行，达到内部认同，因为内部认知的差异可能会误导企业战略的实施。除了让企业内部全体员工参与形象的塑造，全员化原则还有一层含义，就是动员社会公众的力量。企业的服务、公关和广告要能够吸引公众、打动公众，使公众关注形象，热心参与形象的塑造，使形象牢固地树立在公众的心目中，产生永久的、非凡的魅力。

3. 统一性原则

形象的统一性原则是指品牌识别，即品牌的名称、标志物、标志字、标志色、标志性包装的设计和使用必须标准统一，不能随意变动。例如，同一企业或产品的名称在一个国家或地区的翻译名称要统一，像日本的松下、丰田和美国的通用、微软等的中文名称就不能随便采用其他汉字来代替。

肯德基是一家国际性的连锁店。其最大特征是，一家是一家，十家是一家，千家还是一家，无论你身处何地，只要到了肯德基，你就会感受到熟悉与亲切。

4. 特色性原则

所谓特色性其实就是指形象的差异化或个性化。形象的特色性可以表现为质量特色、服务特色、技术特色、文化特色和经营特色等。形象只有独具个性和特色，才能吸引公众，才能通过鲜明的对比，在众多竞争者中脱颖而出。抄袭模仿、步人后尘的形象不可能有好的效果，也不可能有什么魅力。例如，有人说自己生产的摩托车轻便、快捷，你也说自己生产的摩托车轻便、快捷，那就不会有什么特色。特色性原则中还有一点也很重要，就是形象的民族化。民族化的东西总是富有特色的，"只有民族的，才是世界的"。抓住民族特色而赋予形象一定的含义，往往能收到意想不到的效果。

2.4.5 组织形象的塑造

如何才能塑造良好的组织形象呢？一般来说，要塑造良好的组织形象，组织应该做好以下几方面的工作。

1. 消除误区

尽管组织形象的重要性已为越来越多的组织领导层所认识，但在实际中，还是存在对组织形象的若干误区。

（1）组织形象无用论

组织形象是摆花架子、搞形式，中看不中用。以前从没听说或没塑造过组织形象，不也照样获得成功吗？在市场竞争中，时间就是金钱，是不允许你从容地塑造好形象再参与竞争的。

（2）组织形象万能论

组织形象是点金术，是灵丹妙药，只要导入组织形象战略，组织就会像可口可乐那样名扬四海。

(3) 组织形象趋同化

照搬照抄的组织理念设计和行为设计，大同小异，毫无本组织的特色和个性。例如，在为企业树立企业精神时，大部分企业都是选择诸如"团结""创新""求实""奉献""文明"等词，形成一种高度趋同化的企业精神。

(4) 组织形象盲目化

组织形象应该是组织长期的经营理念、经营宗旨及其他方面的综合反映，应该具有典型性、代表性、综合性。但很多组织在塑造形象的过程中，既不了解组织的历史及发展过程，又不针对公众而开展调研。因此，这样的组织形象往往带有很大的盲目性，很难被公众认同。

针对上述组织形象塑造过程中的误区，组织在进行形象塑造时必须树立正确的组织形象观，努力避免或消除对组织形象的错误看法。既不要因看不到组织形象的作用而轻视，也不要因组织形象有作用而人为地拔高。同时，在组织形象设计和实施过程中要注意特色，注意针对性和代表性，只有这样才能真正搞好组织形象的塑造工作。

2. 捕捉有利时机

在不同的时期，组织形象塑造的方法和途径会有所不同，只要能巧妙地把握时机，因势利导，就能收到事半功倍的效果。

(1) 新组织创立时期

新组织创立初期，还未能与社会各界建立广泛联系，知名度不高。这时，组织如能确立正确的经营理念、完善的组织和员工行为规范，设立独特的视觉识别系统和最佳的传播方式和媒介，就能给公众留下美好的第一印象。

(2) 组织顺利发展时期

这时应致力于保持和维护组织的形象和声誉，巩固已有成果，再接再厉，进一步提高知名度和美誉度，以强化组织在公众心目中的良好形象。当组织处于顺利发展时期，其各方面运转往往较好，可供利用的宣传机会和"扬名"机会当然也会多些。经济效益上台阶、文化生活辟新路、组织荣誉接踵至、主要公众赞扬多等，都是可以利用的契机。

(3) 组织处于逆境时期

组织的发展不可能一帆风顺，当组织处于逆境时，公共关系人员要沉着、冷静，善于捕捉组织中的亮点，然后抓住有利时机，采取灵活机动的宣传策略，以赢得组织内外公众的支持、理解与合作，帮助组织顺利渡过难关。即使组织处在最困难的时期，只要公共关系人员勤于思考，敏于发现，总能找到一些组织的亮点。例如，某企业可能因经营不善导致亏损，经济效益下滑，员工福利受到影响，外部的公众如供应商、代理商、顾客组织的支持力度也有减弱的趋势，组织看起来很困难。这时，公共关系人员便要努力寻找组织的亮点，如企业虽暂时处于困境，但企业基础雄厚，或者有良好的企业形象，或者有超强的技术开发实力，或者有广阔的发展前景，或者有乐观自信的员工……这些都可作为宣传的突破，作为使组织重新赢得公众信心的催化剂。正如一句流行语所说，"只要思想不滑坡，办法总比困难多"。

(4) 组织推出新产品、新服务项目、新的方针政策或经营方式时期

这一时期，组织面临的最大挑战就是如何消除公众观望与等待的态度。由于受人们消

费惯性的影响，社会公众在组织推出新产品、新服务或新举措时，往往会持观望与等待的态度。这表明消费者对这些新产品、新服务、新举措还不了解，还有疑虑，还存有戒备心理。因此，公关部门应主动出击，采取有针对性的措施，如现场产品（服务）展示、操作示范、广告宣传、顾客承诺等，消除公众的疑虑，把公众的注意力尽快吸引到组织上来。

3. 保持组织形象的统一性和连续性

在塑造组织形象过程中，组织要统筹兼顾，全面安排，以保证组织形象的统一性和连续性。许多经营不佳、形象不好的企业，并不是因为没有塑造组织形象，而是因为缺乏连贯一致的组织形象。它们今年强调成本低、价廉物美，明年强调服务好、体贴入微，后年又强调技术革新、创新制胜，不仅内部职工无所适从，而且也会导致外部公众无法对其形成稳定的印象。一些国际知名公司在这方面就很值得人们学习借鉴。例如，IBM 在其发展过程中，产品不断更新，管理体制也发生了变化，但我们从它最近公布的组织目标及目前所强调的基本信念来看，仍然没有离开其创始人托马斯·约翰·沃森最初的设想；日本松下公司所遵循的整体企业精神，仍然是公司创始人松下幸之助所拟定的一些信条。可见，保持组织形象的一贯性、连续性，对于一个企业的长远发展至关重要。

本 章 小 结

公共关系要素是指构成公共关系最基本、最主要的成分，其三大要素是社会组织、公众、传播。社会组织是公共关系的主体，公众是公共关系的客体，传播作为纽带连接着主体和客体。主体与客体之间良好的沟通需要借助于适当的传播方式，所以需要识别各种社会组织、各种公众及各种传播方式的特征。

习 题

1. **单项选择题**

（1）公共关系的主体是（　　）。
A. 公众　　　　　　B. 组织　　　　　　C. 媒体　　　　　　D. 大众
（2）公共关系的宗旨是（　　）。
A. 信息传播　　　　B. 处理好人际关系　C. 双向沟通　　　　D. 塑造形象
（3）医院、救助站属于（　　）。
A. 营利性组织　　　B. 服务性组织　　　C. 互益性组织　　　D. 政治性组织
（4）一个组织的公众是（　　）。
A. 开放的　　　　　B. 抽象的　　　　　C. 特定的　　　　　D. 广泛的
（5）公共关系的客体是（　　）。
A. 事件　　　　　　B. 宣传　　　　　　C. 公众　　　　　　D. 媒介
（6）购买商品的顾客公众今天是赵、钱、孙、李，明天则可能是周、吴、郑、王，这说明公共关系具有（　　）特点。

A. 稳定性　　　　B. 客观性　　　　C. 可变性　　　　D. 指导性

（7）公共关系传播的最主要的方式是（　　）。

A. 组织传播　　　B. 人际传播　　　C. 群体传播　　　D. 大众传播

（8）现代公共关系传播的本质是（　　）。

A. 双向交流　　　B. 单向交流　　　C. 双向管理　　　D. 单向管理

（9）著名记者、社会名流一般属于（　　）。

A. 受欢迎公众　　　　　　　　　　B. 不受欢迎公众

C. 边缘公众　　　　　　　　　　　D. 被追求公众

（10）公共关系是一种（　　）。

A. 组织的活动和功能　　　　　　　B. 个人的事务和技巧

C. 人人有份的关系和意见　　　　　D. 个人的人际关系

2. 多项选择题

（1）公共关系的基本要素包括（　　）。

A. 组织　　　　　B. 传播　　　　　C. 环境　　　　　D. 公众

（2）在市场营销中，公共关系侧重于（　　）。

A. 塑造企业整体形象　　　　　　　B. 强化企业形象的市场影响力

C. 营造良好的市场环境　　　　　　D. 创造长期的营销环境

（3）现代信息社会中管理学发展的一个趋势是日益重视（　　）。

A. 传播资源　　　　　　　　　　　B. 信息资源

C. 关系资源　　　　　　　　　　　D. 形象资源

（4）公众的特征有（　　）。

A. 整体性　　　　　　　　　　　　B. 共同性

C. 相关性　　　　　　　　　　　　D. 多样性

3. 简答题

（1）如何理解公共关系的主体？

（2）简述社会组织内部公共关系机构的设置原则与模式。

（3）公共关系人员应具备哪些素质？

（4）什么叫公众？如何对公众进行分类？

（5）什么是公共关系传播？

（6）简述公共关系传播的形式。

4. 实际操作训练

（1）实际调查某一企业，掌握其公共关系形象塑造的方法和途径，汇集材料，形成总结。

（2）结合国际金融危机的情况，了解当时我国企业面临的困难，分析组织与环境之间的关系。

5. 案例应用

先搞清楚这些再公关

有一家宾馆新设立一个公关部，设立伊始，该部就配备了豪华的办公室，漂亮迷人的公关小姐，现代化的通信设备，但该部部长却发现无事可做。后来，这个部长请来了一位公关顾问，向他请教"怎么办"，于是这位顾问问了部长以下几个问题：

"本地共有多少宾馆？总铺位有多少？""旅游旺季时，本地的外国游客每月有多少？国内的外地游客有多少？""贵宾馆的'知名度'如何？在过去3年中，花在宣传上的经费共有多少？""贵宾馆最大的竞争对手是谁？贵宾馆潜在的竞争对手将是谁？""去年一年中因服务不周引起顾客不满的事件有多少起？服务不周的症结在哪里？"

对这样一些极其普通而又极为重要的问题，这位公关部部长竟瞠目结舌，无言对答。于是，那位被请来的公关顾问这样说道："先搞清这些问题，然后开始你们的公共关系工作。"

（资料来源：董原，2013. 公共关系学 [M]. 北京：中国铁道出版社.）

问题：
(1) 宾馆公关部的问题出在哪儿？
(2) 公共关系人员应具备怎样的知识结构和能力？

去哪儿网借助媒体及时澄清"假保险"事件

[查不到延误险保单惹争议]

2014年10月26日，央视播出报道《20元航班延误险买的竟是假保险》。根据报道，有乘客在去哪儿网上所购买的航班延误险保单号在保险公司官网上无法查到。乘客怀疑20元航班延误险是去哪儿网自己卖的，保费全都装进了自己的口袋。

而后央视记者调查确认，去哪儿网所售航班延误险保单号均无法查询。去哪儿网方面称公司与保险公司为内部关系流程，理赔由去哪儿网负责，不用通过保险公司。而有关专家则认为，如果去哪儿网所说属实，其做法涉嫌"擅自经营保险业务"，非授权公司代理保险属于"违规"。

去哪儿网的航班延误险事件在央视一经披露，消息便在网络上迅速传播，引起网友的讨论和质疑，得知20元航班延误险是假保险的公众及消费者纷纷将矛头指向去哪儿网，对其进行了负面的评价和指责。如此种种，把去哪儿网推上了舆论的风口浪尖。

[去哪儿网迅速回应解争议]

央视报道后反响强烈的公众舆论立刻引起了去哪儿网的注意。对此，去哪儿网在官方微博上很快做出了回应，表示央视播出的报道中有部分言论存在不实。去哪儿网是一家在线旅游平台，拥有合法合规的保险销售资质。去哪儿网与太平洋保险公司合作，太平洋保险公司通过去哪儿网平台销售其航班延误险，属于合法合规的保险产品。至于消费者提出购买的保险无法查询到，去哪儿网称，原因是太平洋保险网络系统发生了故障。目前，太平洋保险已经对网络故障问题展开紧急修复，并开通了紧急服务专线4008310066为通过去哪儿网购买太平洋保险公司航班延误险的消费者提供咨询服务。

去哪儿网及时的官方回应给很多关注此事的人吃了一颗定心丸，打消了他们心头的疑虑。然而，仅仅去哪儿网一家官方微博的回应短时间内并不足以打消该事件对社会造成的恶劣影响。

[新闻媒体大量转载澄清事实]

新闻媒体是企业公共关系最常见的"盟友"力量，新闻媒体作为盟友，其优势在于"时效性快、覆盖度高、权威性强和可信度高"。去哪儿网的声明发出后，大量新闻媒体的官方微博转载了去哪儿网的这则声明，一时间霸占了新浪微博实时的热点和热搜榜，澄清假保险的声明在网络上铺天盖地的转发，有效地遏制了假保险事件的升级，避免了对去哪儿网品牌造成更大的不利影响。

大多数时候，时间就是企业公共关系的敌人，机会稍纵即逝，而这时候新闻媒体作为最快、最可信的触及社会公众的传播渠道，往往是公共关系传播媒介的首选，充当着企业公共关系第三方盟友急先锋的角色。

（资料来源：樊帅，2016. 企业公共关系案例解析 [M]. 北京：清华大学出版社.）

问题：

(1) 新闻媒体在去哪儿网澄清航班延误险事件中发挥了怎样的作用？

(2) 从公共关系角度考虑，企业应如何加强与新闻媒体的公共关系建设？

【知识拓展：
万博宣伟公司简介】

第 3 章

公共关系调查

教学目标

通过本章学习,掌握公共关系调查的含义、原则及内容,了解公共关系的类型划分及调查程序,熟悉公共关系调查报告的撰写。

教学要求

知识要点	能力要求	相关知识
公共关系调查概述	(1) 掌握公共关系调查的含义;(2) 了解公共关系调查的原则;(3) 了解公共关系调查的作用和目的	(1) 组织基本情况调查;(2) 组织公众调查;(3) 社会环境调查;(4) 传播媒介状况调查
公共关系调查的程序	(1) 了解公共关系调查的操作程序;(2) 熟悉调查方案及运作策略;(3) 学会分析及整理调查资料	(1) 制定经费预算;(2) 抽样调查法;(3) 民意测验法;(4) 网络媒介调查法
公共关系调查问卷的设计	(1) 调查问卷的设计对公共关系调查的作用;(2) 了解问卷的设计结构;(3) 能够设计封闭式问卷和开放性问卷	(1) 是否式问卷答案的设计;(2) 选择式问卷答案的设计;(3) 排列式问卷答案的设计
调查报告的设计与撰写	(1) 了解调查报告的撰写要求;(2) 熟悉调查报告的结构并能够撰写调查报告;(3) 能够分析组织的环境并提出对策	(1) 组织的外部环境和内部环境;(2) 调查方案与调查报告的关系

基本概念

公共关系调查　调查问卷　调查报告

可口可乐公司"新可乐"的失败

1985年4月23日,可口可乐公司董事长罗伯托·C.戈伊苏埃塔宣布了一项惊人的决定。他宣布,经过99年的发展,可口可乐公司决定放弃它一成不变的传统配方,原因是现在的消费者更偏好口味更甜的软饮料。为了迎合这一需求,可口可乐公司决定更改配方,调整口味,推出新一代可口可乐。

1. 改变口味的原因

在20世纪80年代,可口可乐在饮料市场的领导者地位受到了挑战,其在市场上的增长速度从每年递增13%下降到只有2%。原因是其竞争对手百事可乐来势汹汹,它先是推出了"百事新一代"的系列广告,将促销的利剑指向饮料市场最大的消费群体——年轻人。

在第一轮广告攻势大获成功之后,百事可乐公司仍紧紧盯着年轻人,继续强调百事可乐的"青春形象",又展开了号称"百事挑战"的第二轮广告攻势。在这轮攻势中,百事可乐公司大胆地对顾客进行了饮料品尝测试现场直播,即在不告知参与者是在拍广告的情况下,请他们品尝各种没有品牌标志的饮料,并说出哪一种口味最好。百事可乐公司的这次冒险成功了,几乎每次试验后,品尝者都认为百事可乐更好喝。"百事挑战"系列广告使百事可乐在美国的饮料市场份额从6%猛升至14%。

可口可乐公司不相信这一事实,也立即组织了饮料品尝测试,结果与"百事挑战"中的一样,人们更喜爱百事可乐的口味。市场调查部的研究也表明,可口可乐独霸饮料市场的格局正在转变为可口可乐与百事可乐分庭抗礼。20世纪70年代,18%的饮料消费者只认可可口可乐这一品牌,认同百事可乐的只有4%。到了80年代,只有12%的消费者忠于可口可乐,而只喝百事可乐的消费者则上升到11%,与可口可乐持平的水平。而在此期间,无论是广告费用的支出还是销售网站,可口可乐公司都比百事可乐公司高得多。

2. 市场调查过程

可口可乐公司在研制新可乐之前,曾秘密进行了代号"堪萨斯工程"的市场调查行。它出动了2000名市场调查人员在10个主要城市调查顾客是否接受一种全新的可口可乐,问题包括:可口可乐配方中将增加一种新成分使它喝起来更柔和,你愿意吗?如果可口可乐将与百事可乐口味相仿,你会感到不安吗?你想试试一种新饮料吗?调查结果表明:只有10%~12%的顾客对新口味可口可乐表示不安,而且其中一半表示会适应新的可口可乐,这表明顾客愿意尝试新口味的可口可乐。

在新可口可乐的样品出来后,可口可乐公司再次组织了品尝测试,在不告知品尝者品牌的情况下,请他们说出哪一种饮料更令人满意。测试的结果令可口可乐公司兴奋不已,顾客对新可乐的满意度超过了百事可乐,市场调查人员认为,这种新配方的可乐至少可以将可口可乐的市场占有率提高1%~2%,这就意味着多增加2亿~4亿美元的销售额。

为了确保万无一失,可口可乐公司倾资400万美元进行了再一次规模更大的品尝测试,13个城市的超19万名顾客参加了测试,55%的品尝者认为新可乐的口感胜过了传统配方的可口可乐,而且在这次品尝测试中,新可口可乐再次击败了对手百事可乐。

3. 失败的结局

在"新可乐"上市后的一个月,可口可乐公司每天都会接到超过5000个抗议电话,而且更有雪片般飞来的抗议信件。有的顾客称可口可乐是美国的象征,有的顾客威胁说他们将改喝茶水,永不再购买可口可乐公司的产品,更有忠于传统可口可乐的人们组成"美国老可乐饮者"组织发动了抵制"新可乐"的运动,而且许多人开始寻找已停产的传统可口可乐,这些"老可乐"的价格一涨再涨。面市后两个月,"新可乐"的销量远远低于公司的预期值,不少瓶装商强烈要求改回销售传统可口可乐。

"新可乐"面市后的3个月，其销量仍不见起色，而公众的抗议却愈演愈烈。最终可口可乐公司决定恢复传统配方的生产，其商标名为可口可乐古典，同时继续保留并生产"新可乐"，其商标名为新可乐。但是，可口可乐公司已经在这次行动中遭受了巨额的损失。

可以说，可口可乐公司的市场调查组织工作很到位，雇用了2000多名市场调查人员到全国10个主要城市20个分散市场进行集体访谈、试饮、评比。为了保证调查的公正与客观，还专门聘请了调查公司做第二次市场调查。但是，这些调查都是从产品的质量出发，以征求顾客满意，而忽略了可口可乐所包含的内在的社会价值。顾客满意的程度大部分取决于产品所包含的服务价值，如荣誉感、社会地位、民族精神等。可口可乐蕴含着美国人的民族情感，承载着美国人乐观向上的精神，"新可乐"无论质量多么优良，也无法取代可口可乐这种根深蒂固的民族性。"新可乐"推广的失败说明，企业创新不仅仅是产品的创新。企业创新要在产品创新的基础上把产品社会化，换句话说，产品创新的过程就是产品社会化的过程。社会化的根本在于顾客的认可，并把它内化为一种本质。"新可乐"的质量虽然很好，但无法使顾客在精神和情感上接受它，这就决定了它的失败。

(资料来源：王珑，2006. 公共关系原理与实务 [M]. 2版. 重庆：重庆大学出版社.)

3.1 公共关系调查概述

公共关系调查（公关调查）是运用科学的方法，有目的地收集资料，分析相关因素，了解公共关系状况，预测民意和社会环境的发展趋势，为顺利开展公共关系工作提供条件。简而言之，公共关系调查是指公共关系人员根据本组织的公共关系目标搜寻、采集、选择公共关系信息的活动。

公共关系调查是公共关系4步工作法的第一个重要环节，通过运用科学的调查方法搜集有关信息，并通过把握外部环境的发展趋势，为组织开展公共关系活动提供良好的条件和基础，为组织制订公共关系计划提供科学依据。公共关系调查是公共关系活动的前提。美国《幸福》杂志介绍的排名前1000位的大企业中，大约有50%的企业使用公共关系调查。

3.1.1 公共关系调查的作用

公共关系调查是一切公共关系工作开展的前提，是组织开展公共关系活动的重要依据。美国管理学家赫伯特·西蒙说："无论人们如何表达公共关系活动的流程，调查研究都是举足轻重的。如果把公共关系活动视为一个'车轮'，调查研究便是这个'车轮'的'轴'了。"

赫伯特·西蒙把公共关系调查研究的作用清楚地表现了出来。人们可以得出这样一个结论：倘若缺少了调查研究这个"轴"，企业公共关系活动这个"轮"就无法轻松自如地运转起来。因此，作为企业的公关部门，要充分认识开展企业公共关系调查研究的重要性，不仅要把调查研究作为一种经常性的工作来抓，还要注意在处理任何一种公共关系问题及纠纷时，都应把调查研究视为正确、妥善地解决问题和纠纷的基本前提。

知识链接

党的二十大报告提出，要弘扬党的光荣传统和优良作风，促进党员干部特别是领导干部带头深入调查研究，扑下身子干实事、谋实招、求实效。锲而不舍落实中央八项规定精神，抓住"关键少数"以上率下，持续深化纠治"四风"，重点纠治形式主义、官僚主义，坚决破除特权思想和特权行为。

1. 为组织主体的正确决策提供依据

通过公共关系调查和研究，可以保证信息的对称性，及时掌握公众需求及环境的变动，避免计划的盲目性和决策的任意性。从而不断改善组织的管理水平，提高经济效益，树立良好的组织形象。

2. 使组织防患于未然

公共关系调查可以提供环境监测、进行问题预警，使组织认识到外部关系和环境的波动规律，有效地增强组织应对危机事件、防御风险的能力。

3. 可以准确地了解组织在公众中的形象地位

组织的形象地位已成为社会的重要资源要素，扩大组织的知名度，提高组织的美誉度，塑造良好的社会形象，已成为组织追求的重要目标。组织的形象地位是可以用定量方法判断的，所以可以测量自我期望的形象地位和在公众中实际的形象地位的差距。公共关系人员可以根据这个差距，策划有效的公共关系活动。

3.1.2 公共关系调查的原则

公共关系调查是为了建立和维系组织与公众之间的良好关系，因而更注重公众对组织的认识和评价。它不仅应有一般调查研究所具备的规范性和科学性，更应具备公共关系调查的特殊性。

1. 客观性原则

公共关系调查是为了准确地了解公众对组织形象的评价。坚持调查的客观性是调查人员所应遵循的最重要的原则。调查人员在调查过程中，应从客观实际出发，要注意区分公众的客观态度和主观臆想。

任何事物都应该有相应的标准，公共关系调查实务操作中也应有一个统一的标准。在公共关系调查实务操作中，一个课题由很多人共同完成。每个人由于对问题的理解不同，会有不同的分析结果，得出不同的结论。这时就需要一个客观的统一的标准，从而可以得出统一的调查结果，避免"仁者见仁，智者见智"的现象。

2. 全面性原则

公共关系调查需要保证信息的对称性、完整性，所以要求调查人员在搜寻、采集、选择调查对象对组织形象的评价时必须全面搜集各类公众的意见。公共关系调查的对象是公众，而不同的公众有不同的背景，如年龄、职业、教育程度、信仰、环境等因素有差异，其行为也会有不同的表现。公共关系调查掌握的不是个别成员的态度和行为特征，而是总体表现出来的现象特征。根据"大数定律"，前期的调查应做到大量的观察，保证调查的样本和总体表现出来的平均值接近。为了进一步做到全面性原则，还应必要地选取一些典型对象作为调查对象。

公共关系调查的全面性要求：首先，调查对象必须有代表性，可以代表公众，而且对组织的形象评价是客观正确的，能够代表总体公众的整体意见；其次，调查所得的资料是完整的、全面的，不仅有对组织形象的支持意见，也有对组织形象的反对意见，既要注意到积极公众的意见，也应注意到不受欢迎公众的意见，并注意各种意见之间的关联，不能一叶障目，以偏概全。

3. 时效性原则

公共关系调查是了解调查对象在某一确定时间对组织形象的评价，调查的结果具有较强的时效性。对一个组织来说，调查结果的价值与提供信息的时间是成正比的，迟滞的信息会导致组织失去取胜的良机。因此，在调查过程中，调查人员不仅要注意调查信息的准确性，还要注意信息传递的时效性。客观事物总是处于不断变化和运动之中，公共关系的一次调查只能反映一段时间内公众的态度，这种态度会随着时间的变化而变化。公共关系调查的时效性，有利于组织及时地收集情报并做出果断的决策。

4. 精确性原则

公共关系活动是一项非常复杂的系统工程，成功的活动应该使其中的每个环节都流畅顺通，这就要求调查的信息必须精确。精确性原则包含以下含义：一是运用统计学的原理规划调查工作；二是运用相关的数学模型对信息进行科学分析；三是用具体数据显示或表达调查的结果。

3.1.3 公共关系调查的内容

公共关系调查要紧紧围绕社会组织的生存和发展这一主题，收集和处理来自组织内部、公众和社会环境的各方面信息。一般包括组织基本情况调查、组织公众调查、社会环境调查和传播媒介状况调查。

1. 组织基本情况调查

任何公共关系活动的开展都不能脱离社会组织的实际情况，因而也都离不开对组织自身基本情况的掌握。组织基本情况调查的内容，依据公共关系工作的需要，主要可确定为以下4个方面。

（1）组织的总体概况

组织的总体概况包括组织创建的时间和背景，发展历程，重大事件，对社会的贡献，组织的性质、类型和规模，机构设置，管理体制，人员（决策、管理层和员工）素质等。

（2）组织的经营情况

组织经营情况包括组织的经营发展目标、经营方针、经营战略，组织对社会提供的产品和服务及其特色等。

（3）组织的理念情况

组织的理念情况包括组织精神、组织的价值观测、组织使命、组织的道德规范、组织的文化传统，以及组织的名称和各种识别标志等的文化含义。

（4）组织的实力支持情况

组织的实力支持情况是组织得以正常运转的基础，包括组织的物质基础、组织的技术水平、组织的财务状况和组织的福利等。

2. 组织公众调查

任何一种公共关系活动都很难全面地影响所有公众。开展公众构成情况调查有利于确定公共关系工作的基本范围和重点对象，避免盲目开展公共关系工作。

（1）特定组织公众的调查

① 内部公众的调查。包括组织成员的基本情况，如成员的年龄、性别、文化程度、专业、职务职称等；内部公众的工作态度、思想状况、意见和建议等。

② 外部公众调查。包括外部公众的背景资料，如公众的年龄、性别、籍贯、家庭状况、

职业、文化程度、数量构成、空间构成、特征构成、需求构成、观念构成、对组织的重要性构成、对组织的依赖性构成等。

(2) 公众需求情况调查

社会组织是为人的需要而存在的,也是为人的需要而发展的。社会组织要有效地开展公共关系工作,必须做好对公众需求情况的调查工作,以掌握公众需求信息,不断设法满足公众的合理需要。公众需求情况调查主要涉及以下两个方面。

① 公众的物质需求情况。例如,公众对改善物质生活环境的需求、公众对获得优质物质产品需求、公众对获得各种有形服务的需求。

② 公众的精神需求情况。例如,公众对组织接纳的需求、公众对合法权益的需求、公众对获得满意服务的需求、公众对获得重要信息的需求、公众对获得组织重视的需求等。

(3) 组织在公众心目中的形象调查

① 内部公众对组织的评价。包括员工对组织领导层或决策层工作的评价、员工对组织各种规章制度的认识、员工对组织形象的期望等。

一个组织的目标只有得到员工的认同和支持,才有可能实现。员工的态度和行为对于组织目标的实现具有决定性意义。因此,调查内部公众对组织的看法,可以了解他们对领导层提出的总目标的信心和支持程度,吸取合理意见,使组织形象更具有群众基础。

② 外部公众对组织的评价。外部公众对组织的评价是组织的客观的、实际的形象。了解组织的实际情况就要了解组织的知名度、美誉度。

知名度是社会公众对该组织认识、知晓的程度,主要包括企业基本情况,产品的名称、标示、价格、种类或服务内容及其了解的程度、范围。其计算公式为

组织在该地区的知名度 = (该地区知晓公众数 ÷ 该地区公众总数) × 100%

美誉度是社会公众对本组织信任和赞誉的程度。其计算公式为

组织在该地区的美誉度 = (该地区持赞赏态度的公众数 ÷ 该地区知晓公众人数) × 100%

知名度和美誉度是衡量组织形象的两项重要指标。知名度是社会组织为公众所知晓的程度;美誉度是指对社会组织有一定认知程度的公众中,对社会组织持信任、赞赏态度的人数的百分比。

组织形象四象限如图3.1所示。

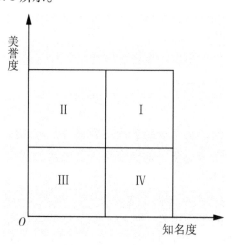

图3.1　组织形象四象限

第Ⅰ象限表示高知名度、高美誉度，处于这个区域说明组织形象较好。第Ⅱ象限表示高美誉度、低知名度，处于这个区域说明组织有良好的基础，公共关系活动的重点应该在维持美誉度的基础上提高知名度。第Ⅲ象限表示低知名度、低美誉度，处于这个区域说明组织形象不佳，公共关系活动需要从零做起，先要完善自身而在传播方面暂时保持低姿态，享有较好的美誉度后再提高知名度。第Ⅳ象限表示低美誉度、高知名度，处于这个区域说明组织形象名声恶劣，公共关系工作应先从扭转已形成的坏名声做起，踏踏实实改善自身，逐步挽回信誉。

3. 社会环境调查

(1) 基本社会环境状况调查

基本社会环境一般是指社会组织所处的一个国家或地区的政治、经济、文化等因素构成的宏观社会环境系统。基本社会环境状况调查的内容如下。

① 人口环境状况。例如，现有人口的总数、增长速度、年龄结构、性别比例、地理分布、婚姻状况、教育状况、就业状况、流动状况、国家的人口控制政策与管理措施等方面的情况。

② 政治环境状况。例如，国家或地区的政治体制及其改革情况，国家或地区的方针政策和法令条规的提出、制定、颁布、实施等方面的情况，以及其他方面的政治性因素存在与变化情况等。

③ 经济环境状况。例如，国家或地区的经济体制及其政策情况，国家或地区的产业结构、分配结构、交换结构、消费结构、技术结构及其调整变化情况。

④ 文化环境状况。例如，国家或地区的民族特征、文化传统、宗教信仰、教育水平、社会结构、风俗习惯、价值观念、生活方式、社会道德规范与精神文明建设等方面的情况。

(2) 具体市场环境状况调查

具体市场环境是指与社会组织公共关系活动相关联的市场因素组成的宏观社会环境系统。在现代市场经济条件下，对具体市场环境进行调查是社会组织特别是企业组织环境状况调查的一项重要课题。调查的主要内容如下。

① 市场需求状况调查。例如，市场容量、社会的购买力、居民的消费结构与消费水平、现有的和潜在的购买人数、近期需求与长远需求及其需求变化趋势、国家是否鼓励某项消费、银行是否贷款支持某类消费等。

② 消费者状况调查。例如，消费者的总体数量、消费者的构成情况、消费者的消费欲望与购买动机、消费者的偏好及造成消费者偏好的原因等方面的情况。

③ 市场竞争状况调查。例如，市场是否形成竞争态势，竞争对手的生产能力、产品特色、销售政策、服务措施、在消费者中的印象、与中间商和消费者的关系、广告宣传的力度、公共关系促销的措施等方面的情况。

(3) 所属行业环境状况调查

所属行业环境是指由社会组织所在特定行业的各种组织构成的微观社会环境系统。开展所属行业环境状况调查，可以搜集同行业组织的信息，把握本行业的发展动向。所属行业环境状况调查主要内容如下。

① 所属行业基本情况调查，如所属行业各种组织的数量、所属行业的整体发展水平、所属行业在国民经济和人民生活中的地位与作用等。

② 所属行业特定组织情况调查，如所属行业特定组织的经营方针、人员素质、技术力量、资金占有、经营管理水平、产品与服务方面的情况、在公众心目中的形象、在同行业中的地位等。

③ 所属行业横向协作情况调查，如所属行业各种组织之间的协作意向、协作项目、协作类型、协作可能取得的效果、有无同行组织愿意与本组织开展协作等。

④ 所属行业竞争对手情况调查，如竞争对手的历史、竞争对手的优势、竞争对手的横向联系情况、竞争对手的公共关系状态、竞争对手的关键技术和关键人物、竞争对手原本已有的竞争对手或合作伙伴等。

4. 传播媒介状况调查

（1）大众传播媒介情况调查

大众传播媒介是公共关系信息传播的支柱性媒介，跨越空间大，影响范围广，传播效率高，深受社会组织的重视。对大众传播媒介情况进行调查的基本内容如下。

① 大众传播媒介的分布情况。包括地域分布情况、行业分布情况、类型分布情况、数量分布情况等。

② 大众传播媒介的功能作用情况。包括涉及大众传播媒介功能作用的传播范围、传播内容、传播特色、传播效果、传播者的威信等。

③ 大众传播媒介所需信息的情况。包括一定时期内大众传播媒介的报道中心、新栏目的开辟、编辑和记者需要的内容等。

（2）专题活动媒介情况调查

在现代社会中，专题活动已成为一种重要的社会信息交流通道，是现代公共关系工作中一种具有特殊作用的信息传播媒介。掌握有关专题活动媒介的情况，可以决定组织是否参加某项专题活动，或参考某项专题活动筹办相关的专题活动。专题活动媒介情况调查的内容如下。

① 专题活动筹办情况。例如，某次专题活动是由何种组织机构主办的，将在何时何地举办，拟办活动的主题、内容、规格、规模、参加活动的人数、估计影响等。

② 专题活动效果评价情况。例如，某次专题活动的经验教训与利弊得失、经济效益与社会效益、主办单位的自我评价、参与活动者的印象、权威人士的看法、局外人士的见解、传播媒介的报道情况等。

3.2 公共关系调查的程序

公共关系调查是一个程序性、技巧性很强的工作，了解公共关系调查的操作程序及其运作策略，是提高公共关系调查工作水平的保障。

所谓公共关系调查的程序，一般地讲，是指对社会组织客观存在的公共关系现象进行科学调查的基本过程。

3.2.1 确定调查的总体方案设计

图 3.2 是社会组织进行公共关系调查时要遵循的基本程序。但在展开调查前还要做一些充分的准备。

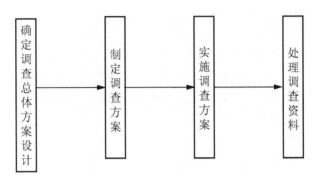

图 3.2 公共关系调查的基本程序

1. 总体方案设计

(1) 确定调查目的

调查目的是指调查所要解决的问题。在确定调查目的时应注意：首先，调查的目的是调查组织者（或委托者）最需要解决的问题；其次，应力求避免把目的提得过高、过宽，或把一些已经了解的问题和策略加以整理就可以取得的资料也包括进去，以免分散精力；最后，拟订调查提纲。

(2) 确定调查对象和调查单位

确定调查对象和调查单位就是确定向谁调查。调查对象是调查所研究对象的总体，它由某些性质相同的被调查的个体单位所组成。调查单位是调查对象中的具体单位，即调查登记的承担者。调查对象应根据调查目的来确定。组织应该根据所确定的调查主题和力所能及的条件来确定调查对象的范围，以及调查对象是谁，并且保证公众具有代表性。

(3) 确定调查项目

确定调查项目就是要明确向调查对象了解什么问题。确定调查项目时还需注意以下几个问题。

① 调查项目应是调查任务所需又能取得答案的。

② 项目的表达方式必须明确，使答案具有确定的表达形式，如数字式、是否式或文字式。

③ 项目之间应尽量相互联系，资料应相互对照，遵循调查对象的内在逻辑关系。

④ 必要时可以附上项目的解释，以确保调查项目含义的明确、肯定。

(4) 制定调查提纲和调查表

应对项目进行科学的分类、排列，构成调查提纲和调查表。调查表由表头、表体和表脚 3 部分构成。表头包括调查表的名称，调查单位的名称、性质和隶属关系等。表头内容一般不作为统计分析之用，只是核实和复查调查单位的依据。表体包括调查项目、栏号和计量单位，它是调查表的主要部分。表脚包括填报人的签名和调查日期等，目的在于明确责任、提高填表质量。调查表拟定后,为了便于正确填表、统一格式,还要附填表说明。

(5) 确定调查时间和地点

确定调查时间要明确规定资料所反映的是调查对象从何时起到何时止的资料,要规定调查工作的开始和结束时间。为了提高信息资料的时效性,在可能的情况下,调查期限应适当缩短。

地点是指到哪里去调查。要明确规定统一的标准调查地点。

(6) 确定调查方式和方法

在总体方案中,应规定采用什么组织方式和方法取得调查资料。搜集资料的方式有普查、重点调查、典型调查、抽样调查等多种方式。具体调查方法有访谈法、观察法、问卷法和实验法等。调查采取的方式、方法不是固定和统一的,往往取决于调查对象和调查任务。

(7) 确定研究分析的方法

对调查所取得的资料进行研究分析的方法包括对资料进行的分类、编号、分析、整理、汇总等一系列资料研究工作。

(8) 确定调查报告书的形式

调查报告书的形式主要包括调查报告书的格式、报告书的基本内容、报告书中图表的大小等。

(9) 制订调查组织计划

调查组织计划是指实施整个调查活动过程的具体工作计划,主要是指调查的组织领导、调查机构的设置、人员的选择和培训、调查工作步骤及其善后处理等。

(10) 调查经费的预算

通常,一个市场调查中实施调查阶段的费用仅占总预算的40%,而调查前期的计划准备阶段与后期分析报告阶段的费用则分别占总预算的20%和40%。

在进行调查经费预算时,一般需要考虑如下几个方面。

① 调查方案设计费、策划费、抽样设计费、问卷设计费(包括测试费)、问卷印刷费、装订费。

② 调查实施费用,包括试调查费用、调查人员劳务费、受访对象礼品费、督导员劳务费、异地实施差旅费、交通费、误餐费以及其他杂费。

③ 数据录入费、数据统计分析费、调查报告撰写费、资料费、复印费等办公费用。

2. 调研日程安排

在设计市场调研方案的过程中,需要确定整个调研工作完成的期限,通常一项较大规模的调研活动,仅仅从问卷的印制到整个活动的完成,也要有45～60个工作日。不过,对于有时效性的调研,如收视率调查,或规模小的调查等,所需时间多少可以弹性浓缩。一般性的市场调查所需的时间大致分配如下。

① 计划起草、合议,4%～5%。

② 抽样方案设计实施,7%。

③ 问卷设计、测试与合议,10%～15%。

④ 问卷定稿及印刷,3%。

⑤ 调查人员的挑选与培训,4%～8%。

⑥ 实地调查,30%～35%。

⑦ 数据的计算机录入、统计分析，10%～15%。
⑧ 报告撰写，20%～30%。
⑨ 客户说明会，1%。
⑩ 建议与修正、定稿，5%～10%。

3.2.2 制定公共关系的调查方案

确定公共关系的目的后，应围绕这一目的制定相应的方案。公共关系调查工作方案的撰写，有一定的格式和规范要求。公共关系调查工作方案的基本格式包括3个部分，即标题、正文和署名。

1. 标题

一般采用公文式写作法，即采用"事由＋文体"的格式，如"公众消费意见调查工作计划案"。在这个标题中，"公众消费意见调查"是事由，而"工作计划案"是文体。在绝大多数情况下，公共关系调查工作方案的标题都采用"×××（调查内容）调查工作计划案"的形式。

2. 正文

正文是公共关系调查工作方案的主体内容，一般包括以下几个方面。

（1）前言

前言主要介绍本次公共关系调查活动的目的和意义，阐述调查活动的应用价值和理论价值，以便于执行人员充分理解公共关系调查活动的重要性。

（2）研究课题

研究课题主要介绍本次公共关系调查活动的研究内容、课题类型以及需要回答的问题等。

（3）研究范围

研究范围主要介绍公共关系调查的范围和研究对象。

（4）研究类型

研究类型主要是明确本次公共关系调查活动究竟是综合研究还是专题研究，现状描述性研究还是趋势判断性研究，史料追溯性研究还是用户跟踪性研究，诸如此类的问题，在公共关系调查工作计划方案中应给予明确的说明和介绍。

（5）调查和分析的方式、方法

调查和分析的方式、方法主要介绍本次公共关系调查活动所采用的主体性调查方法、辅助性调查方法及其组合方式；整理分析资料所运用的主要分析方法、次要分析方法及其组合方式；运用调查、分析方法的注意事项。

（6）抽样方案

如何选择样本，这是公共关系调查工作方案中的重要内容之一。一般而言，公共关系调查多采用抽样调查技术（普查除外），所以公共关系调查工作方案中就少不了抽样方案的内容。在抽样方案部分，主要介绍本次调查活动的研究总体、调查总体、总体编码方法、抽样具体方法、样本规模、样本代表性的评估方法等，以此确保抽样工作的科学性和准确性。

(7) 调查项目和调查表

这是公共关系调查工作方案的关键部分。在这个部分，主要介绍本次公共关系调查活动的理论假设、项目指标设想，以及据此而拟定的调查问卷表或调查提纲。

(8) 时间进度安排

时间进度安排主要阐明本次公共关系调查活动的开始、结束时间，收集资料的规定时间，可容许的时间误差幅度等。

(9) 经费预算

经费预算主要介绍本次公共关系调查活动所需支出的各项费用。

(10) 调查人员的选择与培训

调查人员素质的高低会直接影响公共关系调查工作的质量。因此，在公共关系调查工作方案中，应列出调查人员的聘用标准，以及培训方式和培训要求。在实际工作中，如果课题比较规范、严谨，还可编写《调查人员工作手册》，在其中详尽介绍公共关系调查方法、工作注意事项等，以指导公共关系调查人员的调查工作。

3. 署名

署名包括两项基本内容，即编制方案的组织（个人）名称和工作方案的写作时间。署名有时置于标题之下，有时置于全文的末尾。

公共关系调查工作方案作为一种特殊的应用文，其写作要求如下。

① 文字的简洁性。公共关系调查工作方案的文字叙述力求简洁、明确，忌华而不实。

② 内容表述的真实性。力求用简洁的文字表述复杂的计划内容。

③ 结构的条理性。公共关系调查工作方案实际上是一种工作指南，既要便于调查人员理解工作要点，明确工作任务，又要便于调查人员按照方案的规划开展资料收集工作。因此，在结构安排上尤其强调其条理性。

④ 计划安排的周密性与严谨性。在公共关系调查工作方案中，涉及抽样方案、资料收集方案、时间部署安排、培训方案等操作性的内容，所以一定要注意计划的周密性与严谨性。

3.2.3 实施调查方案

公共关系调查方法是指用来保证公共关系调查目的顺利实现的途径、方式等。公共关系调查方法是多种多样的，要根据实际情况选择合适的方法。常见的公共关系调查方法有以下几种。

1. 观察法

观察法是指调查人员在调查现场，根据调查目的和任务对调查对象进行有针对性的直接观察、记录，取得生动感性的信息资料的一种调查方法。观察法不是直接向调查对象提问访谈，而是凭借调查人员的直觉或利用照相机、摄像机、录音机等器材。

运用观察法进行调查，必须有明确的调查目的和假设，有针对性地进行；调查人员应事先确定观察的内容和空间；调查人员实施现场观察要有系统性，有组织地按照所制订的详细观察计划进行，对观察到的情况要进行客观的、真实的记录。对于调查人员观察到的现象和结果，必须通过鉴定才能下结论。

调查人员在运用观察法时，应该注意一定的实施技巧；应该尽量不使调查对象察觉，以避免调查对象因察觉调查行动而改变原有的行为、状态，影响真实结果；应该及时记录，尽可能详细记录调查内容和有关事项，无法立即记录的，也应当尽快追记，记录应不夸张、无遗漏，尽量保持观察的原貌。

观察法是在调查对象没有察觉到自己的行为正在被调查的情况下进行的，从而可以客观收集和记录到现场的信息，取得的资料比较详细、可靠。而且在调查对象不知情的状态下进行，取得的资料不受调查对象能力的限制，也不依赖调查对象的合作态度，能够客观反映问题。另外，观察法简便易行，灵活性大。

观察法也有其自身的局限。它不适用于研究大范围、大规模的社会现象，因为大型调查所需人员多，花费时间长，经费开支大。观察的结果主要用来说明一些现象和事实，而难以发现其内在的原因和动机。这种调查方法受调查人员条件、能力的制约，往往会凭借主观的经验和臆测，记录的数据精确度无法检验。有时调查人员的存在也可能会影响调查对象的行为，从而影响研究效果。

2. 访谈法

访谈法是一种调查人员与调查对象之间通过面对面口头询问的方式向其了解情况、收集调查资料的方法。访谈前，要事先拟订调查项目的提纲，访谈中要围绕调查议题进行，运用访谈技巧，循循善诱，逐步深入。

① 访谈法的类型。访谈法是指调查人员依据调查提纲与调查对象直接交谈，搜集语言资料的方法，是一种口头交流式的调查方法，可以分为个人访谈、集体访谈、深度访谈和电话访谈。

个人访谈又可分为结构化访谈和非结构化访谈。结构化访谈是指调查人员以事先准备好的标准化问卷，按既定的程序，逐项向调查对象进行询问，以获取资料。问卷是标准化访谈的主要工具。非结构化访谈是指事先不制定统一的问卷和访问程序，仅按照一个粗线条的访问提纲，由调查人员和调查对象进行自由交谈。

集体访谈法类似于开调查会的形式，由一名或几名调查人员亲自召集一些人来进行座谈。因此，群体访谈又称为集体座谈会、代表座谈会，由于多人同时作为调查对象参与访谈，应注意调动与会者的热情，避免冷场，如公众座谈会。

深度访谈法是一种无结构的、直接的、个人的访谈法，是在访谈过程中，由掌握高级访谈技巧的调查人员对调查对象进行的面对面、一对一的深入访谈，用以揭示对某一问题的潜在动机、信念、态度和感情。

电话访谈法是调查人员根据事先选好的样本，通过电话方式向调查对象询问以取得调查资料的一种方法。

② 注意事项。在访谈中，调查人员要保持中立的态度，不要把自己的意见暗示给调查对象，否则会影响资料的真实性；要把握访谈的方向和主题焦点，防止谈话偏离调查主题，影响访谈效率；使用的语言要简明扼要；根据调查对象的特点，灵活掌握问题的提法和语气。

③ 访谈调查的方法与技巧。访谈是调查人员与调查对象面对面交往的过程，双方的一言一行都可能会影响调查的结果，这就要求调查人员掌握访谈调查工作3个阶段的注意事项和技巧。

访谈开始。访谈开始前应该按约定的时间提前到达约定地点等候调查对象。首先介绍自己的单位，出示证明。然后告知此次调查的目的，向他解释是如何选择他作为调查样本的，并赋予他代表意义和重要性，要保证承担保密责任。穿戴要整齐干净，态度和蔼，说话亲切。要使用肯定句式，不使用疑问句。要从调查对象手中操办的事情或关注的利益谈起，逐渐引入正题。

访谈过程中。访谈过程应该由浅入深，从简单问题入手，启发调查对象充分发表自己的真实看法。尽量保持访谈的活跃气氛，努力控制话题，避免离题太远。要尽量排除无关人员的干扰。对所调查的问题持中立态度，不使用引导性的提问。如果调查对象答非所问，应该继续追问；如果对方用搪塞式的回答，可以采用"激将法"。当调查对象回答不完整时，可以用殷切的目光和期待的表情等着他完成回答，或者用"除上述之外，你认为还有别的原因和理由吗？"等话语追问。整个访谈过程中，要全神贯注，使用合适的谈话方式，包括姿势、语气、表情等，都应显示出非常令人感兴趣的样子。同时应随时注意调查对象的情绪变化，捕捉这种变化的含义。当所提问题不能立即理解或不好记录时，要放慢语速，或者进行必要的复述。倾听回答时，可以用短暂的停留表示对某一答案的重视。对重要问题可以重新提问，或重复对方关于此问题的回答，以示对某一问题的理解，看其是否肯定此说法。如果条件允许，尽量当场进行记录。

访谈结束。访谈结束后，调查人员要快速检查记录或问卷，尽快追记所遗漏的问题。一定要对调查对象的积极合作表示感谢，如备有纪念品，应当场赠送。如果是连续的追踪调查，应提醒调查对象下次来访的时间。

3. 问卷法

问卷法即问卷调查法，是指通过制定详细周密的问卷，要求调查对象做出回答，然后经过统计分析，从而获得公众意见和公众行为的一种调查研究方法。

调查问卷一般分为自填问卷和访问问卷。自填问卷是由调查对象自己填写的问卷。访问问卷是由调查人员根据调查对象的口头回答来填写的问卷。它们分别应用于问卷调查法和访谈调查法。

设计调查问卷时，应该注意确定明确的目的，建立前提假设和理论框架。

调查问卷的设计一般分为封闭式和开放式两种。封闭式问卷在每个问题下都列出可供选择的备选答案，请调查对象选择。其形式主要有两项选择、多项选择、对比选择、排序选择、意见程度选择。自由式提问没有备选答案，在问题后面留出空白供调查对象自由作答，充分发表意见。

设计调查问卷时还需注意：①一张问卷上的问题不宜过多（一般小于30个）；②问卷所设计的问题的措辞应该简洁、准确、易懂，不带倾向性、引导性和强迫性，使调查对象自愿回答，这样才能保证调查的准确性；③问题的顺序应按问题的类型、逻辑关系、对象心理等合理安排，便于回答；④调查的题目应掌握在20分钟能答完的限额以内；⑤问题应简单明了，避免使用令人反感或戒备的提问法。

问卷调查法的最大优点在于其应用的广泛性，适用于各种各样的调查。问卷调查法的匿名性，使得到的结果更加客观。而且问卷调查法简单方便、成本低。其缺点在于调查问卷的设计是统一的，只适于调查一些比较简单的课题，而很难对复杂问题进行深入探索和研究，回复率和有效率低，对无回答者的研究比较困难。

4. 文献调查法

文献调查法又称间接调查法，是指利用文献资料收集、考察、分析研究公共关系现象和状态的调查方法。它利用组织内、外部现有的各种文字信息、情报资料、媒体的宣传报道和历史资料，对公共关系现象和状态进行分析研究，具有获取方便、省时省力和经济的优点，可以作为实地调查的重要辅助方法。但各类文献资料不可能十分齐全，有些也会因为当时撰稿人或记录者的倾向性，使文献资料不真实。

文献调查法的主要步骤如下。

① 利用资料检索工具，到相关档案馆、图书馆大量搜集与调查课题有关的各类文献资料。
② 对获取的各类有价值的资料进行鉴定、筛选、分类。
③ 摘录资料。将重要的内容抄录和制作成卡片，并注明标题和出处。
④ 考证、分析资料。判别资料的可靠性和使用价值并复印。
⑤ 归纳、总结。将分析研究的问题概括为简明的结论，形成系统的文字报告。

5. 抽样调查法

抽样调查法是一种科学地从调查总体中选取调查样本的方法。总体是指所要调查对象的全部，样本是指从总体中抽取出来的那一部分。采用抽样调查法进行的调查具有调查期短、调查资料准确可靠、节省调查经费等优点。

常用的抽样方法有简单随机抽样法、分层抽样法、等距抽样法、整群抽样法。

抽样调查的适用范围和优势如下。

① 不可能或没必要进行全面调查的公共关系现象。
② 可以对全面调查进行检验。
③ 对同一调查对象在不同时期进行连续不断的调查，可以监测环境和分析其发展变化趋势。
④ 对某种总体的假设进行检验。
⑤ 可以节省调查经费。

抽样调查法的一般性实施步骤如下。

① 确定调查的总体。总体范围明确，才能考虑样本与总体的比例。
② 确定样本规模。样本规模就是所要抽取样本应包括的单位数。从一般意义上说，样本比例越大，抽样的误差率就越小。
③ 抽样又称取样，即从准备研究的全部样品中抽取一部分样品单位。其基本要求是要保证所抽取的样品单位对全部样品具有充分的代表性。抽样的目的是从被抽取样品单位的分析、研究结果来估计和推断全部样品特性，是科学实验、质量检验、社会调查普遍采用的一种经济有效的工作和研究方法。
④ 评估样本，即检查样本对于总体的代表性如何，要求极限误差小于或等于允许误差。
⑤ 实施调查，是指把社会调查从方案、计划、措施付诸实践过程的技能。充分认识社会调查实施技能的重要性，就会提高我们运用社会调查实施方法的自觉性。

6. 民意测验法

民意测验法又称盖洛普法，因 1935 年由美国数学家乔治·盖洛普创办的盖洛普民意调查研究所而得名，是公共关系调查中最主要的、应用最广泛的一种方法。它通过对需要了解的公众或其代表进行问卷调查,集中了解公众对组织的看法和态度。盖洛普法包括的环节有:确定调查目的、界定调查对象、拟定问卷、确定访问方式、整理资料、撰写调查报告。

民意调查面对的公众数量比较多、范围比较广,常运用抽样调查的方法确定调查对象。

7. 网络媒介调查法

网络媒介调查法是一种以互联网为平台,通过点击访问和发电子邮件等重要手段,沟通组织内、外信息,达到调查目的的方法。这种方法所得到的信息通常比较及时、广泛、深入。

3.2.4 处理调查资料

1. 调查资料的预处理

① 核实调查资料的真实性,分析其可靠程度,以及是否严格按规定要求收集的。
② 确定调查资料的准确性。
③ 核实调查资料的完整性,查缺补漏。
④ 将文字资料、数字资料和音像资料的索引系列化。

2. 调查资料的分析

将调查资料全部录入计算机后,对文字资料和数字资料进行综合分析研究,运用归纳、演绎、综合、逻辑、历史、统计、比较、系统等各种分析方法,揭示调查对象的表面特征、数量特征和本质特征,得出判断性结论。

3. 总结和撰写调查报告

最后阶段的工作是总结评估本次调查,对调查全过程做出说明,包括本次调查的目的、方法、起止日期、主要调查人数、调查表回收情况,对全部资料进行客观分析和结论,特别是对信度和效度做出评估。

3.3 公共关系调查问卷的设计

3.3.1 问卷的类型及内容设计

1. 问卷的类型设计

(1) 封闭式问卷

封闭式问卷是在每个问题下都列出可供选择的备选答案,从中选定一个或多个答案。调查方便、快捷,答案比较规范,易于进行定量分析。从利于数据统计处理的角度,问卷调查多采用这种方式。其缺点是在规定的备选答案范围内被迫回答,难以准确反映调查对象的真实想法。

(2) 开放式问卷

开放式问卷即自由式问卷,即不提供答案,在问题后面留出了供调查对象自由作答的空间,可以充分发表意见,答案比较真实、丰富多彩。这种方式较难做定量统计分析和计算机处理,在样本较多的调查中不宜采用。

在大型调查中，一般采用封闭式问卷为主、开放式问卷为辅的方式。

2. 问卷问题的设计

问卷问题也就是问卷的语句，属于问卷设计的核心部分。其设计类型有以下几种。

(1) 直接性问题

直接性问题是指调查对象根据问卷语句能够直接回答的题目。所询问的内容是调查对象的基本情况和态度，如"您的职业?""您最喜欢的电视节目?"等。直接性问题一般都能得到明确答案，容易做统计分析，但如果调查的问题带有窘迫性成分，则不能直接提问。

(2) 间接性问题

间接性问题是不直接询问调查对象的态度和想法，而是让他回答其他人的态度和想法的一种提问方式。那些有可能使调查对象产生顾虑，可能不敢或不愿真实表达意见的问题，不能采用直接提问的方式，如"听说股票要回升了，你怎样看?"。间接性提问可以使调查对象感到看法已被提出，自己仅是评价而已，解除了心理顾虑，能自然地把自己的想法、态度、行为等用其他人的口吻表达出来。间接提问比直接提问得到的信息更多、更符合实际。

(3) 假设性问题

假设性问题是指通过假设的现象或条件向调查对象提问的一种方式，如"目前有人认为广告宣传手段教条单一，强行灌输，你是如何看待这种提法的?"

3. 问卷答案的设计

(1) 是否式

是否式也称二项选择法，或称是非法。它的答案只有"是"与"否""有"与"无""可以"与"不可以"等两项。这两个答案是对立的，只能择其一。

(2) 选择式

选择式至少要列出两个以上答案，让调查对象选择其中的一个或几个答案。

(3) 排列式

排列式也称顺位法，或称品等法。要求调查对象根据自己的实际认识或情况将所提供的答案按其重要程度或时间性等排列先后顺序。

3.3.2 问卷的结构设计

首先，根据调查题目与假设将所涉及问卷的全部资料列出，研究分析哪些数据和资料要通过问卷来获得，了解问卷调查对象的基本特征。其次，确定问卷结构设计的主要原则，如问卷采用的类型、形式。

1. 标题

标题是概括说明调查主题的，要使人一看就明白问卷的主要意图。标题要简明扼要，易于理解。

2. 说明

说明应包括：①调查的目的、意义；②填写问卷的注意事项，有的需要提醒交回问卷的时间、地点等特殊要求。

3. 调查对象的情况

调查对象的情况又称表头，是指调查对象的主要特征，如调查对象的所在地区、性别、年龄、学历、职业、收入等，便于统计分析不同公众类别的构成比例、态度和倾向的差异。

4. 调查内容

写出有关题目与答案，把调查主题变成具体问题，把调查提纲的概念转变为一系列的变量和指标，用指标作为衡量变量的标准和尺度（如性别是变量，男、女的性别则成为指标），并考虑提出的每个问题是否有必要，是否需要编码。

5. 文件编码

将文件进行编码处理是为了便于审核。文件编码是将问卷中的调查项目变成数字的工作过程。编码的实质是简化代称，以便分类整理和进行计算机处理及统计分析。

6. 问卷实施记录

问卷尾部一般要设计调查作业实施记录栏，用来记录该问卷调查完成的情况，如调查人员的姓名或代号、填表时间及需要进一步审核、校正、复查的问题。

7. 检查修改阶段

检查修改阶段是对问卷进行全面审视的阶段。重点检查问卷的每个具体问题是否有意义，问题是否超范围，是否能分解成几个小题目，问题是否明确，调查对象是否能够理解，问卷的篇幅是否太大，所提出的问题能否使用计算机处理等。一般应组织一次试验性调查，以收集调查对象的反馈意见，完善问卷。

8. 问卷中的问题编排顺序

① 先易后难的顺序。
② 封闭性的问题在前，开放性的问题在后。
③ 逻辑顺序问题，如类别顺序、时间先后顺序。

9. 问卷的试调查

问卷的试调查是一个不可忽略的环节，可以将问卷在几十人的小范围内进行试调查。它有两大好处：其一，可以找出问卷中存在的问题；其二，可以测试问卷的信度与效度。调查问卷的印数，可以根据调查对象的多少，以及回复率、有效率的高低来确定。准确数字可以用以下公式计算：

$$调查对象 = 研究对象 \div (回复率 \times 有效率)$$

10. 提高问卷回复率

① 选择回复率高的主办者或争取高知名度、权威性机构的支持。
② 挑选恰当的调查对象。
③ 课题有吸引力，往往会引起调查对象的兴趣，使其乐于回答。
④ 要提高问卷设计质量。
⑤ 采用回复率较高的形式。

3.4 公共关系调查报告的撰写

1. 调查报告的基本要求

① 调查报告的语言应简洁、有说服力,词汇尽量非专门化,因为阅读报告的人可能并不完全懂得调查人员已熟悉的专业技术资料,也不一定有耐心阅读烦琐、生涩的调查报告。

② 调查报告必须以严谨的结构、简洁的体裁将调查过程中各个阶段搜集的全部有关资料汇集在一起,不能遗漏重要的资料。

③ 调查报告应该对调查活动所要解决的问题提出明确的结论或建议。

④ 调查报告应该能让读者了解调查的全过程,即报告要说明为何要进行此项研究,用什么方法进行研究,想要得到什么结果。

2. 调查报告的结构

调查报告一般包含以下5个部分:①序言,介绍此项研究的基本情况;②摘要,概括地说明此项调查活动所获得的成果;③引言,说明进行此项研究的背景和目的;④正文,对调查方法、调查过程、调查结果及所得结论做详细的说明;⑤附录,显示与正文相关的资料,以备参考。

3. 调查报告的撰写

(1) 序言

序言部分应该包括扉页和目录或索引。

① 扉页。扉页一般只有一页,包括调查报告的题目(标题)、执行该项调查的机构名称、调查项目负责人的姓名及所属机构、注明报告完稿日期。

② 目录或索引。目录或索引应当列出报告中各项内容一览表,但不必过分详细。

(2) 摘要

摘要是调查报告中极其重要的一部分。它应当简明扼要地说明调查的主要结果,详细的论证资料只要在正文中加以阐述即可。

(3) 引言

调查报告的引言通常包括研究背景和研究目的两部分。

① 研究背景。研究者要对调查的由来或受委托进行该项调查的原因做出说明。说明时,可能要引用有关的背景资料作为依据,分析组织的公共关系和广告活动等方面存在的问题。

② 研究目的。研究目的通常是针对研究背景分析所存在的问题提出的。它一般是为了获得某些方面的资料或对某些假设做检验。但无论研究目的如何,研究者都必须对此项研究预期获得的结果列出一张清单。

(4) 正文

调查报告的正文必须包括研究的全部事实,从研究方法的确定到结论的形成及其论证等一系列步骤都要包括。

调查报告正文的具体构成因研究项目不同而异,但基本上包含3部分:研究方法、调查结果、结论和建议。

① 研究方法。在这一部分中,需要加以叙述的内容包括调查地区、调查对象、样本容

量、样本的结构、资料采集方法、实施过程及问题处理、访问员介绍、资料处理方法及工具、访问完成情况。

② 调查结果。调查结果部分是将调查所得资料报告出来。资料的描述形式通常是表格或图形。在一份调查报告中，仅用图表资料呈现出来还不够，调查人员还必须对图表中数据资料所隐含的趋势、关系或规律加以客观描述。调查结果有时可与结论合并成一个部分，这要视调查主题的大小而定。

③ 结论和建议。结论要说明调查结果有什么实际意义。结论的提出方式可用简洁而明晰的语言对研究前所提出的问题进行明确的答复，同时简要地引用有关背景资料和调查结果加以解释、论证。建议则是针对调查获得的结论提出可以采取哪些措施、方案或具体行动步骤。

（5）附录

附录的内容基本上是列入尽可能多的有关资料，用以论证、说明或进一步阐述已经包括在报告正文之内的资料，每个附录都应编号。

本 章 小 结

本章主要介绍了公共关系调查的意义、过程、原则、内容及方法。公共关系调查的内容范围区分为4个方面，即组织基本状况调查、组织公众状况调查、社会环境调查、传播媒介状况调查。通过本章的学习，学生应掌握公共关系调查报告的撰写方法，为下一步学习公共关系的策划奠定基础。

习 题

1. 单项选择题

（1）电话调查的一个优点是（　　）。
A. 速度快、范围广、回复率高　　　　B. 时间充裕，认真考虑，从容作答
C. 可以深入探讨，加深印象　　　　　D. 信息全面，使用方便

（2）口头语言交流的特点是（　　）。
A. 准确性　　　B. 扩散性　　　C. 双向性　　　D. 渗透性

（3）进行民意测验的主要工具是（　　）。
A. 问卷法　　　B. 抽样　　　C. 资料分析　　　D. 实际调查

（4）高美誉度、低知名度属于公共关系的（　　）状态。
A. 最佳　　　B. 较稳定　　　C. 不良　　　D. 恶劣

（5）为了防止公众产生厌倦和反感情绪，公共关系人员必须保持信息的（　　）。
A. 强度　　　B. 重复率　　　C. 对比度　　　D. 新鲜度

2. 多项选择题

（1）电视传播信息的优势有（　　）。
A. 视听结合，传达效果好　　　　B. 纪实性强，有现场感
C. 交互传送，便于沟通　　　　　D. 传播迅速，影响面广

（2）杂志传播信息的弱点有（　　）。
A. 内容翔实　　　　　　　　　　　B. 出版周期长
C. 声势小　　　　　　　　　　　　D. 理解能力受限
（3）以下属于电话形象要素的有（　　）。
A. 通话内容：语言、信息等内容
B. 举止表现：神态、语气、态度、动作等
C. 通话时机：时机不对会影响工作效率、影响双方关系
D. 公务性问题
（4）下列关于语言利益正确的有（　　）。
A. 商务交往中应遵循"六不问原则"
B. 语言要正规标准
C. 商务语言的特点是"少说多听"
D. 双方初次见面无话可说时，可以"聊天"——谈天气
（5）组织形象分析的3个环节是（　　）。
A. 自我形象分析　　　　　　　　　B. 实际形象分析
C. 历史形象分析　　　　　　　　　D. 形象差距分析

3. 简答题

（1）简述公共关系调查的内容与方法。
（2）简述公共关系调查的一般过程。
（3）简述问卷法的优、缺点及注意事项。
（4）公共关系调查的作用有哪些？
（5）公共关系调查的原则是什么？
（6）组织形象调查的内容和评价指标是什么？
（7）调查报告的基本要求是什么？
（8）调查报告的结构和内容是什么？

4. 实际操作训练

（1）请你参考"港湾公寓住户调查表"，为准备购买港湾公寓的居民制作一份问卷调查表。

港湾公寓住户调查表

调查时间：　　　年　　　月　　　日

调查对象姓名：

调查对象家庭住址：港湾公寓　　号楼　　单元　　号

以下是调查对象的个人情况：

1. 您家中目前有哪些人？
   A. 父亲　　　　　B. 母亲　　　　　C. 儿子
   D. 女儿　　　　　E. 其他（请注明）
2. 您当初是如何知道港湾公寓的？
   A. 朋友　　　　　B. 亲戚　　　　　C. 报纸广告
   D. 电视广告　　　E. 其他（请注明）

3. 您心目中的海湾公寓与现实的差距有多大？
A. 小　　　　　　　B. 较小　　　　　　　C. 一般
D. 较大　　　　　　E. 很大
4. 您还有亲朋好友住在港湾公寓吗？
A. 有　　　　　　　B. 没有（如果有，请问他们的地址是港湾公寓　号楼　单元　号）
5. 您认为港湾公寓当前的收费合理吗？
A. 很合理　　　　　B. 一般　　　　　　　C. 极不合理
6. 您对港湾公寓周围目前的环境满意吗？
A. 很满意　　　　　B. 一般　　　　　　　C. 极不满意
7. 您对港湾公寓目前的服务质量满意吗？
A. 很满意　　　　　B. 一般　　　　　　　C. 极不满意
8. 您对港湾公寓目前的交通条件满意吗？
A. 很满意　　　　　B. 一般　　　　　　　C. 极不满意
9. 您对港湾公寓附近的服务设施满意吗？
A. 很满意　　　　　B. 一般　　　　　　　C. 极不满意
10. 您认为港湾公寓当前的收费怎样才合理呢？
A. 减少收费次数　　B. 减少收费金额
C. 改为银行统一收费　D. 其他（请注明）
11. 您认为港湾公寓周围目前的环境怎样才让您满意呢？
A. 多种树　　　　　B. 多植草坪　　　　　C. 建立街心花园
D. 增加雕塑　　　　E. 其他（请注明）
12. 您认为港湾公寓目前的服务质量怎样才让您满意呢？
A. 24小时服务　　　B. 上门服务
C. 快速服务　　　　D. 其他（请注明）
13. 您认为港湾公寓目前的交通条件怎样才让您满意呢？
A. 增加公交专线　　B. 增加班车　　　　　C. 其他（请注明）
14. 您认为港湾公寓附近的服务设施怎样才让您满意呢？
A. 增加商店　　　　B. 开设24小时便利店　C. 其他（请注明）

（2）在校园中对学生进行专题调研，并写出调查报告。
（3）组织学生去一家公司参与一项公共关系调查活动，并写出调查报告。

5. 案例应用

资料分析见实力

在改革开放初期，我国的大庆油田还是保密项目。日本的石油化工设备公司为了获得在我国大庆炼油厂投标的信息，对我国发表的关于大庆油田的新闻进行了细致的分析。他们通过"铁人"王进喜穿着大皮袄的照片，估计大庆油田在一个非常寒冷的地区，并大致估计出其纬度。利用我国报刊关于王进喜带领工人，用肩扛手抬的方法将钻井机搬入现场的报道，估计油井离铁路不会太远。根据我国报刊发表的钻塔照片中手柄的样式，计算出油井的口径和流量，并计算出大庆油田的产量。因此，他们在大庆炼油厂设备招标中提供的设备,最适合大庆炼油厂使用。而同时投标的英国、美国公司,连大庆油田在什么地方都还没有搞清楚。

(1)"没有调查就没有发言权"。在公共关系活动中,调查研究是非常重要的一步,决定着公共关系活动的成败。正是在充分调查和深入研究的基础上,日本公司才在大庆炼油厂设备招标时有备而来,并取得了成功。

(2)信息的收集与积累是长期的、全面的。要制订收集信息的长远计划,对可能与组织产生影响的信息要从一开始就加以注意,且不忽视任何细节。对中国大庆油田的信息的长期追踪,对中国官方媒介报道细节的把握,是日本公司取得成功的基础。

(3)培养科学的思维方法,提高思维的流畅性,学会全面地观察问题、分析问题和解决问题。承认事物之间的互相联系,透过现象看本质,培养对细节的敏感度。

(资料来源:胡秀花,2008.公共关系理论与实务[M].成都:西南财经大学出版社.)

问题:

试分析公共关系调查在实际工作中的意义。

【拓展视频:撰写公共关系调研方案】

【第3章 在线答题】

第 4 章

公共关系策划

教学目标

通过本章学习，了解公共关系策划的含义和类型，明确公共关系策划的编制要求和公共关系策划书的撰写技巧，掌握公共关系策划运作的主要操作。

教学要求

知识要点	能力要求	相关知识
对公共关系策划的全面认知	（1）能够掌握判断公共关系策划活动成功与否的标准；（2）能够策划不同类型的公共关系策划活动	（1）公共关系策划的含义；（2）公共关系策划的特征；（3）公共关系策划的不同类型分类
编制公共关系策划	能够将策划阶段进行合理的规划	（1）公共关系策划的组成要素；（2）公共关系策划应遵循的原则；（3）公共关系策划应遵循的程序要求
撰写公共关系策划书	能够撰写公共关系策划方案	（1）公共关系策划书的概念；（2）公共关系策划书的内容；（3）公共关系策划书的撰写方法
公共关系策划的运作	能够科学运作成熟的公共关系策划方案	（1）公共关系项目策划；（2）公共关系主题策划；（3）公共关系目标策划；（4）公共关系时机策划

基本概念

公共关系策划　公共关系策划书　公共关系项目策划　公共关系主题策划　公共关系目标策划

雨水公司的"雨水真梦"公共关系策划

"雨水"是重庆一家企业生产的系列女性护肤用品的品牌名称。虽然雨水公司成立只有数年的历史,但发展速度很快,如今在全国已经有了一定的名气,其产品销售也已覆盖到了国内的大部分省份。随着产品种类的增加、新竞争品牌的不断进入、销售半径的延长,雨水公司在杭州市策划了一场"雨水真梦"的公共关系活动。

策划公共关系活动执行中最关键的一点是,在活动启动阶段激发目标受众的兴趣,并在整个活动过程中继续保持和强化他们的兴趣,最后在评选"圆梦"的阶段达到高潮。因此,本次活动的策划可以分成3个阶段:征梦、说梦、圆梦。在策划公共关系活动过程中,雨水公司穿插"雨水"产品的广告(单独预算),与活动达成关联,起到呼应效果。

1. 第一阶段:征梦

"嗨,你梦想的树长高了吗?"

梦想是一棵树,是女孩心中的红苹果树,

她相信有一天自己能摘下那树上的红苹果,

女孩长大了,树也长高了……

她仍然相信有一天总能摘下那树上的红苹果,

梦想在追逐它的时候最美丽,雨水愿意与你共同追逐一个梦想。

就像那树上的红苹果,我们能摘下它吗?梦想能够变为现实吗?

这是1997年7月28日,《杭州日报·下午版》登出的"雨水真梦"公共关系活动广告。在这之前,"雨水真梦"首次亮相是7月24日该报"迟桂花"专栏的征文预告。5万份题为《致杭州女孩的一封信》的直邮广告在3日之内飞进杭州的千家万户,同时也出现在商场"雨水"品牌的柜台上;而且人们如果留意每封信上的编号,还有中奖的机会。人们明白,只要写下自己一个未了的心愿,于8月31日前寄到"雨水真梦"活动组委会,就会在报纸上看到、在电台里听到那些梦想,就会在电视上看到"雨水"企业出资帮助其中一些幸运的朋友美梦成真。

8月1日起,杭州最热门的广播电台"西湖之声"在中午时段推出由当红主持人秋子主持的"雨水真梦"专栏节目,并开通两条"雨水热线"电话,邀请心理学家、人际关系专家和妇女研究专家开始轮流值班接听,与"雨水真梦"的参加者共话梦想。通过较大规模的宣传,"雨水真梦"活动启动阶段的宣传获得了较好的效果,为后续的工作打好了基础。

2. 第二阶段:说梦

在8—10月这三个月的时间里,吸引目标受众的广泛关注和参与显得非常重要。除了"西湖之声"广播电台每天中午的"雨水真梦"专栏,《杭州日报》也辟出"雨水真梦"专栏,开始连续刊登《杭州女人的梦想》。从此,杭州的女人们开始了一段"梦"的旅程。"雨水真梦"活动如同打开了这个城市情感的闸门。一个个动人的故事,一段段感人的情怀,一个个美好的心愿,流露出杭州女人的善良和真诚……

8月19日,《杭州日报》和"西湖之声"广播电台同时刊播了"雨水真梦"活动公告,向西子湖畔的女人们宣布了第一批"梦想成真"者中的两位。

李刚——以非凡的爱心关怀在重庆已90岁高龄的姨母,这里包含一个上一代人从战争年代就开始的离奇经历。8月14日,她登上了飞往重庆的飞机。

朱非白——爱看书的女中学生。没等钱攒齐,心仪已久的百科全书就卖完了。"雨水"几经周折买到了这套书,赠送给她。

3. 第三阶段：圆梦

丹桂飘香的金秋时节，"雨水真梦"活动又产生了第二批幸运的朋友：一位多年来一直想扮演宋庆龄的中学教师；一个喜爱演唱越剧，向往着能够过一天戏校生活的工厂女工；一个迷恋古筝求师无门的女孩……

10月24日，《杭州日报》刊出"看彩虹"的播出预告，"雨水真梦"活动将在浙江省有线娱乐台10月24日起播出。于是，这些幸运的朋友，生活中平凡的女人，带着自己的梦想，带着实现梦想的喜悦，相继走上屏幕，出现在杭州人的面前。曾经在电波里为广大听众播讲了一个又一个女人的梦想的"西湖之声"广播电台主持人秋子，也出现在了"雨水真梦"电视系列节目中。

"雨水真梦"活动就此结束。

（资料来源：编者根据天涯社区网相关资料整理。）

思考题

上述案例体现了哪些公共关系特点？

"雨水真梦"活动从4个方面传达了公共关系目标及意义。

（1）提高杭州市区16～30岁女性对"雨水真梦"的认知度，并扩大参加活动的目标人群，加大影响。

（2）建立和加强"雨水"品牌在目标人群心目中的亲和力，使其在杭州市区体现广泛而深刻的善意，提高品牌的文化附加价值。

（3）提高其他相关公众对"雨水真梦"的认知度，以使这一活动获得更广泛的知名度、美誉度和可信度。

（4）以这次在杭州市区的活动为试点，探索、总结、提炼一套模式，为"雨水"品牌在全国的营销实践提供指导和借鉴。

该案例给出的启示是：梦想，作为人类精神生活的一种高级形态，寄托着人们对真善美的永无止境的深刻追求，这种追求所蓄积的心理势能，为人们各式各样的行为准备了充分的动机。一切心愿都可以在梦想中纵情奔放，任何缺憾都能够在梦想中得到弥补。作为对现实生活的超越，梦想具有拨动人们心弦，尤其是拨动女人心弦的巨大能量。"雨水真梦"给都市的女人一个做梦、谈梦，特别是实现梦想的机会和天地，这将是一件打开女人心底闸门的事情，只要时间和精力允许，女人们没有理由不关心这件会让自己受益的事。雨水公司的公共关系策划活动在实现女人梦想的同时，获得了巨大的经济效益。雨水公司的这次活动策划科学-安排合理-组织到位，是一次成功的公共关系策划与运作。

4.1 公共关系策划概述

公共关系策划是对各类公共关系活动的谋划、运筹和韬略，是一切公共关系活动的先导和核心，是高层次的公共关系工作。公共关系策划是对公共关系目标、公共关系计划、公共关系运作、公共关系效果、公共关系评估的整体把握。

4.1.1 公共关系策划的内涵

1. 策划的界定

策划一词最早出现在《后汉书·隗嚣传》中"是以功名终申，策画复得"之句。其中

"画"与"划"相通替代,"策画"即"策划",意思是计划、打算。辞海中的释义为"计划、打算";现代汉语词典中的释义是"筹划、谋划"。"策划"具体指什么,目前学术界没有形成统一的认知与共识。

日本策划家和田创认为,策划是通过实践活动获取更佳效果的智慧,策划是一种智慧创造活动。

《企业管理百科全书》一书中指出,策划是一种程序,在本质上是一种运用脑力的理性行为。

中国学者陈放在《策划学》中指出,所谓策划的全部含义为"如何在全面谋略上指导作者去圆满地实施对策、计策或计谋,从而达到办事的目的"。

本书对策划的定义:所谓策划,是指在人类社会活动中,人们为了达到某个目标或某项事业的成功而产生的设想及其创造思维过程,是确保实现决策、计划而进行的有科学程序的谋划、构思和设计过程。

2. 公共关系策划的含义

公共关系策划是公共关系与策划两个词含义的组合,是策划概念在公共关系领域的外延、续伸而形成的新定义。所谓公共关系策划,是指在社会环境及其公众分析的基础上,策定公共关系目标并为公共关系决策和公共关系计划创造性的谋划、构想、设计策划方案,是确保公共关系决策和计划的程序化、理智化、效能化而遵循科学策划程序,运用创新策划技法,进行创新思维和创新想象的过程,其内容如下。

(1) 以社会环境及其公众分析为基础

无论是组织形象战略的策划,或是年度公共关系计划的策划,还是具体公共关系项目的策划,都要把组织的社会环境及其公众分析作为策划运作的前提条件,以便发现组织形象差距,确认组织形象问题,使策划有的放矢,具有针对性。

(2) 以策定目标为公共关系策划的首要任务

策划是运用脑力策定目标的过程,任何策划都是以设定目标为起点,然后制订出详细的内部作业计划以求目标之达成。谋划、构思和确立目标是公共关系策划的首要任务。

(3) 以创造性设计、制作公共关系策划方案为核心

目标与方案连贯,遵循科学的策划运作程序,运用创新策划技法,通过创新思维和创新想象而谋划、设计和制作策划方案,确保公共关系决策和计划的程序化、理智化、效能化,使整个公共关系活动沿着达成目标的方向健康运行,是公共关系策划的核心内容。

3. 公共关系策划的特征

(1) 智谋性特征

公共关系策划的智谋性是指公共关系策划的本质是运用智谋的理性行为,也是公共关系策划者的理论造诣、艺术修养、多种智能运筹和创新技能的显现。公共关系策划就是策划者足智多谋的行为过程,也是应用创造学、思维学理论开发创造力的过程。在公共关系策划活动的全过程中,智谋既是它的逻辑起点,又贯穿于策划行为过程的始终。因此,智谋性是公共关系策划的重要特征。

(2) 迂回性特征

公共关系策划的迂回性是指在策划执行时表面上走迂回曲折之路,而实际上却能更直

接、更迅速、更有效地达成策划目标。在公共关系策划活动中，为了实现策划目标，近路不行迂回走，山路不通走水路，做某些变通和超越，是一种把长远和当前有机结合的高明手段。"知迂直之计"是一个重要的策划思想，切忌急功近利。

（3）时机性特征

公共关系策划的时机性是指抓住策划对象变化中的机遇和它在特定时间内最关心的话题。公共关系策划既要讲求时机，又要讲求速度，而且速度要服从时机。凡是成功的公共关系策划都是抓住了时机的。这就要求公共关系策划者反应灵敏，善于挖掘有效时间内策划对象最关心的热门话题，因时而策。

（4）情感性特征

在组织形象竞争中，由于公共关系策划对象处于不同地域，其风俗文化、民族传统、消费习惯等截然不同，这就必须以公众为导向，在策划对象利益的实现中谋求组织目标的达成。从而增强人情味，引起公众对象的兴趣和注意力，使其乐于接受。

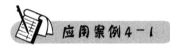
应用案例4-1

茶馆的公共关系策划

民国初年，四川成都有一家新开张的茶馆，兼营酒菜饭食，虽然该茶馆的酒菜质量和服务均属上乘，但因知之者甚少，生意十分冷清。为了改变这种局面，老板特意请了当地一位十分有名的秀才为茶馆写了一副对联："为名忙，为利忙，忙里偷闲，且饮一杯茶去！劳心苦，劳力苦，苦中作乐，再添二两酒来。"他将对联挂在门的两侧。这副对联以超脱、调侃的口吻讽喻人生，同时又点明了茶馆的经营内容，吸引了很多当地人前来观看。人们在品味琢磨这副对联之后，不由地走进茶馆来品茶饮酒。从此该茶馆的生意日益红火，日渐成为当地人最喜欢光顾的场所。

（资料来源：居延安，2013. 公共关系学[M].5版. 上海：复旦大学出版社.）

从现代公共关系学的角度分析，以上案例中老板运用的就是公共关系策划，该茶馆的劣势在于"知之者甚少"，解决问题的关键就在于提高知名度。为达到这一目标，老板采用了"名人效应"的策略，具体的操作方法是写一副别具一格的对联，最终使茶馆生意冷清的局面得以扭转。这说明，公共关系策划作为一种观念，早已影响着人们的行为，并在商业活动中自觉或不自觉地被广泛运用着。

4.1.2 公共关系策划的类型

对公共关系策划进行分类，可依据不同的标准、从不同的角度，将具有某种共同特征的公共关系策划分为不同类型。

1. 按公共关系策划的层次分类

按公共关系策划的层次可将公共关系策划分为以下3类。

（1）组织形象战略策划

组织形象战略策划又称组织公共关系总体创新策划，是指能够确定组织整体形象的发展方向并且具有全局性、长期性的重大安排。组织形象战略策划对于能否实现组织总体发展战略目标具有保证性的作用，并指导和制约着年度公共关系计划策划。

(2) 组织公共关系计划策划

组织公共关系计划策划是指为实现既定的组织形象战略目标带有局部性、短期性（主要是年度）的策划。它既是实现组织形象战略策划短期安排的策划，又是制约和指导专项公共关系活动的策划。

(3) 组织公共关系活动策划

组织公共关系活动策划是指为实现组织形象战略目标和年度公共关系计划目标在实施过程中的一系列具体的策划。它既是实现组织形象战略策划的基础和手段，又是具体公共关系活动健康化、效能化、科学化的前提和保证。

2. 按公共关系策划的主体分类

按公共关系策划的主体划分，可将公共关系策划分为企业公共关系策划、政府公共关系策划、军队公共关系策划、事业公共关系策划、社团公共关系策划等若干类型。因为各类社会组织的性质、任务、职能不同，以及形象创新目标和公众对象的不同，所以在公共关系策划中就各有其侧重点和特殊性。这就要求策划人员遵循科学策划程序，在进行公共关系策划运作时，必须立足于本组织总体发展战略的现实，塑造有特色的组织形象，从而制定出有别于其他社会组织的总体形象战略策划方案、年度公共关系计划策划方案和具体公共关系活动策划方案。

3. 按公共关系策划的形成过程分类

按公共关系策划的形成过程可将公共关系策划分为以下 3 类。

(1) 公共关系过程策划

公共关系过程策划是指遵循策划运作的科学程序并贯穿于全过程的策划。它是依据科学策划的理论、程序、方法、手段进行的全程策划，成为组织形象战略策划、年度公共关系计划策划和重大复杂公共关系活动策划所必用的类型。

(2) 公共关系操作策划

公共关系操作策划是一种公共关系过程策划中的阶段性策划，如制造新闻的策划、选用媒介的策划、公共关系广告的策划和自办媒介策划等。它所要解决的问题是全过程策划中不同阶段和不同环节中的问题，并为公共关系过程策划服务。

(3) 公共关系随机策划

公共关系随机策划是指随着环境变化而萌发或产生机遇时，要立即策划对策，使机遇为我所用并获得实效。随机策划要受公共关系过程策划和操作策划的制约并为其服务，但它主要靠个人的知识、才能、智谋和经验，一般多用于简单问题的策划。

4. 按组织形象创新程度分类

按公共关系策划的创新程度可将公共关系策划分为以下 3 类。

(1) 全新组织形象开发策划

全新组织形象开发策划是指新组建的各种社会组织为塑造全新的组织形象或传播其产品和服务的独特长处或优势，所开展的组织形象战略策划、年度公共关系策划和具体公共关系活动策划。

（2）原有组织形象更新策划

原有组织形象更新策划是指原有社会组织在改革、转制或社会环境及其公众变化中，原有组织形象制约或妨碍组织的新发展，为了开拓前进，要更新或重新塑造全新的组织形象，而展开的组织形象战略策划、公共关系计划策划和具体公共关系活动策划。

（3）组织形象危机策划

组织形象危机策划是指组织出现自身事故、外部事故和不可控事故，使组织形象遭到严重损害时，为了及时挽回良好形象，或重新塑造组织形象，所展开的公共关系活动策划。

4.1.3 公共关系策划的编制要求

公共关系是塑造组织良好形象的艺术，而公共关系策划则是组织适应市场经济的发展，提高组织核心竞争力的根本保证，是组织形象的"设计师"。通过公共关系策划来确定组织形象的战略目标，制定组织形象的发展战略；通过策划和实施公共关系活动，逐步实现组织的形象战略目标，提升组织的知名度和美誉度，提升组织形象的竞争力。然而，公共关系策划目标的实现，必须遵守一定的客观规律和要求。

1. 公共关系策划的组成要素

（1）目标要素

确切地说，公共关系策划目标是公共关系策划活动所要达到的理想境界和标准。它是以社会组织的发展总目标为依据，以目标公众、社会环境和组织自身状况为条件而提出策划的最高要求，对策划活动具有引导、约束和促进作用。

（2）方向要素

方向是指公共关系策划的目标指标。公共关系策划目标为策划活动提供了最终的标准。为保证策划活动的方向自始至终指向最终标准，必须以公共关系策划目标为基准方位，建立起一系列的指标。这个指标体系对策划活动的方向起着规定、指导和制约的作用。

（3）态势要素

态势是指公共关系策划活动在形态和趋势方面的要求，主要包括真实、可行和应变3个方面。公共关系策划是一个动态的发展过程，对保证这一发展过程顺利完成的措施、步骤、进度等必须有相应的要求，才能有效地控制和调节发展过程，使之有序地达到预期的目标。

（4）环境要素

环境是指公共关系策划活动的时间、空间、范围、条件等。公共关系策划必须根据各种社会条件来设计方案，又必须在社会环境中实施方案，要受到各种环境因素的制约和影响。因此，环境因素也就成为公共关系策划原则的构成要素。

2. 公共关系策划应遵守的原则

（1）公众导向原则

公众导向原则是指公共关系策划要以公众利益为出发点和归宿。在处理组织与公众利益关系时，要以满足公众的利益需求为依据，在维护公众利益的前提下，再考虑兼顾组织的自身利益，使组织与公众协调发展。在当今市场经济条件下，公众处于市场的主导地位，拥有选择商品和组织（企业）的权利，组织只有优先满足公众的利益需求，才能有效地协调好双方的利益关系，真正赢得公众的信任和支持，促进组织的发展。

（2）创新求异原则

创新求异原则是指策划者要敢于大胆创新，求奇求特，以新、奇、特的公共关系活动来吸引公众，争取他们的参与和合作，以增强组织的竞争能力和发展。创新求异是公共关系策划的一大特征，喜新求异是公众的基本心理需求，所以公共关系策划必须有标新立异的创意，以新颖奇特的主题、内容和活动方式，引起公众的注意和兴趣，调动他们参与和合作的热情。

（3）切实可行原则

切实可行原则是指公共关系策划要切合实际，根据组织内部条件和外部环境的实际情况来策划公共关系方案。策划的目标和方案必须具有可行性，能有效地开展公共关系活动，取得实际成效。公共关系活动具有明显的功利性，任何公共关系策划如果总是为了发现问题、分析问题、解决问题，而没有切实可行的公共关系策划，都是没有任何价值和意义可言的。因此，切实可行原则是公共关系策划有效性的前提。

（4）综合效益原则

综合效益原则是指公共关系策划要尽量减少投入，争取最佳的公共关系活动成效，提高社会组织的形象效益、经济效益、社会效益、近期效益和长期效益等。形象效益体现了公共关系树立良好组织形象的宗旨，它是公共关系活动取得的最直接的效益，能间接带来其他效益；在经济效益与社会效益关系中，着眼于社会效益；在近期效益与长期效益关系中，偏重于长期效益。在各种效益关系中，虽有中心和侧重点，但彼此相互依存、相互作用，形成一个有机的整体，不能割裂，而应统筹兼顾、整体把握。

3. 公共关系策划的程序

（1）收集公共关系信息

在公共关系策划中，收集的主要信息包括政府决策信息、传播媒介信息、立法信息、产品形象信息、竞争对手信息、消费者信息、市场信息、企业形象信息和销售渠道信息等。对所收集的信息要经过整理、加工、分析、提炼等，最后归档，进行科学分类储存。

（2）策划公共关系目标

公共关系的总体目标是树立组织良好的形象。它具有四大要素：①传播信息，这是最基本的公共关系目标；②联络感情，这是公共关系工作的长期目标；③改变态度，这是公共关系实践中所追求的主要目标；④引起行为，这是公共关系的最高目标。

（3）公共关系对象策划

确定与组织有关的公众是公共关系策划的基本任务，否则就不能有效地开展公共关系工作。一般来说，公共关系对象策划有以下几个步骤。首先，要鉴别公众的权利要求，公共关系在本质上是一种互利关系。一个成功的计划必须考虑到互利的要求，要做到这一点，就必须明确公众的权利要求。其次，对公众对象的各种权利要求进行概括和分析，先找出各类公众权利要求中的共同点和共性问题，把满足各类公众的共同权利要求作为设计组织总体形象的基础。进行概括和分析时，应注意不要简单地按照公众的地位或表面一致性来考察，而应从各种公共关系的意图、权利要求、观察和行为的一致性等方面来加以考察。

（4）公共关系策略策划

公共关系策略是公共关系策划者在公共关系活动过程中，为实现组织的公共关系目标所采取的对策与手段。

（5）公共关系时机策划

"机不可失，时不再来"，时机对一个公共关系策划人员来说，可以说是命运之神。抓住机遇，可达到事半功倍的效果。

（6）公共关系决策与方案优化

公共关系决策就是对公共关系活动方案进行优化、论证和决断。方案的优化可以从3个方面考虑：增强方案的目的性、增加方案的可行性、降低耗费。优化方案的方法有重点法、轮变法、反向增益法、优点综合法等。

4.1.4 公共关系策划书的撰写

1. 公共关系策划书的概念

公共关系策划书又称公共关系策划方案（文案），是策划全过程最终形成的文件，是公共关系工作方案实施过程的指导性蓝图。公共关系策划书必须经过公共关系主体领导审核和批准，有时还应向有关政府部门申报。其目的是使公共关系目标与组织总体目标相一致，使公共关系活动与组织其他部门的工作相互协调、相互配合并具备合法性，否则无法推行。公共关系策划书是公共关系活动方案的规范载体，撰写公共关系策划书是公共关系从业人员的必备技能之一。同时，如果策划者是一个社会组织委托提供策划服务的主体，那么策划书便成为这一智力劳动的载体，并被当作商品而出售给委托方。总之，策划书是现代社会极富生命力的应用文体。

2. 公共关系策划书的内容

公共关系策划书没有固定的格式，但无论策划书的形式、内容有怎样的差别，以下几个要素不可或缺。一份完整的公共关系策划书应当具备5W、2H、1E，即

Why（为什么）——策划的缘由；

Who（谁）——策划者、策划方案针对的公众；

What（什么）——策划的目的、内容；

Where（何处）——方案实施地点；

When（何时）——方案实施时机；

How（如何）——方案实施形式；

How much（多少）——活动经费预算；

Effect（效果）——活动实施效果预测。

上述8个要素就是一份完整的公共关系策划书应当具备的基本骨架。针对不同组织、不同内容与形式的公共关系策划书，应当围绕这8个要素，根据自己的需要进行丰富完善和组合搭配。公共关系策划书的创造性与个性风格，就体现在对要素的丰富完善和组合搭配的差异上。

3. 公共关系策划书的撰写方法

公共关系策划书一般可分为3部分：标题、署名、成文日期及其他。

(1) 标题、署名及成文日期

① 策划书的标题。策划书的标题必须具体清楚，让人一目了然。策划书标题字号稍大于正文，居中排列。其表现形式有3种。

A. 公共关系主体+事由+文种。由组织聘请的公关顾问、公关公司策划公共关系策划书，其策划书一般用这种形式的标题，如"东方商厦第十届香水文化节策划书""实桥公司开业庆典策划书""巨能钙公司消除'过氧化氢事件'影响的策划书"。

B. 事由+文种。由组织内设公共关系机构策划公共关系策划书，其策划书一般用这种形式的标题，如"爱美奖学金计划10周年纪念活动策划书""心理健康知识宣传活动策划书"。

C. 主标题+副标题。主标题一般是公共关系活动的主题，副标题常用策划书名称，如"感恩生活，关注心理健康——心理健康知识宣传活动策划书""节奏狂飙炫音魅影——百事可乐炫音飞车音乐活动策划书"。

② 策划书的署名。策划书的署名为策划者单位或个人名称。如果策划书系群体或组织完成，可署名"××公关公司""××公关部"；对其中起主要作用的个人，也可在单位名称之后署名，如"总策划×××""策划总监×××"；如果策划书系个人完成，则直接署名"策划人×××"。

③ 策划书的成文日期及其他。

A. 成文日期。在署名下面注明策划书完成的具体日期，一般加括号，如"（2021年11月18日）"。

B. 编号。对策划书进行编号，便于存档和查找，如根据策划书顺序编号、根据策划书的重要程度或保密程度编号、根据策划书管理的分类编号等。编号标示一般位于策划书标题右上角。

C. 版记。如策划书尚属草稿或初稿，还应在标题下括号注明，写上"草稿""讨论稿""征求意见稿"等字样。如果前有"草稿"，决策拍板后的策划书就应注明"修订稿""实施稿""执行稿"等字样。

(2) 正文

策划书正文可分为活动背景，活动目的、意义和目标，资源需要，活动开展，经费预算，活动中应注意的问题和细节，活动负责人及参与者等部分。

① 活动背景。这部分内容应根据策划书的特点在以下项目中选取内容重点阐述，具体项目有基本情况简介、主要执行对象、近期状况、组织部门、活动开展原因、社会影响以及相关目的动机。还应说明问题的环境特征，主要考虑环境的内在优势（Strength）、弱点（Weakness）、机会（Opportunity）及威胁（Threat）等因素，对其做好SWOT分析，将内容重点放在环境分析的各项因素上，对过去、现在的情况进行详细描述，并通过对情况的预测制订计划。如环境不明，则应该通过调查研究等方式进行分析并加以补充。

② 活动目的、意义和目标。活动的目的、意义应用简洁明了的语言将目的要点表述清楚。在陈述目的要点时，该活动的核心构成或策划的独到之处及由此产生的意义（经济效

益、社会利益、媒体效应等）都应该明确写出。活动目标不仅要具体化，还要满足重要性、可行性、时效性等要求。

③ 资源需要。列出所需的人力资源、物力资源，包括使用的地方，如场地都应详细列出。可以列为已有资源和需要资源两部分。

④ 活动开展。作为策划书的正文部分，表现方式要简洁明了，使人容易理解，表述方面要力求详尽，写出每一点能设想到的东西，避免遗漏。在此部分中，也可适当加入统计图表等；对策划的各工作项目，应按照时间的先后顺序排列；绘制实施时间表，有助于方案核查；人员的组织配置、活动对象、相应权责及时间地点应在这部分加以说明；执行的应变程序，也应该在这部分加以考虑。另外，还要考虑一些具体工作和细节问题，如会场布置、接待室、嘉宾座次、赞助方式、合同协议、媒体支持、校园宣传、广告制作、主持、领导讲话、司仪、会场服务、电子背景、灯光、音响、摄像、信息联络、技术支持、秩序维持、衣着、指挥中心、现场气氛调节、接送车辆、活动后清理人员、合影、餐饮招待、后续联络等。

⑤ 经费预算。活动的各项费用，应在根据实际情况进行具体、周密的计算后，用清晰明了的形式列出。

⑥ 活动中应注意的问题及细节。内外环境的变化不可避免地会给方案的执行带来一些不确定性因素。因此，当环境变化时是否有应变措施、损失的概率是多少、造成的损失多大、应急措施等，也应在策划书中加以说明。

⑦ 活动负责人及主要参与者。要注明组织者、参与者姓名、嘉宾、单位（如果是小组策划应注明小组名称、负责人）。

(3) 附件

不一定每份策划书都需要附件，应根据具体情况而定。重要的附件通常有以下几种。

① 活动筹备工作日程推进表。
② 有关人员职责分配表。
③ 经费开支预算明细表。
④ 活动所需物品一览表。
⑤ 场地使用安排表。
⑥ 相关资料。
⑦ 注意事项等。

4.2 公共关系策划的运作

公共关系策划的运作是将完善的公共关系策划的构思和谋划转变为现实，保证实现公共关系目标、服务于组织目标的过程。

4.2.1 公共关系项目策划

公共关系项目是指围绕公共关系目标在不同时期开展的各种形式的具体活动。

1. 确定公共关系由头

公共关系由头是指一项公共关系活动得以开展的价值和依据。设计公共关系项目时，首先要考虑是否具备公共关系由头。没有公共关系由头的项目，不仅不可能取得良好的公共关系效果，反而会招致公众的反感。公共关系由头一般包括以下 3 个要素。

① 符合公众利益。公共关系项目必须能为公众提供信息、知识、服务等。

② 符合组织利益。公共关系项目必须与公共关系主体的工作性质有联系，或与公共关系主体的总体目标相一致。

③ 具有新闻价值。公共关系项目必须是具有新闻性、公益性的事件，能够得到传播媒介的关注和报道。

实质性的公共关系由头就是公众利益、组织利益和新闻价值的交汇点。寻找理想的交汇点是困难的，这就要求公共关系策划者反应灵敏，善于挖掘有效时间内公众最关心的话题。

2. 选择公共关系时机

《兵经百篇》说："难得者时，易失者机。"意思是说，难以得到的是时间，容易失去的是机会。军事竞争要讲究时机，公共关系项目策划也要讲究时机。时机稍纵即逝，如果在公共关系项目策划中未能抓住时机，事后即使花数倍的精力和金钱，也无法弥补。

3. 确定公共关系活动模式

公共关系活动的开展，可以采用多种方法和技巧。公共关系从业人员应根据本组织公共关系活动的特点，对公共关系活动中将采用的方法和技巧进行正确的选择。只有这样，才能使公共关系活动收到事半功倍的效果。

国内外的公共关系专家对各类社会组织开展的公共关系活动进行分析和研究后，归纳出许多种公共关系工作方法系统，即公共关系活动模式，分为战略性和战术性模式。这些模式为公共关系人员提供了可供选择的各类方法，对公共关系活动的开展具有指导意义。但是，任何模式的选用都不能生搬硬套，而是应根据组织自身的特点、组织发展的特定要求、社会环境所提供的具体条件，以及公众的不同类型和不同要求，创造性地选用不同的模式，或在原有模式的基础上创造出更有效的公共关系工作方法。

4. 设计公共关系项目应注意的问题

① 针对性。公共关系项目要符合组织的性质和特点，要针对公共关系目标和目标公众对象。

② 可行性。公共关系项目要考虑到组织的需要与可能，以最小的投入获得最大的效益。

③ 适应性。公共关系项目要考虑到执行过程中可能会出现的异常情况，使之具有一定的弹性和适应性，避免出现不良后果。

④ 合理性。公共关系项目要注意适当分配各项目的活动时间，使之张弛有度。

⑤ 连续性。公共关系项目要注意保持各项目的连续性，以利于积累成果，使每个项目都成为表现、烘托主题的有用要素。

⑥ 吸引力。公共关系项目要具有特色和竞争性，能充分吸引公众的注意力，引起公众的兴趣，给公众留下深刻的印象。

公共关系项目设计完成之后，公共关系策划人员还要按照活动开展的时间顺序和活动内容的内在联系，对公共关系项目进行合理的编排。

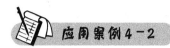
应用案例 4-2

清洗全球最大的衬衣

2000年国庆节前夕，一件高40.6米、宽30.8米、重达930千克的大衬衣，在北京的东三环路附近的一幢大楼上悬挂着，约有12层楼高。这件衬衣在此悬挂了半个月。这是爱德曼国际公关有限公司为宝洁公司碧浪品牌策划实施的。这件大衬衣的诞生还有一个小故事。当时，宝洁公司碧浪品牌的经理和同事们坐在广州的办公室里冥思苦想，怎样在建国51周年庆到来之际，做一件具有划时代意义的事情。其中有一位经理提到：既然中国是世界上人口最多的国家，宝洁公司是世界最大的洗涤用品公司，碧浪又号称世界上销量最好的洗衣粉品牌之一，为什么不能再创造一个世界第一？

于是，经过几个月的筹备工作，2000年7月8日，这件巨大的衬衣终于诞生在中国的首都北京。在该大衬衣的揭幕仪式上，宝洁公司同时宣布，洗涤这件世界上最大衬衣的挑战倒计时正式开始。来自宝洁公司的代表、吉尼斯世界纪录申报见证代表，以及近百名新闻记者在北京观看了全球最大衬衣的揭幕仪式。这无疑为迎接"国庆大典"的中国增添了一份精彩。

这件向吉尼斯世界纪录发起挑战的巨大衬衣，如果用制作它的布料来制作正常尺寸的衬衣，可缝制2350件。在巨大的衬衣上，印有"全新碧浪漂渍洗衣粉"的醒目标志，其中巨大的两个红字"碧浪"在雪白的衬衣底色衬托下分外鲜明灿烂。

这件衬衣在北京的东三环路附近悬挂半个月。悬挂期间，衬衣将经历半个月的风吹雨淋。为进一步验证"全新碧浪漂渍洗衣粉"的真实功效，在大衬衣的揭幕仪式上，来宾们还用最难清洗的墨汁等污渍泼在这件大衬衣上，使其"污"不堪言。7月23日，碧浪品牌用其推出的全新突破性产品成功洗涤了这件世界上最大的衬衣。

这件衬衣象征着宝洁公司对中国市场的承诺，其中包括系列产品，对生产设施的投资和员工培训计划等一系列服务中国消费者的长远项目。

制作全球最大的衬衣无论是对宝洁公司还是对中国来说都是第一次，而洗净这件最大的"脏"衬衣对碧浪是一个全新的挑战。此举不仅仅是要挑战一个吉尼斯世界纪录，更是希望通过此次"洗净全球最大的衬衣"的活动让中国消费者更加了解碧浪的承诺。3名申报见证代表见证了衬衣揭幕的全过程。这件衬衣面世后，依照吉尼斯的审批程序，3个月后正式载入吉尼斯世界纪录。这件大衬衣是成衣制造史上的一次突破，而这次碧浪除渍活动更是宝洁公司公共关系策划的又一次创新。

（资料来源：樊帅，2017. 企业公共关系案例解析［M］. 北京：清华大学出版社．）

在这个案例中，我们看到在爱德曼国际公关有限公司的策划下，宝洁公司用"洗净全球最大衬衣"的挑战活动，实现了"一举惊人"的公共关系效果。在这场独特的公共关系策略中，宝洁公司给我们提供了许多启示。

（1）注重市场研究，善用公关手段

在庞大的洗衣粉市场，"价格战"已经打垮了一批企业，"派送战"也无甚新意，"广告战"更是屡见不鲜，已激不起公众的兴趣。这个时候，宝洁公司避开了传统的公关策略，另辟蹊径，用一件高40.6米、宽30.8米、重达930千克的大衬衣成功地吸引了公众的眼球和媒体的兴趣。这件悬挂于北京东三环路附近的巨大衬衣上，印有"全新碧浪漂渍洗衣粉"的醒目标志，其中巨大的两个红字"碧浪"在雪白的衬衣底色衬托下分外鲜明灿烂，给人以强烈的视觉冲击，"碧浪"品牌名称也在潜移默化中深入人心。

（2）注重媒介关系，把握不同阶段的宣传策略

从这个案例中，我们可以发现，宝洁与媒体建立了非常密切的关系。无论是活动启动

前、实施中还是实施后，宝洁都得到了媒体的积极配合，从而扩大了其自身的影响力。比如在揭幕仪式上，来自宝洁公司的代表、吉尼斯世界纪录申报见证代表，以及近百名新闻记者在北京观看了全球最大衬衣的揭幕仪式。可见，宝洁公司的确深谙策划新闻活动的真谛，始终紧紧地掌握着媒介的兴奋点，稳稳地控制着宣传节奏，牢牢地吸引着公众的视线，为"洗净全球最大衬衣"创造了良好的活动氛围。

（3）注重产品品质，用事实说话

这件大衬衣经历半个月的风吹雨淋，能否用碧浪漂渍洗衣粉洗干净始终是公众关注的焦点。一旦完不成这个任务，碧浪无异于搬起石头砸自己的脚。宝洁公司显然是有备而来的，在众人的疑虑中，碧浪用其推出的全新突破性产品成功洗涤了这件世界上最大的衬衣，也用事实证明了品牌的优质。挑战吉尼斯，挑战"污"衣，其本质就是宝洁利用挑战来宣传自己的品牌，并当众体现碧浪新产品的功能。在大家都用沾有污渍的衣服为道具来演示的老一套的广告模式里，碧浪变换了角度，把赫赫有名的吉尼斯世界纪录当成自己道具的配角，不仅造了"势"，更造了"市"。

4.2.2 公共关系主题策划

主题指公共关系活动中连接所有项目、统领整个活动的思想纽带和思想核心。主题策划是公共关系策划过程中一个极其重要的环节，它引导公众正确理解各项公共关系活动的意义，领悟组织开展公共关系活动的目的。

1. 主题与目标的一致性

公共关系主题策划是为了更好地凸显公共关系目标。主题与公共关系活动目标必须保持一致，主题必须服务于目标。主题要鲜明，要相对稳定，要以客观条件为依据。

2. 公共关系主题定名

公共关系主题定名即公共关系主题词的设计。公共关系主题应当具有通俗易懂、好听好记、中肯诚实、不同凡响、动人心弦、简明扼要、一语中的、个性鲜明等特点。因此，公共关系主题词的设计要求包括：①紧扣主题，紧紧围绕特定的公共关系目标；②亲切感人，给目标公众以较强的亲和力；③新颖别致，给目标公众以新奇感和新鲜感；④短小精悍，使目标公众易记、易懂。

3. 公共关系主题的表现形式

公共关系主题的表现形式是多种多样的，它可以是一句鲜明的口号，可以是一个寓意深刻的警句，也可以是一种简洁的陈述。

① 口号式，如 IBM 的口号是"IBM 就是服务"。

② 警句式，如上菱冰箱的设计主题是"上菱就是无霜加省电"。

③ 陈述式，如青岛东方明珠美食娱乐城的公共关系营销活动主题是"助推岛城新闻业"。

4. 设计公共关系主题的要求

公共关系主题看似简单，但要设计出真正能吸引公众注意力的主题并非易事。一个好的活动主题一般要考虑 4 个因素，即公共关系目标、信息特性、公众心理和语言表达。

（1）表现公共关系目标

公共关系主题必须与公共关系目标相一致，并能充分表现目标，一句话点出活动的目的。

（2）突出活动信息

公共关系主题要用新颖独特、个性鲜明的语言，凸显公共关系活动的信息特性，使之具有强烈的感召力。

（3）符合公众心理，切中公众心愿

公共关系主题要适应公众心理需要，既富有激情，又贴切朴素；既奋发向上，又可信可亲；既符合客观实际，又切中公众心愿。

（4）简明扼要，易记易传

公共关系主题应力求做到简洁明了、形象生动、亲切感人、新颖别致和语句流畅。如果词句过长、晦涩难懂，不仅不易传播、难以记忆，还可能使人厌烦或产生歧义。

应用案例 4-3

不同申办国和申办城市奥运会的宣传主题

为了争取 2000 年奥运会主办权，1992 年各申办国和申办城市推出的宣传主题都很有特色。

伊斯坦布尔的宣传主题是"让我们相聚在亚欧相汇聚的地方"。主题鲜明、意义非凡，又表现得十分贴切自然，令人心动。

柏林的宣传主题简单、明了、言简意赅——柏林感谢世界。

北京申办的主题是"开放的中国盼奥运"。用"开放"作为我们迎接奥运会到来的前提，用一个"盼"字说明了 12 亿人民的热切愿望。

悉尼申办主题是"分享奥运精神"，内涵丰富，寓意深远。

北京申办 2008 年奥运会的宣传主题，根据时代特点发展为"新北京，新奥运""绿色奥运，科技奥运，人文奥运"，含意明确，观点鲜明，便于记忆，表现出中国人民对奥运事业一如既往的坚定、自信、豪迈与负责精神，给人们留下了深刻印象。

从以上不同申办国和申办城市推出的宣传主题不难看出，公共关系主题要围绕公共关系活动的目的，既要凸显活动信息，又要简明扼要、易记易传，才能达到效果。

（资料来源：编者根据百度文库相关资料整理。）

4.2.3　公共关系目标策划

公共关系目标是指组织通过策划和实施公共关系传播活动所追求和渴望达到的一种状态或目的，是公共关系全部活动的核心和公关工作努力的方向。整个公共关系实务工作的过程，就是制定公共关系目标和实现目标的过程。

1. 公共关系目标的内容

有了公共关系目标，即可使组织公共关系人员的工作变无形为有形，变抽象为具体。公共关系目标是一个复合的目标系统，具体内容包括以下 4 个方面。

① 提高组织知名度、信誉度、美誉度，树立组织形象。

② 建立与公众交流的信息通道，保持与公众信息交流的畅通无阻。

③ 监测社会环境与舆论变化的趋势，根据这种趋势督促、协调组织的决策者及时调整

组织的策略与行动。利用各种渠道和媒介，在公共关系危机发生时，利用有效的传播手段，争取公众的理解、谅解，变敌视为同情，妥善解决各种公关纠纷。

④ 积极开展组织内部公共关系活动，强化组织内部的凝聚力和向心力，为组织创造良好的人际关系。不断调整组织的政策与服务方针，以获取公众的了解和欢迎。

2. 公共关系目标的分类

根据公共关系的主要工作内容，派生出公共关系的三大基本目标，即形象设计与塑造、关系协调、传播与沟通。其中形象设计与塑造是整个公关工作的核心目标。具体公共关系活动的目标，则因不同的任务和要求而有所变化。

在不同的公共关系目标指导下，组织会策划和实施不同的公共关系行动方案。为了使组织的公共关系活动与公共关系目标相一致，必须对公共关系目标进行合理、准确的分类，以利于组织根据不同的公共关系目标，开展有针对性的公共关系活动。公共关系目标可以根据以下不同的标准进行分类。

（1）按目标的时间跨度划分

① 长期目标。长期目标是指与组织总体发展规划、组织的长远利益相一致的目标，是关于组织发展的战略目标。它的时间跨度通常在 5 年以上，对组织的发展起长远的指导作用，是一个方向性的奋斗目标。

② 中期目标。这是将组织公共关系长期目标所提出的基本任务进行分析所形成的目标，时间跨度一般为 2～5 年。组织依据中期目标指导和开展其公共关系工作。

③ 短期目标。短期目标是指年度目标，是指组织公共关系活动在一年内的工作计划和要达到的标准。它是根据组织的年度发展计划和奋斗目标而制定的。短期目标将组织公共关系工作总目标的有关任务落实到公共关系活动计划上，对组织在一年中的各项具体公共关系活动起指导作用。

④ 具体目标。这是组织针对各项具体问题而开展的专项公共关系活动所制定的目标。组织为达到与公众沟通的目的，经常会开展一些专项公共关系活动，如召开一次新闻发布会、处理一次突发的危机事件、开展一项公益活动等。要达到这些专项公共关系活动的特定效果，必须制定各项具体目标以指导活动的顺利开展。

知识链接

党的二十大报告提出，全面建成社会主义现代化强国，总的战略安排是分两步走：从二〇二〇年到二〇三五年基本实现社会主义现代化；从二〇三五年到本世纪中叶把我国建成富强民主文明和谐美丽的社会主义现代化强国。

（2）按目标实现的顺序划分

① 传播信息目标。这是指组织向公众开展传播宣传活动，让公众知晓有关组织的真实情况，是公共关系最基本的目标，是公共关系策划首先要考虑的问题。连接公共关系主体与客体的中介就是传播，所以大量的公共关系工作将围绕这一目标而开展。在进行公共关系策划时，对传播信息的手段、方式、场所、人力、财力、物力因素都要加以周密思考，妥善安排，才能保证这一目标的实现。

② 联络感情目标。这是组织的感情投资工作，交际型公共关系活动模式特别适合于这

一目标。它是组织依靠某种行为去争取公众对组织的好感和信任,既是一项具有长期性的任务,也可以在较短的时期内见到成效。在进行公共关系策划时,首先要考虑它的方式方法,要区别于一般人际关系,避免出现不正当的"拉关系""走后门"现象。如果事前策划不当,消耗了大量的人力、物力、财力,还可能无所作为;反之,按照科学的方法和正当的途径,则可以产生事半功倍的效果。

③ 改变态度目标。无论现代公共关系理论有了怎样的新发展,组织通过引导、沟通,改变公众对组织的某种观念和态度,始终是公共关系的主要目标。

(3) 按目标的性质划分

① 战略型目标。这是与组织的根本利益、整体形象相关的重大长远目标。它的实现能为组织创造和谐的内外环境,建立良好的社会形象。

② 战术型目标。它是指组织在适应环境的过程中,根据组织公共关系的具体情况能动地制定的活动目标,具有较强的可操作性。由于各组织的情况不同,同一组织在不同时期的工作重点也不同,因此,其目标也各不相同。

(4) 按组织所处的社会环境和战略目标起作用的性质划分

① 进攻型目标。进攻型目标以积极的自我调整和改变环境条件为特点,以攻为守,以"创"为主,抓住一切有利时机,在短时期内造成大的声势和空前的影响,创造新局面。它是在组织需要拓展或环境发生摩擦时所采用的一种工作目标类型。这就是说,进攻型公共关系在解决与外部环境的矛盾时,要充分发挥组织对环境的能动作用,以具有创造性的行为去建立组织与环境的协调关系。

② 防御型目标。这是组织为防止自身公共关系失调而采取的一种公共关系工作目标类型。目的是将不协调因素和摩擦苗头尽量消除,防患于未然。其特点是防守与引导相结合、预测与措施相结合,以退守防御的方式开创更有利的时机和局面,使防御工作科学化、制度化,把可能出现的问题和危机控制起来,改造被损害的组织形象,挽救组织的声誉。这种防御型公共关系多用于应对突发性的公共关系危机。

4.2.4 公共关系时机策划

"天时、地利、人和",时间或时机对策划者来说可以说是命运之神,关系到公共关系活动的成败。如何选择合适的时间或时机,策划者应慎重考虑以下原则和时机。

1. 公共关系时机选择的原则

(1) 服从整体公共关系策划

组织的公共关系人员在策划公共关系活动时,已经充分考虑了公共关系目标、公共关系对象、公共关系策略等一系列问题,并对其进行了精心设计、周密安排,其中对于公共关系活动的具体时间安排也有计划。为了更好地达到公共关系策划的预期目的,公共关系时机的选择必须服务和服从于组织的整体公共关系目标的要求。

(2) 满足公众的心理期望

公众对组织的公共关系活动抱有极大的期望。随着市场经济的不断发展,人们的消费心理和消费方式都发生了极大的变化,正从以解决温饱为主的生存时代和解决物质丰富的生活时代,向解决感性需求的精神时代过渡。因此,组织的公共关系活动要择时而动、见机而行，要迎合公众的心理，激发公众的消费动机，并使这种动机尽快转化为消费行为。

2. 公共关系时机的分类

（1）可预先选定利用的时机

可预先选定利用的时机通常是指组织创办或开业之时，组织更名或与其他组织合作、兼并、资产重组之时，组织内部改组、转型、品牌延伸之时，组织迁址之时，组织推出新产品、新技术、新服务之时，组织周年庆典或周期性纪念活动之时，组织上市之时，国际国内各种节日和纪念日之时。

（2）常规性时机

常规性时机通常是指每隔一年或几年一次的各种文化体育活动，如亚运会、奥运会、锦标赛、博览会、展览会、电影节、青年歌手大赛等。这些常规性时机是组织塑造良好形象、开拓发展的良好机遇。

（3）需随时捕捉稍纵即逝的时机

需随时捕捉稍纵即逝的时机通常是指重大的社会活动和社会事件出现之时，组织形象出现危急之时，组织或社会突发性灾难爆发之时，国家或地方政府新政策出台或新领导人上台之时，公众观念和需求发生转变之时，组织经营发生困难之时，国际国内经济政治大环境大气候发生转变之时，组织内部资源发生变化之时。

（4）组织营运过程中所蕴含的时机

组织营运过程中所蕴含的时机包括两类：一是组织重大事件发生的自然时间，如某工程奠基之时、落成之时，组织创办之际，企业推出新产品或新服务之时，企业销售额达到一个大的整数之时等；二是一些具有隐蔽性的时机，需要公共关系人员慧眼察觉，如组织运营过程中，可能会出现差错而造成组织形象受损，或者由于信息传播障碍而引起公众误解，或者由于外部某种原因可能引起公众关系恶化等。

3. 公共关系活动中的最佳时机

（1）组织创办或企业开业之际

一个组织或企业创办时，还没有同社会各界建立联系，不能为社会所认知，不能为同行所接受，它的社会知名度很低，根本谈不上所谓的美誉度，所以此时迫切需要的是借助创办或开业之际进行自我介绍、宣传和推广，以扩大影响。组织此时就要运用公关手段建立与媒体、社区、政府、社会团体、供应商、经销商、组织公众的广泛联系。在开幕活动中，邀请他们到场，给予足够的曝光度，最好借助传播媒介之口将此次活动大张旗鼓地宣传出去，使组织或企业或产品在公众心目中留下一定的印象，提高组织的知名度。

老板喝涂料

2000年10月8日，一家名为富亚的涂料公司在《北京晚报》上打出一则通栏广告：10月10日上午，在北京市建筑展览馆门前开展"真猫真狗喝涂料"活动，以证明该公司生产的涂料无毒无害。由于这一活动的新奇性，加上近年来"动物保护"意识已深入人心，因此，广告一刊出即在社会上引起轩然大波。

10月10日上午，北京建筑展览馆门前挂起了"真猫真狗喝涂料 富亚涂料安全大检验"的横幅，一猫三狗准备就绪，富亚公司请来的崇文区公证处公证员也已到位。而展台前则拥满了观众，其中几位愤怒的动物保护协会成员发誓要阻挠此事，还有不少跑来"抢新闻"的媒体记者。

上午9时，富亚公司总经理蒋和平开始向围观者宣传：1998年，中国预防医学科学院就用小白鼠为富亚牌涂料做过无毒实验，结论是"实际无毒级"。北京市海淀区环保协会动物救助分会会长吴天玉向在场的观众和媒体发表了自己的看法："我认为这种做法是错误的，伤害了人类的朋友——动物。"她认为涂料一定会损伤动物的肠胃功能。北京市保护小动物协会副秘书长赵羽和国际爱护动物基金会的吴晓京也是反应激烈，他们与同伴一起在现场举起标语"请不要虐待动物，孩子们看了会怎想？"要求立即停止动物喝涂料的实验，并几次强行要把正准备喝涂料的小动物带走。

现场秩序很乱，围观者越聚越多，眼见"真猫真狗喝涂料"活动就要泡汤。这时蒋和平摆出一副豁出去的架势，大义凛然地宣布，考虑到群众情绪，决定不让猫狗喝涂料，改为人喝涂料，他亲自喝。话音刚落，场内顿时鸦雀无声。在两名公证员的监督下，蒋和平打开一桶涂料，倒了半杯，又兑了点矿泉水，举在眼前顿了顿。在四周观众的注视下，蒋和平咕咚咕咚喝下手中一大杯涂料。他喝完后一擦嘴，还面带笑容。蒋和平这一"悲壮"的行为赢得了极大的新闻效应。当时，新华社发了一篇700字的通稿《为做无毒广告，老板竟喝涂料》，此后媒体纷纷跟风，"老板喝涂料"的离奇新闻开始像野火一样蔓延。不仅北京市的各大媒体竞相报道，全国各地的媒体也纷纷转载。当时有个细节可说明这一事件的影响力：北京电视台评选的10月份十大经济新闻，"老板喝涂料"赫然跻身其中，与"悉尼奥运会"等同列。事后有人做过一个统计，全国至少有200多家媒体报道或转载了这则消息。就在这样高密度的报道过程中，富亚的知名度越来越高。

这真的是一个突发的经济新闻吗？非也，这是一次精心的策划。事后，蒋和平在接受媒体采访时表示，在激烈的涂料市场上要想与国外大品牌抗衡，尤其是在发展初期还没有自己的知名度的情况下，就必须要打响自己的品牌，但他们根本没有打广告的钱，于是在北京一个著名策划人的帮助下，想出了"老板喝涂料"这一怪招。用人喝的方式来"鉴定"涂料的环保与无毒，确实是一个大胆而富有创造力的策划。其最大成功之处在于：新闻"制造"得不留痕迹，因为事件本身的离奇性已经足以构成一个新闻题材。

（资料来源：樊帅，2017. 企业公共关系案例解析［M］. 北京：清华大学出版社.）

（2）企业退出新产品或新的服务项目之际

顾客和消费者在日常生活中往往都有固定的消费习惯和品牌爱好，当新的产品或服务出现时，他们常常采取观望的态度。此时企业就要抓住时机，及时运用公关手段并通过媒介，向公众进行产品知识教育、产品性能介绍等，以引起消费者的注意，消除其观望戒备心理，强化其新奇感和好奇心，鼓励其进行新的尝试，从而接受新产品、购买新产品。

（3）组织发展很快但声誉尚未建立之际

公共关系是社会组织为了寻求良好合作和协调发展，通过形象塑造、传播管理、利益协调等方式，同相关的公众结合成的一种社会关系。当组织发展很快，而组织的声誉又跟不上这种发展速度时，正是公共关系大展宏图的好时机。企业应该充分利用这个机会广泛地开展公关宣传，以扩大组织影响，提高其社会知名度。

（4）组织更名或与其他组织合并之际

组织在经过一定的努力之后，在公众记忆中取得一席之地，在社会上已经树立起声誉后最好不要轻易更改组织名称。更改组织名称容易使公众产生猜疑，容易动摇其投资的决心，影响协作关系。如果因某种原因而不得不改时，就要恰当地运用公共关系，使组织的声誉损失降到最低限度。

（5）组织在某些方面出现失误或遭到误解之际

组织在运营过程中，可能会因为出现差错而造成形象损坏，或者由于信息阻塞和误传而引起公众误解，或者由于遭受故意中伤诽谤引起公众关系恶化。此时，组织要运用各种公共关系媒介开展公共关系活动，表明态度、澄清真相，以争取公众的谅解、信任、合作和支持，维护组织的声誉。

（6）组织遭遇到突发性危机事件之际

"天有不测风云，人有旦夕祸福"，对于一个组织而言，突发性事件的发生是不以人的意志为转移的，面对突发性危机，组织所能做的就是采取一切可能采取的措施，挽救危机。此时，组织要反应迅速、当机立断地对危机事件进行处理，并以最快的速度通过传播媒介向公众通报情况及组织正在采取的行动。当企业面临危机时，应以社会公众和消费者利益为重，迅速做出适当反应，及时采取补救措施，并主动地、有意识地以该事件为契机，变坏事为好事，因势利导，恢复企业或组织的声誉等一系列工作。

4. 选择公共关系时机的注意事项

（1）避开或利用重大节日

如果策划的公共关系活动与重大节日有联系，就要充分利用节日来增强活动效果；如果策划的公共关系活动与重大节日没有太大联系，就要避开节日，否则，活动内容会被节日气氛所冲淡。

（2）避开或利用国内外重大事件

如果策划的公共关系活动与国内外重大事件有联系，就要利用重大事件，如中央宣布放宽部分商品价格时，企业可抓住时机向客户公布产品调价；如果策划的公共关系活动与国内外重大事件无关，就要避开这个时机。

（3）不宜在同一天或同一段时间同时开展两项重大的公共关系活动

如果在同一天或同一段时间同时开展两项重大的公共关系活动，不仅会让公众产生无所适从的感觉，也会造成组织人力、物力、财力的紧张和失控。

4.2.5　编制公共关系预算

公共关系预算是指确定公共关系目标和项目之后，根据目标和项目对公共关系活动所需人员、费用和时间的预算。通过公共关系预算，可以为以后评估公共关系工作的成果及所取得的效益提供比较科学的依据；便于选用恰当的公共关系活动方式和传播媒介，也容易将公共关系的计划方案具体化，形成"时间－经费－活动"一览表，保证各项具体任务的实施；保证公共关系活动经费按计划支出，防止透支或以权谋私现象的发生。

公共关系活动费用的基本构成有10个部分，具体内容如下。

① 场地费用，即场地租金。

② 物资费用，包括活动使用的各种道具、器材、设备、文具、礼品及布置场地物品所需的费用等。

③ 礼仪费用，包括礼仪性项目的开支，如邀请乐队、仪仗队、文艺演出的演员等。

④ 保安费用，包括活动期间保卫工作、安全设施、保健项目等费用支出。

⑤ 宣传费用，包括用于活动宣传方面的开支，如摄影、录像、广告宣传、宣传品印刷、展示费用等。

⑥ 项目开支，包括交通运输费、差旅费、办公费等行政性开支或代付费用。

⑦ 餐饮费。假如活动项目中有宴会或餐饮计划，则需要安排这一项目开支。

⑧ 劳务费，包括公共关系人员和其他劳务人员的薪水。公共关系活动是知识与劳动均呈密集状态的突击性工作，人员的工资、报酬在整个经费中占有很大的比重。这里的人员开支，主要包括公共关系专家、公共关系文职人员、公共关系礼仪人员、名人、摄影师等参与公共关系活动人员的工资、奖金、补贴等。

⑨ 不可预算的费用，即应急费和大型活动常有的许多不可预算的开支，一般是以活动费用总额的5%～10%计算。

⑩ 承办费。如果是委托专业公共关系机构承办的，必须支付承办费，这一费用实际包括了承办机构的管理费及利润。

以上活动经费预算通常以编制预算书的形式完成。

本 章 小 结

公共关系策划是以社会环境及其公众分析为基础，以制定目标为首要任务，以创造性设计、制作公共关系策划方案为核心，体现智谋性、迂回性、时机性、情感性等特征的活动。公共关系策划在具体的实施中可根据不同层次、实施的主体、策划过程、组织形象创新程度等标准分为不同的类型。不管是哪种类型的公共关系策划，都要遵循公众导向、创新求异、切实可行、综合效益等原则，并在此基础上按照收集公共关系信息、策划公共关系目标、策划公共关系对象、策划公共关系策略、策划公共关系时机、公共关系决策与公关效果的程序来构思和谋划。只有这样，才有可能实现预期的公共关系目标。将策划全过程最终形成的、作为公共关系工作方案实施过程的指导性蓝图的文件称为公共关系策划书。

公共关系策划的运作是将完善的公共关系策划的构思和谋划转变为现实，保证实现公共关系目标，服务于组织目标的过程。本章节从公共关系项目策划、公共关系主题策划、公共关系目标策划、公共关系时机策划、编制公共关系预算等方面做了讲述。要想策划好公共关系项目，必须要先确定公共关系由头，再选择合适的公共关系时机，最后确定合适的活动项目模式才能达到效果。用紧扣主题、新颖别致、短小精悍的文字作为公共关系主题来串联各个公共关系项目，能起到事半功倍的效果。公共关系目标是公共关系全部活动的核心和公共关系工作努力的方向。策划出了科学的公共关系目标，公共关系活动也就由抽象变具体了。按公共关系目标实现的时间、目标实现的顺序、目标的性质、目标起到的作用，可对其进行不同的分类。所有的公共关系策划都要根据公共关系目标的需要，选择最佳的时机来实施。因此，公共关系策划者不仅要抓住常规时机，更要捕捉瞬时时机和最佳时机。通过公共关系预算，将公共关系策划方案具体化，形成"时间-经费-活动"一览表，保证各项具体公共关系任务的实施。

习 题

1. 选择题

（1）公共关系工作程序中，最复杂、最多变的关键步骤是（　　）。

A. 调查　　　　　　B. 策划　　　　　　C. 实施　　　　　　D. 评估

(2) 下列步骤属于公共关系策划准备阶段的是（　　）。
A. 预赛经费　　　　B. 分析公众　　　　C. 确定目标　　　　D. 设计主题
(3) 下面不是公共关系策划特征的是（　　）。
A. 智谋性　　　　　B. 时机性　　　　　C. 情感性　　　　　D. 可操控性
(4)（　　）被称为公共关系全部活动的核心和公共关系工作努力的方向。
A. 公共关系目标　　B. 公共关系策划　　C. 公共关系项目　　D. 公共关系主题
(5) "机不可失，时不再来"是指在公共关系策划中要善于选择（　　）。
A. 公共关系公众　　B. 公共关系时机　　C. 公共关系主题　　D. 公共关系目标

2. 判断题

(1) 公共关系策划之前，需要整理策划信息点，进行分析，锁定目标，提炼策略，分解战术。（　　）
(2) 因项目背景分析工作量大，且有很多主观干扰，所以其结果不一定与我们的策略和目标保持一致。（　　）
(3) 公共关系计划的制订是解决问题的过程，公共关系计划的实施是研究问题的过程。（　　）
(4) 公共关系策划书又称为公共关系策划方案、公共关系策划文案，是策划全过程最终形成的文件，是公共关系工作方案实施过程的指导性蓝图。（　　）
(5) 公共关系是塑造组织良好形象的艺术，而公共关系策划则是组织适应市场经济的发展，提高组织核心竞争力的根本保证，是组织形象的"设计师"。（　　）

3. 简答题

(1) 如何策划公共关系项目？
(2) 公共关系策划的程序分为哪些步骤？
(3) 公共关系策划原则对公共关系策划实践的指导意义体现在哪些方面？
(4) 如何选择公共关系时机？应注意哪些事项？

4. 实际操作训练

(1) 实际操作训练内容。某市有一家豪华公寓，周围景色迷人，服务优质，价格合理。因交通不便，很多人担心购物困难，担心缺乏娱乐。故房屋多空闲，降价后也没起色。公司决定通过公共关系活动推动销售。请设计一个具体的公共关系策划方案。
(2) 实际操作训练步骤：①以小组为单位；②分组讨论选题，创意策划；③写出策划书；④每组展示自己的公共关系活动策划书，并接受答辩。
(3) 实际操作训练要求：①加强团队合作，活动策划反映集体智慧；②活动策划富有新意，可行性强；③策划书形式规范，结构合理，表述得当。

5. 案例应用

"生命唯真，挚爱永存"

——《泰坦尼克号》正版 VCD 中国市场推广案例

《泰坦尼克号》以其耗资巨大的专业制作和感人至深的爱情故事，赢得了来自不同国家和不同年龄的人们的广泛喜爱。影片在中国的放映同样获得了巨大成功，而电影的成功也必然带来中国盗版 VCD 市场的"繁荣"，盗版《泰坦尼克号》VCD 成为最热门的收藏品。为了有效地打击盗版市场，在影片播出一年之后,宣伟公司策划了正版《泰坦尼克号》VCD上市的公关宣传活动。

宣伟公司在策划之前展开了一系列调查,首先浏览了全国报纸,了解了有关《泰坦尼克号》电影的报道,预计消费者对《泰坦尼克号》的热情程度及变化。其次通过各地的娱乐新闻记者,考察了《泰坦尼克号》在当地的影响力,确定此次全国性宣传活动的中心为上海。另外,还对盗版VCD市场进行了调查,比较了正版VCD和盗版VCD之间价格的差异,了解到盗版VCD热销的主要原因是价格,同时也注意到对于具有收藏价值的影片来说,消费者也会考虑画质、音质等质量因素。

据此,宣伟公司制定了相应的公共关系策略,以重建市场对《泰坦尼克号》的兴奋感,带动正版VCD的销售。在宣传的重点上,宣伟公司偏重于传达正版VCD带给人们的情感价值,如电影宣扬的真爱等情感因素来调动消费者拥有正版VCD的购买意愿。

由于电影本身的影响力,《泰坦尼克号》VCD的上市必然会引起新闻界的关注。但如何增强其新闻价值,使之成为记者争相报道的热点话题,成为宣伟公司公共关系活动策略的重点。如果《泰坦尼克号》电影的成功是商业的成功,那么其正版VCD上市发行的成功,则意味着在中国打击盗版VCD市场的成功。这也是此次事件的新闻由头。

为了重建人们对《泰坦尼克号》的兴趣,宣伟公司设计了大型上市活动。活动的主旨是原汁原味,即无论你看到的、听到的还是吃到的,都与你在电影中看到的一样。这一活动主旨鲜明地向消费者传达了正版VCD所含有的附加价值。

为了造成持续的宣传效果,宣伟公司将活动分为前期媒体预热活动和正式上市活动两部分。前期宣传活动的重点是调动消费者和媒体对即将上市的VCD的心理期待,而正式活动是使《泰坦尼克号》正版VCD成为人们议论的话题和争相购买的物品。

(1) 前期预热活动

① 在发行活动的前两个星期,宣伟公司在上海举行了前期新闻发布会,请到了上海各界的主要媒体,并于当天在北京、广州等城市进行新闻发稿。

② 举办了一个小型的时装表演,模特展示的正是当年杰克和露丝上船第一天穿的服装。这个巧妙的安排使新闻发布会进入高潮,并为摄影记者提供了绝佳的拍照机会。

③ 在会后举行了客户发言人及其中方合作伙伴就打击盗版市场的新闻专访。

④ 在正式上市活动的前一天,宣伟公司又把国际和国内记者聚集在浦东香格里拉饭店,请《泰坦尼克号》电影的制片人约翰·兰度先生介绍电影制作背后的花絮。

(2) 正式上市活动

① 上市当天下午,由20世纪福克斯公司的发言人向中外记者介绍了当天晚会的精彩节目,充分地调动了媒介的兴奋度。

② 晚上6时,邀请了包括政府官员、新闻媒体、行业代表和企业赞助商等270位来宾参加了仿照1912年杰克和露丝共进晚餐的那一夜的晚会。会场用仿古家具布置,老式电话、照相机、皮箱、水晶吊灯,还有现场小乐队演奏,使来宾仿佛置身于当年的泰坦尼克号上。

③ 当张光北扮演的爱德华船长摇响了开船的汽笛时,明星邵兵和瞿颖身着杰克和露丝的服装,出现在来宾面前,晚会在欢呼声中开始了。

④ 整个晚餐是按照泰坦尼克号上的菜单定制的,共12道菜。在晚宴的间歇,安排了丰富的娱乐性节目,均取材于原剧。瞿颖和邵兵走上船头,即兴表演了剧中的精彩片段,一曲感人至深的《我心依旧》,使来宾重温了此剧的浪漫主题。现场还安排了一场小型的时装表演,表演的舞台就是在巨型船模上。模特们身着按原剧制作的戏服及其他欧式的怀旧礼服,将来宾带回到了1870年。

⑤ 正当来宾沉浸在浪漫的遐想中,宴会厅的大门打开了。爱尔兰民族音乐响起,一群身着民族服装的舞蹈演员踏着欢快的舞步进入了大厅,再现了当年杰克带着露丝去三等舱跳舞的情景。来宾禁不住纷纷走上舞台,跳起了爱尔兰民族舞蹈。

⑥ 当约翰·兰度手捧奥斯卡金像奖走上舞台,全场的观众雀跃了。大家争相与这位好莱坞大制片人合

影留念，晚会在人们的欢笑声中结束了。来宾带着美好的回忆和随请柬奉送的正版《泰坦尼克号》VCD 离开了会场。

整个晚会主题鲜明，风格独特，寓教于乐。《泰坦尼克号》正版 VCD 的上市发行与其电影的放映造成了同样的轰动，成为百姓议论的话题。第一批到货的正版 VCD 在上市活动举行后 24 小时内全部售罄，并打破了以往任何 VCD 在中国的销售纪录。

在活动结束后的几周内，宣伟公司还不断接到来自媒介和消费者的电话，询问去何处购买正版 VCD。

（资料来源：编者根据百度文库相关资料整理。）

问题：
（1）在《泰坦尼克号》正版 VCD 市场推广活动中，你认为最有创意的是什么？为什么？
（2）公共关系策划应该注意什么？

【第 4 章　在线答题】

第 5 章

公共关系实施

教学目标

通过本章学习，了解公共关系模式的含义和实施的原则，明确公共关系实施应考虑的因素，了解战术型公共关系模式和战略型公共关系模式，并掌握公共关系实施中经常运用的几种模式。

教学要求

知识要点	能力要求	相关知识
公共关系实施概述	（1）能够围绕公共关系实施的原则来开展活动；（2）能够利用或避开影响因素保证公共关系实施的顺利进行；（3）公共关系目标的实现	（1）公共关系模式的含义；（2）公共关系实施的原则；（3）公共关系实施应考虑的因素
战术型公共关系模式	能够策划并实施战术型公共关系活动	（1）日常事务型公共关系；（2）建设型公共关系；（3）进攻型公共关系；（4）防御型公共关系；（5）维系型公共关系；（6）矫正型公共关系
战略型公共关系模式	能够策划并实施战略型公共关系活动	（1）宣传型公共关系；（2）交际型公共关系；（3）服务型公共关系；（4）社会型公共关系；（5）征询型公共关系

基本概念

公共关系实施　公共关系模式　战术型公共关系模式　战略型公共关系模式

法国白兰地在美国的精彩亮相

1957年10月14日,是美国总统德怀特·戴维·艾森豪威尔67岁的生日。华盛顿市的街道彩旗飘扬,标语醒目,白宫周围人山人海,等候着一个时刻的到来,这一刻,人们已经等了很久。

按照美国人的脾气,崇尚自由、民主的公民是不会为总统的生日而特意来凑热闹的。

可是这一天,美国人却显得异乎寻常地热情、激动,到底发生了什么事?

原来,在一个月前,法国人在各种媒介上广为宣传,为了感谢在第二次世界大战中美军对法国人民的支持,为了表示法国、美国人民永远的友谊,法国人决定,在德怀特·戴维·艾森豪威尔总统67岁寿诞之时,向美国总统敬赠两桶酿造已达67年的法国白兰地。这两桶极品白兰地将由专机运送,并在总统生日这一天举行盛大的赠酒仪式,向全世界表明法国人民对美国人民的友好之情。

法国白兰地!美国人似乎一下子想起来,那不是扬名全世界的美酒佳酿吗?我们以前怎么就没有想起来尝一尝呢?一时之间,白兰地的历史、趣闻、逸事,陆续出现在各种媒体上。

久盼的时刻终于到了。上午10时,4名英俊的法国青年穿着雪白的王宫卫士礼服,驾着法国中世纪时期的典雅马车进入白宫广场,由法国艺术家精心设计的酒桶古色古香,似已发出阵阵的美酒醇香。全场沸腾了,当4名侍者举着酒桶步入白宫时,美国人唱起了《马赛曲》,欢声雷动,掌声雷鸣,人们沉浸在欢乐的气氛中。美国各大新闻机构毫无例外地派出了记者。关于赠酒仪式的文字报道、图片、影像,充斥了当天的各大媒体。

借白兰地歌唱法国、美国人民的友谊,缩短了白兰地与美国公众的感情距离,这是法国白兰地制造商举行的极为成功的公共关系活动。它直接为白兰地进入美国市场扫清了道路。赠酒仪式不久,一向不为美国人重视的白兰地酒迅速成为市场上的抢手货,在人们以喝上法国白兰地为荣的背景下,法国白兰地成为供不应求的俏销产品。

"酒香也怕巷子深",在商品经济时代,这早已成为人们的共识。任何商家都怕自己的产品"藏在深闺无人识",都在不遗余力地宣传自己的产品。

然而,在公共关系和营销艺术走俏的今天,"王婆卖瓜"式的推销已面临淘汰的命运。怎么样才能既吆喝了自己的商品,又不至于引起顾客的忽视甚至抵触、厌恶呢?或者,如何做才能让顾客心甘情愿地打开自己的皮夹子,买完后依然笑逐颜开呢?白兰地进军美国市场有许多值得借鉴的地方。

(资料来源:奎军,1998.公关经典100 [M].广州:广州出版社.)

思考题

上述案例的公共关系和营销艺术体现在哪些地方?

法国白兰地成功进入美国市场,是典型的宣传型公共关系活动。宣传型公共关系活动就是利用各种传播媒介和交流方式进行内外传播,让各类公众充分了解组织、支持组织,从而形成有利于组织发展的社会舆论,使组织获得更多的支持者和合作者,达到促进组织发展的目的。

1. 选择的宣传基点巧妙

在策划实施时,宣传的基点是法国、美国人民的友谊,巧妙地选择了法国、美国人民的友谊这个情感纽带。美国人在第二次世界大战中为反对法西斯战争立下了汗马功劳,特别是诺曼底登陆,直接解放了法国,扭转了战局。法国人选择第二次世界大战功臣、美国人的象征——总统作为表示友谊与感谢之情的对象,满足了美国人的救世主心理,在褒扬美国的同时巧妙地展示了产品,同时提高了产品的地位(友情的使者),使美国人在感情上顺利接受白兰地。

2. 明确的宣传主题突出、贴切

整个公共关系活动的主题是"礼轻情意重,酒少情意浓"。

3. 选择的时机恰到好处

法国白兰地制造商选择的宣传时机是美国总统德怀特·戴维·艾森豪威尔67岁生日。

4. 借助媒体的力量和名人效应

公共关系活动实施过程尽可能广泛地利用了法国和美国的传播媒介,以新闻的大众力量来推广自己的酒,试想一个国家能将自己的酒献给另一个国家的总统,他的知名度能不高吗?

能将酒的买卖与一个总统的生日联系到一起,是这次公共关系策划和实施的最鲜明特点。这既有效地祝贺了美国总统的生日,加强了两国的友好关系,更重要的是将一向不为人知的法国白兰地酒推向全球。法国人精心设计礼品的形象,增加了美国人对白兰地酒的好感。法国人正是用这种方法,让整个美国人对他们的酒产生神秘之感,起到了促销的作用。整个公共关系策划和实施的过程体现了"新、奇、特"的特点。

5.1 公共关系实施概述

公共关系实施是整个公共关系活动的中心环节,是社会组织为了实现既定公共关系目标,充分依据和利用实施条件,对公共关系策划实施策略、手段、方法设计并进行实际操作与管理的过程。公共关系实施决定了公共关系策划创意能否实现及实现的程度和范围。有效的公共关系实施不仅能执行策划创意,而且能创造性地修改和弥补策划的不足。同时,公共关系实施的结果也是后续公共关系策划的重要依据与起点。任何一项公共关系策划的实施过程无论成功与否,都会在社会上造成一定的影响和后果,进行新一轮的公共关系策划必须要以此为基础,针对新出现的问题策划新的方案。

5.1.1 选择公共关系模式的含义

模式是一种成熟的方法与思路,目的是指明方向,使公共关系策划方案更加完善。公共关系活动模式就是公共关系工作的方法系统,是由一定的公共关系目标和任务,以及这种目标和任务所决定的多种具体方法和技巧构成的有机体系。选择公共关系模式就是为了实现既定的公共关系目标,根据公共关系策划的需要,选择科学合理的公共关系模式的过程。

5.1.2 公共关系实施的原则

公共关系实施是将公共关系策划所规定的目标和内容转化为现实的过程。在这个过程中,公共关系实施人员必须按科学规律办事,遵循一定的原则。

1. 做好实施的准备工作

公共关系活动是一项时效性很强的活动,一般在公共关系策划方案正式实施之前,必须做好各种实施准备工作。前期的准备工作是公共关系活动实施成功的基础和条件。

2. 做好实施过程的目标控制

做好实施过程的目标控制是指在公共关系计划实施过程中，保证公共关系实施活动不偏离公共关系策划目标，即公共关系计划在实施过程中，需要随时监督检查实施的进程，以便及时调整偏差，保证计划在总体目标上的实现。公共关系计划的实施过程离不开控制。控制过程就是实施人员利用目标对整个实施活动进行引导、制约和促进，以把握实施活动的进程和方向。目标控制的主体是实施公共关系计划的社会组织，客体是社会组织的公众，其手段就是目标本身。

3. 做好实施工作的整体协调

整体协调就是在计划实施过程中使工作所涉及的方方面面达到和谐、统一的状态。协调不同于控制，控制是对一个组织的计划实施过程中是否与公共关系计划的目标有差异或背离而进行纠正或克服；协调则强调在实施过程中的各个环节之间、部门之间及实施主体和公众之间达到和谐化、合理化，尽量避免发生矛盾。做好整体协调的工作包括横向协调和纵向协调。横向协调是指同级部门之间、实施人员之间或者是实施主体和公众之间的协调，通常采用面对面协调、文件往来、召开新闻发布会等形式，从而达到协调的目的。纵向协调是指组织中上下级之间的协调。

4. 做好方案实施的反馈与调整

反馈是控制论中的一个重要概念，也是公共关系计划实施工作中的一个重要概念。人们通常要用这种反馈后所获得的信息来调整公共关系计划的实施活动，即根据过去实施的情况去调整未来的行为。

5. 充分发挥传播媒介的作用

组织开展公共关系活动的总目标是树立良好的组织形象，公共关系人员应围绕这一总目标确定具体的公共关系活动分目标。而在实现不同的公共关系具体分目标的同时，就要根据公共关系传播的内容、结合不同的公众对象的特点、兼顾社会效益和经济效益的原则来选择传播媒介，起到提高企业知名度、美誉度，宣传企业的作用。

5.1.3 公共关系实施应考虑的因素

公共关系策划方案在实施过程中可能因诸多因素的存在或变化使预期效果受到影响，因此，在实施过程中，除所规定的内容之外，还应考虑以下因素。

1. 目标因素

公共关系目标因素是指在公共关系实施中由于所拟定的公共关系目标不正确或不明确、不具体而给实施带来的影响。在公共关系实施过程中，无论实施的动态性多么突出，实施的过程基本上要按照策划方案所规定的内容进行，具体应该从以下 5 个方面进行检查：①计划目标是否切合实际并可以达到；②计划目标是否可以进行比较和衡量；③计划目标是否指出了所期望的结果；④计划目标是否计划实施者在职权范围内所能完成的；⑤计划目标是否规定了完成期限。

2. 沟通因素

（1）语言沟通

语言是人类交流思想的工具，它是以词汇为建筑材料、以语音为物质外壳、以语法为结构条理而构成的符号体系。语言与人的思维紧密相连，人们只有借助语言才能更方便地向外界传播一定的信息，或接收一定的信息。因此，在沟通时，一定要强调语言的运用技巧，如修辞、音调等，否则会对某些特定的接受对象造成语言方面的沟通障碍，如一位知识分子用大量专业术语写成的新闻广播稿，就不能吸引那些只受过初等教育的人。同一国度、同一民族因居住的地区不同而造成语言不通，也常给人们的生活和工作带来麻烦，如购物听不懂报价、问路因语言不通误听而走错路等。更不用说不同国度、不同民族之间语言的沟通障碍了。可以说，由于语言沟通不畅造成沟通失误，甚至引起某些纠葛，在日常生活和工作中比比皆是。而存在于公共关系计划实施过程中的语言沟通障碍，常会造成公共关系工作的被动局面。因此，在公共关系计划实施中要考虑使用合适的语言和语音，避免不必要的负面影响。

（2）风俗习惯

所谓风俗习惯，是指在一定的文化历史背景下形成的具有固定特点的调整人际关系的社会因素，如道德习惯、礼节、审美传统等。风俗习惯是世代相传的一种习俗，不同国家、不同民族的风俗习惯不同，同一国度、同一民族因居住地区的差异，也会形成不同的习俗。虽然习俗不具有法律的强制性，但是通过家族、邻里、亲朋的舆论监督，往往迫使人们入乡随俗。因此，公共关系实施时要因地制宜，入乡随俗。

（3）思想观念

所谓思想观念，是指在一定的社会条件下人们接受、信奉并用以指导自己行动的理论和观点。思想观念对沟通起着巨大的作用，有的会极大地促进沟通的顺利进行并取得好的沟通效果，而有的则会成为沟通的障碍。因此，有必要认真对待沟通中的思想观念障碍。

① 封闭观念造成的沟通障碍。封闭观念主要源于自给自足的小农经济。由于他们从事简单劳动，不需要分工协作，也没有丰富的社会联系，长此以往就形成一种排外观念或事物的自我封闭观念，致使信息传播受阻。

② 极端观念破坏沟通。由于固执地坚持某一极端的观点或立场而造成对沟通的破坏。例如，在对某一有争议的事件做出最终判断时，由于争论的双方只是抓住对方沟通过程中的某一环节、方面或特点，各执一端，彼此排斥，各自无法听进对方的意见，结果常常闹得不欢而散。

当然，观念障碍还有其他类型。总之，对观念障碍的理性认识有利于在公共关系实施中消除这种障碍。

（4）组织障碍

"组织"这一概念在这里是指由若干"系统"所组成的、开放的社会技术系统。合理的组织结构能够有效地进行内外沟通；反之，不合理的组织结构则会成为束缚沟通的绳索。主要表现为：①传递层次过多造成信息失真；②机构臃肿造成沟通缓慢；③条块分割造成沟通"短路"；④沟通渠道单一造成信息量不足。

在公共关系实施过程中，首先，应注意缩小传播者与公众之间的差异。例如，选择传播沟通媒介时应尽量选择公众心目中信誉度较高的媒介，尽量站在公众的立场上，从公众的需求出发，用公众较容易接受的语言或一些生动简单的事例来说明沟通的内容，尽量缩小传播者与公众之间在语言、习俗、态度、观念等方面的差异。其次，应注意现代社会的公众比以往更多地接收到各种大众传播媒介的影响，而他们更乐于接收那些与其自身利益密切相关的信息。

3. 突发事件的干扰

对公共关系实施的干扰，最大的莫过于突发事件。这里所说的突发事件包括两大类：一类是人为的纠纷危机，如公众投诉、传播媒介的批评、不利舆论的冲击等；另一类是不以人的意志为转移的灾变危机，如地震、水灾、火灾、空难等。这些重大的突发事件对公共关系实施的干扰极大。因为突发事件一般具有以下几个特征：①发生突然，常常令人始料不及；②来势迅猛，常常令人措手不及；③后果严重，危害极大；④影响范围大，易给整个社会带来恐慌和混乱。一个社会组织不善于处理突发事件，不但会使整个公共关系计划难以实施，还会影响到本组织的生死存亡。

应用案例 5-1

王石为什么挨骂？

在汶川地震后，万科的反应很及时，是在发生大地震后的第一时间，王石就宣布向灾区捐助 200 万元，2008 年 5 月 13 日、14 日，万科的捐助行为获得了网民留言的赞誉。

5 月 15 日，舆论形势急转直下，这源于王石的那篇博客文章——《毕竟，生命是第一位的》里的话："我仍认为 200 万元是个适当的数额""每次募捐，（万科提醒）普通员工的捐款以 10 元为限"。

地震发生后的第 3 天，灾难的后果已通过电视画面、网络、纸质媒体和广播传播，震惊了全体中国人民，震惊了全世界，包括网民在内的全体中国人民。这个时候，即使是作为普通人的同事、朋友甚至是家人，言语稍有不慎，观点稍有不周全，就会招致痛骂，何况王石是一位著名的企业家，一位公众人物。

众所周知，地产商是近年来我国财富积累速度最快的群体之一，而地产商群体的社会形象常常与非议相伴。期望地产商拿出部分财富用于慈善，是许多民众很单纯的道德诉求。面对我国 30 年来最大的自然灾难，普通百姓期望或者说要求包括地产商在内的企业，拿出更多的财富来捐助灾区人民，作为一种朴素的情感诉求，应该是可以理解的。

是万科的 200 万元捐助激怒了网民吗？其实应该是王石过于理性的言辞激怒了情绪化中的网民。5 月 15 日后的那一周，民众的悲情达到无以表达的极点。王石的博客点燃了愤怒的火花，因此不可避免地成为网络舆论射杀的标靶。

的确，捐款数额并不等同于慈善的标尺，但是，请不要对被悲情击中的人们说：我捐 100 元是合适的，我捐 200 万元是合适的，哪怕你的能力真的就那么大。平心而论，万科在灾难面前，还是做得不错的，万科在地震发生后的第一时间，请地震专家去检查其在成都开发的房子，发现无恙后，包括王石、郁亮在内的万科员工转而奔赴灾区一线参加救援。可是，悲情中的人们很容易忽略王石和万科的行动，而放大王石的不当言论，以至于即使后来王石公开道歉，万科也宣布为灾区重建无偿投入 1 亿元，但许多人仍然对其之前的言论耿耿于怀。

该案例中，万科参与灾区救援、对灾区实施捐助，本来是一场极具传播价值的公共关系活动，但是却因王石的不当言论使本来很有意义的公共关系活动变成了舆论射杀的标靶，即使后来实施了道歉、为灾区重建无偿投入等补救措施，依然对组织的形象形成了负面影响。

由此可见，在公共关系活动实施的管理过程中，要综合考虑各种影响因素。

（资料来源：编者根据网络资料整理。）

5.2 战术型公共关系的活动模式

在组织发展的不同时期，战术型商务公共关系主要有以下 6 种活动模式。

5.2.1 日常事务型公共关系

日常事务型公共关系是指在组织的日常运行中，贯彻公共关系工作目标，努力树立形象、争取公众、扩大影响。其目的在于使组织在日常经营的各个领域、各个环节都能给社会公众留下好印象，争取正面的社会舆论，使组织保持良好的知名度和美誉度，实现持续而稳定的良性发展。

1. 日常事务型公共关系的特点

日常事务型公共关系的主要特点在于其广泛的渗透性。日常公共关系渗透于组织的每一个人、每一时间、每一事务、每一场所，从平淡、细致的工作中，员工的言谈举止中都会体现出来。某酒店的一位服务员在打扫房间时，发现客人的床头上摊放着一本书，她是应该挪动书的位置，或是信手把书合上，还是在书摊开的地方放进一张小纸条，以起到书签的作用呢？相较于前两种行为，在书摊开的地方放进小纸条，更能够让客人感受到该酒店细致的服务，进而起到树立这家酒店良好形象的作用。公关需要从细微处做起，所有饭店工作人员都应通过自己的一举一动体现公关意识，从各方面树立完美的形象。

2. 日常事务型公共关系的要求

日常事务型公共关系要求组织在日常运行的各个环节、各个渠道，都应注意组织的形象问题，给公众留下好的印象。例如，一个制衣厂，它为了争取公众、建立声誉，从原材料采购、商品生产、产品包装、销售服务等各方面都严格把关，保证质量、合理定价，提供优质的售后服务；同时，对本厂职工的劳动保护、生活福利、医疗保健、家属问题等事务也无微不至地予以关怀。长此以往，通过这一系列日常公共关系实务就会不知不觉地达到公共关系工作的目标，赢得公众信任，扩大本企业的名声。

3. 日常事务型公共关系的原则

在开展日常事务型公共关系活动时，必须遵循以下原则。

（1）文明性

文明性要求一个组织在管理思想上应树立文明经营的观点。例如，生产上不偷工减料、不弄虚作假；销售上礼貌待人，货真价实，童叟无欺；即使与公众发生矛盾，也应本着严于律己、宽以待人的精神妥善地予以处理；无论内外公众，皆应以诚相待、以情相接，不做损人利己的事。

(2) 制度性

组织对所属各部门、各工种等都应制定合理、全面的规章制度。一方面要使这些制度条款化、公开化，认真加以宣传，严格予以贯彻；另一方面要经常性地进行监督，检查具体的执行情况，绝不能让它成为一纸空文，并且要辅之以必要的奖惩手段。

(3) 求实性

求实性要求组织的日常事务真正地切合实际，确实能起到于细微处见精神的效果。组织在考虑进行这一系列日常事务时，应听取群众意见，经过调查研究，让所做的事情能做到点子上，并真正与公众"痛痒"相关，而不是脱离实际、好高骛远。严格地按照此规范去做，这一组织的事务型公共关系工作就是成功的。

4. 日常事务型公共关系应注意的问题

(1) 培训和强化组织全体员工的公关意识

只有明确的重视公众的公关意识，才会有相应的言语、表情和姿势等行为表达重视顾客之意，才会有真正的"顾客第一"的公关行为。反之，如果没有公关意识，所谓的公关行为也会形似而神不似。全员公关需要全体员工具有明确的公关意识。

(2) 将公共关系行为规范化、制度化

首先，组织的管理者应该树立文明经营、诚信经营的思想，即从原材料的采购、加工到生产出顾客满意的优质产品，再到提供良好的服务过程中，一直要贯彻诚信的理念。其次，组织对所属各部门、各工种等必须制定合理、全面的规章制度，强化公共关系效果。

5.2.2 建设型公共关系

建设型公共关系是在社会组织初创时期或新产品、新服务首次推出时期，为开创新局面而进行的公共关系活动模式。其目的在于提高组织的美誉度，形成良好的第一印象，或使社会公众对组织及产品产生兴趣，形成一种新的感觉，直接推动组织事业的发展。

1. 建设型公共关系的特点

建设型公共关系的特点是宣传和交际，塑造良好的"第一社会印象"。通过宣传和交际，向社会公众介绍自己，使公众对新组织、新服务、新产品有所认识，引起公众兴趣；并努力结交朋友，提高知名度，尽量使更多的公众了解、接近自己，取得公众的信任与支持，争取良好的印象，争取更多的正面舆论。简而言之，就是采用高姿态的传播方式打开局面，扩大影响。

2. 建设型公共关系的方式

建设型公共关系常采用的方式有开业广告、开业庆典、落成典礼、新产品试销、新服务介绍、新产品发布会、免费试用（免费品尝）、免费招待参观、开业折价酬宾、赠送宣传品、主动参加社区活动等。

3. 建设型公共关系的原则

(1) 抓住时机

对于建设型公共关系来说，选择时机十分重要，公司挂牌、商场开业、产品上市、都需要注意研究公众的需要，选择有利时机，给公众留下良好的"第一印象"。

(2) 练好内功

不管是为了一炮打响来个开门红，还是为了开创组织的新局面、赢得新市场，都必须首先在产品规格、产品质量、花色品种、外观设计、服务态度的建设和改进上下功夫。这是组织建立新形象的基础工作，这项工作做得不好，开创新局面将成为一句空话。

(3) 掌握分寸

为了让组织迅速获得公众的认同，或者让新产品迅速占领市场，必须通过各种传播媒介大力宣传组织的新情况、新进展、新产品，以便让公众了解组织。但要掌握好分寸，不能露出过多宣传的痕迹，更不可胡吹乱捧，以免引起公众的反感。

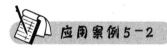

应用案例 5-2

电动车"起范儿"：看小牛电动如何一路牛到卢浮宫

2018年6月12日，小牛电动在巴黎卢浮宫卡鲁赛尔厅召开新品发布会，汪峰、李开复等众多大咖在微博为其打call："在卢浮宫，也能小牛！"小牛电动以走出国门的中国硬创企业形象再次引来全民关注。从3年前的京东众筹明星到今天的国际化企业，小牛电动又一次成为全民焦点。细数此次营销策略，可以窥见小牛电动所要彰显的艺术格调与国际范儿。

关键词一：开脑洞——花样借势"卢浮宫"让小牛电动彰显艺术魅力

在此次新品传播中，为实现与卢浮宫IP的强关联，小牛电动找到产品特性与巴黎卢浮宫的共性——艺术美，并在发布会预热阶段，将设计理念与卢浮宫的艺术调性相融合，通过花样植入的形式实现两者的强势绑定：《那些经久不衰的艺术品，竟然隐藏着神奇的数字奥秘》通过一张长图将小牛电动车与众多艺术品比肩，数字解读小牛电动车的人体工程学设计，引发大众对新品数字奥秘的期待；测试类H5《魂穿文艺复兴时期，你会是谁？》引发百万网友参与，小牛电动车毫无违和感地融入名画场景，创意埋梗成为网友津津乐道的话题。

关键词二：组合拳——线上线下融合打破营销界限，小牛电动霸屏19城

线上人群卷入及软性植入的同时，小牛电动也积极布局场景化线下营销。从2018年6月5日开始，北京、上海、西安、杭州、郑州、武汉、南京等19个城市地标建筑户外大屏持续被小牛电动的广告占领，"在卢浮宫，C位出道！""在巴黎，也能小牛！"等广告语为小牛电动巴黎发布会赚足了眼球，也创造了国内电动车品牌地标广告投放点位最多、覆盖地域最广的历史纪录。在发布会后，小牛电动推出M+、N-GT两款新产品，产品宣传片中年轻化的欢快调性和独立愉悦的生活方式，释放了小牛电动内在的时尚基因，塑造了用户对其品牌的形象认知。

关键词三：国际范——抓准传播制高点，小牛电动跻身国际化公司

除了与卢浮宫IP的强势绑定，小牛电动还借助此次海外出击进一步提升品牌高度。6月12日，小牛电动不仅在巴黎推出了M+、N-GT两款新品，还主办了城市动能峰会，与全球出行共享革命性平台Sharing OS与INDIGO集团一起，推出车辆共享的一体化出行方案。小牛电动将"为城市个人出行提供更完善和先进的解决方案"作为企业目标的同时，全球化视野也在拓展，小牛电动的品牌高度也得到了一次质的提升。

该案例反映的是建设型的公共关系活动，小牛电动通过在巴黎卢浮宫卡鲁赛尔厅召开新品发布会，以及运用线上线下融合等形式，高姿态地传播企业的新产品，吸引大众的关注，开创了企业发展的新局面。

（资料来源：编者根据中国公关网相关资料整理。）

4. 建设型公共关系应注意的问题

① 在宣传、交际上，组织要加强管理，自我审查，保证组织自身管理完善，产品和服务过硬，这是建设型公共关系活动实施的前提和根本。

② 要注意把握分寸，不要有过多宣传的痕迹，更不能乱吹乱捧。宣传的前提是与组织形象、产品质量相符，不能脱离实际，否则会适得其反，引起公众的反感。

5.2.3 进攻型公共关系

进攻型公共关系是一种主动进取、争取公众、创造良好环境时采取的一种公共关系活动模式。当组织需要拓展（一般在组织的成长期），或预定目标与所处环境发生冲突时，主动发起公关攻势，以攻为守，及时调整决策和行为，积极地改善环境，以减少或消除冲突的因素，并保证预定目标的实现，从而树立和维护组织的良好形象。

应用案例 5-3

网易严选大战"毛巾哥"

2017年5月23日，"最生活"毛巾创始人朱志军，人称"毛巾哥"，在企业公众号上发文《致丁磊：能给创业者一条活路吗？》，指责网易严选4月上架的一款"阿瓦提长绒棉毛巾"和"与G20同款"提法对"最生活"的产品形成侵权，并称在沟通无果的情况下，只能发文讨回公道，文章迅速发生病毒式传播。

按照常规套路，网易严选应该道歉，或解释，申明自己的立场。

但是，网易严选采用进攻打法，在24日推出长文《我有一个创业者的故事，你想听吗？》抓出创业者朱志军过去抄袭别人产品的例子，指责对方碰瓷和演戏，同时指出，网易严选和"最生活"的供应商都是孚日集团，网易严选并未侵权。

24日，"毛巾哥"再次发文《致网易严选：你说我是"说谎者"，我只说些事实》，指责网易严选盗用"最生活"毛巾G20合作商身份。

25日，著名营销人、"毛巾哥"的朋友小马宋发文，指出网易严选的套路是翻旧账，道德审判。但是，朱志军之前的错误已经得到解决，这不能说明朱志军在争取G20毛巾权益上没有道理。

相反，孚日公司是网易严选的供应商，但不能说网易严选就可以使用G20专属产品名义。

小马宋还亮出G20峰会办公室给"最生活"毛巾的专属产品授权证书，以及孚日公司4月份给网易严选的一封信。孚日公司要求网易严选不要在推广中使用G20字样，因为孚日的另一家合作商"最生活"才是真正G20峰会毛巾指定供应商。

事已至此，我们可以看出谁是真正有理的一方，但是网易严选使用的这一轮进攻型危机公关，并没有给它的声誉和销售带来负面影响。

相反，网易严选借机降价促销这款产品，还使用网易云音乐这样的集团下属平台写歌为毛巾做促销，同时也悄悄在网页上撤下了G20字样。

公共关系活动中采用进攻策略，得失在此可见一斑。

（资料来源：编者根据中国公关网相关资料整理。）

1. 进攻型公共关系的特点

进攻型公共关系的特点是组织运用一切可以利用的手段，抓住一切有利的时机和条件，以积极主动的姿态调整自身行为，改变环境，摆脱被动局面，创造有利于组织发展的新局面。

2. 进攻型公共关系的方式

进攻型公共关系的方式：①开拓新的领域，改变组织对环境的依赖关系；②主动交朋友、加入同行业协会或参与协作性的交流会议，减少与竞争者的冲突、摩擦；③组织要尽量避免受到环境中过多消极因素的影响，对这些影响可以采取迂回转移策略；④利用机会主动出击。

3. 进攻型公共关系的原则

（1）把握时机

进攻型公共关系很讲究实际条件，并不是任何组织一旦与环境发生了矛盾冲突都能采用这种活动模式。在缺乏一定的社会气候、环境气候，尤其是在组织的内在应变能力本来就不强时，不能开展这种活动。如果实际条件没有把握好，盲目出击，不仅伤了组织的元气，还会加剧组织与环境的冲突。

（2）创新进攻

组织在进攻时，应以创新为主，发挥主观能动性。例如，选择新的顾客群；改换合作伙伴；减少社会关系，调整组织在社会上的位置从而减少组织与环境的冲突；通过制造新闻形成支持组织的社会舆论。

（3）把握分寸

组织可以通过积极主动的行为改变环境，使环境适合于自己，但这种改变是有限度的，这个限度就是合理运用环境中有利于组织的实际条件。倘若改变环境的努力超出环境的承受力，就会出现"搬起石头砸自己的脚"乃至"玩火自焚"的局面，使组织"赔了夫人又折兵"，陷入更大的困境，所以应把握好分寸。

4. 进攻型公共关系应注意的问题

① 要避免环境的消极影响，如避免参加过多的纵向关系组织和不必要的社会活动；避免过多地承担社会义务，以免受到过多的规章制度和社会关系的牵制。

② 不断开创新局面，如建立分公司、研制新产品、开辟新市场、创造新环境。

③ 要协调社会关系，以减少与竞争者之间的矛盾和冲突，团结更多的支持者和合作伙伴。

5.2.4 防御型公共关系

防御型公共关系是组织为防止自身的公共关系失调而采取的一种公共关系活动模式。其目的是在组织与公众之间出现冲突预兆的时候，及时调整组织的政策和行为，防患于未然。

1. 防御型公共关系的特点

防御型公共关系的特点是防御与引导相结合。具体来说就是确切地了解组织自身的公共关系现状，敏锐地发现其失调的预兆和症状，针对失调采取对策，及时消除隐患。

2. 防御型公共关系的工作重点

防御型公共关系的工作重点是以防为主。要多采用调查、预测手段来堵塞漏洞，防患于未然。这就需要公共关系人员树立强烈的防范意识，建立科学的预警系统，形成防御机制，对各类可能出现的问题及时发现、及时纠正。

3. 防御型公共关系的原则

（1）具备危机意识

在组织中树立一种危机观念，营造"危机"氛围，使企业经营者及所有员工面对激烈的市场竞争时，始终保持忧患意识和奋斗精神。

（2）形成预警系统

防御型公共关系应以预防为主，重在平时。公关部门要对可能遇到的会导致公众产生信任危机的问题进行预测，分析其发生的概率、性质、范围、影响等，并分别制定应急措施，确定处理问题的恰当人选。

（3）主动采取措施

面对潜在危机，必须及时采取措施，在问题未对组织构成任何威胁时引起重视，主动进行调整与引导，防患于未然，使"患"在"萌芽"之中就得到解决。

（4）增加透明度

一个组织的透明度越高，与外部公众发生摩擦的可能性就越低，即使出现了摩擦，也能及时得到解决。

4. 防御型公共关系应注意的问题

防御型公共关系对待危机应该以预防为主。在组织发展顺利、情况正常的时候，要善于发现问题、预见问题，做到未雨绸缪，及早制定防范措施，才能在公共关系活动中保持主动。

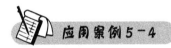

核电与民居

位于美国宾夕法尼亚州三里岛的爱迪生公司在岛上建了一家核电厂，为了缓解公众的核恐慌心理，增加公众有关核能的知识，防止公众因对核能应用产生误解而与公司发生冲突、纠纷，公司公关部门对公众进行了长时间的宣传，而且向决策部门提出建立教育中心的计划。决策层采纳了建议，在核电厂附近修建了一个核电知识教育中心，向公众展示核电的知识和核电的经济效益，每年有15000人访问该中心，有效地缓解了公众的核恐慌心理，为核电站的生存和发展创造了良好的外部环境。

（资料来源：成光琳，2016. 公共关系实务技巧［M］. 北京：中国人民大学出版社.）

5.2.5 维系型公共关系

维系型公共关系是指社会组织在稳定发展期间，用来巩固良好形象的一种公共关系活动模式。其目的是通过不间断的、持续的公共关系活动，巩固、维持与公众的良好关系，使组织的良好形象始终保留在公众的记忆中。其做法是通过各种渠道和采用各种方式持续不断地向社会公众传递组织的各种信息，使公众在不知不觉中成为组织的顺意公众。

1. 维系型公共关系的特点

维系型公共关系的特点是借助各种传播媒介，以较低的姿态，持续不断地向公众传递组织的各种信息，推动公众对组织有更新、更深的认识与了解。维系型公共关系通过不间断的宣传，对公众施以潜移默化的影响，不断巩固组织在社会公众心目中的良好形象，因而体现出渗透性、宣传性的特点。

2. 维系型公共关系的方式

（1）硬维系

硬维系是指那些维系目的明确、主客双方都能理解意图的公共关系活动。这种模式适用于已经建立了购买或业务关系往来的组织和个人，特点是靠优惠措施和感情联络来维系与公众的关系。例如，许多西方航空公司明确宣布，凡乘坐我公司航班多少次以上或累计飞行里程达到多少的客户，公司可提供免费旅行一次，目的是与客户建立较长期的联系。有些国内外厂商还利用一些节日、纪念日，向长期客户赠送小礼品，举办联谊活动，来加强感情联络，发展厂商与客户之间的关系。具体方式灵活多样，可利用各种传媒进行宣传，如定期刊发有关组织情况的新闻、播出广告、提供组织的新闻图片、实行会员制、提供累计消费折扣等。

（2）软维系

软维系是指那些维系目的虽然明确，但表现形式却比较超脱的公共关系活动，它的目的是让公众淡忘组织。一般是针对广泛的公众开展的公共关系活动，其具体做法可以灵活多样，但要以低姿态宣传为主，如定期广告、组织报道、提供组织的新闻宣传片、散发印有组织名称的交通旅游图等。保持一定的媒体曝光率，使公众在不知不觉中了解组织的情况，加深对组织的印象。

应用案例 5-5

北京长城饭店的"醉翁之意"

　　1986年的圣诞节，北京长城饭店邀请了一批孩子来饭店装饰圣诞树，除供应他们一天的吃喝外，临走时还特地送给每人一份小礼物。这些孩子分别来自各国的驻华使馆，他们的父母都是使馆的官员。北京长城饭店是五星级豪华饭店，顾客主要是各国的来华人士，邀请这些孩子来饭店，表面上是为他们举行了一次符合西方习惯的传统活动，但"醉翁之意"是希望通过孩子来维系饭店与各使馆的关系。孩子们在饭店待了一天，饭店豪华的设施给他们留下了深刻的印象，他们的父母一定会问孩子圣诞节在北京长城饭店过得是否快乐，还可能看看饭店赠送给孩子的礼品，对饭店的好感油然而生。随之而来的必然是宾客盈门了。

　　（资料来源：宋常桐，2007. 公共关系与现代礼仪. 2版 [M]. 北京：清华大学出版社.）

（3）强化维系

强化维系是指在组织已有了一定的形象或相当好的公共关系形象时，为进一步巩固和发展既有形象、消除潜在危机而开展的公共关系活动。

3. 维系型公共关系的原则

（1）抓住公众心理

要维系组织良好的公共关系状态，需要深入研究公众的心理需求，只有这样有针对性地开展维系型公共关系活动，才能使公众对组织产生有利的心理定势。

（2）渐进性

开展维系型公共关系，在方法上应注重"细水长流"。组织通过传播媒介不断地将有关信息传递给公众，使自身的良好形象经常呈现在公众的面前，让公众在不知不觉中慢慢形成对组织的好感。

4. 维系型公共关系应注意的问题

维系型公共关系的目的是维系组织已享有的声誉，稳定已建立的良好关系。因此，在向社会公众传递信息时，必须要对公众的心理进行分析，并且针对不同的目标公众采取一种持续不断、较低姿态的传播方式，对公众形成不落痕迹、不知不觉的影响，保持一种潜移默化的渗透力，避免引起公众的反感。

5.2.6 矫正型公共关系

矫正型公共关系是指社会组织在遇到问题与危机、公共关系严重失调、组织形象受到损害时，为了扭转公众对组织的不良印象或已经出现的不利局面而开展的公共关系活动。其目的是对严重受损的组织形象及时纠偏、矫正，消除不良影响，转危为安，重新树立组织的良好形象。

1. 矫正型公共关系的特点

矫正型公共关系最突出的特点是"及时"：及时发现问题，及时纠正错误，及时采取有效措施，以对公众负责的态度处理危机，做好善后工作，以尽量减轻损害造成的后果，并重新建立起组织的新形象，挽回组织的声誉。

2. 矫正型公共关系的方式

根据产生危机的来源不同，矫正型公共关系可分为内部矫正型和外部矫正型两种方式。

（1）内部矫正型

内部矫正型是指由于组织内在的原因，如产品质量、服务态度、环境保护、管理政策、经营方针等方面发生问题而造成的组织公共关系严重失调。这时组织应设法降低知名度，尽量控制影响范围，同时具体分析原因，提出纠正措施，解决实际问题，并利用各种公共关系向新闻界和社会公众公布纠正的措施和进展情况，平息风波，恢复声誉。

（2）外部矫正型

外部矫正型是由于外在的误解、谣言，甚至人为的破坏而招致组织形象的损害。在这种情况下，组织应迅速查清原因，公布真相，澄清事实，与舆论及有关部门协同采取措施，消除损害因素。

3. 矫正型公共关系的原则

（1）正确对待

由于组织是在极其复杂的现实环境中运行的，不可能对运行中可能发生的各种情况做出完全准确的预见。因此，难免会有失误的地方，会对组织形象造成不同程度的损害。面对各种失误，应当树立正确的态度，向公众表明解决问题的诚意，求得公众的谅解和合作。这样，才有可能尽量减少因失误对组织形象产生的负面影响，并由被动变为主动。

(2) 阐明真相

面对受损的组织形象,公关部门应迅速查清原因,采取行动,尽快与新闻界取得联系,控制影响面,并及时把外界的舆论准确地反馈给决策层和有关部门,通过坦诚事实的真相,争取公众的谅解和支持。

(3) 及时补救

失误一旦发生,组织形象便开始受到损坏。因此,纠正失误的公共关系工作要有成效,就要有强烈的"救火"意识,及时发现,及时纠正,及时改善,变被动为主动,控制事态,减少对组织形象的损害。

(4) 重塑形象

运用矫正型公共关系纠正组织自身的失误,其根本目的是通过补救措施,主动地、有意识地以该事件为契机,变坏事为好事,向好的方面扩大自己的知名度。这就需要一个组织有高超的公共关系艺术,善于借题发挥,因势利导,把握时机,重塑形象。

4. 矫正型公共关系应注意的问题

社会组织在遇到问题与危机、引起公众和社会负面舆论、组织形象受到损害时,应迅速反应,及时提出消除危机的办法和纠正错误的措施。与此同时,公共关系人员还需运用各种公关手段和技巧开展公共关系活动,消除不良影响,并通过新闻界向广大公众公布纠正的措施和进展情况,求得公众的谅解,重新树立组织的良好形象。

应用案例 5-6

光纤被挖断事故中的支付宝

2015年5月27日18点左右,杭州、上海、武汉等地的用户纷纷反映支付宝PC端和移动端均无法使用支付转账功能,余额宝也不能显示余额。事件发生半个小时后,支付宝在官方微博(简称官微)上回应称,事故是杭州市萧山区某地光纤被挖断造成,运营商正在抢修,支付宝工程师正紧急将用户请求切换至其他机房,资金安全不会受到影响。

随后,支付宝在官微上通报抢修进程,并在晚上7:30再发官微表示,系统恢复正常服务。整个系统瘫痪时间2.5小时。事故结束后,支付宝发布官方声明,再次解释整个事件起因,对用户表示歉意,并对用户关心的问题一一进行解答,并表示会推进技术的升级改造。

在整个事件中,支付宝处理得冷静、有序。事发后半个小时即做出回应,在微博140个字的限制下,对事故原因、修复措施、用户资金等关键问题一一解答,事故中持续通报抢修进程,保持用户信心。事件解决后再次通过官方进行详细解释,使得危机迅速平复,遏制流言产生。该案例告诉我们,企业在运营过程中不可避免地会出现各种问题,关键是问题出现以后需要会运用各种公关手段和技巧开展公共关系活动,消除不良影响,重新树立良好形象。

(资料来源:编者根据精品学习网相关资料整理。)

5.3 战略型公共关系的活动模式

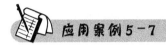

鸽子事件——企业宣传性公关的经典案例

美国联合碳化钙公司一幢新造的、52层高的总部大楼竣工了,一大群鸽子竟全部飞进了一个房间,并把这个房间当作它们的栖息之处。不久,鸽子粪、羽毛就把这个房间弄得很脏。有的管理人员建议将这个房间所有的窗户打开,把这一大群鸽子赶走。这件"奇怪"的事传到公司的公关顾问那里,公关顾问立刻敏锐地意识到:扩大公司影响的机会来了。他认为,举行一次记者招待会,设计一次专题性活动,散发介绍性的小册子等,都可以把总部大楼竣工的信息传播给公众,这些自然也算是好方法,但仍是一般常规的方法。最佳的方法应做到使公众产生浓厚的兴趣,以致迫切地想听、想看。现在一大群鸽子飞进了52层高的大楼内,这本身就是一件很吸引人的新奇事,如果能巧妙地在这件事上再做点文章,就一定能产生更大的轰动效应。于是,在征得公司领导同意后,他立即下令关闭这个房间的所有窗户,不能让鸽子飞走。接着,他设计并导演了一场妙趣横生的"制造新闻"活动。

这位公关顾问别出心裁地用电话与动物保护委员会联系,告诉他们所发生的事情,并且说,为了不伤害这些鸽子,请动物保护委员会能迅速派人前来处理这件有关保护动物的"大事"。动物保护委员会接到电话后居然十分重视,答应立即派人前往新落成的总部大楼处理此事,他们还郑重其事地带着网兜,因为要保护鸽子,必须小心翼翼地捕捉。公关顾问紧接着就给新闻界打电话,不仅告诉他们一个很有新闻价值的一大群鸽子飞进大楼的奇景,而且还告诉他们在联合碳化钙公司总部大楼将发生一件既有趣又有意义的动物保护委员会捕捉鸽子的事件。

新闻界被这些消息惊动了。他们认为,如此多的鸽子飞入一幢大楼是极少见的,而且动物保护委员会对它们采取"保护"措施。这的确是一条有价值的新闻,他们都急于想把这条信息告诉更多的公众。于是,电视台、广播电台、报社等新闻传播媒介纷纷派出记者进行现场采访和报道。

动物保护委员会出于保护动物的目的,在捕捉鸽子时十分认真、仔细。他们从捕捉第一只鸽子起,到最后一只鸽子落网,前后花了3天的时间。在这3天中,各传播媒介对捕捉鸽子的行动进行了连续报道,使社会公众对此新闻产生浓厚的兴趣,很想了解全过程,而且消息、特定、专访、评论等体裁交替使用,既形象又生动,吸引了广大读者争相阅读和收看。这些新闻报道把公众的注意力全吸引到联合碳化钙公司刚竣工的总部大楼上来,结果,联合碳化钙公司总部大楼名声大噪,而且公司领导充分利用在荧屏上亮相的机会,向公众介绍公司的宗旨和情况,加深和扩大了公众对公司的了解,从而大大提高了公司的知名度和美誉度。同时,也借此机会将联合碳化钙公司总部大楼竣工的消息巧妙地、顺利地告诉了社会,使公众全盘地接受了这一消息。通过"制造新闻",终于事半功倍地完成了向公众发布此消息的任务,扩大了企业的知名度,这是一起典型的宣传性公共关系策划,属于战略型公共关系的一种。

(资料来源:编者根据豆丁网相关资料整理。)

战略型公共关系的活动模式有5种类型,即宣传型公共关系、交际型公共关系、服务型公共关系、社会型公共关系、征询型公共关系。

5.3.1 宣传型公共关系

1. 宣传型公共关系的含义及目的

宣传型公共关系是运用大众传播媒介和内部沟通的方法开展宣传工作,树立良好组织形象的公共关系活动模式。其目的是广泛发布和传播信息，让公众了解组织，以获得更多的支持。

2. 宣传型公共关系的特点

宣传型公共关系的特点是利用传播媒介进行自我宣传，其主导性、时效性极强，具体表现为以下3点。

（1）运用广告形式

按照本组织的意图在报纸、杂志、广播、电视等传播媒介上宣传自己，树立形象，争取公众的好感。

（2）策划专题活动"制造新闻"

"制造新闻"也称媒介事件，是指组织为吸引传播媒介报道并扩散自身所希望传播的信息而专门策划的活动。在众多的免费的宣传型公关手段中，它是一种最主动、最有效的传播方式。其他如新闻报道、专题通讯、记者专访、新闻发布会等形式，都带有一定的机遇性，而且这些形式的主动权不在组织本身，往往取决于新闻传播媒介，取决于上级部门的安排，而"制造新闻"的形式却能使组织积极主动地寻求扩大影响的机会，抓住时机"制造新闻"，以激起传播媒介采访、报道的兴趣，从而促使传播媒介为组织做免费宣传。"制造新闻"作为一种积极主动的公共关系活动，是以社会组织充分认识传播媒介公众的地位为前提的，如果对媒介公众的作用缺乏足够的认识，就没有"制造新闻"的热情，也不可能保持与媒介公众的友好关系。上述案例中的"鸽子事件"成为美国市民3天的议论中心，可见"制造新闻"之魅力。

（3）名人效应

利用名人的社会影响力，达到提高组织知名度的效果。

3. 宣传型公共关系的方式

根据宣传对象的不同，宣传型公共关系的方式可分为内部宣传和外部宣传两类。

（1）内部宣传

内部宣传的对象是内部公众，如员工、股东等。宣传的目的是让内部公众及时、准确地了解与组织有关的各方面的信息，如组织的现行方针和决策，组织各部门的工作情况，组织的发展成就、困难和挫折，组织正在采取的行动和措施，外界公众对组织的评价，以及外部社会环境的变化对组织的影响等，以便鼓舞士气，取得组织内部的理解和支持。常用的宣传形式有企业报纸、职工手册、黑板报、宣传窗、闭路电视、座谈会、讨论会等。对于企业内部的特殊公众——股东，采用年终总结报告、季度报告、股东刊物、股东通讯、财务状况通告等形式。

（2）外部宣传

外部宣传的对象包括与组织有关的一切外部公众，宣传的目的是让公众迅速获得对本组织有利的信息，形成良好舆论。外部宣传常用的方式有刊登广告、新产品展示会、举办记者招待会、技术交流会、对外开放参观、各种典礼和仪式、发放公共关系刊物和各种视听材料等。

4. 宣传型公共关系的原则

在开展宣传型公共关系时，应把握以下3个原则。

（1）真实性

宣传的事实或信息应客观真实，绝不能出现虚假不实之词。

（2）双向性

公共关系传播是双向的，这要求组织既要将组织的信息通过各种途径传播给各类公众，又要及时搜集、反馈公众的信息。

（3）技巧性

宣传工作要主题明确，安排及时，方式方法恰当适宜，避免过度宣传，给公众留下"王婆卖瓜"的印象。

5. 宣传型公共关系应注意的问题

要根据目标公众选择合适的宣传策略和传播媒介。宣传型公共关系活动就是通过宣传的途径，建立良好的公共关系网络，来达到公共关系的目的。因此，在宣传型公共关系活动启动时，要事先将宣传目标高度聚合于直接与本组织有关联的、特定的公众对象上，形成宣传性公共关系的鲜明的目标公众"聚焦点"，并在这一基础上，选择合适的传播媒介进行有针对性的、互动性的信息交流。宣传的内容要在真实的基础上，抓住时机，求异创新，争取公众的支持和配合。

5.3.2 交际型公共关系

交际型公共关系是一种在人际交往中开展公共关系工作的活动模式。其目的是通过人与人的直接接触，进行感情上的联络，为组织广结良缘，建立广泛的社会关系网络，形成有利于组织发展的人际环境。因此，交际型公共关系活动实施的重心是，创造或增进直接接触的机会，加强感情的交流。

1. 交际型公共关系的特点

（1）有灵活性

有灵活性即利用面对面交流的有利时机，充分施展公共关系人员的交际才能，达到有效沟通和广结良缘的目的。

（2）人情味强

人情味强也就是以"感情输出"的方式，加强与沟通对象之间的情感交流。一旦建立了真正的感情联系，往往会相当牢固。

2. 交际型公共关系的方式

交际型公共关系可分为团体交往和个人交往两种方式。团体交往包括招待会、座谈会、工作餐会、宴会、茶话会、联谊会等。个人交往包括上门拜访、信件往来、定期联络、电话问候等。

3. 交际型公共关系的原则

在开展交际型公共关系时，应遵循以下原则。

（1）广泛性

组织应充分认识到交际型公共关系的作用，要承认关系网、利用关系网、正视关系网、发展关系网，与社会各界广结良缘，构架信息网络。

（2）经常性

交际型公共关系不仅要广结良缘，还要善于巩固和发展与公众建立的联系和友谊。组织应与社会各界经常来往，勤于交际。

（3）礼貌性

礼仪、礼节是开展交际型公共关系的重要组成部分，要求公共关系人员在开展公共关系活动时要礼貌待人，注意礼节辞令，要在仪表、言语、行动和精神风貌等方面给公众留下良好的印象。

（4）真诚性

社交型公共关系要以真诚为基础，无论是对其他组织还是对个人，都要实事求是，讲真话，坦诚相待，不说假话，以取得公众的信任。

（5）正当性

应坚决杜绝使用不正当的手段，要明确社会交际只是公共关系的手段之一，绝不是公共关系的目的，更不能把私人之间的交际混同于公共关系。

4. 交际型公共关系应注意的问题

要完善自我形象，掌握交际的礼貌、礼仪，善于运用有声语言和无声语言，善于与人打交道；要保持经常性的接触与联络，注意平时的感情投资。"有事要登三宝殿，无事也要登三宝殿"，这样可以缩短人际交往的心理距离，保持长期的良好关系；注意团体交际形式，通过各种招待会、工作餐、座谈会、茶话会、联谊会、团拜会等进行交往，增进感情。

应用案例 5-8

海底捞极致的个性化服务是这样炼成的！

海底捞充满人情味儿的特色服务贯穿于顾客进店到离店的整个过程中：顾客等候过程中有免费上网、棋牌、擦皮鞋、美甲等服务，以及免费饮料和免费的水果、爆米花、虾片等小零食；就餐过程中，服务员面带微笑为顾客下菜、捞菜、添饮料，15分钟换一次热毛巾，帮顾客看管孩子、喂孩子吃饭，拉面师傅现场表演；店里还有供小孩玩耍的游乐园；洗手间不但有美发、护肤等用品，还有免费的牙膏牙刷。甚至顾客打个喷嚏，就有服务员送来一碗姜汤。在整个过程中，每个细节都在加强企业与顾客之间的情感交流。

交际型公共关系是一种有效的公共关系方式，使沟通进入情感阶段，具有直接性、灵活性和较多的感情色彩。它是一种人文关怀、一种心灵的感动，绝不是那种眼睛紧紧地盯着人家手里的钱，说些寒暄的套话，连自己都不甚清楚。在这个科技发达的时代，情感变成了一种稀有资源，谁重视这种资源，谁就能得到公众的认可。

（资料来源：编者根据搜狐网相关资料整理。）

5.3.3 服务型公共关系

服务型公共关系是一种以提供优质服务为主要手段的公共关系活动模式，其目的是以实际行动来获取社会的了解和好评，建立自己良好的社会形象。对于一个企业或者社会组织来说，要想获得良好的社会形象，宣传固然重要，但更重要的是自己为公众服务的程度和水平。因此，组织要有全员公关意识，在与公众发生冲突时，能够妥善地予以解决，做好组织形象的日常维护工作。当面对公众的抱怨和不满时，服务人员应该用一种积极的态度勇敢地面对抱怨，理解公众的行为。

1. 服务型公共关系的特点

服务型公共关系是一种最实在的公共关系活动，其特点是看得见、摸得着，人情味足，反馈灵敏，调整迅速。

2. 服务型公共关系的方式

服务型公共关系的方式包括各种消费教育、消费培训、消费指导、售后服务、免费保修、接待客户和访问用户、为公众提供优惠服务及其他各种完善的服务措施等。

例如，针对客户的抱怨，可以借鉴职业健康和安全（Occupational Health&Safety，OHS）基本策略——"一激""二安""三交代"来进行疏导。

① "一激"就是指第一步行动，先肯定客户，感激对方。例如，用"感谢您的支持，让您生气真不应该，请您不要生气了"此类语句对客户进行肯定，安抚客户的情绪。

② "二安"的含义包括"安其心"和"安其身"。"安其心"，就是向客户承诺一定给予圆满的答复。"安其身"，就是把客户引导到舒适的地方，让他坐下来喝口水，离开这个让他感到不满的环境，避免问题公开化与扩大化。

③ "三交代"是给客户的答复和处理意见。所谓满意都是相对的，很难达到绝对的满意。但是通过合理的沟通，客户就能够接受。因此，不管最后客户能否满意，都必须要给予交代，不能不了了之。如果客户对处理结果不满意，可以接着再做第二循环的沟通。

服务人员要真心认错，语气轻快、柔和，承诺给客户积极和热情的处理意见。

所谓"公共关系就是百分之九十要靠自己做好"，其含义就在于此。组织应依靠向公众提供实实在在的、优质的服务来开展公共关系，获得公众较高的美誉度。

3. 服务型公共关系的原则

（1）自觉性

公共关系人员必须自觉把服务工作放在重要的位置上，自觉开展服务工作。不能只着眼于经济利益，更重要的是社会价值，要着眼于通过服务来塑造良好形象。

（2）行动性

公共关系人员应注重以实际行动向公众证明组织的诚意，用实际行动说话，对行为应提出具体的目标，让组织对公众的一切诚意和善意变成看得见、摸得着的实际行动。

（3）全员性

服务型公共关系是尊重公众、为公众服务意识的体现，优质的服务不能仅靠公关部门的工作，而要依靠组织中所有成员的共同努力来实现。

（4）特色性

服务型公共关系绝不仅仅限于专门的服务行业，社会上任何一种组织都能以自己独特的方式向公众提供必要的服务，提倡人无我有、人有我优，形成特色。

（5）规范性

为了向公众提供优质的服务，组织应建立合理的制度，确立活动的规范，使公共关系工作有条不紊、坚持不懈地开展下去。

4. 服务型公共关系应注意的问题

（1）要提高服务的可感知性

服务的可感知性是指服务产品的有形部分，如各种设施、设备及服务人员的外表等。通过这些有形、可视的部分为客户提供有关服务质量本身的线索，并使客户能直接有效地来把握服务的实质，增强其满意度。

（2）让客户感受到可靠性

让客户感受到可靠性是指企业应该准确无误地完成所承诺的服务，以此来提高企业的声誉并与客户建立良好的关系。

（3）要提高企业服务反应性

提高企业服务反应性是指企业随时准备并愿意为客户提供快捷、有效的服务，时刻把客户利益放在第一位。

（4）提高服务人员的理解性

提高服务人员的理解性是指服务人员不仅要有友好的态度，而且能够真诚地关心客户，了解其实际需要（甚至是私人方面的特殊需求）并予以满足，使整个服务过程富有人情味。

5.3.4 社会型公共关系

爱心企业"美丽2014"爱心公益活动正在进行中

"这些积分我存了一年，现在我要把它们全部捐出来，希望能帮助更多的人。"来自上海的陈小姐在国美门店设立的"爱心墙"上写下了这样的一句话，并将自己积攒的会员积分全部捐献了出来。这是国美开展的"国美会员爱心公益接力站——美丽2014"大型公益活动的一个缩影。

作为家电零售巨头，国美在为消费者提供最佳产品选购体验的同时，也通过公益爱心活动普惠更多群体。一直以来，发动会员的爱心力量，弘扬社会正能量是国美公益的最大特色。"国美会员爱心公益接力站"自2011年开展以来便受到社会各界的广泛关注，目前已成功打造了公众持续性捐赠平台，得到了全国广大国美会员的热情参与。据了解，本次"国美会员爱心公益接力站——美丽2014"活动主要分为"关爱环境"与"关爱无限"两个活动主题，重点关注环境保护及扶贫救灾等社会问题，通过创新公益活动模式，为不同的社会群体提供关爱与服务。

针对雾霾天气多发的地区，国美通过启动"关爱环境 美丽2014"公益项目，提高会员对环境空气质量的关注度，国美专门邀请专家开设环保小课堂帮助会员更好地了解雾霾，倡导低碳生活、绿色出行。同时，国美还积极为长期在户外工作的交警、环卫工免费派发10万个pm2.5防尘爱心口罩，从而让长期服务于户外第一线的工作者享受到一份健康保障。

而作为"国美会员爱心公益接力站"的另外一项活动内容"关爱无限 美丽2014"，则是通过在线下门店招募国美会员义工，开展关爱身边的弱势群体的行动。目前，河北、河南、内蒙古、山西、陕西、贵州等地的十多个国美分部已经开展了这项公益活动，向贫困地区的学生、敬老院的老人捐赠了"健康包、学习包、贴心包、小书架"等学习和日常生活必需品。

国美电器客服中心总监白梅表示，在互联网时代，企业的公益形式也在不断革新。近年来，国美通过创新思维，不断开拓新的公益模式。在本次"国美会员爱心公益接力站——美丽2014"活动中，国美号召全国会员朋友前往就近门店进行会员积分捐赠,在捐赠完成后,国美会将会员所捐赠的积分直接转化为爱心捐款,用于购买生活必需品、学习用具等,让更多弱势群体感受到社会的关怀。

据了解,目前国美线上线下渠道已有上亿名会员,庞大的会员资源成为国美搭建社会化公益平台的重要力量。国美利用其覆盖全国 400 多个城市近 1600 家门店的渠道优势及众多的会员资源,整合更多的社会力量联合做公益,形成了业内最完善的公益事业体系。

作为国内最大的家电零售连锁企业,国美多年来一直践行社会公益责任,从在偏远山区建立医疗救助站,到建设"新长城阳光操场";从在玉树地区建立儿童福利院,到帮助印度洋海啸孤儿,影响力遍及全球。国美通过积极搭建社会公益平台,为爱心人士和弱势群体、环境之间搭建起桥梁,积极承担起构建和谐社会应尽的责任和义务。

(资料来源:编者根据网络资料整理。)

社会型公共关系是社会组织通过举办各种社会性、公益性、赞助性的活动,来塑造良好组织形象的活动模式。它实施的重点是突出活动的公益性特点,为组织塑造一种关心社会、关爱他人的良好形象。目的是通过积极的社会活动扩大组织的社会影响力,提高其社会声誉,赢得公众的支持。

1. 社会型公共关系的特点

社会型公共关系的特点是公益性、文化性、社会性、宣传性、影响面大、着眼于组织的整体形象和长远利益。

2. 社会型公共关系的方式

社会型公共关系的方式有以下几种。

(1) 以组织具有社会影响的项目为中心

这种公共关系是组织自己搭台自己唱戏,如利用开业大典、竣工仪式、周年活动、组织内部重大事件等机会,邀请各界宾客、社会公众共同参加庆祝活动,渲染喜庆气氛,借庆典活动,同各界人士广交朋友,扩大其社会影响力。

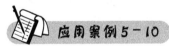
应用案例 5-10

进步大游行

美国通用汽车公司在某新型汽车发明周年纪念之际,举办了历代汽车"进步大游行"活动。那一天,在纽约的主要马路上停满了各种式样的老爷车,由穿着考究礼服的司机拿着起动摇柄,开着晃晃悠悠的老爷车,从纽约驶向全国其他城市。一路上,所有行人都好奇地驻足观望,热闹非凡。这次周年纪念活动搞得非常成功,不仅使人们对汽车发展史有了较深刻、系统的了解,宣扬了通用汽车公司在汽车发展史上所做的贡献,而且使人们对该公司所生产的新型汽车有了"最现代化"的认识,扩大了通用汽车公司在社会上的影响。

(资料来源:编者根据网络资料整理。)

(2) 以组织所在地区的重要节日为中心

这种公共关系一般是利用组织所在地区的传统节日、民俗活动等机会,积极参与,以此来树立良好的形象。

(3) 以赞助社会福利事业为中心

这种公共关系活动诸如支持社区福利事业、慈善事业，赞助教育、残疾人组织，赞助公共服务设施的建设，参与国家、社区的重大活动等，以此在公众心目中树立本组织注重承担社会责任的良好形象，提高组织的美誉度。

(4) 资助大众传播媒介举办各种比赛或评选

这种公共关系活动大都以冠组织名称或产品名称的"××杯"智力竞赛、唱歌比赛等形式出现，既活跃了社会文化生活，又提高组织的知名度，宣传了组织形象。

3. 社会型公共关系的原则

在开展社会型公共关系活动时，应遵循以下原则。

(1) 公益性

在开展社会型公共关系活动时，应体现一种乐善好施的精神，突出回报社会、承担社会责任的良好形象。

(2) 文化性

在开展社会型公共关系活动时，应充分展示对真善美的和谐追求，应尽量与社会文化事业联系起来，提高文化形象，促进信息交流。

(3) 量力性

在开展社会型公共关系活动时，一定不要拘泥于眼前得失而不顾长远利益；也不要贪多求大，毫无节制；要量力而行，谨慎从事。

(4) 宣传性

开展社会型公共关系活动时，应与宣传型公共关系活动有机地结合，提高组织的知名度与美誉度。

4. 社会型公共关系的注意事项

组织要善于运用各种时机，灵活策划社会型公共关系活动，以期引起新闻界和公众的兴趣与重视，通过大众传播达到扬名在外的目的；要坚持利他原则，特别是尊重公众利益，重视社会整体效益；社会型公共关系要结合宣传型公共关系。

5.3.5 征询型公共关系

征询型公共关系是一种以采集社会信息为主、掌握社会发展趋势的公共关系活动模式。其目的是通过信息采集、舆论调查、民意测验等工作，加强双向沟通，使组织了解社会舆论、民意民情、消费趋势，为组织的经营管理决策提供背景信息服务，使组织行为尽可能地与国家的利益、市场发展趋势及民情民意一致；同时，也向公众传播或暗示组织意图，使公众印象更加深刻。征询型公共关系活动实施的重心在于操作上的科学性以及实施过程中的精细和诚意。

1. 征询型公共关系的特点

征询型公共关系的特点是长期、复杂、艰巨，需要持之以恒、日积月累；需要公共关系人员具有智慧、耐力和诚意。一旦能够获得公众的配合，组织就能够及时地对民意和舆论的变动做出反应，保持组织与社会环境之间的动态平衡。

2. 征询型公共关系的方式

征询型公共关系的方式：①产品试销调查，产品销售调查，市场调查；②访问重要用户，访问供应商和经销商；③征询使用意见，鼓励员工提出合理化建议；④开展各种咨询业务，建立信访制度和相应的接待机构，设立监督电话，处理举报和投诉等。开展以上活动可采用的具体的做法：首先，在日常工作中通过与公众的接触，了解和观察公众意向；其次，利用专门调查了解公众意向；最后，利用大众传播媒介了解公众意向。大众传播媒介往往反映一种公共意见，同时，众多的信息，如政府的决策信息、立法信息、社会舆论信息及竞争对手信息等，往往是用大众传播媒介进行传播的。因此，通过大众传播媒介来获取公众意向信息，具有省时快速、简便易行的特点。

此外，不要忽视企业内部员工意见的征询。征询内部员工意见的主要方式有走访、座谈、信访，设立意见箱、举报电话及内部员工合理建议奖等。

3. 征询型公共关系的原则

在开展征询型公共关系活动时，应遵循以下原则。

（1）长期性

征询型公共关系活动是一项长期而艰巨的任务，应坚持征询活动的日常化和制度化，并善于挖掘信息的潜在价值，才能及时发现问题与机遇，实现组织与环境之间的动态平衡。

（2）公正性

在活动中，公共关系人员的态度必须公正。公共关系人员不但是组织的耳目，更重要的是要站在中间人的角度，广泛、及时、公正地采集一切有关组织形象的意见和建议，起到组织机构与社会公众的中介者的作用。

（3）全面性

公共关系人员搜集信息视野要宽广，应全面搜集一切有关信息，不能仅局限在某些领域和方面，而把有价值的信息漏掉。

（4）预测性

公共关系人员应以敏锐的眼光和洞察力，对组织发展的社会环境、市场前景、原材料及能源供应等进行全面的预测分析，为决策服务。

4. 征询型公共关系应注意的事项

征询型公共关系应注意日常化、常规化，形成不间断的周期循环；同时，要根据组织不同时期的发展目的，选择既定的潜在公众和目标公众，并通过适宜的方法、渠道和媒介来开展，达到挖掘、发现、收集、运用信息、为公共关系目标服务的目的。

以上6种战术型公共关系模式和5种战略型公共关系模式，在策划时可以根据实际情况交叉组合使用。任何一种战略型公共关系模式都可以同时配用6种战术型公共关系模式；任何一种战术型公共关系模式都可以服务于任何一种战略型公共关系模式，一切都要从组织的需要和条件的允许出发，不要拘泥、刻板。

美国亨氏集团的母亲座谈会

美国亨氏集团与我国合资在广州建立婴幼儿食品厂。但是,生产什么样的食品来开拓广阔的中国市场呢?筹建食品厂的初期,亨氏集团做了大量调查工作,多次召开"母亲座谈会",充分吸取公众的意见,广泛了解消费者的需求,征求他们对婴儿产品的建议,摸清各类食品在婴儿哺养中的利弊。之后进行综合比较和分析研究,根据消费者提出的意见,试制了一些样品,免费提供给一些幼托单位试用;收集征求社会各界对产品的意见、要求,相应地调整原料配比。他们还针对中国儿童食品缺少微量元素,造成儿童营养不平衡及影响身体发育的现状,在食品中加进一定量的微量元素,如锌、钙和铁等,食品配方更趋合理,使产品具有极大的吸引力,普遍地受到消费者的青睐。于是,亨氏婴儿营养米粉等系列产品迅速走进千千万万的中国家庭。

(资料来源:编者根据百度文库相关资料整理。)

本 章 小 结

公共关系实施是整个公共关系活动的中心环节,是社会组织为了实现既定公共关系目标,充分依据和利用实施条件,对公共关系创意策划进行实际操作与管理的过程。公共关系实施决定了公共关系策划创意能否实现及实现的程度和范围。在公共关系实施的过程中,必须遵守做好公共关系实施的准备工作、做好公共关系实施过程的目标控制、做好公共关系实施工作的整体协调、做好公共关系实施的反馈与调整、充分发挥传播媒介的作用等原则。同时,要考虑到公共关系目标因素,语言沟通、风俗习惯沟通、思想观念、组织障碍等沟通因素,突发事件的干扰等各种能影响甚至制约公共关系实施顺利进行的因素。

在本章中,具体阐述了战术型公共关系模式和战略型公共关系模式。其中,战术型公共关系模式包括日常事务型公共关系、建设型公共关系、进攻型公共关系、防御型公共关系、维系型公共关系、矫正型公共关系6种模式;战略型公共关系模式包括宣传型公共关系、交际型公共关系、服务型公共关系、社会型公共关系、征询型公共关系5种模式。在公共关系实施过程中,公共关系从业人员可灵活选择一种或多种模式,来满足实现公共关系目标的需要。

习 题

1. 单项选择题

(1) 决定了公共关系策划创意能否实现及实现的程度和范围,是整个公共关系活动的中心环节的是( )。

A. 公共关系策划　　B. 公共关系计划　　C. 公共关系实施　　D. 公共关系评估

(2) 不借助媒介而直接交往,具有灵活性、人情味、使公众感到情善和诚意,有利于相互信任,这类公共关系活动称为( )。

A. 服务型公共关系　　　　　　　　B. 征询型公共关系
C. 宣传型公共关系　　　　　　　　D. 交际型公共关系

（3）防御型公共关系用于（　　　）。
A. 组织环境发生激变、冲突已经产生时　　B. 组织的公共关系状态严重失调时
C. 组织出现潜在公共关系危机时　　　　　D. 组织处于稳定发展时期

（4）日常事务型公共关系最大的特点是（　　　）。
A. 渗透性　　　　　B. 宣传性　　　　　C. 敏捷性　　　　　D. 关联性

（5）上海大江有限公司出资 25 万元，与 8 家新闻单位联合主办"大江杯迎亚运世界体育知识大奖赛"，这一活动是（　　　）。
A. 服务型公共关系　　　　　　　　B. 征询型公共关系
C. 社会型公共关系　　　　　　　　D. 交际型公共关系

2. 判断题

（1）走访、座谈、信访、设立意见箱、举报电话及内部员工合理建议奖是开展征询型公共关系的方法。（　　　）

（2）支持社区福利事业、慈善事业，赞助教育、残疾人组织，赞助公共服务设施的建设，参与国家、社区的重大活动属于服务型公共关系。（　　　）

（3）矫正型公共关系的最突出特点是"及时"。（　　　）

（4）以人际接触为手段，与公众进行协调沟通，为组织广结良缘的公共关系活动是交际型公共关系。（　　　）

（5）公共关系实施只要按照公共关系策划方案操作就行，不需要考虑其他因素。（　　　）

3. 简答题

（1）简述公共关系实施的原则。
（2）社会型公共关系的方法及注意事项是什么？
（3）在公共关系实施过程中应考虑哪些因素？
（4）战术型公共关系有哪些模式？请举例分析其中一种模式的操作原则和方法。

4. 案例应用

精工表公关巧实施　奥运会扬名效果佳
——大型体育盛会公共关系计划的实施与评估

1964 年，东京奥运会结束后不久，曾有日本人访问罗马。在一家餐厅里，当侍者看到这位日本人手腕上戴的表是瑞士产品时，竟疑惑地问："您真的是日本人吗？"诧异什么？日本人竟没戴在东京奥运会上叱咤风云的国粹——精工（SEIKO）表。侍者的态度不仅反映了公众对精工表的评价，这实际上也正说明 SEIKO 公司借助奥运会开展的公共关系活动的成功，从某种意义上讲，这也是对该公司公共关系活动效果的最好评价。SEIKO 公司的公共关系计划是如何实施的呢？

1. 精心策划，运筹帷幄

功夫不负有心人。精工表美誉东京奥运会，其公共关系战略却要追溯到 4 年前。当奥运会一经宣布将在东京举行，日本主办单位决定的第一件事项就是大会的计时装置要使用日本的国产表。而在这之前奥运会所使用的计时装置几乎都是瑞士产品，当东京奥运会决定首次使用日本国产表后，奥委会的有些人士曾深感不安，唯恐发生故障使大会难堪。

SEIKO 公司决心消除人们的种种疑虑，制订了让全世界的人都了解精工表是世界一流的技术与产品的

公共关系计划，确立"荣获全世界的信赖"为公共关系目标，将"世界的计时——精工表"作为公共关系活动的主题。为此，SEIKO 公司着手制订并实施了一项长达 4 年之久的整体计划，开始了一场史无前例的公共关系活动。

2. 巧妙实施，逐层推进

首先，SEIKO 公司派遣本企业的公共关系人员到罗马奥运会，进行"OMEGA"计时装置的现状及设施使用情况的调查。根据调查结果，决定产品开发的程序，拟订全盘公共关系计划。同时，各公司也开始进行各种各样的计时装置技术开发工作。随着计时装置开发工作的顺利进行，SEIKO 公司的公共关系计划也已策划成熟。调查研究工作结束以后，整个公共关系计划便分为 3 个阶段。

第一阶段，主要是全力以赴地开发计时装置技术并同时说服主办单位使用该企业的产品。另外，会场的布置也需征得日本国立竞技场和东京都政府的同意。SEIKO 公司一方面积极从事游说工作，另一方面将新开发的计时装置提供给日本国内举办的各种运动会作为实验之用，其目的是向委员会证明 SEIKO 公司技术的可信度。其真诚努力终结硕果，奥委会已于 1963 年 5 月正式决定东京奥运会全部使用精工计时装置。

第二阶段，在改进技术的同时，展开了以"精工的经济计时表将被用于东京奥运会"为主题的公共关系活动。为了在世界范围内大造舆论，SEIKO 公司准备了奥运会预备会上所需的宣传手册，广告宣传也在紧锣密鼓地展开。

进入奥运会前的第三阶段，公共关系的各种计划先后付诸实施，报纸、广播、电视等在报道与奥运会有关的消息时，都或多或少地涉及精工表，从而造成了"东京奥运会必须使用精工计时装置"的舆论。

由于精工计时装置与奥运会完美结合，公共关系活动收到了奇效。当东京体育馆室内比赛大厅的竞技计时装置完成后举行盛大的落成典礼时，SEIKO 公司的技术被夸耀为日本科学的精华，无与伦比的结晶，终于实现了"精工——世界的计时表"这一目标。

SEIKO 公司为这次长达 4 年的公共关系战役投下的资本是 85 名技术员与 890 名作业员，以及数亿日元的财富。然而，成就的最好例证便是开篇的故事。在罗马人眼里，精工表可以和瑞士表媲美。这足以说明精工计时公司此项公共关系活动的效果。

（资料来源：赵宏中，2003. 公共关系学（修订本）[M]. 武汉：武汉理工大学出版社.）

问题：

(1) SEIKO 公司所实施的公共关系活动属于哪种公共关系模式？

(2) 分析 SEIKO 公司在大型体育盛会前的公共关系计划的实施。

【拓展视频：公共关系活动实施的意义】

【知识拓展】

第 6 章

公共关系评估

教学目标

通过本章学习,理解公共关系评估的含义,了解公共关系评估的作用和方法,熟悉公共关系评估的内容,掌握公共关系评估报告的撰写方法。

教学要求

知识要点	能力要求	相关知识
公共关系评估的含义	(1) 学习和认识公共关系评估;(2) 理解公共关系评估的含义;(3) 了解公共关系评估的作用	(1) 程序评估;(2) 过程评估;(3) 类型评估;(4) 绩效评估;(5) 目标评估;(6) 活动效益评估
公共关系目标的评估	(1) 掌握公关认知度的评估标准;(2) 熟悉公关美誉度的评估标准;(3) 了解公关和谐度的评估标准	(1) 知名度;(2) 态度赞同;(3) 情感亲和;(4) 言语宣传;(5) 行为合作
评估报告的撰写	(1) 能正确衡量组织公共关系评估的效果,正确应用评估方法,能撰写评估报告;(2) 能根据评估结果提出合理化见解	(1) 评估报告与决策依据的关系;(2) 定量分析;(3) 定性分析
公共关系评估方法	(1) 熟悉公共关系评估的方法;(2) 学会使用评估方法分析公共关系活动效果	(1) 目标管理法;(2) 民意测验法;(3) 德尔菲法;(4) 实验法

基本概念

公共关系评估　目标管理法　德尔菲法

奥迪A8新产品上市项目实施结果评估

1. 媒体覆盖率

在北京、上海和广州三地，总计来自93个媒体单位的126名记者参加了针对奥迪A8轿车发布会的公共关系活动。截至2001年8月20日，本项活动所产生的直接媒体报道文章共有144篇。其中做了重点报道的媒体包括：深圳电视台的《清风车影》栏目在6月1日对奥迪A8轿车的上市进行了为时9分钟的专题报道，该栏目是国内影响最广泛的汽车电视节目之一；广东卫视在8月17日的《车世界》栏目上做了为时5分钟的报道；中国最大的汽车爱好者杂志《冠军赛车手》在7月1日出版的一期杂志中对奥迪A8轿车进行了详细介绍；8月8日出版的《南方城市新闻》刊登了一篇专题文章，题目为《奥迪在中国推出A8型轿车后，再度与奔驰和宝马展开激烈竞争》，文章高度评价了奥迪A8轿车的优质性能。有关奥迪A8轿车的报道中，97.78%的文章从正面角度报道了这次活动。至少92.24%的文章在标题中提到奥迪A8轿车的名称，并有82.76%的文章至少同时刊登一张参加这次活动的奥迪A8轿车的照片。在媒体报道中，绝大多数都介绍了奥迪A8轿车的主要特征，如Quattro全时四轮驱动系统、ESP程序和全铝质车身结构等。

2. 媒体反馈

在所有国内外轿车试驾活动中，在北京举行的奥迪A8试驾驶活动是我所经历的最富创造性、最新颖的一次活动。——《车王》杂志。

从来没有参加过像奥迪A8媒体投放这样独特的试驾活动。高雅的艺术表现形式，虚实结合地传达了奥迪A8的特性，而且给我们留下如此深刻的印象。我认为，奥迪A8媒体投放活动是我所参加的汽车媒体活动中最具特色的。——《经济日报·汽车周刊》。

3. 投资回报率

按照广告价值计算超过400万元人民币，在5—7月3个月期间，由于对奥迪A8轿车的大量报道，奥迪在国内媒体报道中所占的份额比奔驰或宝马高出134%。

4. 对销售工作产生的直接影响

自从奥迪于6月开展营销活动以来，各地经销商已经售出50辆奥迪A8轿车，相当于奥迪一年指标的10%。奥迪的经销商反映，前去询问销售信息的顾客人数出现稳定增加。

5. 效果评价

奥迪中国区执行总监麦凯文对该次公共关系活动评价说："我们对这次媒体公共关系活动的销售业务所产生的效果感到惊喜，这种积极作用不仅表现在奥迪A8轿车上，而且也表现在奥迪的所有产品线上。"奥迪中国区公关经理于丹评价说："我自豪地看到，所有参加完我们奥迪A8公共关系活动的记者，无不认为这是他们所参加过的最别开生面的产品投放公共关系活动。特别是奥迪A8在国际市场上并不是一款刚推出的新车型。罗德公司通过巧妙的策划将它重新包装、重新定位。而且在这么短的时间里，能完成如此一流水平的公共关系活动，再次证明罗德公司是业界公认的汽车行业内实力最强、影响最大的公关公司之一。这也是奥迪中国与罗德公司保持长期合作的原因。"

此案例说明，公共关系活动主办单位的工作不能只停留在"举办活动"上，必须有评估。没有评估就无法了解事件发生的结果，对某个环节的疏忽也不得而知。切实做好评估工作，充分了解公共关系计划实施及信息传播的效果，进而找出缺点并及时修正组织的公共关系方案。

(资料来源：编者根据百度文库相关资料整理。)

思考题

从该案例中，你能体会出如何进行公共关系评估吗？

6.1 公共关系评估概述

6.1.1 公共关系评估的含义

公共关系评估是根据特定的标准,对公共关系计划、实施过程、实施效果进行检查、分析和总结,以便总结成功与失败的经验,作为今后进一步开展公共关系实施活动的参考。

公共关系评估是公共关系工作的最后一个阶段或环节,这个阶段与第一阶段的"公共关系调查研究"可谓首尾相接,很可能前一个公共关系项目的"评估结果"就是最后一个公共关系项目的"调查研究"。在很长一段时期内,这项工作未受到公共关系人员的重视,但现在这种状况已有很大的改变。作为一种管理职能,评估工作已成为公共关系中不可缺少的一项工作。而且公共关系的评估工作不能将它只看作事后的总结,或是最后一个阶段工作,而应该将它看作贯穿于整个公共关系活动过程中的一项重要工作,是进行新的、更高级的公共关系工作的开始。

6.1.2 公共关系评估的作用

公共关系评估是四步工作法的最后一步,对公共关系活动起着总结、衡量和评价的重要作用。要判断某项公共关系活动的成效,就要运用调查研究的方法,收集公众的各种信息,进行科学、严密、认真的比较、分析、鉴定,以测定公共关系活动的实施效果。并且准确及时地将分析结果以正式评估报告的形式反馈给组织(或企业)的决策层,使组织及时修改公共关系计划,调整其公共关系策略。

6.2 公共关系评估的内容

公共关系活动涉及组织的各个方面,与此相适应的评估工作也不例外,通俗的表达是根据公共关系过程的不同阶段,对每项公共关系活动都提出公共关系评估的标准。但在具体操作中,评估的内容可以根据要求有所侧重。一般来讲,其评估的内容包括以下几个方面。

6.2.1 公共关系工作程序的评估

公共关系工作程序评估是对公共关系工作的各个步骤、各个环节的工作进行评价、估计或研究,主要包括公共关系调查过程评估、公共关系计划制订过程的评估、公共关系计划实施过程的评估等。

1. 公共关系调查过程评估

公共关系调查过程评估主要研究 4 方面的问题:第一,公共关系调研的设计是否合理,能否收集到完备的公共关系工作信息;第二,公共关系调研方法的选择是否得当;第三,公共关系调研工作的组织实施是否科学、合理;第四,公共关系调研的结论分析是否科学。

2. 公共关系计划制订过程的评估

公共关系计划制订过程的评估主要研究6方面的问题：①公共关系计划的目标是否正确；②总体计划是否合理、可行；③公共关系构想是否科学；④公众目标选择是否正确、全面；⑤媒介选择及媒介策略是否得当；⑥经费预算是否合理。

3. 公共关系计划实施过程的评估

公共关系计划实施过程的评估主要研究5个方面的问题：①准备是否充分，包括实施方案的准备、组织机构统筹分工准备、信息资料准备、实施人员的培训、各种实物准备、沟通协调工作等；②实施过程安排是否合理、细致、周到、灵活、创新；③信息制作如何，内容是否准确充实，表现形式是否恰当，数量、质量如何；④传播效果如何，有多少信息量被采用，有多少公众接收到或注意到信息；⑤实施效果如何，包括掌握公众在了解信息、改变观点、改变态度方面的数量，引起行为的公众数量、重复行为的公众数量，是否达到目标及解决问题等。

6.2.2　公共关系活动类型的评估

1. 日常公共关系活动效果评估

日常公共关系活动效果评估的内容主要包括：①组织的全员公关运作情况；②组织内部的公共关系协调状况；③组织外部的公共关系协调状况；④组织公共关系人员的工作状况；⑤公共关系人员与领导的工作配合情况；⑥组织和各部门在经营管理各个环节上的公共关系投入如何。

2. 专项公共关系活动效果评估

单项公共关系活动效果评估的内容包括：①项目的计划是否合适；②其目标与组织的总目标、公共关系战略目标是否一致，项目的目标是否已经实现；③传播沟通策略、信息策略是否有效；④公共关系沟通协调状况如何，对公众产生了哪些影响；⑤公共关系形象有什么改变；⑥项目预算是否合理；⑦组织管理工作成效如何。

3. 年度公共关系活动效果评估

年度公共关系活动效果评估是对年度的日常公共关系活动和单项公共关系活动进行的总体评估。其中包括：①年度公共关系活动计划目标是否合理，实现情况如何；②年度日常公共关系活动的成效如何；③年度内单项公共关系活动的类型、数量及成效分析；④年度公共关系活动经费预算及使用情况；⑤内部公共关系活动利弊得失情况；⑥公共关系机构及人员的绩效如何；⑦组织的公共关系应变能力如何。

4. 长期公共关系活动效果评估

长期公共关系活动效果评估是对某一时期公共关系项目和公共关系长期工作成效的分析。它是一个总结过程，根据组织长期的公共关系活动目标，需要将日常工作评估结果、单项活动评估结果、阶段性工作评估结果放在一起来进行系统分析，从而获得一个结论。在这种评估中，要特别注重公共关系战略的得失问题、公共关系与经营管理关系等问题的分析研究。

2017年8—10月,安徽绩溪县文化旅游发展委员会为宣传绩溪旅游,请中青旅联科(上海)公关顾问有限公司(简称中青旅)承接了此次宣传活动。中青旅经过调查研究,确立了"探寻徽州之源,感受自在绩溪"目的地营销活动。在活动启动前期,通过微博、微信等官方渠道,并联合中国旅游新闻网、中国航空旅游网等旅游垂直网络媒体,推出"达人招募"预热海报,选出了游记达人、视频达人、情侣达人三组体验路线。在活动执行期,通过微博设立话题并在携程、驴妈妈、同程、途牛、飞猪、遨游网、马蜂窝、网易新闻等旅游分享平台上不断更新游记,进行多渠道的宣传推广。在活动后期,主要收集、整理、发布旅游KOL(Key Opinion Leader,关键意见领袖)的百篇游记,席卷各大OTA平台,通过双微平台、门户网站、OTA(Online Travel Agency,在线旅行社)网站持续发声,吸引近百家媒体跟进宣传报道,项目热度持续发酵。从项目评估来看,该活动使得"探寻徽州之源,感受自在绩溪"旅游大V体验活动备受业内和大众关注,绩溪旅游品牌的知名度和美誉度不断提升,影响力也不断扩大。

6.2.3 公共关系目标的评估

公共关系目标的实现程度是公共关系活动评估的重要指标,它一般是通过公共关系的三大目标加以评估。这三大目标就是争取公众的深入了解、争取公众的高度赞誉、争取公众的广泛合作,即认知度、美誉度、和谐度。组织通过多种形式、多个渠道进行公共关系活动,就是为了达到这些目标,以塑造良好的组织形象。

1. 认知度

认知即认识知晓的意思。认知度表述的是一个社会组织被社会公众所认识、知晓的程度,其中包含被知晓的广度和被认识的深度两个方面。例如,一个企业的企业名称、产品商标、行业归属、历史沿革、主要产品、产品特征、经营状况、法人代表等诸多具体信息在多大范围内被公众所知晓,在多深的程度上被公众所认识,两方面合起来则为这个企业的认知度。与知名度相比,认知度的内涵更加丰富。它不仅可以指组织的名声在多大范围内被公众所知晓,而且指组织有多少信息被公众所了解。一般来说,公众如果只闻组织其名,即知名,对组织的意义并不大,而在知名的基础上,公众对组织认识越多、越深,对组织的意义与作用也就越大。评估原定的公共关系目标是否达到,就要与原有方案目标中的组织形象进行对比,看其是否达到了方案目标所期望的组织形象。例如,原先设定的目标是提高组织的知名度,并规定把知名度从20%提高到50%的标准,那么就要评估一下组织的知名度到底提高了多少百分比。

2. 美誉度

美誉度即一个社会组织获得公众赞誉的程度,是组织形象受公众给予美丑、好坏评价的舆论倾向性指标,是一种对组织道德价值的评判。美誉度是有褒贬倾向性的统计指标,是对组织的美丑、好坏的价值判断。一个组织可能有"先天不足",但却可以通过后天努力拥有较高的美誉度。公众对组织美誉度的评价,多建立在媒体的评论报道之上。对此,组织要了解各种大众传播媒介是如何报道有关组织的政策和活动的;了解哪些报道对组织是有利的,哪些是不利的,哪些是持中立态度的;还要了解在影响传播媒介方面,公共关系人员起了多大的作用。

3. 和谐度

和谐度也属于对组织价值判断的范畴，是美誉度在目标公众中的延伸，即一个社会组织在发展运行过程中，获得目标公众态度赞同、情感亲和、言语宣传、行为合作的程度。它是组织从目标公众出发，开展公共关系工作获得回报的指标。组织的和谐度建立在专门向各类目标公众调查统计的基础之上。因此，组织的和谐度的分解首先就是对目标公众的分类，其次则是对目标公众与组织的和谐度进行程度上的分类。而和谐度的程度主要是就公众目标与组织的实际关系而言，一般可分为态度赞同、情感亲和、言语宣传和行为合作。要提高和谐度，组织就必须多参加公益活动，改善社区关系的状况。

6.2.4 目标受众反应的评估

对目标受众反应评估的目的是增加目标公众对组织的认识、了解和理解。目标公众对社会组织传播的信息内容是否关注，以及关注、了解的程度，会直接影响到他们对组织的态度和可能采取的行动。对目标受众反应的评估就是通过各类公众关系的变化来评估以往公共关系工作的成效。

1. 内部公众关系评估

内部公众关系评估的要点：①组织的公共关系政策能否被全员接受；②组织内部的日常公共关系活动是否能做到上情下达和下情上达，使上下协调一致；③组织内部各部门之间能否做到及时、准确的横向信息交流；④员工的士气和组织的凝聚力如何；⑤公共关系是否贯穿于各种经营管理活动的整个过程中；⑥全体员工对决策部门的信任度如何。

2. 外部公众关系评估

外部公众关系评估包括受公共关系活动影响的公众数量的评估和目标公众态度的评估。它评价公众从公共关系活动中了解到了什么，或者他们所掌握的关于组织的情况是否得到了补充。为此，需要对开展公共关系活动前后公众对组织的认识、了解和理解等变量进行比较。具体操作上可用测验法来进行评估。例如，在公共关系活动开展前后，对同一组公众进行重复测验；或者在一组中开展公共关系活动，在另一组中不开展这项活动，然后将两组测验结果加以比较。

外部公众评估主要有以下两方面。

（1）舆论评估

舆论评估即根据大众传播媒介的传播情况，如传播的数量、质量、时机、传播媒介的影响力、新闻资料等的使用方法来进行评估。

① 报道的次数。一般来说，报道的次数越多、篇幅越大、出现频率越高，引起公众注意和兴趣的程度就越高，也越能扩大组织的社会影响。

② 报道的质量。媒介对组织公共关系工作的成就、经验报道得越多，越有利于塑造组织的良好形象。相反，如果出现负面报道，则可能有损组织形象。

③ 新闻传播媒介的影响力。一般来说，传播媒介的发行量大、覆盖面广、权威性强，其影响力也就越大，也就更能提高公共关系活动的效果。组织的公共关系活动由权威性较强的传播媒介报道，能加深公众的印象，增加公众对组织的好感。

(2) 公众评估

公众评估是根据组织内部公众的亲身感受，以及广大外部公众的信息反馈来进行评估，其中主要是根据消费者公众、经营伙伴公众、社会公众的信息反馈来评估。例如，了解公众对企业信息的理解与企业的意图是否一致；公众对企业信息赞成、反对或漠不关心的各占多大比例。可采用以下方法对公众的反应进行评估。

① 访问法。访问法是指在公共关系活动现场直接采访公众，来了解他们的态度、行为变化特点，据此评估组织公共关系活动的工作成效。

② 日记法。在公共关系活动中选定一些目标公众，随时记录这些公众对企业信息的理解情况和感兴趣的程度。

③ 回忆法。在公共关系活动结束后，请目标公众回忆活动中印象最深刻的人物、事件，并提供相关的信息。

除此之外，外部公众关系目标受众的评估还包括社区公众和政府。社区公众是组织的左邻右舍，他们与组织由于地域邻近而关系密切、相互了解。因此，组织要时常调查了解各类社区公众对自己及有关活动的看法，从社区公众那里获得信息反馈，据此评估公共关系活动的工作成效。此外，政府的支持情况、政府与组织关系的密切程度、政府关系的沟通协调策略等一些情况，也能反映公共关系活动的社会效果。

6.2.5 公共关系活动效益的评估

对公共关系活动效益的评估包括对公共关系活动的社会效益、心理效益和经济效益3个方面的综合评估。

1. 社会效益

公共关系活动的总体目标是树立社会组织的良好形象和信誉，承担起社会责任，创造和谐的公众环境，赢得公众的支持。因此，评价公共关系活动的效果，首先要衡量其社会效益。由于社会效益带有明显的滞后性，对社会效益的评价不能简单用数字式指标来衡量，应该在考察其是否达到公共关系活动目标的基础上，综合衡量人力、物力、财力是否得到最有效的利用。例如，2016年9月4日，G20峰会首次在中国举办。杭州G20峰会在创新增长、结构性改革、贸易投资合作、发展议程等多方面取得了积极进展，再次展现了中国的大国形象，提升了中国的国际地位。作为东道主，中国为来宾呈现出的一台大型水上情景表演交响音乐会——《最忆是杭州》，利用科技与自然的结合，完美地将中国元素和世界文化相互交融，用软实力展现了国家形象。

2. 心理效益

公共关系活动的一个重要目的就是给公众造成一定的心理影响。例如，引起公众注意，留下深刻印象；使公众在赏心悦目的同时对社会组织产生好感与期盼；振奋人的精神，促人奋发向上等。因此，评价公共关系活动的效果，还要衡量其心理效益。

3. 经济效益

公共关系活动的社会效益与心理效益最终要体现为经济效益。公共关系的根本目的是实现组织的营销目标，实现其经济效益。因此，测评公共关系活动的效果，在评估社会效益、心理效益的同时，还要重点评估其经济效益。经济效益是指组织的经营成果与劳动消耗、劳动占用之间的对比关系。事实上，公共关系的每项活动都要花费一定的人力、物力和财力，必须争取以最少的投入获得尽可能高的效益。如果不注意公共关系的经济效益，即使达到了一定的效果，也会造成对组织资金的巨大浪费。公共关系活动的经济效益一般可以通过数量表示出来，如通过公共关系活动，组织的销售额增长了多少、资金利润率提高了多少。

"我是江小白，生活很简单"是江小白酒业的广告语。随着时间的推移和人们对"我是江小白"理念的丰富，其渐渐成为"简单纯粹""文艺青年改变世界""寻找真我""消除互联网隔阂"的生活哲学和品牌理念。在简单质朴的理念下，江小白不断推出了《喝酒不开车、开车不喝酒》《健康本该如此》等暖心公益广告，引起了广大公众的共鸣，引发了人们对生活的思考。同时，江小白也不断参与公益活动，用爱心传递公益，在公益路上不断前行。江小白拿出利润的5%来做公益，帮助留守儿童、残疾人，为一些学校资助计算机等设备。2014—2015年，江小白组织参加了30多场公益活动，影响博友上千人，捐资、捐物金额近10万元，江小白也会一直将爱心传递，借助互联网帮助更多的人。这个案例生动地说明：江小白酒业不仅仅推销了其产品，而且以真诚的公共关系活动为社会服务，为增强人们的生活信心做出了努力，从而获得了综合社会效益。

6.2.6 公共关系机构工作绩效的评估

对公共关系机构工作绩效进行评估，便于了解公共关系机构人员的工作效率、实际工作能力、运用策略手段的效果等。定期对此做出评估分析，对改进机构工作效率很有帮助。这种评估主要包括以下几方面。

1. 市场营销分析

市场营销是企业经营和销售活动的总称，是引导商品从生产者到消费者的企业整体活动。对它的评估主要是为了研究公共关系工作对市场营销工作的促进状况、市场营销中的公共关系策略和市场营销公共关系传播的成效等，如通过开展公共关系活动，组织的销售额和利润贡献提高了多少。

2. 广告研究

广告是开展公共关系活动的一种宣传手段，公共关系广告是以广告的形式来宣传组织的信誉和形象，以此来提高组织的知名度和美誉度。对广告的研究主要是测定广告覆盖状况、影响的广度和深度，评估广告所带来的认知度变化、产品被接受情况，评估广告策略的利弊得失，如通过广告活动，确定组织的知名度和公众对它的认知度有没有变化。

3. 新闻宣传评估

公共关系需要将组织的有关信息准确、及时、有效地传送给社会各界公众，为组织提高透明度和知名度，创造良好的舆论气氛，塑造良好的社会形象。运用新闻报道的形式为公众提供信息，为组织创造声势是公众传播中最常用的一种方式。对新闻宣传的评估主要包括宣传资料的制作情况、宣传资料被媒介所采用的情况及宣传效果等。

4. 专题活动评估

公共关系专题活动是指社会组织以公共关系为主题，策划、开展的各种有特定目的和内容的社会活动，如纪念庆典活动、公开展览活动等。

5. 管理绩效评估

对管理绩效的评估主要包括对目标完成情况、管理技能、工作人员目标任务完成情况、工作效率、实际能力、策略手段的调整等的评估。上述各种公共关系评估类型在内容上互有交叉，区别只是评估的角度不同。具体的公共关系评估工作可根据需要选取其中的一类或几类进行。

6.2.7 公共关系活动的评估报告

公共关系评估的成果可由多种形式综合体现，而主要形式则为评估报告。撰写评估报告应该成为公共关系活动的一项固定工作。公共关系活动的评估报告是在评估工作结束后，由公共关系人员撰写并提供给组织的一种正式文本。评估报告通常采用文字、图表或相应的其他形式来展示公共关系工作的成绩、经验教训、建议等内容。到目前为止，我国许多社会组织仍然不太重视公共关系评估工作，能见到的公共关系专业评估报告也甚少。由于不太注重评估成果的运用，常常会给公共关系工作带来很大的盲目性和被动性，因而丧失了许多成功的机会。

1. 评估报告的意义

评估报告往往被送交最高管理层，使组织管理者及时掌握情况，以利于调整公共关系工作，使其更趋于科学合理；同时也可作为统筹管理和制定新决策的依据。

评估报告被送达各职能部门，可作为各部门改善工作的参考，借鉴成功经验，吸取失败的教训，避开误区，有效地开展工作。

评估报告可以提供给全体员工，以利于员工了解外界的评价，提高士气，有助于改进组织全面的公共关系工作。通过评估报告，可以使组织的公共关系活动始终与其发展目标保持一致。

另外，公共关系评估报告的公开发表，还可以供同行或其他社会组织参考和借鉴。总之，通过撰写公共关系评估报告，可以总结过去，积累经验；着眼现在，弥补不足；面向未来，指导工作。

2. 评估报告的内容

公共关系活动评估报告的内容概括了整个活动过程。它通常包括：①根据评估标准，对本次公共关系活动全过程进行的系统分析，总结其中的经验和教训，以及取得的成果与不足之处；②列出本次活动未能解决的问题，今后的发展趋势和可能产生的影响，以及可能的解决方案，为决策部门提供可靠的信息。

公共关系评估报告根据其内容可分为综合性评估报告和专题性评估报告。前者是全面性的总结，即全面地总结组织在某个时期内主要的工作情况，既要总结成绩，又要找出差距；既要有经验总结，又要有教训体会。有时还要有下一段工作的计划和安排等。后者是仅就某一项工作的某一方面进行评估，其内容和范围具有单一性的特点。一般来说，一个完整的评估报告应包括以下内容。

（1）基本情况概述

这一部分既可以概述公共关系工作的全貌、背景，也可以说明总结工作的指导思想和公共关系的成果，还可以将公共关系的主要成绩、经验、问题简明扼要地提出来，给人以总的印象，作为下文的铺垫。报告中尽量采用有说服力的定量指标来描述活动过程和结果。

（2）成绩与经验的论述

这是公共关系总结报告的主体，可以先写成绩后讲做法、经验，也可以把两者结合在一起，做法、经验中讲成绩，或成绩中加做法、经验。

（3）分析问题和原因，提出今后的努力方向

评估时既要总结公共关系活动中存在的问题，又要分析其原因。要针对公共关系活动中存在的问题，从经验教训及有关规律性的认识中，提出今后应发扬什么、克服什么，采取哪些措施，向什么方向努力，达到什么目的等。

3. 评估报告中要注意的问题

在撰写公共关系评估报告的过程中，应注意以下问题。

① 语言要明了、精练，要注意记叙性和说理性相结合。情况的记叙是必要的，但它不是对以往实践情况的简单回顾和全面罗列，而是侧重于分析评价，揭示其中的成绩和失败的原因。在撰写公共关系评估报告时，要尽量用最少的文字、篇幅来说明问题、提出建议。只有从大量的实践材料中归纳出具有指导意义和值得借鉴的东西，今后才能发挥其指导公共关系实践的作用。

② 必须全面掌握情况和整个工作进程，广泛搜集材料，这样才能综观全局，全面、真实地反映工作中的成绩与问题、经验与教训。

③ 坚持实事求是，从实际出发，结论要客观具体。总结内容必须完全忠实于实际情况，在充分肯定成绩的基础上，实事求是地找出存在的问题，不能只讲成绩不讲问题。要从大量实践材料中归纳出具有指导意义、可借鉴的经验教训。在做出结论时，评估人员要尽量避免受到部分领导、员工的主观意志或一己之见的影响。在评估报告中必须反映评估人自己独立的评估结论。在结论中要避免"可能""大概""也许"等模糊的词汇，所有的结论都应该找到相应的材料来证明。

④ 着眼发展，着眼提高，着眼未来。总结评估工作的着眼点是为了把未来的事情做得更好。为此，必须善于从总结历史经验教训的高度，抓住对未来最有指导意义的东西，作为总结的重点。

⑤ 注意定量与定性相结合。在公共关系活动工作中，评估结论一般是定性的，但必须用定量的指标进行说明。因此，需注意定量与定性的密切结合。

⑥ 建议与策略要具有可操作性。提出的建议与策略要切合实际情况，只有这样才具有可操作性。

6.3 公共关系评估的方法

公共关系评估的方法一般来说有目标管理法、民意测验法、德尔菲法和实验法等。

6.3.1 目标管理法

20世纪50年代中期，现代管理学之父彼得·德鲁克最先提出"目标管理"概念，其后

他又提出"目标管理和自我控制"的主张。彼得·德鲁克认为,并不是有了工作才有目标,而是相反,有了目标才能确定每个人的工作,所以"企业的目的和任务,必须化为目标"。企业的各级主管必须通过这些目标对下级进行领导,以此来实现企业的总目标。一个领域如果没有目标,这个领域的工作必然会被忽视。如果没有方向一致的分目标来指导各级主管人员的工作,则企业规模越大、人员越多时,发生冲突和浪费的可能性就越大。因此,管理者应该通过目标对下级进行管理,以分解和执行目标为手段,以圆满实现目标为宗旨,使管理活动围绕和服务于目标。

1. 目标管理的内容

(1) 目标管理是全员参与的过程

目标管理的实施是一个企业全员参与的过程。企业上至总经理,下至普通员工都要参与目标的制定,所以目标的实现者同时也是目标的制定者。只有这样,才能够真正实现目标管理,才能够实现企业期间发展的总目标。组织总目标是目标管理的起点,所以需要首先确定出组织的总目标,然后由总目标再逐级分解,通过上下协商,制定出组织各部门、各员工的分目标。用总目标指导分目标,用分目标保证总目标。总目标、部门目标、岗位个人目标,这些目标方向一致,环环相扣,相互配合,就形成了一个协调统一的目标体系。目标管理的核心就在于将各项目标予以整合,以目标来统合各部门、各单位和个人的不同工作活动及贡献,从而实现组织的总目标。

(2) 强调"自我管理、自我控制"

目标管理是一种全员参与的、民主的、自我控制的管理制度。在这一制度下,上级与下级之间是一种平等、尊重、依赖和支持的关系,下级在承诺目标和被授权之后是自觉、自主和自治的。彼得·德鲁克认为,员工是愿意负责的,是愿意在工作中发挥自己的聪明才智和创造性的。目标管理的目的在于,用"自我控制管理"代替"压制性管理",要培养员工参与管理的意识,由员工自己控制自己的成绩,努力实现自己制定的个人目标,从而实现部门单位目标,进而实现组织的整体目标。通过自我管理和自我控制来带动员工尽自己最大的力量把工作做好。

(3) 重视成果目标管理

从制定目标出发,以目标完成情况的考核为终结。工作成果是评定目标完成程度的标准,也是人事考核和奖评的依据与评价管理工作绩效的唯一标准。采用传统的管理方法来评价员工的表现,往往容易根据印象、本人的思想和对某些问题的态度等定性因素来评价。实行目标管理后,由于有了一套完善的目标考核体系,从而能够按员工的实际贡献大小如实地评价一个人。这有助于调动员工的积极性,增强组织的凝聚力。

2. 目标管理的过程

一般来说,目标管理的过程可以分为以下3个阶段。

(1) 建立一套完整的目标体系

这项工作是从企业的最高主管部门开始的,由组织的高层为领导制定战略性目标,然后各级人员相互讨论并修改,自上而下地逐级协商确定目标。上下级的目标之间通常是一种"目的-手段"的关系,某一级的目标需要用一定的手段来实现,而这些手段就成为下一级的次目标。按级顺推下去,直到作业层的作业目标,从而构成一种锁链式的目标体系。分目标要具体量化，便于考核；要分清轻重缓急，以免顾此失彼；既要有挑战性，又要有实现的可能性。每位员工和部门的分目标要和其他的分目标协调一致，并支持本单位和组织目标的实现。

（2）组织实施目标

目标既定，主管人员就应放手把权力交给下级成员，而自己去抓重点的综合性管理，完成目标主要靠执行者的自我控制。当然，目标管理重视结果，强调自主、自治和自觉，并不等于领导可以放手不管。上级的管理主要应表现在定期检查、辅以指导和协助、创造良好的工作环境、保留对例外发生的重大问题进行指导和控制的权力等方面。

（3）总结和评估

对各级目标的完成情况要定期进行检查，检查的依据就是事先确定的目标。达到预定的期限后，下级要首先进行自我评估，提交书面报告，然后上下级一起来进行目标评价，即把实现的成果同原来制定的目标相比较，并根据评价结果进行奖罚，同时讨论下一阶段目标，开始新循环。如果目标没有完成，就分析原因并总结教训。

3. 目标管理法在公共关系评估中的应用

根据目标管理的主要内容和过程，对公共关系活动的效果进行评估，首先要根据组织的总目标明确公关部门的部门目标、每次专题活动的分目标，再落实到每个公关部门执行人的个人岗位目标。在公共关系活动进行过程中，是根据分目标来进行过程管理的。活动结束后，要对照公共关系目标规划体系，检查公共关系的总目标、分目标、阶段目标、专题活动目标、个人目标等是否逐项落实，比较预期目标与实际活动效果，发现工作中的问题，总结工作中取得的成绩。

6.3.2 民意测验法

1. 民意测验法的含义及步骤

民意测验法是指运用各种调查方法，直接了解社会公众对组织所开展的公共关系工作或某一项活动的认识、看法和反应，以此作为评价公共关系工作效果的重要依据的一种方法。民意测验法早先用于测定公众对某一政治或社会领域中争议问题的态度，现在这种方法已经十分普遍地运用在公共关系领域。基本做法是按随机抽样的原则，在选定的公众群体中选择一定数量的测验对象，用问答、座谈等方式，征求他们对某一问题的意见、态度、倾向，再进行统计分析和研究，借以评价公共关系活动的效果。

民意调查最早可追溯到18世纪后期逐渐发展起来的各种社会调查方法，开始受到重视并迅速发展起来，是在1963年乔治·盖洛普成功地进行了美国总统选举预测调查之后。目前，公共关系调查中应用的民意测验是经过此专业机构长期使用并改进的一种较为科学和准确的调查评估方法。民意测验一般有以下几个步骤：确立调查目的、确定调查对象的范围、抽选样本确定调查方式、拟订调查表、整理资料并撰写调查报告等。

2. 民意测验法的核心

民意测验法的核心是抽样调查。所谓抽样调查即是指从调查总体中选出一部分样本进行调查，然后根据样本的结果，来推断调查的总体情况。抽样调查的优点：①它只从样本总体中抽取一部分进行调查，省时、省力、较为经济；②抽样调查，尤其是随机抽样最能反映事物的本来面目；③抽样调查可随时汇总和提供调查结果，以便使用。当然，抽样调查会有一定的误差，为了减少抽样误差，应做到：①正确地选用抽取样本的方法，尽可能地抽选出能反映事物本来面目的样本；②确定合适的样本数量，样本数量多少会与抽样结果成正比，即抽取样本越多，误差越少，但过多又失去了抽样的意义。为此，应加强调查组织工作，以提高工作质量。

6.3.3 德尔菲法

德尔菲法（Delphi Method）又称专家评价法，是指由公共关系方面及相关方面的专家来审定、观察公共关系计划的实施，对计划实施的对象进行调查，与实施人员交换意见，最后撰写出评价报告，鉴定公共关系活动的成效。专家评价法的价值，完全取决于专家是否具备专业知识，如果专家对公共关系活动所涉及的某些领域的知识不足，也无法做出正确的评价。因此，采用专家评价法，一定要聘请知识丰富、熟悉情况的专家。

德尔菲法依据系统的程序采用匿名发表意见的方式，即专家之间不得互相讨论，不发生横向联系，只能与调查人员发生关系，通过多轮次调查专家对问卷所提问题的看法，经过反复征询、归纳、修改，最后汇总专家基本一致的看法作为评估的结果。这种方法具有广泛的代表性，较为可靠。德尔菲法的具体实施有以下几个步骤。

① 组成专家小组。按照评估课题所涉及的知识范围来确定专家。专家的人数可根据评估课题的大小和涉及面的宽窄而定，一般邀请公关、管理、心理、传播专家10～20人。

② 向所有专家提出所要评估的问题、评估标准及有关要求，并附上有关这个问题的所有背景材料，同时请专家提出还需要什么材料，然后由专家做书面答复。

③ 各位专家根据自己所搜集到的材料，提出自己的预测意见，说明自己是怎样利用这些材料并提出预测意见的。

④ 将各位专家的第一次判断意见汇总，列图表进行对比，再分发给各位专家，让专家比较自己与他人的意见，修改自己的意见和判断。也可以把各位专家的意见加以整理，或请身份更高的其他专家加以评论，然后把这些意见再分发给各位专家，以便他们参考后修改自己的意见。

⑤ 将所有专家的修改意见汇总，再次分发给各位专家，以便做第二次修改。逐轮搜集意见并为专家反馈信息是德尔菲法的主要环节。搜集意见和信息反馈一般要经过三四轮。在向专家进行反馈的时候，只给出各种意见，不说明发表各种意见的专家的具体姓名。这一过程重复进行，直到每一位专家不再修改自己的意见为止。

⑥ 对专家的意见进行综合处理。德尔菲法同常见的召集专家开会，通过集体讨论得出一致预测意见的专家会议法既有联系又有区别。德尔菲法能发挥专家会议法的优点：A. 能充分发挥各位专家的作用，集思广益，准确性高；B. 能把各位专家意见的分歧点表达出来，取各家之长，避各家之短。同时，德尔菲法又能避免专家会议法的缺点：A. 权威人士的意见影响他人的意见；B. 有些专家碍于情面，不愿意发表与其他人不同的意见；C. 出于自尊心而不愿意修改自己原来不全面的意见。德尔菲法的主要缺点是过程比较复杂，花费时间较长。

6.3.4 实验法

利用调查法虽然可以了解公共关系活动是否产生了效果，但不能证明如果没有这些活动，这种效果就不会产生，也就是不能真正地证明引起公共关系活动效果的原因是什么。要想确立因果关系，必须使用实验法。普遍采用的实验设计模型见表6-1。表中的实验组和控制组是指两组随机抽选的测试样本。

表6-1 实验设计模型

	实验前	实验后
实验组	A	B
控制组	C	D

在实验时，对实验组的成员施加某些影响，即对他们进行一定的操作。控制组则不受这些影响，控制在一定的条件下。A、B、C、D分别是他们在实验前后进行某种测验的成绩，如果A与B的差大于C与D的差，那么就说明实验条件对实验产生了影响。

例如，如果想知道一部有关新能源的影片是否能够增加人们有关能源的知识，就可以进行下面的实验。把一群公众当做实验组，让他们在实验室里看这部有关新能源的电影，把另一群学生当做控制组，带他们到另一房间，让他们观看一部武打电影（或什么也不看），然后在观看电影的前后对两组被测试者进行有关能源的知识测验。如果这部有关新能源的电影有助于增加能源知识，就会发现实验组的成绩比控制组的成绩有明显提高。

在实际的研究中，很难完全控制实验条件，如不能真正做到随机选择被测试者，实验组和控制组的条件不等同，实验组和控制组之间有一定程度的交流等。基于这些原因，在公共关系评估中，通常采用准实验或非实验设计。通常有以下4种设计。

1. 简单的前测、后测法

简单的前测、后测法是针对只有一组被测试样本而进行的。因为没有控制组，就只能对实验组在实验前后分别进行测试，然后比较两者的差异，如果实验前后的成绩不同，就说明实验条件对被测试者产生了影响。

2. 后测法

后测法是随机选取两组测试样本，使两者的条件尽量对等，一个作为实验组，另一个作为控制组，在实验前不对他们进行测试，施加一定条件后再进行测试比较，看两者的成绩是否有差异。

3. 复杂的前测、后测法

复杂的前测、后测法是对实验组和控制组分别进行前测、后测法实验，然后将其成绩放在一起进行比较，从中发现实验条件所起的作用。

4. 非均衡控制法

非均衡控制法是在不能随机选取测试样本时所采用的一种方法，这种情况在公共关系评估研究中是经常遇到的。例如，人们可能为改善一个公司内部员工与领导的关系而进行了一系列组织内部的公共关系活动,而人们不一定能找到两个条件完全相同的公司进行比较研究,因而只能在非均衡条件下进行实验和评估。

本 章 小 结

公共关系评估是公共关系工作进程的最后一个步骤。本章着重阐述了公共关系评估工作的重要性、公共关系评估的主要内容、公共关系评估的方法。对公共关系的评估是为了验证组织公共关系工作取得的成绩,发现公共关系工作中出现的问题,为制定新的公共关系策划提供科学的依据,以使公共关系工作有计划、有步骤地进入下一个工作流程,更好地塑造组织的形象。

习 题

1. 填空题

(1) 目标管理的过程可分为_____、_____、_____3个阶段。

(2) _____是公共关系调查中最主要、应用最广泛的方法。

2. 选择题

(1) 对公共关系活动类型评估,主要包括(   )。

A. 日常公共关系活动效果评估　　　　B. 专项公共关系活动效果评估
C. 年度公共关系活动效果评估　　　　D. 长期公共关系活动效果评估

(2) 公共关系实施过程评估的内容主要包括(   )。

A. 发送信息数量　　　　　　　　　　B. 媒体采用信息数量
C. 注意到信息的公众数量　　　　　　D. 产生期望行为的受众的数量

3. 简答题

(1) 公共关系评估工作的意义是什么?

(2) 简述公共关系评估的工作程序。

(3) 公共关系评估的方法有哪些?请简要介绍两种方法。

(4) 撰写公共关系评估报告要注意哪些问题?

4. 实际操作训练

(1) 假定你所在的学校近日有一次重要的公共关系活动,但由于天气原因导致活动不能如期开展,请拟定一个应急方案,以消除或减小不利影响。

(2) 请对近期举行的某一次公共关系活动进行评估,并撰写评估报告。

5. 案例应用分析

"童话秘境" 内蒙古自治区旅游目的地营销

1. 项目背景

在大多数人的认知里,内蒙古大草原的美仅仅只是席慕蓉笔下"带着清香无限,一直一直铺向天边"的盈盈草原,每当凛冬来临,这里只剩下极寒。但实际上,内蒙古的冬天非常有意思,每个毛孔都绽放着别处鲜有的北境之美;除此之外,还有泼水成冰、骆驼拉爬犁等只有身临其境才能感受到的"深冬之趣"。

2017年冬季,内蒙古自治区旅发委为展示茫茫雪原真正的魅力,从"民宿体验"与"自驾游"两大目标客群入手,联合小猪短租与斯巴鲁(中国)共同打造"童话秘境"冬季旅游营销活动,深度挖掘内蒙古自治区(下文简称内蒙古)冬季人文旅游资源,促进传统观光型旅游向体验交互型旅游形态升级,吸引更多用户了解并体验到内蒙古冬天真正的乐趣。

2. 项目目标

"童话秘境"内蒙古冬季营销活动将围绕以家庭为单位的亲子自驾人群,展开互联网营销活动,推广内蒙古冰雪特色旅游产品,进一步开发冬季旅游市场,打破内蒙古旅游发展的季节限制,树立全新的内蒙古冬季旅游品牌形象,让更多目标客群了解并体验到内蒙古冬天的魅力。

3. 项目策划

对于用户来说,新、奇、特的互联网事件与富含情感共鸣的话题才能产生吸引力与煽动力。对于内蒙古旅游目的地来说,树立全新冬季旅游品牌形象,形成市场影响力,从而达成实际的用户转化是项目的首要目标。

"童话秘境"基于以上需求分析,通过打造爆点互联网事件,实现"场景构建",精确洞察用户"痛点",打造走心话题,引发"用户共鸣",成为一个合格的"引路人",引导用户对内蒙古冬季冰雪的魅力感同身受,实现在全网范围内深入有效的传播。

4. 项目实施

本次营销活动计划围绕"场景构建"与"用户共鸣"两个关键词,从打造民宿产品和引导用户内容两方面展开传播推广,在打造互联传播爆款营销事件的同时,上线并宣传内蒙古冬季旅游系列产品,实现让用户"住进内蒙古,感受冬天深处的乐趣"。

(1)"场景构建"

"感同身受"的关键在于用最直观的视觉、听觉、触觉感受环境氛围,让用户亲身体验内蒙古的冬天。

第一步,实现美景的可体验化。"童话冰屋"曾经出现在我们儿时的童话书上,但却很少有游客在国内实现过住进童话美景的体验。针对这一"痛点",在内蒙古阿尔山国家森林公园杜鹃湖景区,一个直径6米的晶莹剔透的冰屋搭建在一片冰湖的湖面上,同时还上线小猪民宿,供用户预订体验。

第二步,实现极寒的可体验化。快闪在2016年曾是年轻群体最潮的街头活动,但是将"VR"技术融入快闪还是第一次。针对南方人不了解冬天,渴望体验真正冬天的"痛点",我们把活动地点设在深圳,体验者只需戴上VR眼镜就可以进入内蒙古的冬天,再配合鼓风机、人工雪球等道具模拟雪原嬉戏、骆驼拉爬犁等体验场景,大风一吹,分分钟让人感受到凛冬已至。

第三步,实现内蒙古的可体验化。内蒙古旅发委2016年的调研数据显示,潜在游客选择住宿时,有高达43%的人首选蒙古包等特色民宿,但在民宿市场高度发展的2017年,内蒙古的特色民宿产品几乎仍是一片空白。本次活动选取了草原牧民、渔民、大兴安岭林户、边境俄罗斯人家四大最具内蒙古民俗特色的人家开发民宿产品,在活动结束后,上线了一批真正可以让游客预订、住宿、体验的旅游产品,推动了内蒙古体验交互型旅游形态的发展。

(2)"用户共鸣"

吸引与关注不能真正影响用户行为,只有从内心深处与用户产生共鸣,才能有效地影响用户的消费决策。因此,当打造了"童话冰屋"这一极具话题性的事件之后,还必须分析用户画像与市场特征,创意一个有洞察、有契合、有情怀的话题,引发用户讨论与思考。

第一步,精确洞察,抛出走心话题。综合内蒙古2016年旅游发展报告与TalkingData大数据分析,瞄准亲子自驾的目标客群,提取用户画像的关键词——童心、好奇、勇气,制作了"失意废纸篓"活动H5,抛出有关于"童梦"的话题讨论,通过一些简单的童年回忆,引发用户对自己成长过程的追忆与思考,产生大量UGC(User Generated Content,用户原创内容)。

第二步,搜集并分析数据,邀请KOL(Key Opinion Leader,关键意见领袖)引导用户舆论。通过UGC的数据,再次刻画目标用户形象,邀请对他们具有舆论影响力的KOL参与落地自驾活动,通过"偶像"的力量引导"粉丝"的舆论方向,在沿途展示冰雪风光的同时,制作主题访谈类节目,深入剖析内蒙古除冰雪资源以外的人文魅力。

第三步，重新编辑用户内容并进行二次传播，利用优质的 UGC 将内蒙古冬季旅游资源情感化、丰富化，引发用户共鸣。

执行时间：2017 年 12 月—2018 年 1 月

5. 项目评估

此次"童话秘境"活动的传播完美诠释了"场景构建"与"用户共鸣"两个项目营销关键词，总传播覆盖人数达 7400 万。针对"童话冰屋"制作的两条活动视频，完成了超过 6000 万的用户覆盖和 700 万人次的有效观看；在线下自驾活动期间邀请 20 位 KOL 为"童话秘境"活动集体发声，并制作《漠北三人行》主题访谈节目深度解析内蒙古人文内涵，话题讨论量达 1681 万人次，真正做到了让"童话秘境"抵达用户内心深处，让 2017 内蒙古冬季"童话秘境"旅游营销活动引爆全网。

活动结束后，在各大旅行社、OTA（Online Travel Agency，在线旅游）网站上，以"童话秘境"线路为主题的内蒙古冰雪自驾产品正式上线；在小猪民宿预订平台上，也出现了以"童话冰屋"民宿为主题的内蒙古特色民宿产品，还搭建了产品销售专题页面，完成了约 10% 的用户参与转化率，让"童话秘境"真正成为内蒙古冬季旅游的"引路人"，促进了地区旅游形态升级，树立了内蒙古冬季旅游的品牌形象。

（资料来源：编者根据中国公关网相关资料整理。）

问题：

（1）在这个案例中使用了何种公共关系评估方法？

（2）通过"童话秘境"内蒙古冬季营销活动，内蒙古自治区旅发委达到了哪些公共关系目标？

【拓展视频：公关助力在左，品牌竞争力在右】

【知识拓展练习】

第 7 章

企 业 文 化

教学目标

通过本章学习,理解企业文化的内涵与特征,了解企业文化的基本结构,熟悉企业文化的功能,掌握建设企业文化的基本程序。

教学要求

知识要点	能力要求	相关知识
企业文化的内涵与特征	(1) 理解企业文化的内涵;(2) 了解企业文化的功能;(3) 了解企业文化的特征	(1) 企业文化与传统企业管理的关系;(2) 导向功能、激励功能、凝聚功能、规范功能、协调功能、教化功能、维系功能、辐射功能
企业文化的结构	(1) 知道企业文化的构成;(2) 理解企业文化各要素的内涵	(1) 理念文化;(2) 制度文化;(3) 行为文化;(4) 物质文化
企业文化的地位	(1) 了解企业文化与公共关系的异同性;(2) 认识企业文化与品牌的关系;(3) 知道企业文化与企业形象的关系	(1) 企业文化与公共关系的共同性;(2) 企业文化与公共关系的互补性;(3) 企业文化与企业战略的关系
建设企业文化	(1) 了解建设企业文化的基本原则;(2) 熟悉建设企业文化的基本程序	(1) 文化的启动和调研;(2) 文化的梳理和导入;(3) 文化的巩固和完善;(4) 文化生命周期

基本概念

理念文化 制度文化 行为文化 物质文化

永远创业，永远创新！央视聚焦海尔"人单合一"模式

2018年7月23日晚，央视财经频道《财经人物周刊》播出《张瑞敏：企业重塑之求索》，带领观众走近海尔集团董事局主席、首席执行官张瑞敏，零距离直击"人单合一"模式，探索海尔的"凤凰涅槃"重生之路。

据了解，《财经人物周刊》是央视财经频道打造的大型人物专题节目，采访报道我国改革开放以来的杰出人物、改变人们生活方式的创业者和拥有世界顶级成果的科技巨匠。《财经人物周刊》认为，互联网虽然诞生于美国，但最符合互联网特点的企业管理智慧，却是由中国人摸索出来的。

自1984年创业以来，海尔从600人的小工厂变成数万人的大企业，光荣与辉煌之下，鲜花和掌声没有让张瑞敏冲昏头脑；相反，他一直在琢磨一道难题，也是全世界都解决不了的一个难题——大企业病。30多年前，张瑞敏用一把大锤砸烂劣质冰箱，20年后的张瑞敏又砸掉企业的中层组织。这一砸让世界震惊，同时也砸出了一个成功的互联网时代的商业模式——"人单合一"模式。

2005年9月，张瑞敏首次正式提出"人单合一"的概念：作为员工的"人"和作为用户需求的"单"，要合二为一，让每个员工的价值都得到发挥！他说："海尔从原来一个出产品的企业，变成一个出创客的平台，变成一个创业平台了。"

确实，今天的海尔和传统企业大不一样了。8万多名员工，被分成了2000多个创业团队，人数从几人到几百人不等。这些团队被称作"小微"，负责人叫"小微主"。这些小微不用听命于各级领导，不用层层请示汇报。他们依靠海尔的大平台，独立经营、自主创业。他们是小微主！是创客！

随着海尔踏上全球化征途，"人单合一"也在全球生根发芽。在追着西方管理模式跑的中国企业中，也有了让西方企业追捧的"中国智慧"。海尔热水器产业太阳能"小微"自下而上推动了对全球最大的平板太阳能制造商GREENoneTEC的并购，开发将红酒商和用户直接联系起来的"酒知道"APP，这一个个案例都在证明"人单合一"模式的价值。

随着物联网时代的到来，海尔踩着时代的节拍，提出了构建生态品牌的战略。值得注意的是，这是在全球范围内企业第一次明确提出的物联网时代"创牌"方式。在生态品牌之下，海尔为用户提供的不再是产品，而是生态各方共创共赢的增值，也就是"生态收入"。传统经济依靠产品来获得收入，而现在则是依靠为用户提供的最佳体验，来换取生态方面的收入，也就是体验服务的收入。

永远的"自以为非"给了海尔勇气和自信。在海尔看来，面对新的挑战，最好的武器只有两件——永远创业，永远创新！张瑞敏认为："一个鸡蛋如果从外面打破，就是人们的食物；如果从里面打破，就是新的生命。"

(资料来源：编者根据海尔官方网站相关资料整理。)

思考题
海尔"人单合一"模式给我们的启示是什么？

7.1 企业文化概述

企业文化主要是由理念文化、制度文化、行为文化和物质文化等内容构成。它产生于20世纪20年代，是市场竞争的产物，也是现代企业竞争的焦点。企业文化以其独有的价值观念、管理思想、群体意识、行为规范和行为方式，对企业员工的行为起着导向、凝聚、规范、激励和协调作用。

7.1.1 企业文化的内涵与特征

当提及唐装、京剧、书法、武术等中国传统文化元素的时候，人们明白了什么是文化产品。但是对其中的文化内涵和特征又了解多少呢？

1. 企业文化的内涵

不管你是否注意到文化的存在，文化就在你身边。往往只有在人们所习惯的事物发生变化时，当人们遇到了不同于自身所习惯的事物时，才会深刻地注意到文化的存在。事实上，人们常常期望其他人也有与自己相似的风俗习惯和价值观，而在他人并不具备这些东西时，会感觉到奇怪。不同的企业有不同的文化。例如，当你进入不同的企业，你就能"感觉到"该企业所处的氛围，人们是如何打招呼的，或他们是如何看待你的。人们谈论的事物或人们的态度，办公室的设备、布告栏以及许许多多不出声的暗示都能向你展示企业的文化。

（1）企业文化理论的界定

企业文化又称公司文化。一种新的概念和理论在形成过程中，往往会有众多学者从不同角度发表学说，企业文化也不例外。

特伦斯·迪尔和艾伦·肯尼迪在《企业文化》一书中指出，企业文化是由5个因素组成的系统，其中，价值观、英雄人物、习俗仪式和文化网络是它的4个必要的因素，而企业环境则是形成企业文化的主要影响因素。

约翰·P. 科特和詹姆斯·L. 赫斯克特在其《企业文化与经营业绩》中指出，企业文化通常代表一系列相互依存的价值观念和行为方式的总和。这些价值观念、行为方式往往为一个企业全体员工所共有，往往是经过较长的时间积淀、存留下来的。

迈克尔·茨威尔在其著作《创造基于能力的企业文化》中谈到，从经营的角度来说，企业文化是组织的生活方式，它由员工"世代"相传。通常包括以下内容：我们是谁，我们的信念是什么，我们应该做什么，如何去做。大多数人并未意识到企业文化，只有当自己接触到不同的文化时，才能感觉到自己所在企业的文化。企业文化可以在组织的各个层次得到体现和传播，其中包括组织成员共同拥有的一整套信念、行为方式、价值观、目标、技术和实践。

杰克琳·谢瑞顿和詹姆斯·L. 斯特恩在《企业文化：排除企业成功的潜在障碍》中指出，企业文化通常指的是企业的环境或个性，以及它所有的方方面面。它是"我们在这儿的办事方式"，连同其自身的特征，它很像一个人的个性。更确切地说，企业文化可以分为4方面：一是企业员工所共有的观念、价值取向以及行为等外在表现形式；二是由管理作风和管理观念（管理者说的话、做的事、奖励的行为）构成的管理氛围；三是由现存的管理制度和管理程序构成的管理氛围；四是书面和非书面形式的标准和程序。查尔斯·希尔和盖洛斯·琼斯认为，企业文化是企业中人们共同拥有的特有的价值观和行为准则的聚合，这些价值观和行为准则构成企业中人们之间和他们与企业外各利益方之间交往的方式。

（2）企业文化的定义

企业文化是社会文化的一个子系统。企业通过自身生产经营的产品及服务，不仅反映出企业的生产经营特色、组织特色和管理特色等，还反映出企业在生产经营活动中的战略目标、群体意识、价值观念和行为规范，它既是了解社会文明程度的一个窗口，又是社会当代文化的生长点。因此，在国内外学者观点的基础上，可以对企业文化做如下定义。

企业文化是指现阶段企业员工所普遍认同并自觉遵循的一系列理念和行为方式的总和，通常表现为企业的使命、愿景、价值观、行为准则、道德规范和沿袭的传统与习惯等。也可以从以下4方面来理解企业文化。

① 文化总是相对于一定时间段而言。这里所指的企业文化通常是现阶段的文化，而不是指企业过去的历史文化，也不是指将来企业可能形成的新文化。

② 只有达成共识的要素才能称为文化。企业新提出的东西，如果没有达成共识，目前就不能称之为文化，只能说是将来有可能成为文化的文化种子。企业文化代表企业共同的价值判断和价值取向，即多数员工的共识。当然，共识通常是相对而言的。在现实生活中，通常很难想象一个企业所有员工只有一种思想、一个判断。由于人的素质参差不齐，人的追求呈现多元化，人的观念更是复杂多样，因此，企业文化通常只能是相对的共识，即多数人共识。

③ 文化问题相对于一定的范围而言。我们所指的企业文化通常是企业员工所普遍认同的部分。如果只是企业领导层认同，那么它只能称为领导文化；如果只是企业中某个部门的员工普遍认同，那么它只能称为该部门的文化。依据认同的范围不同，企业中的文化通常可以分为领导文化、中层管理者文化、基层管理者文化，或部门文化、分公司文化、子公司文化等。

④ 文化必定具有内在性。企业所倡导的理念和行为方式一旦达成普遍的共识，成为企业的文化，则这些理念和行为方式必将得到广大员工的自觉遵循。

2. 企业文化的特征

企业文化作为一种亚文化，除了具有社会大文化的共性，还有其自身的特征。人们对于企业文化有不同的概括：多样性、时代性、人文性、继承性、综合性、社会性、地域性、民族性、主体性和传播性等。本书认为企业文化的主要特征有以下几种。

(1) 人文性

企业文化从理论到实践都十分强调人的社会性，强调以人为中心，强调人的价值观念在企业运作中的重要地位和作用。企业文化提倡群体精神，提倡建立亲密、友善、互助、信任、亲和的关系。企业文化注重员工的自尊、自我实现等高层次的心理需求，并把以上这些带有人文色彩的信念、价值观等巧妙地注入员工的心灵深处，在企业中形成一种和睦相处、和衷共济的人际环境。例如，顺丰速运（简称顺丰）的"新生代员工"管理。顺丰属于劳动密集型行业，员工平均年龄为30岁，"新生代员工"占员工总人数的70%，这些正值"当打之年"的年轻人是顺丰口碑的缔造者和坚守者。为了让"新生代员工"在看似重复的工作中找到乐趣，产生归属感，并且感受到被认可、被重视，顺丰主要从以下3方面对"新生代员工"进行管理。

第一，"医食住教"的关爱。"新生代员工"自身生活技能普遍不高，而许多人即将面临或正处于成家立业这一人生阶段，自身和家庭的生活问题是许多年轻人面对的困境。为解决员工的现实诉求，企业从"新生代员工"的"医食住教"方面入手。医：在与顺丰合作的医院中，员工能通过绿色通道获取更多的医疗资源，更快进入看病程序。食：设立"员工之家"弹性福利平台，这一平台针对"新生代员工"喜欢自主选择、自主安排的特点，改变了以往福利统一发放的形式，让他们自行选择福利内容，有机会实现"我的福利我做主"。住：顺丰积极与政府沟通，为员工谋得更多住房支持（如廉租房），让他们在城市中能有较好的安身之所。教：顺丰总部与深圳福田区政府、教育局合作的教育基金项目，一方面为社会教育贡献顺丰的资源和力量；另一方面，通过支持深圳教育改革，也为顺丰招募更多的优秀人才。

第二，让员工参与管理。"新生代员工"生长于信息爆炸时代，他们获取信息渠道多，勇于发表个人观点、抒发个人见解。因此，在企业管理中，提高他们的参与度，让他们充分"发声"是尊重员工的一种良好方式。

第三，顺丰内部设立3个投诉渠道：顺丰BBS、总裁邮件和致电审计监察部。这些投诉渠道不仅起到规范员工、管理者行为的作用，更能让企业高层获知基层员工对企业管理者的期待，从而能帮助管理者更好地实践"尊重"文化，完善企业的管理。这一事例说明，着眼于人的管理方式是企业文化的精髓。

（2）时代性

企业文化作为管理科学的最新成果，是在一定的历史文化、现代科学技术和现代意识影响下形成和发展起来的。因此，它受到当时当地政治、经济、文化发展的影响，必然带有时代的特征。换句话说，企业文化产生在特定时代的大背景下，必然成为时代精神的反映。现代的企业文化渗透着现代企业经营管理的种种观念，如市场经济观念、市场竞争观念、经济效益观念、消费者第一观念、灵活经营观念、开拓创新观念等。

例如，联想的企业文化与企业发展是密切关联的，即每个发展阶段都形成某种导向的企业文化。

① 目标导向——服务文化。创业早期，联想认识到服务客户的重要性，从而突破了计划体制下"产供销"的老路，开创了"贸工技"的模式，其中，"贸"就是开发和管理客户。"以客户为起点，以研发为中介，以市场为目标"，使联想积累了资金，熟悉了市场和销售渠道，迅速获得了很大的成功，促进了联想服务文化的形成。

② 规则导向——严格文化。1996—1998年，联想将目标转向"求发展、求规模、求效益"，加强核心竞争力，因而急需对内部进行规范化管理。为了适应企业发展需要，杨元庆提出了"认真、严格、主动、高效"的严格文化。精准求实的严格文化是技术升级、质量提升的奠基石，是联想创造品牌企业的有力保障。

③ 支持导向——亲情文化。1999—2003年，企业规模进一步扩大，联想高层发现人与人之间、部门与部门之间存在沟通障碍，缺乏理解和信任，导致工作配合困难。随后提出"平等、信任、欣赏、亲情"为主题的亲情文化，打破了企业的官僚性交往气氛。

④ 创新导向——创业创新文化。2004年以后，联想面临新的环境：第一，老业务危机，对于过去的竞争优势今天需要通过创新来保持；第二，新业务危机，在原来业务基础上又发展新业务，没有做过的业务需要创新；第三，人的需要，新员工的思想有所不同，企业文化要成为他们的共识，需要创新方法。杨元庆提出了联想的创业创新文化，宣告了联想企业文化价值理念的再次回归。

(3) 特色性

企业文化既存在于民族社会文化之中，又因各企业的类型、所处行业性质、规模、人员结构、发展阶段等方面的差异而各不相同。不同的社会、不同的民族、不同地区的不同企业，其文化风格各有不同，即使两个企业在环境、设施设备、管理组织、制度手段上可能十分相近甚至一致，在文化上也会呈现不同的特点。这是由企业生存的社会、地理、经济等外部环境，以及企业所处行业的特殊性、自身经营管理特点、企业家素养风范和员工的整体素质等内在因素决定的。正如《日本企业管理艺术》中所说："一家公司就像一个人，必须按照它自己的方式去发展。"企业文化在各个企业的具体表现是丰富多彩、各具特色的。不仅不同的国家、不同的社会制度下的企业各具特色，就是在同一个国家、同一种社会制度下，各个企业也千差万别。因此，企业文化也就必然因企业而异，表现出不同的特点。例如，华为的"团结协作、集体奋斗"精神；海尔的"敬业报国、追求卓越"精神；联想的"爱国主义"精神和"以信为本、大局观、艰苦奋斗、拼搏创新"精神。每个企业只能根据本企业的具体情况，因时制宜、因人制宜地培育适合自己需要的、体现自己特色的企业文化。

(4) 稳定性

任何一个企业的企业文化总是与企业发展相联系的。企业文化的形成是一个渐进的过程，它一经形成，并为企业员工所掌握，就具有一定的稳定性，不因企业产品、组织制度和经营策略的改变而立即改变。没有质的稳定，就没有特定的企业文化，企业文化的存在和发展也就失去了客观基础。

文化的生成呈现长期性，文化的作用具有延绵性。一种积极的企业文化，尤其是居核心地位的价值观念的形成往往需要很长时间，需要先进人物的楷模作用，需要领导者的耐心倡导和培育等。企业文化一旦形成，它就会变成企业发展的灵魂，不会朝令夕改，不会因为企业产品的更新、组织机构的调整和领导人的更换而发生迅速的变化，一般来说，它会长期在企业中发挥作用。

当然，企业文化的稳定性也是相对的，根据企业的内外经济条件和社会文化的发展变化，企业文化也在不断得到调整、完善和升华。尤其是当整个社会处于大变革和大发展、企业制度和内部经营管理发生剧烈变动的时期，企业文化也通常会因为新旧观念的冲突而发生大的变革，从而适应新的环境、条件和组织目标。"适者生存，优胜劣汰"，企业文化是在不断适应新的环境中得以进步并充满生机和活力的。

(5) 开放性

优秀文化具有全方位开放的特征，绝不排斥先进管理思想及有效经营模式的影响和冲击。企业文化的开放性将促进企业文化的发展。通过引进、改造、吸收其他企业的文化，促使自身发育成长，不断完善。企业文化的开放性必然导致外来企业文化与本土企业文化、现代企业文化与传统企业文化的交融与整合，这正是建设具有自身特色企业文化的契机。

(6) 可塑性

企业是一个有生命的有机体，企业活动是一种动态的过程。随着社会和经济的发展，各种先天素质、历史的积累、后天的营养以及现实的环境因素等，都会对企业文化产生影响。人们希望优秀企业文化可以能动地变革，创造某些形态和模式，以适应新的发展要求，塑造出新的企业文化。企业文化的塑造过程实际上也就是企业所倡导的新的价值观念和行为方式被员工普遍认同并接受的过程。

(7) 系统性

企业文化是一个系统，是由相互联系、相互依赖、相互作用的部分和层次构成的有机整体。企业文化由意识形态、制度形态，物质形态等不同的层次和内容构成，虽然它们各有特点并相对独立，但又紧密结合成为一个整体。企业文化与社会文化也是一个有机的整体，社会文化时时处处在渗透、影响和制约企业文化的发展，而企业文化也通过其辐射功能推动着社会文化的进步，使其成为社会文化新的生长点。可见，企业文化不是企业诸因素的简单叠加，而是相互影响、相互渗透的一个有机系统，综合对企业管理和企业发展产生作用。

(8) 非强制性

企业文化不是强制人们遵守各种硬性规章制度和纪律，而是强调文化上的认同，强调人的自主意识和主动性，也就是通过启发人的自觉达到自控和自律的境界。对多数人来讲，由于认同了某种文化，这种文化就具有非强制性。当然，非强制之中也包含有某种强制，即软性约束。对于少数人来讲，一种主流文化一旦发挥作用，即使他们当时并未对这种文化产生认同或达成共识，也同样会受到这种主流文化氛围、风俗、习惯等非正式规则的约束。违背这种主流文化的言行，是要受到舆论谴责或制度惩罚的。因此，企业文化专家威廉·大内认为，文化可以部分地代替发布命令和对员工进行严密监督，从而既能提高劳动生产率，又能发展工作中的支持关系。非强制性是针对对企业文化产生认同的人员而言的，强制性是针对未对企业文化产生认同的人员而言的。可见，企业文化与传统管理对人的调节方式不同，传统管理主要是外在的、硬性的制度调节；企业文化主要是注重内在的文化自律与软性的文化引导。

7.1.2 企业文化的功能

企业文化是在强化传统企业管理功能的基础上，又突出了传统企业管理不能替代的作用。根据国外学者的研究和众多企业的实践，优良的企业文化通常具有以下功能。

1. 导向功能

导向功能是指企业文化对企业员工行为的导向作用。企业是由怀着不同信念和目的的人所组成的，通过企业文化的引导，统一企业各级领导和员工的思想，形成本企业意志化、信念化的群体意识，促使企业成员把企业的目标变为自觉行动，从而促进企业朝着既定的目标健康发展。

(1) 企业文化能显示企业发展方向

企业文化以概括、精粹、富有哲理性的语言明示了企业发展的目标与方向，这些语言经过长期的教育、潜移默化，已经铭刻在广大员工心中，成为其精神世界的一部分。美国IBM公司的宗旨是"为顾客提供世界上最优良的服务"。经过长期实践，"优良服务"几乎成了IBM公司的象征。它不仅向顾客提供各种机器租赁，还提供各种机械服务；不仅提供设备本身，还提供技术培训和"随叫随到"的咨询服务。它能保证做到"在24小时以内对任何一位顾客的意见和要求做出满意的答复"。

(2) 企业文化能诱导企业行为方向

企业文化建立的价值目标是企业员工的共同目标，它对员工有巨大的吸引力，是员工共同行为的巨大诱因，使员工自觉地把行为统一到企业所期望的方向上去。正如托马斯·J. 彼得斯和罗伯特·H. 沃特曼所说，在一个优秀的企业，因为有鲜明的指导性价值观念，基层的人们大多数情况下都知道自己该做些什么。

(3) 企业文化能坚定企业行为方向

企业在遇到困难和危机时，强大的企业文化可以促使员工把困难当作动力，把挑战当作机会，更加坚定而执着地为既定的目标而奋斗。华为总裁任正非曾说："不要说我们一无所有，我们有几千名可爱的员工，用文化接起来的血肉之情，它的源泉是无穷的，我们今天是利益共同体，明天是命运共同体，当我们建成内耗小、活力大的群体的时候，当我们跨过这个世纪形成团结如一人的数万人的群体的时候，我们抗御风雨的能力就增强了，可以在国际市场的大风暴中去搏击。我们是不会消亡的，因为我们拥有一种可以不断自我优化的文化。"要发挥企业文化的导向功能，既要引导员工树立企业的共同价值观，还要引导职工正确认识自己在本企业中所处的地位和作用，还要引导企业树立良好形象，提高企业知名度。

2. 激励功能

激励功能是指运用激励机制，充分发挥员工的潜能，产生一种情绪高昂、奋发进取的力量。

① 企业文化使员工获得充分发挥自己聪明才智、不断实现自我的优越条件。鼓励创新、支持变革，是优秀企业文化的鲜明特点。员工自我发挥、自我实现和自我完善的需要，只有在强大的企业文化环境中才能获得满足。

② 企业文化的重要特点是重视人的价值，正确认识员工在企业中的地位和作用，激发员工的主体意识，从根本上调动员工的积极性和创造性。

③ 积极向上的思想观念行为准则，可以形成强烈的使命感和持久的驱动力。心理研究表明，人们越能认识行为的意义，行为的社会意义越明显，越能产生行为的推动力。倡导企业理念的过程，正是帮助员工认识工作意义、建立工作动机，从而调动积极性的过程。

实现企业文化的激励功能，最有效的途径是坚持精神激励和物质激励相结合的原则，强化整体激励机制。

3. 凝聚功能

凝聚功能是指企业文化能将企业员工紧密地团结起来，为实现共同的目标、理想、事业而形成的一种向心集中、聚合、凝结的合力，以达到内求团结、外求发展的目的。

企业文化赋予人们共同的目标、理想、志向和期望，使人们心往一处想，劲儿往一处使，成为具有共识、同感的人群结合体。

企业文化给人们提供了一套价值评价和判断标准，使人们知道怎样做是正确的，怎样做是错误的，不仅能避免矛盾的发生，而且即使出现某些矛盾和冲突，也会积极、主动地设法解决。

实现企业文化的凝聚功能，还必须考虑以下 4 方面：第一，要将企业目标和员工个人的目标有机地结合起来；第二，要将企业的利益与员工的利益融为一体；第三，要使员工能用正确的价值观来支配自己的行为;第四,要使员工在工作、学习和生活中自觉形成民主与和谐、互助合作的人际环境。

4. 规范功能

规范功能是指企业文化通过其企业规章制度、思想作风、伦理道德、价值观念、企业的行为方式等,对员工思想和行为进行约束。企业文化具有两方面的约束功能:一种是硬性的约束,即企业规章制度对员工的约束力;另一种是软性的约束,即一种无形的约束。

企业文化的约束功能主要是从价值观念、道德规范上对员工进行软性的约束,它通过将企业共同价值观、道德观向员工个人价值观、道德观的内化,使员工在观念上确立一种内在的自我约束的行为标准。一旦员工的某种行为违背了企业的信念,心理上会感到内疚,并受到共同意识的压力和公共舆论的谴责,促使其自动纠正错误行为。例如,北京王府井百货大楼的全体员工在张秉贵"一团火精神"的带动下,人人都以热情服务、微笑待客为荣,以不负责任、冷淡粗暴为耻。

为了实现企业文化的规范功能,第一,要让员工了解本企业的共同价值观,使员工的思想和行为尽可能地符合企业的共同价值观;第二,在硬性与软性约束之间,要侧重于软性约束,即如果要在制度管理与自我管理之间做出选择,企业文化倾向于选择后者;第三,要重视员工自我管理的心理需要。

5. 协调功能

协调功能是指通过现代化的沟通手段和方法,使职工接受企业的共同信念,从而把个人和企业融为一体。企业信念是协调领导与领导之间、员工与员工之间、领导与员工之间关系的"微调装置"。共同信念可以引导内部各种关系摒弃前嫌、化解冲突、消除疑虑,为了一个共同的目标及时协同作战。在企业中,领导与员工之间是最容易产生矛盾的环节。现代企业的员工都有强烈的自尊心和自主意识,对强制性的服从十分反感。用企业的共同信念或最高目标来进行管理,就可避免这种情况。这样,领导与员工之间就会由控制与被控制、监督与被监督的关系,转变为在共同的信念下平等协商、共谋企业发展的协作关系。

为了发挥企业文化的协调功能,首先要让员工爱企业,其次要在领导和员工中形成一种相互沟通、理解、信任的文化氛围。

6. 教化功能

员工的素质是企业素质的核心,员工素质能否提高,在很大程度上取决于他所处的环境和条件。优秀的企业文化体现卓越、成效和创新。具有优秀文化的企业是一所"学校",为人们积极进取创造良好的学习、实践环境和条件,具有提高人员素质的教化功能。它可以使人树立崇高理想,培养人的高尚道德,锻炼人的意志,净化人的心灵,使人学到为人处世的艺术,有助于人的全面发展。例如,中国百年老店——北京"同仁堂",把生产"药"提升到"德"的高度。"同声同气福民济世,仁心仁术医病医人"的理念,"炮制虽繁必不敢省人工,品味虽贵必不敢减物力"的堂训,"同修仁德,济世养生"的企业精神,不仅影响员工行为,更为重要的是陶冶了员工的情操,培养了员工优秀的品质,发扬了中华民族的优良传统。把经商和做人融为一体,在弘扬中华民族医学传统的同时,充分表现了中华民族传统文化中的道德和人格、国格意识。

7. 维系功能

企业发展需要两种纽带：一种是物质、利益、产权的纽带；另一种是文化、精神、道德的纽带。企业如果只有前一种纽带，而没有后一种纽带，是不会得到健康、持续发展的。企业文化建设的重要功能之一就在于形成企业发展所不可缺少的精神纽带、道德纽带。正如济南三联集团董事长张继升所讲："这种纽带能够把不同经历、不同年龄、不同知识层次、有不同利害关系的人组合在一起，为共同的目标努力工作。这种作用绝不是仅仅用金钱就能实现的。"可见，文化纽带是韧性最强、最能突出企业个性的纽带，同时也是维系企业内部力量统一、维系企业与社会良好关系的重要力量。

8. 辐射功能

企业文化不仅对本企业产生作用，还会不断向周围传播和辐射。这种辐射的途径是企业对个人的横向联系及人员交往，它的作用机制是依靠企业文化交往实现的。

除上所述外，企业文化的功能还可以从多侧面来理解，如审美功能、娱乐功能、稳定功能等。但归根结底，企业文化是以人为中心，挖掘、开发人的内在潜能，最终赢得企业的发展壮大的。同时，企业文化功能在企业活动中并不是单独地起作用，而是综合地起作用。这样，企业文化的整体效应就会发挥出来了。

7.1.3 企业文化的基本结构

企业文化通常由企业理念文化、企业制度文化、企业行为文化和企业物质文化4个层次所构成。

1. 企业理念文化

企业理念文化是指企业在长期的生产经营过程中形成的文化观念和精神成果，是一种深层次的文化现象，在整个企业文化系统中，处于核心的地位。企业理念文化通常包括企业使命、企业愿景、企业价值观、企业精神和企业伦理等内容，是企业意识形态的总和。

（1）企业使命

企业使命是企业存在的根本目的和理由，回答了"企业为什么存在的问题"。企业使命描述了企业的主导产品、市场和核心技术领域，反映了企业的宗旨和价值观。使命是企业一种根本的、最有价值的、崇高的责任和任务，即回答"我们干什么"和"为什么干这个"。例如，微软的使命："致力于提供使工作、学习、生活更加方便、丰富的个人电脑软件"；联想的使命："为客户利益而努力创新"；百度的使命："让人们更平等、便捷地获取信息，找到所求"；格力的使命："弘扬工业精神，追求完美质量，提供专业服务，创造舒适环境"；碧桂园的使命："希望社会因我们的存在而变得更加美好"。

企业使命的作用一般有以下5方面。

① 企业使命明确企业发展方向与核心业务。企业使命使企业明白自身目前是一个怎样的组织，将来希望成为一个怎样的组织，以及如何才能体现出不同于其他组织的显著特征，从而为企业确立一个贯穿各项业务活动始终的共同主线，建立一个相对稳定的经营主题，为进行企业资源配置、目标开发以及其他活动的管理提供依据，以保证整个企业在重大战略决策上做到思想统一、步调一致，充分发挥各方面力量的协同作用，提高企业整体的运行效率。

② 企业使命协调内外部各种矛盾冲突。通常情况下，公众比较关心企业的社会责任，股东较为关心自己的投资回报，政府主要关心税收与公平竞争，地方社团更为关心安全生产与稳定就业，这样它们之间就有可能会在企业使命与目标的认识上产生分歧与矛盾冲突。一个良好的使命表述应能说明企业致力于满足这些不同利益相关者需要的相对关心与努力程度，注意协调好这些矛盾冲突之间的关系，对各种各样利益相关者之间所存在的矛盾起到调和作用。一切组织都需要得到用户、员工与社会的支持，企业使命表述能够起到帮助企业实现与内外部环境利益相关者有效沟通并赢得支持的作用，并随着时间的推移不断得到加强，做到最终被企业外部环境中的个人与组织所认同、所接纳，从而树立企业良好的社会形象。

③ 企业使命树立用户导向思想。一个好的企业使命体现了对用户正确预期。企业的经营宗旨应当是确认用户的需求，并提供产品或服务以满足这一需求，而不是首先生产产品，然后再为它寻找市场。理想的企业使命应认定本企业产品对用户的功效。例如，美国电话电报公司的企业使命不是电话而是通信，埃克森公司的企业使命突出的是能源而不是石油和天然气，太平洋联合公司强调的是运输而不是铁路，环球电影制片公司强调的是娱乐而不是电影。

④ 企业使命表明企业的社会政策。社会问题迫使战略制定者不仅要考虑企业对各类股东的责任，而且要考虑企业对用户、环境、社区等所负有的责任。企业在定义使命时必然要涉及社会责任问题。社会与企业之间的相互影响越来越引人注目。社会政策会直接影响企业的用户、产品、服务、市场、技术、盈利、自我认识及公众形象。企业的社会政策应当贯穿于所有的战略管理活动之中，这当然也包括定义企业使命的活动。

⑤ 企业是提供物质财富的经济组织。这是传统的企业观，这个观念在过去的时代几乎从未发生过变化。然而在当今时代，仅仅从企业的经济活动本身来认识企业，已经远远不够了。企业不仅在经济上，而且在许多方面都担负着重要的责任，企业活动的领域正在逐步扩展，延伸到社会的各个方面。因此，企业使命从总体来说可以划分为经济使命、社会使命和文化使命3个层面。

(2) 企业愿景

企业愿景是企业全体员工所向往的未来蓝图。它回答了"企业未来是什么样子"的问题。詹姆斯·C. 柯林斯、杰里·I. 波拉斯撰写的《基业长青》和彼得·圣吉的《第五项修炼》都花了大量的篇幅探讨企业愿景。前者从组织如何长盛不衰的角度论述构建企业愿景的重要性。后者则探讨企业愿景对企业自我超越的重要性。相对于使命而言，企业愿景更加清晰，但是相对于战略目标，企业愿景又更加高远。例如，腾讯的愿景"用户为本，科技向善"，格力的愿景"缔造全球领先的空调企业，成就格力百年的世界品牌"。

企业愿景的作用有以下3方面。

① 提升企业的存在价值。企业愿景涵盖3个层面的价值：对社会的价值处于最高层，中层是企业经营领域和目标，下层是员工的行为准则和指南。愿景所处的层次越高，效力越大，延续的时间越长。

② 鼓舞人心，凝聚力量。企业愿景是个人愿景和组织愿景的结合体，因此它能凝聚所有员工奋斗的力量。心有多高，舞台就有多大。愿景有利于激发员工制定高标准，提高员工自我参与企业管理的意识，提高自我效能和绩效。企业愿景对员工的激励是一种软性约束，

可以弥补企业治理制度的缺陷，形成对员工有效的激励。因此，一家企业最终成为怎样的组织，取决于它被多高远的企业愿景所引领。

③ 指引方向。面对复杂动态的环境，企业不能只顾埋头苦干而忘记长远规划。企业愿景好像指路灯，让企业在困难和风险中不迷失方向。面对危机，企业在愿景的指引下，采取与企业自身愿景和社会责任相一致的行动方案。以愿景为危机处理的基准，既有利于企业的长远发展，也可以获得社会的认同。

（3）企业价值观

① 企业价值观的内涵。

所谓企业价值观是全体（或多数）员工一致赞同的看法，所以有时又称共有（或共享）价值观，个别员工的看法没有资格称为企业价值观。企业价值观的形成，必须有一个认同的过程，这个过程就是企业文化建设的过程。企业价值观是企业全体（或多数）员工赞同的关于"企业的价值在于什么以及什么对于企业来说有价值"的看法。企业的价值在于什么？什么对于企业来说有价值？这两者通常是统一的。例如，企业的价值在于培育人才，而人才对于企业来说也是很有价值的；企业的价值在于提供优质产品，而优质产品对企业来说也很有价值等。但在许多情况下也可以不统一，也不必统一，如原料对于企业来说有价值，但却不能说"企业的价值在于能够获取原料"。

任何一个企业总是要把它认为最有价值的对象作为本企业努力追求的最高目标、最高理想或最高宗旨；反之，凡被一个企业列为最高目标、最高理想或最高宗旨的东西，也必然是能够体现它的价值观的东西。因此，企业价值观、共有价值观、企业最高目标、企业理想、企业宗旨等，提法虽然不同，但其实质是一样的。同样，对于"企业的价值在于什么以及什么对于企业来说有价值"这个问题一旦有一致的理解和回答，那么这种理解和回答当然就成为该企业的基本理念和信仰。因此，从某种角度来说，价值观就是一个组织的基本理念和信仰。

② 企业价值观的意义。

A. 企业价值观是企业文化的核心。企业文化是由众多相互依存、相互作用的要素结合而成的有机统一体，不同要素在企业文化体系中扮演着不同的角色，处于不同的地位。企业价值观以其对企业发展所做出的突出贡献和对企业文化其他要素所起的支配作用，在企业文化体系中处于核心地位。

B. 企业价值观决定企业的命运，是企业文化的核心，这已经成为企业文化倡导者的共识。美国学者特伦斯·E. 迪尔和艾伦·A. 肯尼迪认为，价值观贯彻于人的整个生命活动的始终，也贯彻于管理活动的始终。它构成人们对待客观现实的态度、评价和取舍事物的标准、选择对象的依据和推动人们实践和认识活动的动力。价值观的一致性、相容性，是管理活动中人们想要理解的基础，是组织之所以成立、管理之所以成功的必要前提。如果在经常接触的人们之间缺乏这种相容和一致，那么他们的社会交往就会发生困难，这个组织就会涣散、解体，当然也就无法进行正常的管理。特伦斯·E. 迪尔和艾伦·A. 肯尼迪用了大量的时间对 80 家公司进行了调查研究，发现所有杰出的公司都很重视企业文化的建设，都具有崇高的信念或价值观。由此得出这样的结论："在美国企业中，一种强有力的文化几乎始终是持续成功的推动力。"而价值观，则是"一个组织的基本观念和信念，因而成为企业文化的核心""价值观是任何一种企业文化的基石"。价值观作为一家公司成功哲学的精髓，为所有员工提供一种走向共同方向的意识，也给其日常行为提供指导方针。

特伦斯·E. 迪尔和艾伦·A. 肯尼迪还指出，对拥有共同价值观的那些公司来说，共同价值观决定了公司的基本特征，使其与众不同。同样，这些共同价值观创造出公司员工的实质意义，使其感受与众不同。更重要的是，这样的价值观不仅在高级管理者心目中，而且在公司绝大多数人的心目中，成为一种实实在在的东西。它是整个企业文化系统，乃至整个企业经营运作、调节、控制与实施日常工作的文化内核，是企业生存的基础，也是企业追求成功的精神动力。

C. 企业价值观在企业文化中的核心地位是在同企业文化其他诸要素相互联系、相互比较中体现出来的。企业价值观与企业使命、目标、信念、精神、道德、风气等之间是一种决定与被决定、作用与反作用的关系。企业价值观在诸要素中处于主导和支配地位，而其他要素不过是企业价值观的拓展和延伸。

企业道德、企业作风都是企业价值观的表现形式。企业道德是企业价值观功能发挥的必然结果，企业作风是企业价值观的外部表现。

(4) 企业精神

企业精神是企业存在和发展的内在支撑。它是随着企业的发展而逐步形成并固化下来的，是对企业现有的观念意识、传统习惯、行为方式中积极因素的总结、提炼和倡导，是企业文化发展到一定阶段的产物。

企业精神是一个企业基于自身特定的性质、任务、宗旨、时代要求和发展方向，为谋求生存与发展，在长期生产经营实践基础上，经过精心培育而逐步形成并被整个员工群体认同的正向心理定式、价值取向和主导意识。企业精神是时代意识与企业个性相结合的一种群体精神追求，是企业员工群体人格与心态的外化，是员工群体对企业的信任感、自豪感和荣誉感的集中表现形态。每个企业都有各具特色的企业精神，它往往以简洁而富有哲理的语言形式加以概括。例如：同仁堂的"同修仁德，济世养生"；海尔的"敬业报国，追求卓越"；等等。

企业精神作为企业文化的组成部分，从形成角度来看，它是企业文化发展到一定阶段的产物，是企业文化中最富个性、最先进内容的反映。企业精神是企业文化的一部分，但企业文化与企业精神的关系，不是简单的包含和被包含的关系。用一个形象的比喻来说明，二者好比土壤与鲜花，企业文化是土壤，企业精神是鲜花，只有在肥沃的企业文化土壤上，才能栽培出绚丽多彩的企业精神之花；否则，再好的企业精神表达形式，没有肥沃的土壤为之提供养分，也只能是昙花一现。

企业精神渗透于企业生产经营活动的各个环节中，是由企业的传统、经历、文化和企业领导人的管理哲学共同孕育而形成的，集中体现了一个企业独特的、鲜明的经营思想和个性风格，反映着企业的信念和追求，也是企业群体意识的集中体现。它能给人理想和信念，给人鼓舞和荣誉，也给人引导和约束。企业精神的实践过程即是一种员工共同意识的信念化过程，其信念化的结果，会大大提高员工主动承担责任和修正个人行为的自觉性，从而主动地关注企业的前途，维护企业的声誉，主动为企业贡献自己的力量。企业精神是企业进步的推动力量，是企业永不枯竭的"能源"。

2. 企业制度文化

企业制度文化是得到企业广大员工认同并自觉遵从的、由企业的领导体制、组织形态和经营管理形态构成的外显文化，是一种约束企业和员工行为的规范性文化。它是企业文化的中坚和桥梁，把企业文化中的物质文化和理念文化有机地结合成一个整体。

企业制度文化一般包括企业领导体制、企业组织机构、企业经营制度、企业管理制度和特殊制度。

① 企业领导体制是企业领导方式、领导结构和领导制度的总称。不同的企业领导体制反映不同的企业文化。领导体制影响组织机构的设置，制约着企业管理的各个方面。

② 企业组织机构是指企业为了有效实现企业目标而建立的企业内部各组成部分及其相互关系。如果把企业视为一个生物有机体，那么组织机构就是这个有机体的骨骼。

③ 企业经营制度是指通过划分生产权和经营权，在不改变所有权的情况下，强化企业经营责任制度。

④ 企业管理制度是企业在管理实践活动中制定的各种带有强制性的规定或条例。没有规矩，无以成方圆。一般来说，企业管理制度影响和制约着企业文化发展的总趋势，同时也促使不同企业的企业文化朝着个性化的方向发展。

⑤ 特殊制度主要是指企业的非程序化制度，如员工评议干部制度、干部员工平等对话制度等。与一般制度相比，特殊制度更能够反映一个企业的管理特点和文化特色。

企业的制度与企业的理念有着相互影响、相互促进的关系。合理的制度必然会促进正确的企业经营观念和员工价值观念的形成；而正确的经营观念和价值观念又会促进制度的正确贯彻，使员工形成良好的行为习惯。

在企业文化中，企业制度文化是人与物、企业运营制度的结合部分。它既是人的意识与观念形成的反映，又是由一定物的形式所构成的。同时，企业制度文化的中介性，还表现在它是精神与物质的中介。制度文化既是适应物质文化的固定形式，又是塑造精神文化的主要机制和载体。正是由于制度文化这种中介性和传递功能，决定了它对企业文化的建设具有重要的作用。

3. 企业行为文化

企业行为文化是指企业员工在生产、经营、学习、娱乐中产生的文化，包括企业经营教育宣传、人际关系活动、文娱体育等活动中产生的文化现象。它是企业经营作风、精神面貌、人际关系的动态体现，折射出企业精神和企业价值观。

从人员结构上划分，企业行为包括企业家的行为、企业模范人物的行为、企业员工的行为等。企业的经营决策方式和决策行为主要来自企业家，所以企业家是企业经营的主角，是企业的灵魂。企业家的价值与人格魅力决定了企业文化的健康与优化的程度，决定了员工对企业的信心程度，也决定了企业在未来竞争中的胜负。有什么样的企业家，就有什么样的企业和什么样的企业文化。

"世界船王"包玉刚一向以稳健、谨慎的风格来经营企业。没有十分的把握，他不会冒险决策。他在创业之初，就选定了风险相对较小的船运业。他认为只要处理好海情，风险就不算什么，船运业是国际性的服务活动，具有广阔的前景。就这样，包玉刚走出了通向船王之路的第一步。规避风险成为他事业成功的重要秘诀。他这种稳健、谨慎的风格直接影响到他旗下的几十家公司，使整个企业所烘托出来的文化处处表现出安全可靠、处处为客户着想的氛围。这些企业文化反过来又帮助包玉刚以卓著的信誉、良好的经营风格不断扩大自己的企业。由此可见，企业家的特殊风格直接影响和左右着企业文化。

员工是企业的主体，企业员工的群体行为决定企业整体的精神风貌和企业文明的程度。因此，员工群体行为的塑造是企业文化建设的重要组成部分。企业通过树立科学而明确的行为规范，来引导和培育员工职业、文明、健康的行为。正如海南航空的员工训条："积厚德，存正心；乐敬业，诚为本。入角色，融团队；坚誓言，志高远。赢道义，勿自矜；吃些亏，忌怨恨。讲学习，敬师长；不夸能，勤精进。除懒惰，止奢欲；培定力，绝私弊。离恶友，甘淡泊；忍人辱，达道理。"

4. 企业物质文化

企业文化作为社会的一个子系统，其显著特点是以物质为载体，物质文化是它的外部表现形式。优秀的企业文化总是通过重视产品的开发、服务的质量、产品的信誉和企业生产环境、办公环境、文化设施等物质载体来体现的。企业物质文化是企业文化系统的表层文化，它是由企业员工创造的产品和各种设施等构成的器物文化。它主要包括以下8方面。

① 企业名称、标识、标准字、标准色。这是企业物质文化最集中的外在体现。

② 企业外貌、建筑风格、办公室和车间的设计、布置方式等。生产环境的好坏直接影响员工的情绪与心理。良好的企业环境，不仅可以激发员工的自豪感和凝聚力，还可以提高员工的工作效率。因此，优秀的企业特别注重为员工创造优美的工作环境，并把它作为企业文化建设的重要内容和调动员工积极性的重要手段。

③ 产品的特色、样式、外观和包装。

④ 技术工艺与设备特性。

⑤ 企业旗帜、歌曲、服装、吉祥物等。

⑥ 人有多种需要，不仅仅是物质需要，更重要的是精神需要。在物质生活水平不断提高的今天，人们对精神需要的追求愈加强烈，求知、求美、求乐等心理迅速发展，构成企业文化建设中不可忽视的课题。建立和完善员工的文化设施，积极开展健康有益的文体活动，是许多优秀企业的重要物质文化内容。

⑦ 企业建筑风格和纪念性建筑，如雕塑、纪念碑等。

⑧ 企业的文化传播网络，如企业自办的报纸、期刊、有线广播、闭路电视、计算机网络、宣传栏等。

物质文化是企业文化的外在表现和载体，是行为文化、制度文化和理念文化的物质基础；制度文化是理念文化的载体，它规范着行为文化；理念文化是形成行为文化和制度文化的思想基础，也是企业文化的核心和灵魂。

7.2 公共关系与企业文化

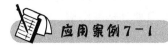
应用案例 7-1

海底捞的特色增值服务

四川海底捞餐饮股份有限公司创建于1994年，是一家以川味火锅为主的餐饮类直营连锁企业。海底捞的成功很大程度源于一系列独特的"特色增值服务",这些服务甚至被视为其品牌的象征。

这是一种独特的服务模式,效果是奇妙的。

例如,顾客在等候餐位时,可以享受小吃、按摩、上网、擦鞋、美甲和手机美容等免费服务,小孩有专门的玩具和活动区,顾客可以折纸抵用餐费。进入座位后,顾客可以享受到更细致入微的服务。他们首先会得到为其准备好的各种物品(如眼镜布、橡皮筋、发夹、手机套等)以保证其用餐时的清洁。在随后的用餐过程中,服务员会随时为其更换热毛巾、添加饮料,用餐后还有口香糖奉上。网友甚至总结出在海底捞的各种礼遇:如果你点的菜太多,服务员会善意地提醒你已经够吃;随行的人数较少,他们还会建议你点半份;服务员手脚麻利,有问必答;假如你是在包间用餐,会有一名固定的服务员为你服务;如果有孕妇光临,海底捞的服务员会特意送一坛泡菜,还会贴心地递上靠垫,使孕妇坐着舒适一点儿;某位顾客特别喜欢店内的免费食物,服务员也会单独打包一份让其带走;带着孩子去的顾客,服务员会根据孩子的大小送上婴儿椅或者婴儿车(几个月的婴儿);如果小朋友被蚊子叮咬,服务员会贴心地送上风油精或者止痒药;如果遇到顾客过生日,会送上免费的长寿面以表祝贺。对于这样的服务,只要去过一次海底捞就很难忘记。

(资料来源:编者根据网络相关资料整理。)

7.2.1 公共关系与企业文化的异同性

公共关系与企业文化同属于管理学科,两者之间不仅有内在的联系,而且存在许多交叉点。

1. 从产生的时间来看

公共关系与企业文化都产生于20世纪,具有相似的时代背景,是现代文明的产物。这个时期市场竞争激烈,产品、价格、服务已相差无几,以形象为导向的竞争逐渐形成,并显现出其重要性。企业文化比公共关系晚起步约80年,可以说是对公共关系的补充和发展。

2. 从两者对企业的作用看

公共关系和企业文化都主要作用于企业和经济领域,两者都通过信息手段来完善企业形象,以争取公众的认同。但前者在处理企业与外部关系时发挥的作用更大一些,通过不断推出富有创意的专题活动吸引公众引起轰动效应,提高企业知名度、美誉度,增强企业和谐度。而后者则侧重于企业的内部教育与引导,传达企业精神、企业价值观,使员工形成强大的凝聚力,共谋企业的发展。

3. 从应对危机的作用看

公共关系和企业文化对危机都负有管理责任,但前者特别强调管理危机,而后者则侧重于预防危机。

7.2.2 公共关系与企业文化的互补性

由于公共关系和企业文化本身存在交叉,所以当两者在更趋细分和专业时,交叉部分同时也在膨胀、增强。当企业文化建设借助公关手段进行策划和实施时,企业文化理念的设计和操作会变得更加深入、系统和规范,并在科学性方面上了一个台阶;当公共关系引进企业文化理论后,会使其理论进一步深化和完善。

1. 企业文化借助公关手段得以充分显现

企业文化借助公关手段得以深化、细化、系统化,成为具有凝聚力和可操作性的企业价值、企业精神、企业道德等，用这些思想统一人们的行为，造就良好的企业文化。例如，公共关系作为一种"润滑剂"，不仅可以减少企业内耗、理顺人际关系，也是医治企业领导者官僚主义顽症的一剂良药，能充分调动员工的积极性，发扬其主人翁精神。世界著名的三角航空公司，为努力培养全体员工"大家庭感情"的企业文化，公司的各层级都实行"门户开放"，即公司董事长、总经理办公室的大门是永远敞开着的，欢迎职工来访，鼓励下属直言上诉，对于职工的来信都能负责地妥善处理。公司董事长与全体员工每年至少进行一次生动活泼的"自由讲座"，公司就像是一个和睦、奋进的大家庭，大家互相尊重，彼此信任。"大家庭感情"的企业文化，经过公共关系的精心策划而被公司全体员工所接纳，从而增强了员工的主人翁意识。

企业文化借助公共关系物化形象而得以向外传播企业价值观和企业精神，从而影响人们的思想感情。企业价值观和企业精神都是内在的，是企业文化的支柱，但表现得空灵和无形。人们在市场中直接接触到的是产品包装、企业标志、企业装饰、吉祥物、名片、员工服饰等，是实实在在、可以触摸的东西，是连接企业与公众的最直接的物化形象。企业文化不再是一种简单的物化形象，它会影响人们在市场中的购买行为。

2. 公共关系以企业文化为中心

公共关系必须以企业文化为中心来确立目标和开展工作。只有紧紧围绕企业文化总目标开展的公共关系活动，才能树立良好的组织形象和信誉，创造出最佳的内部和外部环境，形成让社会公众和内部员工认同的企业价值观和企业精神。

"想主人事、干主人活、尽主人责、享主人乐"是著名乡镇企业杭州万向节总厂的企业精神。围绕企业精神，该厂开展了多种公共关系活动。例如，1988年7月，国内外用户纷纷向厂方要货，产品供不应求，生产频频告急。这时，该厂不失时机地推出"为国家做贡献的事就在你岗位上"的职工竞赛活动。为此，厂部致信全厂每位职工，现在工厂欠产已达17万套万向节，能否按时供货，关系到国家信誉和企业形象，尽量满足用户需要，为国家多创汇、多做贡献，是每位职工当家作主的光荣职责。工厂面临的喜与忧一下子成为职工们茶余饭后的热门话题。尽管当时天气炎热，但大家以主人翁的态度，坚持上班加班，结果超额完成了生产任务，满足了用户的要求，同时也为企业树立起了良好的信誉。

7.3 企业文化在企业中的地位

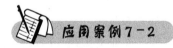
应用案例 7-2

三只松鼠是如何将口碑做到极致的？

随着全品类零食的成熟，"三只松鼠旗舰店"和"三只松鼠"的搜索指数总和已超过"零食"搜索指数的两倍，这意味着三只松鼠已不仅仅代表着零食，同时是一个具有深度影响力的IP。

三只松鼠爆发式增长背后靠的是口碑的裂变——在顾客中通过极致体验建立口碑，并通过社交化媒体建立网络口碑。其核心是推己及人——站在消费者的角度思考需求；利用主人文化，将弱关系变为强关系。

1. 品牌人格化：消费者零距离

当消费者第一次接触三只松鼠时，在第一时间给他留下难以磨灭的印象的想必就是那三只可爱的松鼠——鼠小贱、鼠小酷、鼠小美。

三只松鼠的"萌"营销直接赋予品牌人格化，以主人和宠物之间的关系替代了传统的消费者和商家之间的关系。

客服以松鼠宠物的口吻来与消费者交流，消费者成了主人，客服成了宠物。于是，客服可以撒娇，可以通过独特的语言体系在消费者头脑中形成更加生动的形象。

2. 深入人性：售卖流行文化和人文关怀

不过，流行文化具有转瞬即逝的特点。章燎原清醒地意识到，三只松鼠必须有一个经久不衰的定位，并且应随着时代的潮流而及时调整其内涵。

如何定位呢？文化具有最持久的生命力，那么三只松鼠代表哪种文化呢？

人们为什么爱吃零食，其本质并非为了满足生理需求，而是某种情感需求。章燎原发现，很多消费者在分享时会提到"我和男朋友吵架了""我看见松鼠了""我出去旅游了"。

人们往往在这些场景之下想到三只松鼠。章燎原认为，三只松鼠之所以会引起消费者的喜爱，是因为它们能够带来快乐，并且能随时嵌入消费者的生活之中。

在这种理念之下，三只松鼠成立了松鼠萌工场动漫文化公司，他们希望可以创作出互联网动画片、动漫集、儿童图书，为消费者带来快乐。

3. 在所有细节上超越消费者期望

消费者在购物之后，往往会通过社交化媒体，比如微信朋友圈分享自身的购物体验，我们称之为"晒"。

消费者往往会晒比较炫酷的产品，或者分享喜悦，发泄抱怨。而这种情感的分享和传播，会影响朋友圈中朋友的购买行为。这是一个巨大的变革，也是一种商业领域话语权的更迭，这将是一个消费者主导的时代。

在这样一个消费者为王的时代，网络口碑将在品牌建设中起到重要的作用。

章燎原利用逆向思维，思考了产品以外的一些细节，同时还查阅了其他品牌的一些负面评价与负面微博，这都是源于产品质量本身的问题。最终，他得出了三只松鼠的消费者体验策略："在每个细节上都要超越消费者的期望，创造让消费者尖叫的服务，才是核心竞争力。"

让消费者尖叫的前提是找到每个"痒点"和"痛点"。

比如，章燎原发现，消费者购买坚果，肯定需要一个垃圾袋，于是，三只松鼠就在包裹中，放置一个 0.18 元的袋子，虽然这增加了额外的成本，但是消费者会被三只松鼠的细心和体贴关怀所深深感动。这就是极致体验。连续制造"惊喜"，令消费者感动，三只松鼠将消费者的每个需求点或者尖叫点串联成线，最终给消费者以惊喜。

（资料来源：编者根据网络相关资料整理。）

7.3.1 企业文化与企业形象的关系

企业形象是企业重要的竞争要素，良好的企业形象是企业不可忽视的无形资产。企业形象是企业文化的外化，是企业文化在传播媒介和对外交往中的映射，企业文化则是企业形象的核心和灵魂，企业形象与企业文化是一种标和本的关系。导入企业形象识别（Corporate Identity，CI），进行企业形象塑造，也是企业文化建设过程中的重要组成部分。

1. 企业文化不同于企业形象

我国形象策划开始于 20 世纪 80 年代，先从美术教育界引进，以后应用到企业。所谓企业形象策划，就是人们常说的 CI 策划或 CI 战略。所谓 CI 战略，就是对企业形象的有关要素，即企业理念识别（Mind Identity，MI）、行为识别（Behavior Identity，BI）和视觉识别（Visual Identity，VI）进行全面系统的策划、规范，并通过全方位、多媒体的统一传播，塑造出独特的、一贯的优良形象，以谋求社会大众认同的企业形象战略。

企业文化是企业信奉倡导并付诸实践的价值理念和行为方式。企业文化建设就是汲取传统文化精华，结合当代先进管理思想与策略，为企业员工构建一套明确的价值理念和行为规范，创建一个良好的文化氛围，以帮助整个企业进行经营管理活动。

企业文化与企业形象的区别如下。

首先，企业文化是一种客观存在，而企业形象则是企业文化在人们头脑中的反映，属于人类的主观意识。如果没有已存在的企业文化，就不会有公众心目中的企业形象。因此，企业文化是企业形象的根本前提，企业文化决定企业形象。

其次，由于人类认识过程受到客观条件（如信息传播渠道）和自身认识水平（如知识、经验）的限制，因此，公众心目中形成的企业形象并不一定是企业文化客观的、真实的、全面的反映，有时甚至还有扭曲的成分。这决定了企业形象与企业文化之间必然存在某些由人类认识造成的差距。当然，随着认识过程的不断深入，两者之间的差距会逐渐缩小。

最后，由于企业出于自身需要，企业文化的有些内容是不会通过传播媒介向外传播的，或者虽然是向外传播，但也是传播一些经过特别加工的信息，这也使得企业文化与企业形象在内涵上存在差别。

2. 企业文化与企业形象相互联系

企业文化与企业形象的层次相互对应。从企业形象的构成来看，它的 3 个层次——理念形象、行为形象和视觉形象，与企业文化的理念层、行为层、物质层之间存在对应关系。企业文化的理念层对应理念形象，行为层对应行为形象，物质层对应视觉形象，即企业文化理念层——理念识别系统，企业文化行为层——行为识别系统，企业文化物质层——视觉识别系统。3 个层次的要素相互作用，带动着企业经营的发展，塑造着企业独特的形象。

3. 企业形象是企业文化的外现

从认识过程来看，客观对象必须转化为可以传播的信息，才能通过媒介和活动被人类认识，这种在媒介上和活动中反映出的关于企业文化的全部信息就构成了企业形象。

CI 策划和实施是建设企业文化的重要方式。在企业文化的建设过程中，往往可以把企业形象策划作为企业文化建设的重要内容。因为企业理念文化的整合包含了理念识别系统的设计，企业行为文化的规范包含了行为识别系统的设计，企业物质文化的美化包含了视觉识别系统的设计。

要塑造有特色的企业形象，就需要建设有差别的企业文化。同时，CI 策划也不是企业孤立的行为，它已成为企业文化建设的一种重要方式。

（1）CI 策划设计了一定时期企业的目标文化模式

企业文化建设是指在充分分析现实企业文化的基础上，根据社会发展要求和企业发展战略制定出目标企业文化模式，作为今后建设和努力的方向。CI 策划的关键步骤是要设计包括企业使命、企业目标、企业价值观、企业道德等在内的企业理念，即目标企业文化理念层的全部要素，并以此为指导，设计企业的行为形象、视觉形象，即目标企业文化的行为层面和物质层面的内容。

（2）CI 的内部实施过程是企业文化建设过程中的重要组成部分

CI 在企业内部的实施过程，就是企业理念被员工自觉遵循、企业制度和行为规范被员工遵守、企业视觉形象被员工认同的过程。因此，CI 的内部实施过程是企业文化建设过程中重要的组成部分。

（3）CI 的对外实施有利于实现企业文化的辐射功能

企业文化塑造着企业形象，而企业形象深刻地反映企业文化的特点和内涵。企业形象通过企业活动必然对本地区乃至国内外企业产生一定的影响，企业形象所反映的企业文化观念、规范等内容，也同样会对社会产生某种程度的影响。先进的企业文化对社会文化的发展有积极的推动作用，这种对社会的影响就是企业文化的辐射作用，CI 战略的实施就是这种辐射作用的贯彻和体现。

7.3.2 企业文化与企业品牌的关系

企业文化支撑着品牌的塑造，品牌在很大程度上是企业文化的载体和象征。品牌与企业文化的关系，犹如枝繁叶茂的大树与其赖以生长的肥沃土地之间的关系，不可分离。只有肥沃的企业文化土壤，才能孕育享誉世界的名牌，或者说，一个有名的品牌背后一定有深厚的企业文化根基。名牌是企业培育的，每个企业的品牌又都有自身企业价值观的烙印。当然，品牌一旦得到市场认可，就将以它巨大的扩散效应传播企业文化。

1. 品牌反映企业理念

品牌反映了企业先进的价值理念。例如，索尼反映的是一种不断创新、不断开拓进取、不断追求卓越的经营哲学；同仁堂集团所反映的是"同修仁德，济世养生"的企业信念。

任何一种成功的企业品牌，不仅是依靠其产品优良的品质性能，还依靠比别人更胜一筹的品牌后面蕴藏着的丰富的文化内涵。比如，肯德基仅仅只是向顾客提供汉堡和薯条吗？显然不是，它卖的是快捷和时尚的饮食文化；可口可乐卖的只是可乐吗？也不是，它带给人们更多的是阳光与活力的内涵；柯达公司仅仅只是卖照相机吗？不是，它能帮助人们留下美好的回忆；中秋节吃月饼吃的是什么，吃的是中华民族传统文化的精粹——团结和喜庆的氛围。而去海底捞就餐仅仅是吃美味的火锅吗？不是，顾客可以感受到海底捞优质的服务和文化内涵。

2. 品牌需要企业文化支撑

虽然品牌概念主要是针对产品而言，但任何品牌在一开始都不是名牌，品牌之所以能够成为名牌，完全是企业下大功夫精心培育的结果。所有成功培育出名牌产品并且使名牌的价值不断增长的企业，除了一流的设备、强大的资金、先进的技术，都有一整套与之相适应的企业文化因素。这些文化因素对于孕育名牌、创造名牌、维护名牌、开拓名牌具有巨大的、无形的影响，构成了企业文化中一道独特的风景——名牌文化。森达集团董事长朱相桂提出的"大名牌要有大文化"所指的就是这种名牌文化。

7.3.3 企业文化与企业战略的关系

企业文化是激发人们热情、统一群体成员意志的重要手段。企业文化代表组织成员共享的价值理念和行为方式，任何一个组织客观上都应该有一个特别的不同于其他组织的思想理念，而无论其战略管理者是否意识到、是否能用文字表达出这种特别的理念。

每个行业都存在行业文化，而且行业之间的文化往往有着较显著的差异，如制造业的文化就有其行业自身的特点，从管理方面来说，它可能比较严格，注重质量的管理、生产的效率、纪律性等；而一些新兴产业，如IT行业的特征则是更多地注重宽松的环境，注重员工的创新性及相互之间的交流。因此，企业在制定战略时，特别是考虑行业选择时，必须以目前本企业的文化现状为基础。每一个行业都有其文化个性，在这个行业没有革命化的变化之前，行业的基本特性是不会改变的，是必需的。因此，企业的文化特质在很大程度上决定企业总体战略中有效的行业选择。企业战略一旦制定，就需要全体成员积极有效地贯彻实施。

1. 企业文化为战略实施提供行为导向

企业文化的导向功能是指它对企业行为方向的显示、诱导和坚定作用。首先，企业文化能显示企业发展方向。企业文化以概括、精粹、富有哲理性的语言明示了企业发展的目标和方向，这些语言经过长期的教育、潜移默化，已经铭刻在广大员工心中，成为其精神世界的一部分。其次，企业文化能诱导企业行为方向。企业文化建立的价值目标是企业员工的共同目标，它对员工有巨大的吸引力，是员工共同行为的巨大诱因，使员工自觉地把行为统一到企业期望的方向上去。因此，优秀的企业文化能有效地弥补人的有限理性的不足，将广大员工的行为引导到共同的企业发展目标和方向上来。

2. 企业文化与企业战略相互适应和协调

由于一个企业的企业文化是相对稳定的，不易变革，有一定的持续性，因此，企业战略的制定和实施都必须适应已有的企业文化，不能过分脱离企业文化现状。从战略实施的角度来看，企业文化要为实施企业战略服务，但有时又会制约企业战略的实施。当企业新的战略要求企业文化与之相配合时，企业原有文化变革速度却非常慢，不能很快对新战略做出反应，这时企业原有文化就成为实施企业新战略的阻力。因此，在战略管理过程中，内部新旧文化更替和协调是战略实施获得成功的重要保证。哪种企业文化最适合于企业的行业特性并能自觉地推动战略目标的实现，企业必须根据自身的行业特点去寻找这种文化或是建立这种文化，使企业文化的特性与产业的特质一致，以使企业文化推动企业战略目标的实现。只有明确了企业文化与企业战略的关系，并且处理好企业文化和企业战略的适应和协调，才能使企业长期稳定地发展。

7.4 企业文化建设

7.4.1 企业文化建设的基本原则

1. 企业文化建设要与企业战略管理相结合

企业文化由于其导向、约束、凝聚、激励等重要功能，成为企业战略实施的重要手段。但当企业战略发生较大调整时，企业文化由于变革的缓慢又可能制约企业战略的实施，因此，企业文化必须与企业战略相适应。加强企业文化建设，首先必须有一个明确的企业发展战略。只有紧紧地将文化建设与战略管理相结合，企业文化建设才能有不竭的动力和明确的方向。

2. 企业文化建设要体现行业特点和企业个性

企业文化是一种亚文化，既存在于民族社会文化之中，又因各企业的类型、行业性质、规模、人员结构等方面的差异而有所不同。企业文化的共性是时代特征和社会特征的综合体，反映了社会环境对企业文化的影响。然而，企业文化又是企业基本特点的体现，是一个企业独特的精神和风格的具体反映，并以其鲜明的个性区别于其他企业，形成自己的特点。每个企业应根据本企业的具体情况，因地制宜地建设适合自己的、具有行业特点和自己特色的企业文化。

3. 企业文化建设要与企业形象管理相结合

企业文化是企业形象的内在根基，企业形象是企业文化的外在表现。企业形象是企业内外对企业的整体感觉、印象和认知，是企业状况的综合反映。企业形象是企业在与社会公众（包括企业员工）通过传播媒介或其他方法的接触过程中形成的。当企业在社会公众中具有良好形象时，消费者就愿意购买该企业的产品或接受其提供的服务；反之，消费者将不会购买该企业的产品，也不会接受其提供的服务。因此，企业应将企业文化建设和企业形象管理有机地结合起来。

4. 企业文化建设要能够发挥领导作用

文化是人们意识的能动产物，不是客观环境的消极反映。在客观上，对某种文化的需要往往交织在各种相互矛盾的利益之中，羁绊于根深蒂固的传统习俗之内，因而一开始总是只有少数人首先觉悟，他们提出反映客观需要的文化主张，倡导改变旧的观念及行为方式，成为企业文化的先驱者。正是由于领导群体和先进分子的示范，启发和带动了企业的其他人，形成了企业新的文化模式。领导群体对新文化的塑造可以起到倡导和总结作用，可以起到很好的宣传和鼓动作用，可以起到表率和示范作用。

5. 企业文化建设要反映员工的共同愿望

企业是由广大员工组成的，文化体系的最终完成与实现有赖于员工的认同、积极配合与行为上的支持。因此，文化建设必须以全体员工的整体愿望为基点，也只有如此，才能确保文化建设的有效性。

6. 企业文化建设要贯彻共识原则

共识即共同的价值判断。共识是企业文化的本质。企业文化建设强调共识原则，是由企业文化的本质所决定的。人是文化的创造者，每个人都有独立的思想和价值观，都有自己的行为方式。如果在一个企业中，任由每个人按自己的意志和方式行事，企业就可能成为一盘散沙，不能形成整体合力。企业文化不是企业中哪个人的文化，而是广大成员的文化。因此，只有从多样的群体及个人价值观中抽象出一些基本信念，然后再由企业在全体成员中强化这种信念，进而达成共识，才能使企业产生凝聚力。可以说，优秀企业文化本身就是共识的结果。建设企业文化必须不折不扣地贯彻这一原则。

7.4.2 企业文化建设的基本程序

企业文化建设是一项复杂而艰巨的系统化工程，也是一个循环往复和不断发展的动态过程。企业文化建设的基本程序，一般包括启动和调研、既有文化的梳理与新文化要素的提出、导入和实施、巩固和完善4个环节。

1. 启动和调研

企业在进行文化建设时，一般要成立两个机构：一个是企业文化建设委员会，另一个是企业文化工作机构。企业文化建设委员会的工作包括：①确定企业文化建设的宗旨；②制定企业文化建设的原则；③领导对企业文化现状进行全面调查研究的工作；④对企业文化建设的工作目标、推进计划与时间安排做出规定与指示；⑤确定企业文化建设的管理体制与保障机制。企业文化工作机构则在企业和企业文化建设委员会的双重领导下，负责文化建设中的具体工作。企业文化工作机构的工作包括：①将企业文化建设的战略与原则落实成方案，将具体的方案变成有形的结果；②激发基层文化建设的积极性，保障企业文化工作的贯彻执行；③提高基层企业文化建设与管理水平，提升基层管理人员企业文化管理技能。

准备和动员工作是企业文化建设顺利开展的前提。企业员工通常会趋于反对任何措施所带来的改变，因为他们习惯了原来的工作秩序。因此，企业中不可避免地存在变革的阻碍力量，为解除人们对文化建设或变革的抵制和不良情绪，就需要开展动员和宣传活动，并进行相关的培训。

一般来说，进行企业文化调研的目的就是了解本企业的企业文化现状和未来发展趋势。

企业文化调研必须让经过专业培训的企业文化工作机构的人员进行，调研的主要内容包括：①企业的经营领域和发展战略；②企业领导者的个人修养与风范；③企业员工的素质及需求特点；④企业的优良传统及成功经验；⑤企业现有的文化理念和适应性；⑥企业面临的主要矛盾；⑦企业所处地区环境。调研的方法前面章节已有论述，这里不再赘述。

2. 既有文化的梳理与新文化要素的提出

在企业文化调研的基础上，企业应对既有文化进行认真全面的梳理，将那些符合当前和未来发展战略要求的文化内容保留下来，而破除那些违背当前和未来发展战略要求的要素，使企业文化呈现出科学的体系性。企业文化设计的基本原则如下。

（1）从实际出发和积极创新相结合

企业文化的设计不能脱离实际，只有使目标企业文化与企业员工现有素质、心态相适应，真正反映广大员工的心声，体现企业的传统特色，才能被企业多数员工所认同和接受，才能逐渐扎根于群体意识之中。但设计后的企业文化不是对既有文化的简单总结、归纳和表述，而要有一定的升华，需要对既有文化进行创新，反映一定的前瞻意识，从而使企业文化保持先进性，能够对企业发展起到积极的引导和促进作用。

（2）创造个性与体现共性相结合

企业文化有个性而无共性将不能融于社会，有共性而无个性将缺乏生命活力。企业文化应该具有鲜明的个性特征，反映企业独特的文化信仰和追求。但也应注意到，在一定的社会政治制度、经济条件和社会文化环境中的企业文化具有很多共性的特征。只有在创造个性的同时，注重体现共性，注重从社会文化和其他企业中借鉴有益的文化成分，才能使目标企业文化具有强大的生命力。

（3）领导组织和群众参与相结合

企业文化的梳理（包括提炼、概括和确定）一般由企业领导者进行组织，广泛发动群众，自上而下地反复酝酿、讨论、提炼概括，然后经企业领导者和企业中员工共同确定。企业文化的梳理过程既是员工参与讨论和决策的过程，也是员工自我启发和自我教育的过程，更是企业领导与企业员工之间价值观念的沟通过程。因此，企业文化设计不能由企业领导个人完成，应由企业全体成员共同完成。

3. 导入和实施

企业文化设计后，就要创造条件付诸实践。即把企业文化确定的价值观全面地体现在企业的一切经济活动和员工行为之中，同时采取必要的手段，强化新理念，使新型的企业文化要素逐步得到普遍认同。

（1）创新文化运行机制

创新文化运行机制要做到：①不断深化企业改革，推行现代企业制度，科学管理；②加强员工的培训，不断造就训练有素的员工队伍；③积极开展民主管理活动，创造一个民主和谐的"家庭环境"，完善分配机制，建设一个牢固的企业命运共同体。

（2）加强宣传

企业文化设计后，企业领导者在工作实践中首先要积极宣传、示范，身体力行。其次，通过对员工尤其是新员工进行教育培训，创办企业文化宣传刊物，开展各种生产经营活动或文娱、体育活动，企业形成了浓厚的企业文化氛围，员工潜移默化地接受了新的价值观，并逐渐用以指导自己的行为。

（3）利用制度、规范进行强化

无形的企业价值观念不能单纯停留在口号上，必须寓于有形之中，把它渗透到企业的每项规章制度、政策，以及工作规范、标准和要求当中，体现在各种活动和礼仪之中，使员工从每项工作和每项活动中都能够感受到企业文化的引导和控制作用。

（4）鼓励正确行为

企业价值观的最终形成是一种个性心理的积累过程。这一过程需要不断地强化。当人的正确行为受到鼓励以后，这种行为才能再现，进而成为习惯稳定下来，并逐渐渗透于人们的深层观念之中。不仅如此，对先进人物以及正确的行为进行鼓励，也给其他人树立了榜样，从而产生模仿效应。因此，对符合企业价值标准的行为不断地给予鼓励和强化，是导入企业文化不可或缺的重要一环。

4. 巩固和完善

企业文化需要在实践中不断得到巩固，并且随着企业经营管理实践的发展、内外环境的改变，它还需要不断充实、完善和发展。企业领导者要依靠广大员工，积极推进企业文化建设，及时吸取社会文化和外来文化中的精华，剔除本企业文化中沉淀的消极成分，不断对既有文化进行提炼、升华或变革，从而更好地适应企业变革与发展的需要。

企业文化的完善提高，既是企业文化建设一个过程的结束，又是下一个过程的开始，是一个承上启下的阶段。企业文化建设与企业文化的演变规律相适应，是一个不断积累、传播、冲突、选择、整合、变革的过程，循环往复，永无休止。企业文化建设不是经过一两次循环就能完成的，它与企业文化的运动相适应，是没有止境的。但需要说明的是，一种积极的企业文化体系和模式一旦构建完成，就会在一个较长的时间内发挥作用。企业文化建设的任务是更多地积累、传播、充实、完善，只有当企业内外环境发生了急剧变化、企业战略要素发生重大改变、企业文化产生激烈冲突，需要选择、整合和变迁的时候，企业文化建设的任务才是将既有文化进行彻底扬弃，重新构建和创造新型的企业文化。

7.4.3 生命周期

众所周知，生物体都会经历一个从出生、成长到老化、死亡的生命历程，生物体的生命周期不可逆转。区别于生物体，企业通过有效的管理，解决特定生命周期阶段的问题，从而使老化的过程发生逆转。成功管理的目的是使企业平衡成长并永葆青春。

美国管理学家伊查克·爱迪思指出，生命周期的概念不只适用于生物体，而且也适用于企业这样的经济组织。企业就像生物体一样，也有生命周期性。在企业生命周期的每个阶段，企业将呈现不同的文化特征。

企业文化积累过程不仅仅是旧文化质的堆积和重复，还包含着新文化质的增长。新文化质的增长是企业文化积累的另一个重要特征。保存和增长是同一积累过程的两个方面。

新文化质的增长的意义在于对已有企业文化的完善和创新。一种企业文化，纵然是定了型的，也还有许多不完善之处。企业只有不断增长新特质，才能变得日益强大。同时，一种企业文化只适用于特定的企业环境和条件。当企业环境和条件改变之后，必然暴露出许多不适用的弱点。这就要求诞生新文化质，修正和改变某些旧文化质，以适应企业生存发展的需要。

不断增长的新文化质主要来源于两方面：一是企业自己提出的新观念，创造的新作风，建立的新习俗和新礼仪；二是学习、借鉴其他优秀企业的文化。

企业文化既是有界的又是无界的，所谓有界是指一种企业文化只适用于某个特定的企业，只适用于这个特定企业所处的生存和发展环境。出了这个企业的文化区界，改变了企业的生存和发展条件，它就成为无助于企业的东西了。所谓无界是指作为理念形态的企业文化，它的传播是不分国家，没有区域界限的，它总是冲出自己的文化区界，向别的区域扩散、渗透。因此，企业与企业之间，在文化方面，也总是处于相互学习、借鉴、仿效和吸收之中的。

本 章 小 结

企业文化包括理念文化、制度文化、行为文化和物质文化等内容。企业文化是指现阶段企业员工所普遍认同并自觉遵循的一系列理念和行为方式的总和，通常表现为企业的使命、愿景、价值观、行为准则、道德规范和沿袭的传统与习惯等。

企业文化建设的任务在于更多地积累、传播、充实、完善，只有当企业内外环境发生了急剧变化，企业战略要素发生重大改变，企业文化产生了激烈冲突，需要选择、整合和变迁时，企业文化建设的任务才是将既有文化进行彻底扬弃，重新构建和创造新型的企业文化。

学习本章应注意了解企业文化与公共关系的关系，注意探讨企业文化的内涵和特征，把握其鲜明的个性；应明确企业文化的基本原则，并注意其在公共关系实践中的作用和功能的发挥。通过学习本章，可为公共关系全学科的学习打下坚实的理论基础。

习 题

1. 填空题

（1）企业文化的基本结构由_____、_____、_____及_____构成。

（2）建设企业文化的原则是_____、_____、_____、_____、_____、和_____。

（3）企业文化设计的基本原则为_____、_____、_____。

2. 选择题

（1）企业理念文化不包括（ ）。

A. 企业形象　　　　B. 企业使命　　　C. 企业价值观　　D. 企业精神

（2）（ ）是指企业员工在生产、经营、学习、娱乐中产生的活动文化，包括企业经营教育宣传、人际关系活动、文娱体育等活动中产生的文化现象。

A. 企业物质文化　　　　　　　　　　B. 企业行为文化

C. 企业理念文化　　　　　　　　　　D. 企业制度文化

3. 简答题

（1）什么是企业文化？它有哪些特征和功能？

（2）在我国，应建立什么样的企业文化？

（3）公共关系管理和企业文化有何关联？

4. 实际操作训练

（1）将学生分成4组，各组学生在本市银行、企业、医院和学校4个行业中任选其一，调研其文化现象并写出其文化状况。

（2）为本校设计企业文化。

【知识拓展练习】

【拓展视频：同仁堂企业形象宣传片】

【第7章 在线答题】

第2篇

实务操作

第 8 章

公共关系专题活动

教学目标

通过本章学习，理解公共关系专题活动的概念，了解公共关系专题活动的基本原则，熟悉公共关系专题活动的基本要求，掌握各种公共关系专题活动的要点。

教学要求

知识要点	能力要求	相关知识
公共关系专题活动的含义	(1) 了解公共关系专题活动的概念；(2) 了解公共关系专题活动在组织公关中的作用；(3) 知道公共关系专题活动的基本原则	(1) 公共关系实务；(2) 真实信用；(3) 服务社会；(4) 全员公关；(5) 平等互利；(6) 明确目标；(7) 精选主题
公共关系专题活动的形式	(1) 了解常用公共关系专题活动的形式；(2) 了解每种公共关系专题活动的程序；(3) 掌握每种公共关系专题活动的要点	(1) 庆典活动；(2) 展览活动；(3) 赞助活动；(4) 新闻发布会；(5) 开放参观活动
公共关系专题活动策划	(1) 了解公共关系专题活动的操作性和技术性；(2) 注意观察身边公共关系专题活动的过程和效果	(1) 筹办专题活动；(2) 策动媒介宣传；(3) 灵活驾驭；(4) 周密筹备；(5) 效果监测
专题活动与实践	学会运用公共关系专题活动的基本操作程序，结合现实市场变化，使自己快速融入社会组织的公共关系行列	(1) 公共关系专题活动与实际操作的关系；(2) 组织的公共关系专题活动时机把握

基本概念

专题活动　赞助活动　新闻发布会

兴发集团精心策划的公关"三部曲"

兴发集团健康食品公司地处内蒙古赤峰市,为了扩大在社会上的影响力,提高企业知名度,先后策划了3个有影响力的公共关系活动。

(1) 兴发集团健康食品公司举行"六一"免费赠筐活动。2011年6月1日上午10点在公司直销门市部前开始免费赠筐活动。这引起了电视台记者的兴趣,前来采访。被赠筐的百名消费者成为义务宣传员,极大地提高了公司在赤峰市的形象。

(2) 真情慰问赤峰市环卫工人。7月15日上午9点,兴发集团健康食品公司的慰问车载着他们的产品和全体员工的慰问驶进环保局院内,受到热烈欢迎,环卫工人激动不已,说了好多热情的话语,这些活动通过媒体报道,为公司塑造了良好的社会形象。

(3) 情满人间路,捐款资助大学生。赤峰市西露天煤矿的王海涛父母早逝,就剩兄妹3人,老大今年高考以元宝山区文科第一名的优异成绩考上重点大学,但难以承受上大学的费用。当兴发集团健康食品公司得知这一消息后,由团支部、办公室发起并组织了一次"为王海涛同学献爱心活动",广大职工纷纷捐款,筹资17 000元,引起社会各界的强烈反响。

(资料来源:编者根据道客巴巴网站资料整理。)

思考题

如何策划公共关系专题活动才能达到预期良好的效果?

8.1 公共关系专题活动概述

公共关系专题活动是社会组织为了达到预期的目标,以一个明确的主题为中心,采用特定的形式,有计划地开展各种社会活动。公共关系专题活动能把组织与广大社会公众紧密地联系在一起,增强公众对组织的亲近感,吸引社会舆论对组织的兴趣与注意。这是一种有效的传播形式。

8.1.1 公共关系专题活动的概念

公共关系专题活动是指在公共关系活动中,针对某种特定的主题,利用某种特定的时机举办的公共关系活动。公共关系专题活动是公共关系工作重要的组成部分,同其他任何传播、沟通方式或活动一样,也属于公共关系的手段。不同的是,公共关系专题活动是借助特定主题而开展的与公众交往的特殊活动,效果显著且具有明显的共时性。社会组织之所以要不断开展公共关系专题活动,就是为了不断增进与公众之间的联系。公共关系专题活动同人类社会生活中的任何其他种类的活动一样,以人们聚集起来共同活动为基本形式,借助活动形式,使人们的生活有了新鲜的情绪体验、良好的思想情感交流、饶有兴致的情趣欣赏、密切的关系促进和感染人的情感氛围。不同的是,公共关系专题活动是为协调社会组织与公众之间关系而组织策划的,有自己的特色和魅力。

8.1.2 公共关系专题活动的基本原则

公共关系专题活动的开展没有固定的条条框框,允许人们采用不同的方法,这也是公共关系成为智慧行业的原因所在，但要注意以下几项原则。

1. 服务社会原则

公共关系活动以传播信息来展开，其目的是使组织与其公众相互了解与适应。这种了解与适应的共同基础是最佳社会效益，公共关系只有以此为依据，才能获得社会的认可。

社会效益既包括了社会组织的自身利益，又包括了社会公众的利益，这两种利益相互影响、休戚相关。一方面，作为社会组织，它的工作目标就是努力推进本组织的发展，在维护或塑造本组织的社会形象的基础上，追求组织的经济效益；另一方面，社会组织作为社会成员的一分子，它的发展离不开社会的发展，因而它在获得自身效益时，首先应考虑社会整体效益是否得到了实现。社会组织如果能对社会效益予以关注，那么对争取公众舆论、扩大组织影响、树立组织形象是大有益处的。虽然这方面的作用表现得不是那么直接、明显、具体、迅速，但它所蕴含的潜在效能却非常可观。这方面的社会效益主要指与大众生活有关的一些公益活动或设施，如参加社会公益活动、关心城市建设及环境保护、支持社区公共事务、从事社区福利事业、开展社会性文体活动、促进文化教育事业的发展及良好的社会风气的形成等。

社会组织要提高参与社会的自觉性与主动性，增强社会责任感，真诚地服务于社会，不失时机地主办或开展一些受人欢迎的公益活动，这对提高组织的知名度、增加经济效益也是很有作用的。

例如，海尔集团在把公益心和使命感融入企业血液，成为企业灵魂的同时，也在不断地通过升级、升华，做"活"公益事业——以深耕教育公益为中心，延展到环保公益等领域，以可持续发展的思路做公益。自1994在莱西援建第一所海尔希望小学以来，海尔集团坚持把社会当作一个大家庭，贫困山区的儿童是家庭中的弱势群体，通过援建希望小学的方式把"家"的温暖源源不断地传输给他们。迄今为止，在全国24个省、市、自治区的贫困山区，海尔集团援建了128所希望小学和1所中学。并且，为了让贫困山区的孩子们也领略到奥运的风采，2008年奥运会上，海尔集团提出中国体育健儿每夺得一枚金牌，海尔集团就建一所希望小学，并以奥运冠军的名字命名即"一枚金牌，一所希望小学"计划。海尔集团深耕教育领域公益事业的发奋，受到了社会各界的肯定和好评。相关资料显示，目前海尔集团用于社会教育事业、对口支援帮扶、扶贫救灾助残的捐款、捐物共计2.5亿元；用于公益事业的物资价值超过5亿元，在救助失学儿童、赞助萌芽工程等爱心活动中捐赠总额近1.6亿元。其中用于希望工程方面的捐款、捐物共计5083万元。对此，中国青少年发展基金会秘书长涂猛表示："多年来，海尔集团在扶贫、救灾、助残、教育、体育等方面的投入，为社会公益事业做出了卓著的贡献。"

2. 真实信用原则

真实信用原则是公共关系原则的组成部分，是公共关系活动成败的关键。真实与信用是并存的，没有真实就没有信用，是真实创造了信用。公众只相信真话，为了生存和发展，社会组织的经营和发展都要以真诚为基础，树立自己真实的形象。真诚信用的原则是指从事公共关系工作要以利国利民为宗旨，以真实为基础，以信誉为目标，尊重客观事实。

中央电视台《实话实说》栏目曾是收视率最高的金牌栏目，原因也就在于"说实话"，主持人的平民气质、栏目形式的轻松性与贴近大众的内容选择，使观众产生一种亲切感、信任感，收视率上升也就是很正常的事了。

随着网购行业的快速发展，产品质量参差不齐，售后承诺无法履行，打折促销活动先涨价再降价等诚信问题愈加凸显。

据了解，作为限时抢购的闪购类网站，上品乐购商城自2011年运营以来，公司规模以150%的速度增长，在春节期间，更是因订单量猛增及多个物流公司放假等原因造成货物积压。对此，上品乐购商城迅速反应，完成成都、武汉等分仓的建立，及时解决了用户关心的及时到货问题。同时，商城更是勇于承担责任，对没能及时收到产品的客户给予"100元现金抵用券"的补偿，得到了广大用户的理解，用诚信和真诚，挽回了客户的信任。

上品乐购商城市场部杨经理表示，在电商竞争如此激烈的今天，微信、微博等自媒体加速了品牌的口碑化传播，更要讲诚信。只有诚信经营，企业发展才能走得更远，走得更稳。

3. 平等互利原则

任何组织在社会实践中，都希望得到对方的尊重与信任，同时也都希望在交往中满足自己的需要，即平等互利。在处理与消费者关系时，尤其要坚持这一原则。

在市场经济不断发展和完善的今天，消费者的权益绝不能被忽视。以日本三菱公司帕杰罗V31、V33越野车质量事件为例。该车由于刹车系统质量问题引起多起事故，造成人员伤亡。这一事件的后果是三菱公司被迫退出中国汽车市场已成必然，该公司本部2001年2月26日宣布裁员9500人，年产量从130万辆减少至100万辆，车种也由24个减至13个，"日本制造"的神话也已经破灭，造成中国民众对日本产品所谓"一流质量到欧美，二流质量用国内，三流质量供中国"的深恶痛绝，以后要耗费大量人力、财力、物力才能重新树立良好的企业形象。

 知识链接

党的二十大报告提出，构建人类命运共同体是世界各国人民前途所在。万物并育而不相害，道并行而不相悖。只有各国行天下之大道，和睦相处、合作共赢，繁荣才能持久，安全才有保障。中国提出了全球发展倡议、全球安全倡议，愿同国际社会一道努力落实。中国坚持对话协商，推动建设一个持久和平的世界；坚持共建共享，推动建设一个普遍安全的世界；坚持合作共赢，推动建设一个共同繁荣的世界；坚持交流互鉴，推动建设一个开放包容的世界；坚持绿色低碳，推动建设一个清洁美丽的世界。

4. 长期努力原则

社会组织要凭借公共关系在公众中塑造良好形象，进而达到让组织获益的目的，绝非一日之功，必须经过长期而艰苦的努力。如果说广告和推销重点只考虑眼前效益的话，公共关系则更多的是着眼于未来，需要精心的策划和持续的努力。

对一个组织而言，公共关系活动不是某一项具体的工作任务、工作目标，而是一个长期的、有计划的、充满艰辛与坎坷的系统性工程。每次集体的公共活动都必须经过周密细致的准备，踏实而稳健地行动，着眼于长远。任何短视的和急功近利的行为都是要不得的。

5. 全员公关原则

全员公关是公共关系的一个重要原则。它强调公共关系工作绝不仅仅是公共关系专业人员的专利，任何组织，上至最高领导，下至普通员工，都应把自己看作公共关系的工作者。因为公共关系不是抽象的而是具体的，不是神秘的而是实实在在的。一个组织要想在公众中

树立良好形象，仅凭公共关系机构策划几次专题公共关系活动是远远不够的。它要求组织的全体成员自觉具有公共关系意识，通过自己的一举一动、一言一行，很自然地进入公共关系角色，大家共同努力塑造本组织的良好形象。

8.1.3 公共关系专题活动的基本要求

公共关系专题活动是社会组织围绕某一明确目的而开展的活动，是一项操作性、应用性和技术性很强的工作。为了确保专题活动的公关效果，开展公共关系专题活动必须讲究基本的活动策略，掌握基本技巧，注意工作方法。

1. 明确目标

目标是公共关系专题活动的灵魂和统帅。目标直接影响着公共关系专题活动的整个发展过程，明确的目标不仅可以提高专题活动的工作效率，而且可以扩大专题活动对公众的影响。

社会组织的一切公共关系活动的目标，都是为了塑造组织的良好形象，使社会组织形象深受广大公众的喜爱。专题活动从长远来看，是为了塑造组织的形象；从近期来看，就是围绕这项主题开展活动，并通过这项主题活动吸引公众、赢得公众。因此，专题活动的目标是有层次性的，要求做到近期目标与长远目标统一。

筹办专题活动首先要选择好明确而具体的公共关系专题活动目标，然后才能根据工作目标确定专题活动的主题、内容和范围。公共关系专题活动的工作目标不能过于抽象，更不能含糊其词。一般来说，专题活动只有一个基本的工作目标，这个目标必须具体、明确。常见的专题活动工作目标：①让公众接受某个信息；②消除公众对社会组织的误解和偏见；③让公众知晓社会组织的新发展（如技术革新、管理创新、新产品问世等）；④加强内部公众的相互了解及相互信任，巩固社会组织与社区公众的友好关系；⑤促成新闻界对社会组织的关注；⑥鼓动公众支持社会组织的某项决策；⑦收集公众对社会组织的意见和对社会组织的建议等。

2. 精选主题

公共关系专题活动的主题是公共关系专题活动目标的具体体现。

公共关系专题活动要有明确的主题，并且围绕这一主题开展特殊方式的活动。它通过引起舆论和公众的关注，引发他们的浓厚兴趣，使组织形象在公众的心目中留下深刻印象。明确的主题，可以让公众与舆论更好地知晓组织的目标及其活动的意义，加强对组织的了解。

选择专题活动主题应遵循以下原则。

（1）主题与目标一致

专题活动的主题要与组织的公共关系目标相一致。任何有悖于目标的专题活动，无论其设计多么精彩，都应当放弃。

（2）主题与公众心理需求一致

任何一项专题活动的主题首先必须符合公众的心理需求。另外，主题必须符合社会发展的要求，符合时代的特征。

（3）主题必须富有特色

特色是鲜明的个性，是有别于其他活动的特性。个性是提高知名度的重要因素，没有个性，主题千篇一律，专题活动就不会有满意的效果。

(4) 主题易于传播

主题的表现形式是多种多样的，可以是一次赞助活动，可以是一次庆典活动，也可以是一次公益活动，而主题的表达只能是一句话或一段精辟的文字或一首歌等。无论是一句话、一首歌还是一段文字，都要求容易传播，要朗朗上口，要具有震撼力、冲击力。

3. 周密筹备

公共关系专题活动工作量大、涉及面广，需要精心准备和系统规划。一项专题活动往往是多项活动的组合。例如，一个庆典活动可能要涉及宴请、仪式、联欢、新闻发布会等多项活动。

在公共关系专题活动的筹备工作中，主要应做好以下几件事。

(1) 确定名称

名称是公共关系专题活动的窗口。一个好的名称，可以增强公共关系专题活动的吸引力。理想的名称，既要简明精确地体现专题活动的主要内容，又要有丰富的文化艺术色彩。

(2) 选择日期地点

开张吉庆、周年纪念、节假日及某些社会活动的时间都是开展公共关系专题活动的黄金时间，但公共关系专题活动的时间安排不能与重大事件或重大节日相冲突。开展专题活动的地点，一般应选择社会组织所在地或社会组织熟悉的地方，因为在熟悉的地点，对公众比较了解，容易满足公众的心理需求。此外，也可以选择交通方便或公众集中的地方。公共关系专题活动的时间和地点确定后，应提前一周通知公众，以便让公众及早做出安排。

(3) 准备接待

公共关系接待人员应当穿戴醒目的制服，并有明确的分工，同时要做到热情主动、彬彬有礼、仪表大方。

4. 策动媒介宣传

为了扩大公共关系专题活动的影响范围，造成轰动效应，使活动取得更大程度上的成功，社会组织必须策动媒介宣传，利用传播媒介增强公共关系专题活动的辐射力。

在公共关系专题活动过程中，为了充分发挥传播媒介的作用，社会组织应做到以下几点。

① 力求使公共关系专题活动富有特色、规模适中，以引起传播媒介的关注，争取传播媒介进行必要的报道。

② 在开展公共关系专题活动时，应事先邀请新闻记者召开记者招待会，把有关的背景资料寄给新闻单位，争取电台、电视台、报纸、杂志为公共关系专题活动进行报道、宣传。

③ 积极制作社会组织的媒介刊物，如厂报、厂刊、宣传材料、画册、书籍、黑板报等，及时向公众发布有关信息，使公众充分知晓公共关系专题活动的内容。

④ 自觉做好公共关系专题活动摄影工作和访问工作，主动为新闻媒介提供宣传材料和新闻稿。

5. 灵活驾驭

社会组织在制订公共关系专题活动的计划和方案时，不可能预见所有可能发生的问题，所以，公共关系专题活动主持人必须具备较强的组织能力和驾驭能力。这样，既能使专题活动按照原定的基本程序进行，又能及时处理各种突发事件；同时，还能利用专题活动过程中出现的各种机会，机智幽默地活跃活动的气氛，使整个公共关系专题活动盎然有趣、轻松活泼而又井然有序，提高活动的艺术感染力。

8.2 庆典活动

庆典活动是社会组织为了与公众沟通信息、联络感情、增进友谊、提高知名度而利用重大节日或纪念日举行的专题活动，包括开业典礼、周年纪念活动、节日联谊会、联欢会等形式。与社会组织平常的活动相比，庆典活动具有特殊性和隆重性，因而能引起较广泛的社会影响。

8.2.1 庆典活动的类型

社会组织庆典活动的范围较广、形式较多，概括起来主要有以下几种类型。

1. 开业庆典

开业庆典是社会组织在新成立时或重大活动的开幕时，社会组织重要机构组建时举办的庆典活动。通过开业庆典，社会组织不仅可以向社会公众和舆论传递信息、通报情况、扩大影响，还可以得到社会公众的祝福，为获得今后事业的顺利发展奠定基础。可以说，一个成功的开业庆典就是社会组织事业发展的一个重要里程碑。

2. 周年庆典

周年庆典是社会组织在开业纪念日举行的庆祝活动和纪念活动，可以每年举行一次，也可以5周年、10周年举行一次。周年庆典是社会组织进行公共关系活动的有利时机，通过这一机会向社会公众宣传自己的历史、发展、成就和对社会的贡献等，制造出有影响的新闻，有助于提高社会组织的知名度和声望。

3. 庆功庆典

庆功庆典是社会组织在工程竣工、建筑物落成或取得某项战略性成果时为祝贺成功而举行的庆祝活动。庆功庆典有锦上添花的作用。社会组织趁机造势，凭借组织在公众心目中的良好印象再做出努力，有助于进一步强化并扩大这种良好的形象。

4. 节日庆典

节日庆典包括国家法定节日（如儿童节、建党节、建军节、国庆节等），民间传统节日（如春节、端午节、中秋节等），国际性节日（如情人节、劳动节等）及其他重大事件节日等，为庆祝和纪念这些节日而举办的典礼仪式或各种联谊活动（如大型游园、团拜会、嘉奖等）统称节日庆典。社会组织举行节日庆典活动可以借助热闹的节日气氛宣传自己，融洽各种社会关系。

5. 表彰庆典

表彰庆典即发奖、授勋仪式，一般以表彰大会的形式出现。社会组织举行这类庆典活动的目的在于宣传和弘扬先进模范人物或集体的优秀事迹和高尚精神，并授予其光荣称号、勋章、奖旗、奖状及物质奖品等，以此来激励组织内部员工更好地工作，并向外部公众展示自身的良好形象。

8.2.2 庆典活动的策划

社会组织庆典活动是所有公共关系活动中"表演"色彩最为浓厚的活动。要把庆典活动开展得有声有色，引起社会公众的广泛注意，社会组织的公共关系人员应做好以下策划工作。

1. 确定庆典活动的主题

从公众关系角度来看，每个庆典活动本身的名称只是标明了形式上的主题，其中往往还蕴含着与社会组织发展密切相关的更为重要的主题，如宣传组织精神、显示组织实力、传播组织业绩等。社会组织公共关系人员应努力发掘那些与事业发展有本质联系的东西，从而把活动的表现形式与主题有机地融合起来。

2. 设计庆典活动的形式和程序

社会组织庆典活动的形式和程序会因组织的性质、活动的目的、主题的不同而呈现出丰富多彩的多样性。如何选择恰当的形式和程序，是活动能否成功的关键。设计活动的形式应注意：一要明确庆典活动的中心内容和辅助内容分别是什么；二要明确庆典活动的具体做法和措施。设计活动的程序也是一项重要的工作。尽管各类庆典活动都有大致相同的基本程序，但具体到每个活动，又各有特殊性。活动的程序要严密有致，做到隆重热烈、有条不紊，还应适当营造气氛和烘托高潮，使活动获得喜庆的效果。

3. 邀请庆典嘉宾

社会组织公共关系人员在庆典活动之前应拟好庆典的嘉宾邀请名单，并做好邀请工作。嘉宾的确定直接关系到庆典的规模、层次和宣传效果。邀请嘉宾不仅要考虑有关单位和左邻右舍，还要考虑邀请一些社会名流和新闻人士，而且要考虑股东代表及员工代表等。拟好名单后，社会组织的公共关系人员应将请柬提前送到嘉宾手中。请柬应新颖别致，并写明活动事由、方式、地点等。对一些重要嘉宾，应当面邀请，以示尊敬和慎重。

4. 落实致辞和剪彩人员

庆典活动之前，社会组织公共关系人员应落实庆典致辞和剪彩人员。胜任这些工作的人应具有权威性和代表性。工作人员应事先通知致辞人和剪彩人，并为他们拟好发言稿。

5. 安排礼仪人员和工作人员

为使庆典活动显得隆重和热烈，社会组织公共关系人员应安排礼仪人员和工作人员，由他们担任礼仪、接待、服务等工作。礼仪人员应端庄大方、服饰统一、举止高雅。工作人员要职责明确、密切配合，入场、签到、奉茶、录音、摄像、留言、现场布置等均应由专人负责。礼仪人员和工作人员一般都应进行事前排练和演习，以使其在庆典活动中头脑冷静、成竹在胸。

6. 庆典接待工作

在庆典活动开始之前，社会组织公共关系人员应组织好一切接待工作。礼仪人员和工作人员各就各位、各司其职。重要来宾应由社会组织高层领导人亲自接待，以示重视和礼貌。要设置专门的接待室，以便在活动正式开始前让来宾休息并互相认识。此外，还要准备好相关物品，包括款待嘉宾的茶水、糖果、横幅、鲜花，以及乐队、音响、话筒、摄影器材、签名簿、纪念品等。

8.2.3 庆典活动的举行程序

以开业典礼为例。

1. 开业典礼的筹备工作

① 拟定邀请嘉宾名单并发请柬。
② 布置场地。
③ 文字工作。
④ 安排礼仪人员和工作人员。
⑤ 物品准备。

2. 开业典礼的程序

（1）嘉宾签到

嘉宾到达后，要有专人负责引领他们到签到处签到，同时发放宣传资料及纪念品。签到处要准备好两个名片盒子，一个盒子装本组织最高领导或公关部经理的名片，另一个盒子装嘉宾的名片，这样便于以后联系或制作通讯录。嘉宾签到后，由接待人员引领其到备有茶水、饮料的接待室休息，让嘉宾稍作休息并互相认识。

（2）典礼开始

① 首先由主持人宣布典礼开始，鸣炮或奏乐。
② 介绍嘉宾。
③ 领导致辞。
④ 剪彩期间可安排一些助兴节目，如奏鼓乐、歌舞表演或播放喜庆音乐以渲染气氛；还可以进行文艺表演，以示庆祝；也可以举行大型促销活动。

（3）典礼后的活动

主持人宣布仪式结束，即可引导嘉宾参观组织的设施设备、服务条件等，介绍主要设施设备或产品特色，展示、宣传自我；也可以举行简短的座谈会或宴请嘉宾。

8.3 展览活动

展览活动是综合性的传播活动，它通过实物、产品、图片、资料的展示，使公众对产品和服务有一个直观的、具体的了解，是组织与公众直接沟通的最佳方式。同时，展览活动又是传播媒介报道的热点，具有很好的传播效果，历来被组织广泛采用。

8.3.1 展览活动的特点

1. 传播方式的复合性

展览活动是一种复合运用多种传播方式的传播活动。它既要运用人际传播的许多方法和技巧，又要运用大众传播的许多方式和策略。从面对面的解说、咨询到文字说明、图片、实物展览，以及电视、广播、报纸等多种传播手段，使展览活动能够综合各种传播媒介的优点，形成多层次、全方位、立体化的传播效果，取得很好的社会效应。

2. 沟通方式的双向性

展览活动是组织与公众进行直接双向沟通的最好形式。组织通过对自己产品和服务的展示、咨询、洽谈来传播组织信息。这种面对面的信息交流，不仅可以使公众很快了解组织信息，还可以通过留言本、征询卡、洽谈等反馈信息。展销活动商家云集，信息传播和反馈速度快，成交量集中，无疑是一种传播沟通的极佳形式。

3. 宣传的直观性

展览活动以产品、实物展示、解说员的生动讲解、现场的具体操作、生动形象的示范表演等给人以生动直观的印象。如果配以现代化的电子媒介，会给参观者留下更为深刻的印象。因此，它的宣传效果比一般的广告更直观、更真实、更具体。

4. 形式的活泼多样性

展览活动可以通过各种形式来展示自己的产品、宣传企业的业绩和风采。特别是可以运用声、电、光等现代化手段，把展览活动搞得有声有色、丰富多彩，如通过录像、电影、电视专题片来展示企业的发展面貌，从而起到良好的沟通和宣传效果。

8.3.2 展览活动的类型

按照不同的标准，展览活动可有不同分类。

1. 按展览活动的性质分类

如果按展览活动的性质分类，可分为贸易展览会和宣传展览会。贸易展览会主要通过展示产品、实物来直接促成交易，往往展览和贸易同步进行，即既展又销。社会组织举办这类展览会的特点是面向目标客源，重点吸引的对象是展览会举办地的公众。宣传展览会主要是对社会组织及其产品和服务的宣传，配以图片、资料、实物等，达到与公众沟通的目的，并不直接发生贸易活动。

2. 按展览活动的内容分类

如果按展览活动的内容分类，可分为综合展览会和专题展览会。综合展览会是全面介绍一个地区的情况，其综合概括性强，能让参观者留下全面深刻的印象。这类展览会产品或服务品种繁多、规模庞大、组织工作复杂。专题展览会是因某一特殊专题而组织的展览活动，与综合展览会相比，其内容较少、规模较小，不具有综合性，但要求主题鲜明、内容集中且有深度。

3. 按展览活动的地点分类

如果按展览活动的地点分类，可分为室内展览会和露天展览会。室内展览会往往在一个大厅或展览馆举行，不受气候影响，并可精心布置，展览效果较好，但展台租金较贵，且受空间限制。露天展览会一般在室外的广场、操场等空旷场地举行，它不受空间限制，且投资较少，但受气候影响较大，因而展览时间不宜过长。

4. 按展览活动的规模分类

如果按展览活动的规模分类，可分为大型展览会、小型展览会及微型展览会。大型展览会一般由行业主管部门发起和组织，参展单位多，展品丰富，影响比较大，如"国际旅游博览会"等。小型展览会通常由若干社会组织或某个社会组织主办，参展单位少，规模比较小。微型展览会又称袖珍展览会，如橱窗展览、流动车展览等。这类展览会看似简单，其实技巧性要求较高，举办得当也能扩大社会组织的影响。

5. 按展览活动的时间分类

如果按展览活动的时间分类，可分为固定展览会和流动展览会。固定展览会一般在室外或某一固定空间举办，它又可进一步分为长期性展览会和周期性展览会。前者往往长期稳定不变，后者则是定期更换内容，而地点和名称不变。流动展览会也称一次性展览会，它没有固定的举办地点，而是在展品的实际运用过程中对社会组织及其产品或服务进行的宣传活动。

8.3.3 展览活动的组织流程

展览活动是一种综合性活动，要耗费大量的人力、物力和财力。为保证展览活动的成功举办，社会组织公共关系人员应做好以下工作。

1. 分析举办展览活动的必要性

展览活动是大型的、综合性公共关系活动，耗资较大，因而在举办展览活动之前，社会组织公共关系人员一定要对举办展览会的必要性和可行性进行分析研究，防止盲目投资、得不偿失，或因准备不足而起不到应有的作用。

2. 明确展览活动的目的和主题

任何展览活动都有一定的目的，即通过展览活动的举办，社会组织要解决什么问题，达到一个什么目标，具体来说，是以促销为目的，还是以宣传组织形象为目的。主题应是展览目的的概括体现，是展览活动的精神核心和宗旨，它通常用一两句高度概括的语言表现出来，并书写在展览活动场地醒目的位置，给参观者留下深刻的印象。

3. 确定展览类型和项目

有了明确的目的和主题，便可以进一步确定展览活动的类型、参展项目，如举办大型综合展览会，通常用广告和邀请函等形式向可能参展的组织说明展览宗旨、类型项目等，为潜在参展组织提供决策所需的资料。

4. 选择展览场地

展览场地最好租用交通方便、设施齐全的展览馆，这样既方便展品运输，也方便参观者到会。此外，还应考虑展品的安全、保卫工作及与周围环境的协调等因素。

5. 了解参观者的类型

展览的对象是谁，范围有多大，参观者的层次、要求、数量等状况如何，这些都是社会组织公共关系人员在展览活动前应分析研究的问题。这样在接洽、解说和材料上才能根据不同层次的参观者来准备，从而保证展览活动的顺利开展。

6. 准备各种宣传资料

展览活动需要的材料很多，如展览徽标、宣传招牌、图片、展品、广告、气球等。还有些要分发给参观者，如社会组织及其产品或服务的简介、宣传画册、纪念品等。这些都应在展览活动前做好充分准备。

7. 培训展览工作人员

展览活动组织的成功与否、质量好坏，与工作人员的素质高低有很大关系，特别是一些专业性较强的展览。如果没有一定的专业知识，展览的组织、洽谈、解说、咨询等工作就会受到影响。此外，工作人员的素质、接待礼仪、讲解的技巧，都影响着展览活动的成败。因此，必须对展览工作人员进行会前培训，提高其素质和技能。

8. 完善参展设施和配套服务

社会组织公共关系人员筹办展览会应准备好电源、电话、照明、音响、影像等辅助设施，以及邮政、检验、保险、银行、交通、住宿等配套服务，以保证展览活动顺利、高效率地进行。

9. 与新闻界的联络

展览活动要利用一切可以调动的传播媒介进行公共关系活动，使公众通过视、听等多种渠道了解有关社会组织的信息。展览活动前应组建专门的新闻机构，负责展览活动的新闻宣传（如新闻处、秘书处等），由他们邀请记者参加开幕式和采访，并与传播媒介保持密切联系。举办记者招待会，为记者采访提供一切方便和相关资料等。

10. 策划展览活动的开幕式

展览活动的开幕式应隆重而热烈，可邀请政府官员、各界名人出席，请政府部门的负责人为开幕式剪彩；还可以邀请大型乐队来助兴，以造声势，烘托气氛，并请参观者、来宾签名留念。开幕式是展览活动的前奏，一定要搞得有声有色，富有吸引力，给参观者留下良好的印象。

11. 展览活动费用预算

费用预算是把展览活动所投资的总金额落实到展览活动的每个具体项目中，使每个项目的经费都得以落实，如场地租金、设计装修、广告费、电费、运输费、接待费、资料费、劳务费等。社会组织公共关系人员应有计划地分配展览所需的每笔资金，防止超支和浪费。

12. 评估展览活动效果

展览活动带来的最直接的效果是产品成交量的多少，这是评估展览活动的主要衡量标准。此外，还可以通过参观人数、新闻传播媒介的报道量、咨询台、留言簿、问卷调查、有奖测验、新闻分析等方法，评估展览活动的效果。由于宣传展览活动不直接进行促销，因而采用这些评估方法，通过评估总结出此次展览活动的成果和不足。

8.3.4 展览活动的效果检测

展览活动的效果是举办者最关心的问题，也是根本的问题。检测展览会效果的主要方法有以下几个。

① 设置留言簿，主动征询公众的意见。
② 举行有奖测验。根据展览内容确定试题，组织参观者当场答题，并当场发奖。
③ 召开座谈会，了解公众的观后感，如对展览内容的评价，或对展览组织工作的评价。
④ 开展调查。调查对象不仅是参观的公众，而且还包括其他公众。通过调查，了解展览活动的传播效果，了解公众对展览内容的知晓程度。如果展出的是某种商品，不仅要了解公众对商品的感受，还要了解公众对商品的需求状况、消费状况。

8.4 赞助活动

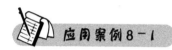

应用案例8-1

"赞助（站住）！"

有这样一幅漫画，上面画着一个蒙面大汉，一只手持刀，另一只手提着口袋，对路人大喊："赞助（站住）！"而路人则转身飞也似的逃走。

这幅漫画反映了人们对赞助的误解，其实"赞助"完全是一种自愿行为，而不是被迫的。"赞助"是社会组织为求得自身发展而发动的宣传攻势的一种，是对社会的贡献行为。例如，有时候人们为了收看一部电视连续剧，或者是欣赏一场扣人心弦的体育比赛，不得不耐着性子看完那长长的赞助单位名单或是各类产品广告。爱好足球的人会发现，过去的省市足球队名称现在都已经改头换面了，取而代之的是"上海申花""河南建业"等。原来，这些球队已转由企业赞助，这样人们自然会对这些企业的雄厚财力以及畅销的产品留下深刻印象。这使人们认识到"赞助"是组织的信誉投资和感情投资，是组织改善社会环境和社会关系，塑造组织形象的有效方式之一。

（资料来源：编者根据网络资料整理。）

8.4.1 赞助活动的作用

社会组织赞助活动是为了支持社会公益、树立具有高度社会责任感的组织形象而无偿地提供一定的资金或物质的公共关系专题活动，是一种具有远见卓识的行为。其作用具体表现在以下3方面。

1. 创造和谐融洽的社会环境

赞助是社会组织通过对某些社会慈善事业、社会公益活动的支持和资助，在公众心目中留下关心社会公益事业的美好印象，受到社会舆论好评，这就为其创造了一个和谐融洽的社会环境。

2. 获取长远的社会效益

赞助可表明社会组织作为社会成员的一员，积极承担其所应尽的社会责任和义务，追求良好的社会效益。虽然赞助活动需要社会组织出钱出物，并且是无偿的，但从另一个角度来看，赞助活动又是有偿的。因为它使社会组织赢得与赞助项目直接相关的组织或公众的好感，使组织获取长远的社会效益。

3. 增强了广告的影响力

社会组织在实施赞助活动中通常可获得现场的黄金广告位，甚至全权广告代理权。此外，通过对体育比赛、文娱活动的赞助，社会组织还可使组织的名称或商标获得传播媒介的广泛报道，借媒体之手展开强大的广告攻势，从而大大增强社会组织产品或服务的影响力。

8.4.2 赞助活动的类型

社会组织的赞助形式完全由组织的性质、组织的产品和服务特征，以及组织的经济实力来决定。常见的赞助主要有以下几种类型。

1. 赞助体育

赞助体育活动既是最常见的一种赞助形式，也是最有吸引力的热门赞助项目。因为随着人们生活水平的不断提高，参与或欣赏体育运动、体育表演已成为一种时尚。具体赞助方式有出资、冠名、企业与体育联姻等。这类赞助大多是为达到增强广告效果的目的，如健力宝、柯达、富士、可口可乐等在各项体育比赛中大出赞助风头，引起公众兴趣，其产品也经久不衰。

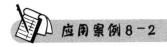
应用案例8-2

蒙牛用一瓶酸奶开启"世界杯的真情时刻"

蒙牛作为2018 FIFA世界杯全球官方赞助商，也是世界杯历史上第一个乳业品牌赞助商。蒙牛携手天猫超市，准确洞察消费者心理，在世界杯的欢呼呐喊声中为大家带来了一场关于"世界杯的真情时刻"主题盛宴。此次天猫超市与蒙牛电商的强强联合，通过天猫大数据准确分析消费者行为，准确找到目标消费人群的真实需求和偏好。从内容营销、形式创新、独家直播再到回馈消费者，形成一条完整的全链路营销。蒙牛联合天猫超市深刻洞察消费者心理，通过触点丰富的营销模式，向消费者传递了世界杯期间品牌的温情价值观，提升了品牌形象。

无论是进球的欢呼雀跃，还是失球的叹息落泪，那些和世界杯有关的真情时刻，一直都有家人、朋友和伴侣的陪伴。此次，蒙牛电商选择纯甄酸奶作为真情时刻的载体，见证每一个和Ta在一起的"世界杯的真情时刻"。

如今众多品牌在营销活动中打出"温情牌"，比起"用力过猛"的煽情广告，此次蒙牛电商精准地抓住父亲节与世界杯的双重节点，回到生活中最常见的中国式父子关系。用点点滴滴的生活情节实现"真情时刻"的心灵直击。视频中讲述一对父子跨越时间的亲情故事，小时候，爸爸在孩子眼里是超人一样的完美存在，而随着年龄的增长，孩子对父亲表达爱的方式产生误解。父子之间从幼年时的依赖，到成年后的渐行渐远，当孩子再有机会和父亲一起看世界杯时，蒙牛纯甄似乎成了彼此沟通关怀的桥梁，无形之中拉近了父子之间的距离。此次，蒙牛借助数十个知名微博及微信加大站外推广力度，打造多平台矩阵式传播，使微博话题热度不断升高，并由此产生大量优质UGC，为活动带来超高的流量和关注度，并于6月28日蒙牛天猫大牌狂欢活动当天引爆。

真情之下，除了亲情、爱情、友情，还有一种我们不能忽视的情感——爱豆情。作为世界杯首次合作的乳业品牌，蒙牛获得世界杯场地独家直播权益，在俄罗斯莫斯科的Fan Fest场地，蒙牛电商与天猫超市共同开启真情明星直播，双方整合各自领域的优势资源运用整合营销资源完成流量引爆，与消费者同频共振，创造了11.62万人同时在线的直播记录，展示了教科书般的直播新玩法。

在此次世界杯全链路营销中，蒙牛本着一颗"纯甄"的心，不忘初心，作为行业的龙头品牌，结合"理想生活上天猫"的品牌价值观，将"真情时刻"贯穿营销始终，通过线上线下联动，明星效应加持，配合高影响力的网易新闻、今日头条、搜狗输入法等多个主流媒体的传播，让营销信息触及更多的用户。让每一个参与其中的消费者都能感受到真情的力量，同时引爆销量，实现品牌与营销的共赢。仅走心视频亲子篇就获得了738.3万的点击量。这次与天猫合作的世界杯活动，共计取得了2.6亿的关注量。实锤验证了双方品牌赋能的共赢效果。

这次蒙牛与天猫的强强联合，尝试了许多新概念的营销方式，在活动中融入的新零售概念，让品牌与消费者的互动更具新意和黏性，在传播品牌形象的同时，收获了更多的消费者资产。

（资料来源：编者根据中国公关网相关资料整理。）

2. 赞助文化活动

文化活动在社会中涉及的公众范围很大，影响面较广。赞助文化即赞助各种文化活动及文化表演等。具体赞助方式包括：扶持民族文化、艺术；赞助城市雕塑、文艺演出或比赛、影视节目制作、图书发行、有奖征文等。

3. 赞助社会慈善和福利事业

赞助社会慈善和福利事业是社会组织追求社会效益的有效益手段之一。它虽然没有赞助体育活动那么轰轰烈烈，但却更能体现社会组织的崇高社会形象并获得政府的好感。具体赞助方式有援助希望工程、残疾人基金会、敬老院、幼儿园、下岗工人、受灾或经济落后地区等。

4. 赞助教育事业

教育是一项关系国家千秋大计并日益受到社会重视的事业，赞助教育是今天投资、明天收益，有助于人才的培养和社会的进步。其具体赞助方式有捐赠图书、教学、实验设备、提供奖学金等。

5. 赞助社会公益事业

赞助社会公益事业也是赞助活动的一项重要内容。它对促进社会文明进步和社会组织自身的发展都有着积极的影响和作用。其具体赞助方式有赞助制作交通安全宣传栏、见义勇为基金会、文物保护基金会等。

8.4.3 赞助活动的步骤

1. 确定赞助类型

社会组织公共关系人员应首先确定赞助活动的类型，这要根据赞助的目的出发。如果旨在扩大影响和知名度，社会组织可采取赞助体育活动；如果旨在树立良好形象，社会组织可采取赞助教育事业；如果旨在培养感情、增进社会理解，社会组织可采取赞助社会福利事业等。

2. 制订赞助计划

确定赞助类型后，社会组织公共关系人员就应制订一个完整的赞助活动计划。该计划是赞助目标的具体化，通常包括赞助范围、赞助对象、赞助形式、赞助费用预算、赞助实施步骤等内容。

3. 实施赞助活动

赞助活动的实施要由社会组织公共关系人员进行。为了扩大影响，赞助活动应举办一定规模的签字仪式，邀请上级领导、新闻记者、各界朋友参加，并在签字仪式上宣布赞助金额、展示实物。被赞助单位本着互惠互利的原则，尽可能为赞助单位提供宣传的机会，使宣传活动与赞助活动同步进行、协调一致。赞助单位对赞助资金的使用、赞助项目的落实及补偿条件的兑现，要进行必要的监督，并在赞助款的兑现上，分阶段到位，按实施效果分批提供，以便从经济上约束接受赞助的单位，实现赞助的目标。

4. 评估赞助活动效果

赞助活动实施之前应确定赞助类型、制订赞助计划，目的是取得良好的赞助效果。因此，在每次赞助活动中，社会组织公共关系人员都应注意赞助效果的检查测定，要求将赞助的具体实施情况和赞助后公众及传播媒介的反应与赞助计划相对照，明确指出完成了哪些预期指标，哪些指标没有完成并分析原因，然后写出评估报告，上报社会组织的领导层，并做好档案，为日后的赞助活动提供参考资料。

8.4.4 赞助活动应注意的事项

赞助活动是社会组织为赢得政府和社会公众的好感，创造组织生存和发展的良好环境而举办的专题活动。赞助活动应注意以下事项。

1. 赞助活动要有针对性

社会赞助是社会组织自愿履行社会责任和义务的表现，因而社会组织在选择赞助时要量力而行，不可盲目贪大求全。因为赞助效果并非与出资多少成正比，企业应考虑赞助活动的必要性、可行性，使有限的资金发挥最大的效益。当遇到不必要的赞助或明显没有社会效益的赞助，社会组织要坦率相告，解释原因；对虽然适合，但社会组织难以负担的赞助请求，社会组织应坦言自己的难处，婉转地要求减少赞助资金或表示不愿参与赞助；若遇上无理纠缠者，社会组织必须坚决用法律保护自己的权益，不能屈服于威胁和恐吓。

2. 充分利用赞助活动提供的机会

社会组织在承诺赞助后，要尽量利用赞助活动来宣传自己，因为赞助活动的主办人有许多事情要做，他们只能给赞助者提供机会、搭建平台，而如何有效利用赞助活动则是赞助者自己应考虑的事。

3. 提高赞助活动的效率和质量

社会组织可以将多方面的资金集中起来设立一个基金会。基金会可单独或联合地向社会公益事业提供稳定的长期资助，取得长期的社会效益。

4. 严格控制赞助活动预算

赞助活动在财务方面要严格管理，以免资金被挪用，或被私人非法侵吞。社会组织还应严格控制赞助活动预算，以防超支。此外，社会组织还要注意预留一部分机动款项，以解决临时急用问题。

5. 淡化商业意识

赞助活动应设计新颖的赞助形式，淡化商业意识，要与做广告区别开来。即使要做广告，也要以公共关系广告的形式出现，以免引起公众的反感。

8.5 新闻发布会

新闻发布会是政府或某个社会组织定期、不定期或临时举办的信息和新闻发布活动，直接向新闻界发布政府政策或组织信息，解释政府或组织的重大政策和事件。新闻发布会是社会组织在发生重大且具有积极影响的事情时，向新闻界公布信息，提升该组织形象的会议。

8.5.1 新闻发布会的特点

1. 信息发布的权威性

新闻发布会的形式正规、规格档次较高，一般举办新闻发布会的都是政府部门、社会组织、企业集团等，它代表某一组织的权力。因此，发布信息具有较高的权威性，如我国外交部新闻发言人代表中国政府对中外记者发布信息，就具有很高的权威性。

2. 信息发布的真实性

由于新闻发布会是社会组织就某一问题说明事实、表明立场并回答记者提问的公共关系活动，因此，发布消息要正规、真实、可靠。

3. 信息传播的快速性

新闻发布会的快速性有两点：一是指信息本身的时效性；二是指信息传播的快速性，不受时空限制。

4. 受众的社会性

与其他传播方式相比，新闻发布会无论在深度还是广度上都更为优越，公众可以通过多种渠道获得消息，信息的受众面较广。

8.5.2 新闻发布会的流程

新闻发布会的议程应力求周密、紧凑。其流程如下。
① 服务生导引参会记者签到登记，同时分发会议资料。
② 主持人简要说明召开新闻发布会的目的。
③ 发言人讲话，宣布重大新闻，介绍新闻的具体信息。
④ 记者提问，发言人回答记者提问。

⑤ 主持人宣布新闻发布会结束。
⑥ 安排新闻发布会会后的重点采访。

8.5.3 新闻发布会的策划

1. 确定新闻发布会的主题

确定新闻发布会的主题应从新闻价值和社会组织的自身利益出发。所谓新闻价值，是指所发布的信息能否引起社会公众的兴趣，是否具有吸引新闻记者采访和报道的价值。在新闻发布会中，要明确所发布信息的内容，要注意主题的单一、集中，否则就达不到新闻发布会的公共关系效果。

2. 准备相关材料

新闻发布会之前要准备好各种相关资料，主要有发言稿、组织宣传材料、答记者问的备忘录和为记者准备的新闻稿等。这些资料应在充分讨论、统一认识、统一口径的前提下，由专门人员负责起草，并在会前打印好分发给参会记者。另外，还应该准备各种宣传辅助材料，包括口头的、书面的、实物、图片、模型等。注意资料的全面、详细、具体和生动，以便增强记者招待会的效果。

3. 选择会议主持人和发言人

新闻发布会的主持人一般由社会组织公关部的负责人担任。主持人要在把握会议主题的基础之上引导记者提问，并控制会议时间。发言人一般由社会组织最高领导人担任。因为他们不仅对本组织的整体情况有全面的了解，而且其身份也决定了他们的发言和回答更具权威性。

4. 确定会议的时间和地点

新闻发布会的时间选择：要与即将发生或已发生的事件在时间上靠近，但又不能太紧迫；要考虑被邀请对象是记者的特点，应避开节假日及社会上的重大活动的日子，以免影响新闻发布会的效果。地点的选择应根据发布信息的内容和影响的区域，选择新闻中心、宾馆、会议厅或会议室等具体场所，无论是在组织内部还是组织外部举行记者招待会，会场布置均应体现出新闻发布会的严肃性及权威性。

5. 确定应邀请记者名单并发请柬

组织新闻发布会应根据所发布信息的重要性、涉及的范围等因素来确定邀请记者的范围：是地方性媒体记者还是全国性媒体记者；是文字记者还是图片记者或电视台记者；是中文报刊记者还是外文报刊记者等。在邀请记者时要特别注意，与社会组织有密切关系的新闻机构的记者不能遗漏，并适当邀请一些权威性的新闻机构的记者参加。但同时要注意：邀请记者面要广，尽量照顾到报纸、杂志、广播、电视等各媒体；队伍要精，参加人数不宜太多。

6. 预算会议经费

新闻发布会的会议经费应根据会议的规格和规模预算，并适当留有余地。一般应考虑印刷费、场租费、会场布置费、音响器材费、照相费、礼品费、茶点费、交通费、餐费等。

8.5.4 主持人、发言人应注意的事项

按照新闻发布会的议程做好演练，以发现准备工作中的不足，及时加以改进。

对待各媒体记者、来宾应一视同仁，不能厚此薄彼、亲疏不一。

发布新闻和回答问题应口径统一，并与社会组织一贯的宣传口径保持一致。

主持人、发言人应精神饱满、落落大方、风趣幽默、热情自信，以自身的人格魅力增强信息的可信度。

主持人、发言人应善于把握主题，对无关或太长的提问，要通过避正答偏、诱导否定等语言变化技巧有礼貌地转移话题，但不能正面拒绝回答问题，以免伤害感情，造成对立情绪。

新闻发布会要有正式的结尾，不能草率收场，主持人应对会议进行高度概括。

8.6 开放参观活动

参观是指邀请外部公众或内部公众参观本组织的工作现场、设施等，是颇为流行的一种公共关系活动。

8.6.1 对外开放参观的作用

1. 扩大组织知名度

通过参观活动增加组织的透明度，让公众了解组织的宗旨、功能、优点、特色，显示组织的存在有利于社会、有利于公众。

2. 促进业务

通过邀请公众参观组织的厂区、生产流程、产品，让公众产生信任感，便于推销产品，谋求投资或相互协作、拓展业务。这类参观要着重表明组织设备精良、技术先进、管理严格、产品质量优良，如建筑单位为了承接业务，可邀请招标单位参观组织的设备和已建成的建筑物。

3. 和谐社区关系

邀请社区公众参观组织完善的设施、优良的工作环境、可靠的安全系统，表明组织不会对社区公众产生危害，以求得社区公众的理解与支持。

4. 增强员工或家属的自豪感

规模很大、地位重要的组织可邀请某一所属部门的员工或家属参观组织的全局性设施、先进设施，使其感到组织规模的庞大、地位的重要，从而产生自豪感，激发工作热情，或使家属全力支持员工的工作。

参观的目的要突出，不能要求一次参观达到多种目的。贪多求快反而会使公众摸不着头脑，影响参观的效果。

8.6.2 对外开放参观的组织

1. 准备宣传小册子

这类小册子以简明扼要，深入浅出的语言介绍参观内容，要配有一定的图表或数据，少

涉及深奥的专业术语，还要考虑一般公众的文化水平、接受能力。这种小册子宜在参观开始就分发给公众，使公众快速阅读后对参观内容有大致的了解，参观时还可边看实物边对照，免去了记录的麻烦，并可供公众日后查考。

2. 放映视听材料

有些组织结构复杂、技术尖端，为了帮助公众理解，观摩实物前可放映有关幻灯片或电视片，进行简洁的介绍。

3. 观看模型

有的组织规模庞大，设施分布很广，公众不可能每处都去，或者有些场地的设施不便于公众进入，可以事先制作模型，让公众观看，公众看后，选择几处认为重要的地方实地观看。

4. 可引导观看实物

由专人引导公众沿着一定路线参观，逐一观摩实物。在重要的实物前，引导者要做讲解，或配备专门的讲解员讲解。讲解时要抓住公众关心的或不易理解的重点，避免长篇大论、滔滔不绝，给人以吹嘘之感而使参观者产生逆反的心理。参观主要是以物来传递信息，以让公众观看为主，讲解为辅，不能本末倒置。

5. 中途休息

参观的时间不宜太长，以一天内完成为好。在参观路线的中途最好设有休息室，备好茶，供参观者中途小憩。

6. 分发纪念品

参观过程中可向公众分发一些小型纪念品，最好是本组织制造的或刻印有本组织名称的纪念物，让公众一见到它就想起本组织，引起美好的回忆。

7. 征求意见

观摩实物结束，宜在出口处设置公众留言本或意见本，有条件的话，最好请参观者座谈观感，提出意见，便于组织改进工作。参观除了平时可进行，还可以结合一些特殊实际进行，如在开幕式、周年庆典之后组织来宾参观。

本 章 小 结

公共关系专题活动是社会组织为了特定的公共关系目的围绕某一主题，通过特定的活动方式来开展的商务公共关系活动。公共关系专题活动可以按活动的形式、规模、性质和场所进行划分。

公共关系专题活动是提高社会组织知名度、美誉度的一个重要手段。本章介绍了几种常见的专题活动。庆典活动的每个环节都要精心设计，遵循"隆重、热烈、喜庆"的原则；赞助活动是一种超越广告宣传的、系统化的公共关系活动；新闻发布会是社会组织广泛传播各类信息，吸引媒介报道并搞好媒介关系的重要手段；展览活动是通过实物、产品、图片、文字资料的展示，使公众对社会组织的服务有一个直观、具体的了解，是社会组织与公众直接沟通的最佳方式；参观是指邀请外部公众或内部公众参观本组织的工作现场、设施等，是颇为流行的一种公共关系活动。

习　题

1. 填空题

（1）公共关系专题活动的基本原则是＿＿＿＿、＿＿＿＿、＿＿＿＿、＿＿＿＿和＿＿＿＿。

（2）公共关系专题活动的基本要求是＿＿＿＿、＿＿＿＿、＿＿＿＿、＿＿＿＿和＿＿＿＿。

（3）展览活动的特点有＿＿＿＿、＿＿＿＿、＿＿＿＿和＿＿＿＿。

2. 选择题

（1）展览活动是一种复合运用多种传播方式的传播活动。它既运用（　　）的直接沟通，又运用传播媒介的大众传播。

　A. 人际传播　　　B. 传播媒介　　　C. 沟通技巧　　　D. 大众传播

（2）直接将实物展现在公众面前，给公众以"眼见为实"的直观感受的专题活动是（　　）。

　A. 接待　　　　B. 新闻发布会　　　C. 展览活动　　　D. 赞助

（3）（　　）是社会组织无偿提供人力、物力、财力资助某一项事业，已取得一定的形象传播效果的社会活动。

　A. 接待　　　　B. 新闻发布会　　　C. 庆典活动　　　D. 赞助

3. 简答题

（1）庆典活动主要有哪几种类型？

（2）赞助活动的作用有哪些？

（3）新闻发布会的特点是什么？

（4）对外开放参观的作用是什么？

4. 实际操作训练

（1）将班级学生分为4组，每组学生为本班或其他毕业班策划毕业庆典活动，制作幻灯片在班级播放。

（2）将班级学生分为4组，每组学生走出学校，调查记录赞助活动的全过程，制作幻灯片在班级播放。

5. 案例应用

1号店10周年庆多场景联动，柴米油盐也能玩转生活

自2008年7月11日成立至今，作为国内首家网上超市，1号店已走过十多年。2018年7月1—11日，借10周年契机，为提升老客户的活跃度，吸引更多的年轻客户群，更好地拓展品牌影响力、提升品牌形象，1号店开展以"1号玩家，10刻享乐"为主题的10周年庆嘉年华。整个活动分预热期、高潮期、持续期三大阶段逐步进行，线上宣传与线下活动联动，让用户与1号店全方位"玩"在一起，把生活当成自己

的玩乐场，用年轻的心态玩转潮流人生，传递"柴米油盐也能玩转生活"的全新品牌理念。

6月28日—7月3日为活动预热期，以怀旧为基调，通过线上投放"1号玩家，10光倒流"为主题的系列海报、漫画长图与用户沟通，内容涉及第一套职业装、第一份工作后的年货、第一次租房、第一次组建家庭等人生中细微而重要的时刻，用走心的话语、温情的画面描绘出10年生活变迁，10年与1号店共同成长的点滴，引发用户情感共鸣，从而唤醒用户对1号店的记忆与热爱。

同时，为扩大受众面，此阶段也结合线下媒介充分延展，一方面为地铁海报投放，以颇具冲击性的三张主视觉进行宣传；另一方面为电台广播投放15秒的精炼硬广告和60秒的对话式软广告，精准触达1号店的潜在用户。在"1号玩家"这一概念主题下，结合主打品类和时事热点进行多角度切入，最终落实到周年庆站内活动，吸引听众前往参与。引流之余，该阶段也对后续的快闪店进行宣传造势。

高潮期则以焕新为基调，在7月4—11日期间，周年庆以"1号玩家，10刻享乐"为宣传点，通过丰富的线下推广与体验活动，包括地铁站/机场海报投放、微信朋友圈视频传播、10周年快递盒投放、快闪店活动等一系列有趣好玩的内容，强化用户对"1号店"的认知，拉近1号店与用户的距离，让用户真正感受到1号店年轻的品牌调性和玩转生活的品牌主张。

经过一系列预热，整个周年庆活动在7月6—8日的线下潮流快闪店活动中迎来高潮。位于五角场合生汇的快闪店在正式与大众见面之前，就以"吃鸡"游戏空投箱的创意形象引起热议，成为热点话题。快闪店以互动闯关为活动形式，融入射击、VR足球、摩天轮转盘、娃娃机等趣味游戏，旨在让每位参与者都变身"1号玩家"，尽情享受场景体验，并自愿拍照、分享和转发。此外，可拼装快递盒、花迷联名限量唇膏等10周年核心定制礼物，也让用户眼前一亮，从细节处彰显1号店的玩趣精神。

周年庆在以"1号玩家，10力说话"为主题的持续期逐步收尾，该阶段通过对整个活动的回顾形成业界话题口碑传播，引发持续关注度。通过持续11天的周年庆活动，可以看出，1号店以更年轻、更有活力的姿态站在大众面前，在"全球超市"的打造过程中，也与时代和年轻个性群体紧密相连，为新潮生活添彩增色。

不忘初心，整装启程，下一个10年，1号店将始终以用户为根本，从产品、体验、服务等多方面赢得用户的长久信任，力求做好深度与广度，不断挖掘当下生活新元素，与用户共同创造更加美好与优质的生活。

（资料来源：编者根据中国公关网相关资料整理。）

问题：

1号店开展以"1号玩家，10刻享乐"为主题的10周年庆嘉年华活动起到了哪些公共关系活动的作用？

【第8章 在线答题】

第 9 章

公共关系技巧

教学目标

通过本章学习，了解公共关系的社交心理，掌握公共关系的社交技巧和谈判技巧，运用谈判技巧进行公共关系谈判，运用演讲技巧进行公共关系演讲。

教学要求

知识要点	能力要求	相关知识
公共关系的交往方式	了解公共关系有哪些交往方式	公共关系的交往方式
公共关系的社交心理	（1）了解公共关系的社交心理；（2）了解对社会交往妨碍最大的因素	（1）首因效应；（2）近因效应；（3）晕轮效应
公共关系的社交技巧	（1）了解社交技巧所包括的内容；（2）学会正确运用社交技巧	交谈的艺术
公共关系的谈判技巧	（1）了解公共关系谈判的原则；（2）了解公共关系谈判的一般程序；（3）了解公共关系谈判的准备工作；（4）了解公共关系谈判的常用策略；（5）学会运用谈判技巧进行公共关系谈判	商务谈判
公共关系的演讲技巧	（1）了解公共关系演讲的表达技巧；（2）了解公共关系演讲的心理效应；（3）了解公共关系演讲的情感调动；（4）学会运用演讲技巧进行公共关系演讲	（1）空白效应；（2）超限效应；（3）权威效应；（4）逆反心理

基本概念

社交技巧　谈判技巧　演讲技巧

周恩来，人格魅力和公共关系技巧的完美结合

周恩来是一位足智多谋的谈判者。

——美国《巴尔的摩太阳报》社论

周恩来以超凡的人格魅力征服了他所在的那个时代。他以过人的智慧、杰出的才能，以及高尚的品德赢得了人民广泛的爱戴。20 世纪 50 年代的世界外交舞台似乎专为周恩来而设。1954 年日内瓦会议，周恩来"舌战群儒""赢得了外交舞台第一流人物的地位"。1955 年在万隆会议上，周恩来再次淋漓尽致地展现了人格魅力和公共关系技巧的完美结合，数次力挽狂澜，将会议一步一步引向求同存异、和平共处精神的胜利。

1955 年 4 月 18—24 日第一次亚非会议在印度尼西亚万隆举行，故称万隆会议。29 个亚非国家和地区的代表与会，这是历史上第一次由亚非国家发起召开的国际会议，会议集中讨论了与亚非国家相关的一系列重大问题。我国总理周恩来率代表团参加。在我国和大多数与会各国的努力下，会议一致通过了《亚非会议最后公报》，确定了指导国际关系的十项原则。这十项原则正是周恩来倡导的和平共处五项原则的引申和发展。由于一些政治原因，会议一开始就出现了两种倾向、两种路线。有的人在会上提出一些问题，矛头实际上指向中国，会议气氛一度紧张。4 月 19 日周恩来在发言中指出："中国代表团是来求团结的而不是来吵架的。"周恩来发言中一贯始终的中心思想——求同存异，实际上为与会国提供了互相合作的基本准则，而这也是后来被称为"万隆精神"的主干。

（资料来源：编者根据人民网相关资料整理。）

思考题

公共关系人员在谈判中应注意哪些技巧？

9.1 公共关系活动中的人际关系

公共关系技巧是指组织在与公众交往过程中，为达到预期的目的所运用的各种技能。它表现为信息沟通、公众交往、关系协调的具体运作中所应用的各种策略、手段和方法。

人际交往是个体社会化的必由之路。没有人际交往，人只能永远是一个生物的人而不能成为社会的人。社会组织的交往是以个体交往为基础的。在现代社会迅速发展的过程中，公共关系社交是社会组织维系生存和开拓发展的重要手段。通过开展公共关系社交活动，组织可以与社会各方面广泛联络、增进沟通、加深理解，这样可以提高组织的工作效率，增强公众对企业及产品的信任感，树立良好的组织形象，创造良好的外部环境。公共关系人员既代表组织，充当组织的代言人，同时他的语言、行为、风度又体现了个人的行为特征。

9.1.1 公共关系的交往方式

公关部门是企业、行政机构等各种社会组织对外联系的窗口，一切外部往来、事务接洽都首先要通过它来完成。根据公共关系工作的特点，公共关系交往主要有以下方式。

1. 接待

接待是公关部门经常开展的日常工作，也是公共关系最前沿的工作。近年，上级领导的视察、客户以及合作伙伴之间的参观、媒体的正负面报道、学习及业务洽谈的人次与日俱增，这就使得接待工作更加重要。组织接待工作的质量与行为表现直接影响着组织形象的好坏和公共关系活动的效果。所以，组织要用好公关手段，搞好公共关系接待工作，不断提升组织形象。

公共关系人员要做好接待工作，应重视以下几个方面。

（1）接待工作的基本任务

接待工作是企事业单位的日常工作之一，主要表现为来访者接待和电话接待。

① 来访者接待是组织接待的重要工作。来访者可能是业务上与组织有联系，也可能是要接受组织的服务。无论哪种情况，组织都必须给予热情接待。

② 电话接待是每个组织每天都要做的工作。电话接待要主动热情、礼貌待客、语言简洁清晰，尊重他人，还要细致周到，并做好记录与传达工作。

来访者接待和电话接待在语言要求方面相同。不同之处在于：电话接待仅靠语言来把握，而来访者接待则既靠语言又靠非语言（如表情与动作）等。

（2）接待工作的注意事项

接待工作头绪多，涉及面广，稍有不慎则会耽误工作或损害公司声誉。要做好接待工作，就要注意以下事项。

① 更新观念，树立意识。公共关系人员应充分认识到接待工作对组织是一种公共关系行为，是企业联系内外的纽带和桥梁。通过接待工作，组织可以展示实力、树立形象，可以积累丰富的关系资源，吸引投资，扩大合作，从而推动组织的快速发展。因此，接待工作不能仅仅停留在迎来送往、安排食宿的低层次上。对于每一项接待工作都要高度重视并树立机遇意识、责任意识，要保证高质量地完成每一次接待任务。

② 精心策划，突出特色。在承担接待工作任务时，公共关系人员要做好每一项接待工作。首先要有接待活动的策划方案，只有精心策划、充分准备，接待活动才有可能成为成功的公共关系活动。针对具体的来宾，以来宾的目的和组织的公共关系目标为基准，制定出符合来宾身份的完善的接待工作方案和实施细则，详细安排日程、接站、用车、就餐、住宿、参观等各项活动，充分考虑各方面的细节，并体现一定的创意与创新，体现独特的组织文化，让来宾从接待工作的点点滴滴中感受到组织的个性，感受到组织文化的特色。

③ 细致周到的工作安排。细节决定成败。接待工作容不得半点马虎，必须处处留心，周密考虑。在策划阶段，要分清各部门的职责，下达明确、具体的任务。在安排布置时，也要检查督促，以免顾此失彼，贻误工作。在重大的接待工作中，接待工作负责人要根据接待工作的需要随时对接待方案予以调整，要做到"眼观六路、耳听八方"，以便及时采取应变措施。

④ 热情周到的接待作风。在接待工作中，无论来宾职位高低，都要平等相待，热情、主动地提供各种必要的服务，在热情服务的同时，要按组织规定的制度办事，注意礼仪等活动要从简节约，举办座谈会、参观、宴会等，都要精打细算，不铺张浪费。要获得业务并成

功合作，必须使来宾得到真正的快乐。商务招待成功的秘诀在于细心，照顾到每一位来宾的喜好。美国前国务卿亨利·艾尔弗雷德·基辛格首次访华时，周恩来对美国代表团的每位成员都热情周到，缓解了紧张气氛，为之后谈判的顺利进行奠定了基础。

2. 宴会

宴会是一种典型的社交活动，是指以宴请为形式来表示相互友好的一种重要的社交应酬。实际上吃是宴会的形式，交际是宴会的内容。在宴会中，人们思想愉快，精神放松，气氛和谐，因而比会见、会谈更容易相互理解和沟通。

宴会（或饭局）从来就是中国人不可或缺的首选交际方式。中国饭局的历史可以追溯到新石器时代。而见诸《二十四史》之中的著名饭局更是不可胜数。"鸿门宴""煮酒论英雄""杯酒释兵权"等历代著名饭局都是耳熟能详、妇孺皆知的。

宴会按规格可分为国宴、正式宴会、便宴和家宴4个大类。

① 国宴。国宴是国家元首或政府为招待国宾、其他贵宾或在重要节日为招待各界人士而举行的正式宴会。

② 正式宴会。这种宴会多是晚宴。人员、位次、菜单都要提前拟定好。正式宴会一般均有致辞。致辞时，要停止一切活动，参加宴会的人员均应暂停饮食，专心聆听，以示尊重。冷餐会和酒会讲话时间则更显灵活，致辞毕则祝酒。所以服务人员在致辞行将结束时应迅速把酒斟足，供主宾祝酒用。

③ 便宴。便宴相对比较随便，规模比较小，菜比较简单，时间也比较短，不设置菜单，但实际上还是社交。

④ 家宴。家宴就是把人请到家里来吃饭，家宴重在参与，强调气氛的温馨与随和。这样的宴会气氛融洽，有助于拉近双方关系。

3. 拜访

拜访包括办公室拜访和家庭拜访。拜访前应事先和被访者约定，以免扑空或扰乱主人的计划。联系过程中要自报家门，并询问被访者是否在单位（家），是否有时间或何时有时间。电话中要提出访问的内容，使对方有所准备，在对方同意的情况下商定具体的时间、地点。拜访的时机要选择好，需要注意的是要避开吃饭和休息时间，特别是午睡的时间。拜访时间应根据拜访目的和被访者意愿而定。一般而言时间宜短不宜长。

拜访时要准时赴约。如因故迟到或取消访问，应立即通知对方。让别人无故等候无论如何都是严重失礼的事情。如果被访者因故不能马上接待，应安静地等候。等待时间过久，可向有关人员说明，并另定时间，不要显现出不耐烦。

一般情况下谈话时应开门见山，清楚直接地表达你要说的事情，不要海阔天空，浪费时间。说完后，让对方发表意见，并要认真倾听，不要辩解或打断对方讲话。如果有其他意见，可在对方讲完之后再说。要注意观察被访者的举止表情，适可而止；当被访者有不耐烦或有为难的表现时，应转换话题或语气；当被访者有结束会见的表示时，应立即起身告辞。

4. 体育健身社交

邀请朋友游泳、打球、爬山、打高尔夫的体育健身社交方式，已成为一种新的社交时尚。

体育健身社交方式的出现，一方面表明，随着人们生活水平的提高，越来越多的人更加注意自己身体的健康状况，更重视追求高质量的生活方式；另一方面表明，人们感到以往请朋友喝酒等传统的社交方式，不仅费时间、耗精力，而且经常会喝得酩酊大醉，既伤身体，又失体面，更让人感到俗气。在8小时之外，或者在节假日健身聚会，既锻炼身体、充实生活，又沟通感情、增进友谊，不失为一种不错的社交方式。

5. 沙龙

沙龙是法文 salon 的音译，中文意思是客厅，原指法国上层人物住宅中的豪华会客厅，特指自17世纪，西欧贵族社会中谈论文学、艺术、政治问题的社交集会。大多数沙龙都有一定的主题，有文艺性沙龙、改革性沙龙、社交性沙龙、学术性沙龙、应酬性沙龙和综合性沙龙等。通过沙龙活动，彼此在思想或情感上获得理解和沟通。参加沙龙活动时应该注意发言要针对主题，不要漫无边际地随便乱扯，也不要为了吸引他人而高谈阔论，更不能以自我为中心侃侃而谈。

6. 舞会

舞会也称社交舞会，起源于西方，主要流行于上流社会，有宫廷舞会、上流舞会、家庭舞会、成年舞会、慈善舞会等。其中尤以"维也纳新年舞会"最为著名。根据规格不同，可分为大型舞会和小型舞会。参加舞会必须要了解以下事项。

① 参加舞会服装要整洁、大方。女子可以化淡妆，穿得漂亮些。男子着装也应适当讲究，一般穿西服，显得大方、儒雅。头发要梳整齐。检查一下口腔、身上无蒜味、酒气，可适当洒些香水。

② 进入舞场，要先坐下来观察一下全场情况，适应一下气氛。没有带舞伴的，要慢慢地寻找合适的舞伴。邀舞一般都是男子邀请女子共舞，如果对方婉言谢绝，也不必介意，更不应勉强。参加舞会就是要多认识新朋友，拓展社交圈。不能在舞会中谁也不搭理，只是自顾自地吃喝；或是因为不擅交际，便跑到墙边当"壁花"，这都不合舞会应有的礼仪。

③ 饮酒要自制。酒精能使人兴奋，让整个舞会的气氛更加热闹，但一旦喝多了，可能会胡言乱语或是当场呕吐，这样就非常尴尬。作为主人不妨在美酒旁置备小点心和牛奶。作为客人，酒量如何，自己心里应该有数。

④ 记住餐桌礼仪。参加舞会前最好先吃些东西，不要饿着肚子前往，站在餐桌前狼吞虎咽，那样也很失礼；也不要在跳舞前吃大蒜、洋葱等气味很浓的食品。

除了以上公共关系活动，组织还可以通过一些公共关系专题活动来开展公共关系社交，如展览活动、赞助活动、新闻发布会、开放参观、危机管理活动等。一般这种大型的、属于高层面的活动都会引起媒介的关注，并在社会上形成一定的影响力。

9.1.2 公共关系的社交心理

社会心理学的研究表明，那些在人际交往中颇受好评，很得"人缘"的人一般有以下特点：乐观、聪明、有个性、独立性强、坦诚、有幽默感、能为他人着想、充满活力等。而那些在人际交往中不太受欢迎的人也具有以下几个特点：自私、心眼小、斤斤计较、孤傲、具有依赖性、虚伪、自卑、没有个性等。在社会交往中，对交往妨碍最大的，莫过于以下几个因素。

1. 自卑心理

自卑就是缺乏自信，即对自己的知识和能力等做出过低的自我评价，对自己没有信心，在社会交往中办事无胆量，很少大胆表达自己的见解，进而否定自我，总是怕遭到别人的轻视和拒绝，很想得到别人的肯定，又常常很敏感地把别人的不快归为自己的不当。这种心态如不改变，久而久之，有可能逐渐磨损人的胆识、魄力和独特个性。心理学家指出，自卑感和本人的智力、受教育程度、所处的社会地位等因素无关，而仅仅是对"自己不如他人"的确信。因此，要克服和预防自卑心理，首先要敢于正视自己的不足，要对自己有一个清醒的认识，接受自己。人无完人，每个人都有自己的优缺点，不要总拿着自己的缺点去和别人的优点比。另外，克服自卑感，要注意不要对自己提出过高的要求，要考虑其实现的可能性；还要锻炼自己的心理承受能力，不要因为一次失败而一蹶不振，或因自己某一方面的过失而全盘否定自己。

2. 自傲心理

自傲与自卑相比，也源于错误的自我认识。自傲者过高地估计自己，在人际交往中妄自尊大、自吹自擂、盛气凌人，而且不愿与自认为不如自己的人交往。这样的人当然不会受到别人的欢迎。自傲者一旦受挫，往往会较为自卑。自傲者要学会尊重别人，善于发现别人的优点，这样才有利于客观评价自己，还要学会严于律己、宽以待人。

能否正确地认识和了解他人，关系到人际交往能否顺利进行。要走出对他人认知的心理误区，需注意避免以下几种心理效应。

（1）首因效应

人与人第一次交往中给人留下的印象，常会成为一种基本印象而影响对他人各方面的评价，这种效应即首因效应。人们常说的"给人留下一个好印象"，一般就是指的第一印象。但人们应该看到，第一印象得之于较短时间的接触，又无以往的经验做参照，主观性、片面性较强。人际交往中，不要以第一印象作为取舍判断的标准，一定要注意既不能因第一印象不好而全盘否定，又不能被表面的好形象所迷惑。

在交友、招聘、求职等社交活动中，可以利用这种效应向人展现出好的形象，为以后的交流打下良好的基础。当然，这在社交活动中只是一种暂时的行为，更深层次的交往还需要加强在谈吐、举止、修养、礼节等各方面的素质，否则会导致另外一种效应的负面影响，那就是近因效应。

（2）近因效应

近因效应与首因效应相反，是指交往中最后一次见面给人留下的印象，这个印象在对方的脑海中也会存留很长时间。某人刚犯了一个大错误，就有人发现，他从来就不是好人，这是近因效应在作怪。在较为长期的交往中，最近的印象比最初的印象更占优势，这是一种心理惯性。由于这种心理惯性的作用，人们往往会以最近的印象来评价人。因此，人际交往中，不要因一时一事评价他人，要全面评价。

（3）晕轮效应

晕轮效应又称光环效应，是指人们对他人的认知和判断往往只从局部出发，扩散而得出整体印象，也即常常以偏概全。一个人如果被评价是好的，他就会被一种积极肯定的光环笼罩，并被赋予一切都好的品质；一个人被评价是坏的，他就被一种消极否定的光环所笼罩，并被认为具有各种坏品质。这种强烈知觉的品质或特点，就像刮风天气前夜月亮周围出现的圆环（月晕）一样，向周围弥漫、扩散，从而掩盖了其他品质或特点，所以就形象地称为光环效应。其实，圆环不过是月亮光的扩大化而已。

3. 害羞怯懦心理

涉世未深、阅历较浅、性格内向的人，容易产生害羞怯懦心理，在社交中过多地约束自己的言行，以致无法充分表达自己的思想感情。害羞怯懦心理严重阻碍了人际关系的正常发展，束缚了人们的思想行为，是常见的社交心理障碍之一。克服害羞怯懦心理，可以从以下几点做起。

① 要放下思想包袱，对自己进行全面客观的评价。要有信心，认识自己的优点。在交往中，即使遇到比自己强的人，也不要缩手缩脚，提高自信心，就会在公众面前落落大方。应当知道，人不可能事事正确，即使说得不对，也可以改正；即使做得不成功，也可作为前车之鉴。

② 要做好社交前的充分准备。在社交活动进行之前，将如何开场、如何发问、发问的具体内容、可能出现的事情、解决的办法等一系列问题，在心里要有充分的准备。另外，与陌生人接触之前，要尽量了解对方的情况，知己知彼就会在交往中踏实、自然、轻松自如。

③ 要鼓起勇气，敢于迈出第一步。当迈出第一步之后，就会感到事情也不是那么难，以后在社交中就会更有信心。

④ 要克服交往中的害羞，还要学会观察生活和交往的技巧。在日常生活中，多留心学习，多观察别人如何待人接物、如何与各种人打交道、如何交谈愉快。日积月累，在社交中慢慢实践，逐渐便能得心应手，克服羞怯。

4. 自私自利心理

人际交往是我们每个人的一种需要。有的人与别人交往时处处为自己着想，只关心自己的需要和利益，强调自己的感受，不尊重他人的需要，漠视他人的处境和利益。在交往中，不顾场合，也不考虑别人的情绪，自己高兴时，高谈阔论、手舞足蹈；郁闷时，郁郁寡欢或乱发脾气。这种人缺乏对自己的正确认识，很难与人建立牢固、持久的良好人际关系。每个人都要学会在生活中处理各种各样的情绪，这也是个人成长的一种重要表现。只有那些心地善良、以诚待人、能设身处地为别人着想的人，才能获得挚友。

5. 冷漠心理

有些人对与自己无关的人和事一概冷漠对待，在与别人交往时，总喜欢把自己的真实思想、情感和需要掩盖起来，不愿意与别人沟通。这种人往往只注重自己的内心体验，他们的行为和习惯有时令人难以理解。在他们看来，人世一切是那么无聊、令人厌倦、平淡、无意义。这种把自己封闭起来，不与别人沟通的态度，造成在人际交往中态度孤傲，致使别人不敢接近，从而失去了更多的朋友。

6. 猜疑心理

猜疑心是影响人际关系的一大心理障碍。有猜疑心理的人总是以一种怀疑的眼光看人，对人怀着戒备之心，不肯讲真话，戴着一副假面具与人交往。在现实生活中，这种人不以诚心待人，不信任对方，造成人与人之间关系的不和谐。有猜疑心理的人，往往喜欢捕风捉影，每每看到别人议论什么，就认为人家是在讲自己的坏话。猜疑成癖的人往往捕风捉影，传播小道消息，节外生枝，挑起事端，其结果只能是自寻烦恼，制造隔阂。

7. 逆反心理

有些人总爱与别人"抬杠"，以此表明自己的标新立异。对任何事情，不管是非曲直，你说好他偏说坏，你说一他偏说二。逆反心理容易模糊是非曲直的界限，常使人产生反感和厌恶。要认识到求异思维并不等于标新立异与专唱反调。

8. 排他心理

人类已有的知识、经验以及思维方式等，需要不断地更新，否则就会失去活力，甚至产生负效应。排他心理恰好忽视了这一点，它表现为抱残守缺、拒绝拓展思维，使人只能在自我封闭的狭小空间兜圈子。

9.1.3 公共关系的社交技巧

在现代社会竞争日趋激烈的情况下，人际关系占有越来越重要的地位。要想立足于社会，必须具备一定的人际交往能力。如何才能在人际交往中游刃有余呢？建立良好的人际关系的具体方法很多，但在日常生活中主要有以下几方面。

1. 塑造良好的形象

组织公共关系的首要任务是塑造组织形象。组织形象一旦形成便具有相对稳定性，并给社会公众带来良好的印象和影响。而组织的形象是通过组织工作人员的表现传达给公众的，尤其是公共关系人员的个人形象与组织有着密切的联系。因此，要塑造好组织形象，就要塑造好公共关系人员的自身形象。

树立良好的自我形象要注意以下几点：①仪表服饰上要整洁、端庄、大方；②衣着整洁、大方，举止自然，使别人感到轻松、自在；③待人接物要彬彬有礼，态度应该诚恳热情，避免油腔滑调、高谈阔论，否则会使人感到不愉快，给人一种虚假、冷淡的感觉，不利于交往的继续深入；④记住别人的姓或名，主动与人打招呼，称呼要得当，让别人觉得备受重视。

当然，要给别人留下良好的第一印象，还受其他许多因素的影响，如讲信用、守时间、有礼貌等。

2. 掌握好交谈艺术

在公共关系社交中，公共关系人员应具有较强的语言表达能力，要善于表达自己的情感与想法；注意在不同场合讲话的分寸；不讲不该说的话；在讲话中注意幽默感则能增加人际吸引力，避免尴尬场面；在谈话中，应选择对方感兴趣的话题，并且引导对方谈论他自己。这样就可以成为一名最受欢迎的谈话伙伴。

（1）掌握好讲话的技巧

交谈态度要谦恭、亲切、真诚。要使用适度谦恭的语气与人交谈，以缩短彼此之间的心理距离，寻找诸如同乡、同行或共同兴趣等共同点，和谐地把自己与对方联系在一起，为双方进一步交往打下良好基础。在人际交往中，应注意主动问候、主动示好，对自己的不足应有所认识，并善于听取别人的建议，勇于承认和改正自己的错误与不足。热情能给人以温暖，能促进人的相互理解，能融化冷漠的心灵。

在表达自己思想时，要讲究含蓄、幽默、简洁、生动。含蓄既表现了自己的高雅和修养，又起到了避免分歧、说明观点、不伤关系的作用，提意见、指出别人的错误，要注意场合，措辞要平和，以免伤人自尊心，产生对抗心理。幽默是语言的调味品，它可使交谈变得生动有趣。简洁要求在与人谈话时掌握该说的说、不该说的不说。与人谈话时要有自我感情的投入，这样才会以情动人。当然，要掌握好表达自己的技巧，需要不断地实践，并不断地提升自己的文化素养，拓宽自己的视野。

（2）善于倾听

认真地听人说话，表示敞开自己的心扉，就是在表达你对他人的尊重和重视，使彼此心灵融通。做一个好的倾听者，不仅是一种赞美方式，而且是消除恼怒的好方法。

在交谈时，要注意倾听对方的讲话，还要注意不要打断，并给予适当的反馈。总之，让对方把自己的话讲完，可以用积极的语言引导，但插话、评论的频率不要太高。让对方自然而然地谈到他自己，我们不仅要听得专心，表情也要专心。唯有谈话的双方发现共同的兴趣，也真正关心彼此时，才会有融洽的交谈。

（3）选择好谈话的话题

交谈话题要引起对方的兴趣与共鸣。供人们交谈的话题俯拾皆是，如天文地理、时事政治、电影电视、衣着服饰、健身休闲、花鸟虫鱼等。在一般交际场合，最不容易的是与初次相识的人进行交谈，因为你不熟悉对方的性格、爱好，时间又不允许你做太多的了解。这时，交谈最好先不要涉及较深或较特殊的话题，而是从最平平淡淡的话题展开，最简单的是谈天气或从当时的环境寻找话题。

在日常交谈中，公共关系人员应注意在不同环境、不同角色下的主要话题，经常总结哪些话题吸引人、哪些话题不吸引人，从中提炼一些通常能引起别人兴趣的话题。有些话题则应该避免，如自己一知半解的问题、道听途说的社会传闻、自己或对方不感兴趣的问题、易使对方敏感的话题等。还有一些触及个人隐私的话题也要避免。话题不一定都是那些工作上、事业上的"大话题"，为了让大家愉悦地消磨时光，让大家开心畅怀，也可以准备一些"小话题"，如体育新闻、名人趣事等，让气氛不至于过分严肃。

3. 创造轻松、欢快的谈话气氛

谈话气氛要轻松愉快、生动活泼。枯燥的谈话内容会使人兴致索然、昏昏欲睡，而轻松活泼的交谈方式则令人心神愉悦、乐而忘返。创造令人兴奋的交谈氛围，除态度认真和话题选择恰当外，还可用幽默感和委婉含蓄这两种手段来调节谈话气氛。幽默能促使人们的关系和谐亲切；能活跃情绪气氛，使严肃紧张变得轻松活泼；能改变局促、尴尬的场面，使交谈逸趣盎然；能消除误会，化解矛盾。与人相处难免发生摩擦或冲突，委婉含蓄的语言表达艺术，其既可以维护和满足对方的自尊需要，也可以达到使对方理解并接受自己观点的目的。周恩来同志在外国记者问"中国人民银行有多少资金"时回答共有 18 元 8 角 8 分，就是委婉含蓄的一种语言表达方式。

4. 注重自身人格塑造和能力的培养

常听到有人说："那人性格好，懂得多，所以喜欢与他交流。"从这句话可以看得出，人们都喜欢和品格好、知识丰富的人或具有某些特长的人沟通和交流。

(1) 品格塑造

人们因为欣赏某人的品格、才能，愿意与之接近，成为朋友。因此，若想要更友好、更融洽地与他人相处，就应充分健全自己的品格，使自己的品格、能力不断提高。选择朋友时，人们都喜欢和真诚、热情、友好的人多交往，不愿与虚伪、自私、冷酷的人来往。一般来说，人们总是喜欢那些喜欢自己的人，对真诚评价自己的人具有好感。因此，人际交往中，要经常真诚地赞美他人，他人反过来也会对你抱有好感。只要多观察、多注意他人，就会发现任何人都有值得赞美的地方，并且肯定和表扬别人的长处，将会在人际交往中给自身带来莫大益处。但需注意的是要掌握分寸，不要一味夸张，从而使人产生一种虚伪的感觉，失去别人对你的信任。

(2) 丰富常识

"工欲善其事，必先利其器"，要成为一个优秀的公共关系人员，就要多读书、多充实自己。世界政治局势、世界各地的风土人情、国内外著名建筑、流行服饰、最新电影戏剧作品、科学界的新发明和新发现等都要去有所了解。虽不能对各种专门学问皆作精湛研究，但是掌握常识却是必需的。有了一般的常识，即使没有各种专长的学问，也可以用提问来使对方开口。假如你面对一位医生，你对于医学虽是门外汉，但可以用提问来引起话题。总之，问话是一个打开对方话匣子的最好方法。

5. 要宽宏豁达，学会体察对方心理

在人际交往中，经常会与别人有误会，受到别人不公正的对待，这种情景时常困扰我们的生活及社交关系。例如，有媒体报道企业的产品有问题，而实际情形是那个被报道的产品是别人仿冒的产品。当出现这种情况时，通常会非常气愤，可能会言行失当，进而影响组织的形象。面对这种情形，如果能做到宽宏豁达，站在客户的立场考虑问题，体会客户的心情和感受，误会、委屈就会烟消云散，言行转而理性起来，客户也能欣然接受。当然，具有这种气度有一定的难度，这需要在日常公共关系交往中注重培养。

组织的各种社会关系中，要与方方面面的人打交道，这些人或开朗、或深沉；或含蓄、或坦率；或豁达、或慎重，其个性千差万别。在与不同的人交往中要学会做个有心人，要善于体察别人的心境，主动关心他人，采取不同的方式使他人感受到组织的善意和温暖。以客户为例，组织人员与他们接触频繁，这就要求组织人员在日常交易中，要多注意观察客户，多注意客户的利益和要求，避免摩擦的产生并能够与其长久维持融洽的公共关系。

诚实守信是做人的基本准则。在公共关系社交中，应该以诚实、真挚的态度对待他人，去获得对方的信任和理解，只有这样，才可能获得真正的朋友，才能与其他组织更加友好的相处。

6. 注意自己的体态语言

在人际交往中，人们的感情流露和交流经常会借助于体态语言。体态语言包括人的手势、表情及人体其他部分带有某种意义的活动或姿态。它作为一种无声的"语言"，在生活中被广泛地运用，在社交活动中有着特殊的意义和重要的作用。

语言学家的研究表明，人们之间的交际效果 20%取决于有声语言，80%取决于无声语言，也就是说无声语言所显示的意义要比有声语言多得多，而且深刻得多。因此，公共关系人员在人际交往中，要了解对方的深层心理，只靠有声语言是不够的，还应掌握和运用好无声语言,以提高公共关系社交能力。下面介绍几种常见、常用的无声语言。

(1) 面部表情

眼睛是人体传递信息最有效的器官。在社交场合交谈时,目光正视对方的两眼与嘴部的三角区,但凝视的时间不能超过 5 秒,因为长时间凝视对方,会让对方感到紧张、难堪。而面对熟人、同事,则可以用从容的眼光来表达问候、征求意见,这时目光可以多停留一些时间,切忌迅速移开,不要给人留下冷漠、傲慢的印象。公共关系人员在与他人交谈时目光应亲切而随和,既不咄咄逼人,又无怠慢敷衍之意。

眉毛和嘴巴都能表达人们生动多变的情感。例如,舒展眉毛,表示愉快;紧锁眉头,表示遇到麻烦或反对;眉梢上扬,表示疑惑、询问;眉尖上耸,表示惊讶;竖起眉毛,表示生气。而紧闭双唇,嘴角微微后缩,表示严肃或专心致志;嘴巴张开成 O 形,表示惊讶;噘起双唇,表示不高兴;撇嘴,表示轻蔑或讨厌;咂嘴,表示赞叹或惋惜。

(2) 手势

人们在社交交谈时,手势是语言的最好辅助,如竖起大拇指或鼓掌表示钦佩、赞扬;连连摆手表示反对;握紧拳头表示愤怒、焦急;招手叫人过来,挥手表示再见或叫人走开;搔头表示困惑,用力挥手或拍额头表示恍然大悟。一般来说,表达感情时,脸部和手脚动作总是密切配合的,在人际交往中既要学会察言观色,又要善于利用体态语言表达情感,那样不必多说话,也能很好地与别人交流。注意纠正自己的坏习惯,不要在交谈中出现一些表达负面信息的手势,如用手指或铅笔敲打桌面,或在纸上乱涂乱画等,这些手势都表示对对方的话题不感兴趣、不同意或不耐烦。

(3) 站姿与坐态

在社交场合中,站要挺直,坐要端正,即站有站相、坐有坐相。斜站、斜坐、半倚半坐、半躺半坐、跷脚摇晃,对客人都是极不礼貌的,更不符合社交礼仪。在社交场合中,应注意与别人保持适当的距离站立,因为每个人在下意识里都有个人的空间领域,特别是应尽量给予女士比较充分的空间。在与人谈话时,无论是就座还是站立,将自己的身体正面对着对方是起码的礼貌与尊重。

在社交场合中,如何就座也有讲究。座位不仅有上下尊微之分,坐态也能表现人的态度与意向。与长者或上级对面相坐时,应选择他的下座,或坐在低一些的座位上,坐态应收敛而不应放肆,恭敬有礼的坐态应与神态统一起来。

9.2 公共关系谈判的技巧

公共关系谈判是企业与社会公众之间为寻求一致的观点和利益而进行洽谈、协商的一种行为,是人们为确立、变更、发展或消除相互关系而进行的一种积极的活动。公共关系谈判的目的是保持或改善双方的关系,满足各方的利益需要。因此,成功的公共关系谈判的每一方都是胜利者。组织的公共关系人员需要认识和了解公共关系谈判的原则、谈判的一般程序、谈判的准备工作和谈判的常用策略,运用谈判手段协调双方的关系,以实现组织的各项管理目标。

9.2.1 公共关系谈判的原则

公共关系谈判作为组织与内外公众沟通的一种有效手段，必须按照一定的原则行事，唯有如此才能发挥应有的作用。无论是在国共合作谈判、万隆会议，还是在中美建交过程中，周恩来在谈判中表现出的真诚合作、相互体谅、寻找共识等谈判态度使他赢得了"谈判高手"的美誉。

1. 真诚合作原则

诚意是一切合作的基础，真诚是公共关系谈判中最重要的基本原则。在谈判中，要明确双方不是对手，而是合作的对象。只有当谈判各方都希望共同找到一种解决问题的方法，并持有谅解、合作的心态时，公共关系谈判才会取得进展，谈判的结果才会有助于各方的长期合作。只有坚持真诚合作的态度对待谈判，才能产生友好合作的行为。

在谈判中，要明确双方不是对手，而是合作的对象。理想的谈判过程不是争夺利益的过程，而是双方沟通交流、共同发展的过程，所以在谈判中要坚持诚挚与坦率的态度。诚挚与坦率是做人的根本，也是谈判活动的原则。在合作的基础上，将己方的目标和要求明确摆出来，对对方要求的合理部分表示理解和肯定，这将大大提高工作效率和增加相互之间的信任。

2. 互惠互利原则

谈判中有可能出现僵局，使谈判停滞不前，第一种可能的原因是对出现的问题没有双方认可的解决办法，而无法推动谈判的进展。在谈判中，每一方都有各自的利益，但每一方利益的焦点并不是完全对立的，如一批设备买卖的谈判，卖方关心的是货款的按期结算，买方关心的则是设备质量的稳定性。成功的公共关系谈判是在双方充分协商、讨论的基础上，进一步明确双方各自的利益，找出共同利益、不同利益，然后协调双方利益，推出互利性选择方案。

谈判的目的是满足双方的需求，当彼此需求上有分歧时，大家才坐下来沟通。谈判中不做任何让步是不可能的，因为互惠互利的原则，谈判的某一方在某一问题上的让步，就是满足另一方在该问题上的需求；而对于接受让步的一方，也会在其他问题上做出让步才能满足谈判的需求，这就是互惠互利原则的本质。那种企图在谈判中什么都要、什么都不放弃，追求完全满足自身要求的谈判是难以成功的。

坚持互惠互利原则要注意以下两点。

（1）努力寻求共同利益，以增加合作的可能性

从理论上讲，提出满足共同利益的方案对双方都有好处，有助于达成协议。但在实践中，双方为各自的利益讨价还价、激烈争辩时，很可能就忽略了双方的共同利益，从而在某一点上坚持，在很多情况下使得谈判陷入僵局。如果能找出兼顾双方利益的合作方案，把双方的利益由互相矛盾转化为互相补充，就能够增加合作的可能性。在这里要注意的是，共同利益需要谈判者去挖掘、去发现，然后把它能给双方带来的益处明确地表达出来，可以使谈判更和谐、更融洽。

（2）协调分歧，达成合作目标

在公共关系活动中，谈判的双方都有一定的共同利益，但相互之间也存在一定的利益冲

突。应该承认,在活动中时时刻刻都充满矛盾和冲突,关键是如何运用有效的手段来化解这些矛盾和冲突。调和利益的较好方法就是在谈判中尽可能发挥所有人的想象力和创造力,扩大选择范围,在听取双方意见的基础上,提出几种选择方案,寻找使双方都满意的方案。

3. 合法原则

在商务谈判中要遵守国家的法律和政策。这里包括两个方面的内容:一是谈判各方所从事的交易项目必须合法,即使谈判协议是双方自愿达成,但如果该协议对国家法规、政策有所违背和抵触,那么该谈判结果也必然为国家和社会所不允许;二是谈判双方在谈判过程中的行为必须合法,必须对所处环境中的社会公德、风俗习惯等予以足够的重视。公共关系谈判不仅要严格遵守国家的法规、执行国家的政策,而且要符合所处地域的社会规范,包括书面文字也要合法化,以免在执行过程中引起争议。

4. 坚持客观标准的原则

客观标准是指独立于各方意志之外的合乎情理和切实可用的准则。它既可以是一些惯例、通则,又可能是科学鉴定、职业标准、道德标准等。如果双方都能从坚持客观标准这一原则出发,那么所提出的要求和条件就比较客观、公正,而不是不着边际地漫天要价,谈判双方的矛盾与冲突也可得到公正解决,避免无谓的争执。

在谈判中坚持客观标准要注意以下两个方面。

① 标准的公正性。标准可以有很多形式,但如果坚持公正、公平的原则来确定标准,就能更好地发挥标准的作用,协调各种问题。

② 标准的适用性。某些谈判内容可参照的标准很多。例如,某一项产品交易谈判,既有同类产品交易的惯例价格,也有某种情况下的市场价格。究竟采用哪一个作为客观标准,需要双方认真商讨,确定出适用的客观标准。

在谈判中坚持使用客观标准原则有助于双方冷静和客观地分析问题,达成协议,也有助于在执行阶段双方有效地、积极地履行合同。

5. 对事不对人的原则

谈判是一个沟通过程。每个谈判者都是有感情、有思维的人,都有自己的价值观、生活态度等,因此在谈判中必然要受到这些方面的影响。一方面,在谈判过程中,如果双方建立起相互信任、相互尊重的友好关系,那么谈判将更顺利、更有效;另一方面,如果谈判双方相互指责抱怨,充满敌意,就可能会从个人利益和成见出发来理解对方的建议,就无法合理地探讨和解决问题。因此,在谈判中,应坚持对事不对人的原则。

(1) 尽量阐述客观情况,避免相互指责

如果双方相互指责、抱怨,就有可能混淆了人与事的区别。当对某些问题不满意,把问题搁置一旁,指责对方,发泄怨气和不满,对方则会采取防卫措施,为自己辩护,推卸责任,这样更不利于解决问题。要避免出现这种情况,就要区分人与事的问题,尽量多阐述客观情况,以开诚布公的态度把双方的分歧点摆出,在提出自己的建议的同时,尊重对方的意见。

(2) 多做换位思考

在谈判中多做换位思考,多从对方的立场出发考虑提议的可能性,理解对方的观点和看法。在谈判中要说服对方，就要了解对方的想法，掌握对方的心理，这样减少了想当然地推断所造成的偏见，增加了谈判成功的机会。

（3）让双方都参与提议与协商

一个由双方共同起草和协商的，包含双方主要利益的建议，能使双方都切实感到自己是提议的主要参与者和制定者，达成协议也比较容易。当双方对解决的办法逐步确认时，谈判过程将更加有秩序和效率。

（4）保全面子，不伤感情

在谈判中，如果伤了对方面子，引起对方的自卫，采取对抗性行动，这就会破坏双方的关系，无法公正、灵活地处理谈判中的问题，使谈判陷入僵局。相反，如果对方在谈判中感到有面子、有尊严时，对方也会宽容大方，一切都可以通融。

9.2.2 公共关系谈判的一般程序

公共关系谈判是一项复杂的活动，需要运用多种策略技巧。不同类型、不同内容、不同性质的谈判，其复杂程度也不尽相同。但是无论何种类型的谈判，其一般程序都包括以下几个基本环节。

1. 开局阶段

开局通常会影响谈判的全部过程。一旦开局确定下来，第一印象便很难被改变，尤其是坏印象，更难被忘记。一个好的开局一定要态度积极，要强调互惠互利，并且要创造出双方的兴趣点。在开局阶段要清楚以下几个问题。

（1）是否要先报价

如果己方想掌握谈判的主动权，要设定讨论的气氛，就应该首先报价。因为先报价，建立了己方的定位点，先发制人，就获得了战术上的优势。己方的定位点可以影响对方的反应。对方一旦知道了己方的位置，或拒绝这个报价，或要求还盘，也许会根据报价来对自身底线进行修订。当然，这个报价应该是在基于最新市场信息的基础上做出来的，应该仅仅比对方的底线高出一点。这样，对方会对这样的报价慎重地考虑和对待。一个荒谬的报价会给对方造成不好的印象，危害双方的关系。一般来说，如果对方持有更多的信息，那么己方就不应该首先报价。

（2）开价应该高还是低

一旦谈判开始，就面临一个开价是要高还是要低的困难选择。开价高了会把对方吓走，丢掉这个生意；而开价低了又意味着放弃利润。如果对方的底线有个准确的认识，那么己方的报价应该在对方可接受的范围，显示了合作的姿态。研究显示，和那些开局较低的人相比，开局较高的谈判方一般可以得到更好的结局，所以一些谈判专家建议开局要高。只是高的开局会造成两个问题：一是立刻被对方拒绝；二是它显示了一种强硬的态度，不利于长期合作关系。

（3）如何做出让步

如果己方的最初报价被拒绝，不要马上让步。有异议时彼此间可以开始提问、回答这样交换信息的机会，询问对方哪一部分可以被接受。让步是谈判过程中相当重要的部分。研究显示，如果谈判中涉及让步的环节，人们感觉上会好一些。做出让步显示了你对对方需要的了解。让步的一个重要方面是相互性。如果谈判中的一方做了些让步，他会期望对方也做出些让步。在实际中，谈判人员有时的确是根据相互性做出有条件的让步。另外，让步的程度，在最初阶段，较大的让步是可行的；当接近底线的时候，让步将越来越小。

2. 磋商阶段

磋商阶段也就是通常所说的讨价还价阶段，是实质性谈判的真正开始，是谈判各方运用全部谈判策略与技巧的关键性阶段。讨价即评价方对报价方的价格解释予以评论后，要求报价方重新报价或修订报价的行为。虽然价格只是整个谈判过程中许多问题中的一个，但它将影响谈判的整个过程。价格是谈判中最敏感的主题，一般来说，它应该在交易中的其他问题都被协商好以后再谈。因为任何一个长期的合作都不会仅仅局限在价格的基础上，而是基于整体条件合作。

这个阶段中，双方都会列举大量的事实和理由来阐明自己的论点，并随时准备针对对方提出的论据进行质疑和反驳。因此，在这一阶段中，一方面要求谈判人员坚定自己的立场，做好充分的准备；另一方面又要求谈判人员进一步明确公共关系谈判的宗旨，力求兼顾双方利益，最终达成一致协议。为此，谈判人员决不可强词夺理，更不可以势压人，单方面追求所谓的"全面、彻底的胜利"。

在这个阶段，常常会出现双方互不相让的局面。出现僵局不等于谈判破裂，但它严重影响谈判的进程。交锋阶段的双方对立局面不可能永远僵持下去，相互妥协让步的阶段常常会紧随其后。经过谈判双方屡次提问、反问、表态之后，彼此之间的意见和观点已相互了解，于是便开始通过相互让步和妥协的方式寻求共同解决问题的途径。让步和妥协在公共关系谈判中是保证双方利益及需求得到满足的不可缺少的内容。但是，谁该先妥协，又如何妥协，相互让步到什么范围和程度，谈判人员要有一个迅速和正确的判断与把握，这样才能既有利于己方利益的实现，又能兼顾对方的需求，使彼此之间的意见逐渐趋于一致，为达成最终协议铺平道路。这个阶段的成功与否取决于前期准备工作的充分与否。

3. 结束阶段

经过开局和磋商阶段，双方取得了一致的意见，那么谈判就可以进入结束阶段。重大的谈判，一般先签订意向书。而在一般性谈判中，就直接进入签约阶段，双方用文字或其他方式将谈判内容固定下来，在谈判协议上签字。在经历了一番对抗与合作之后，谈判双方变对手为朋友，这是公共关系谈判所追求的和局。

（1）起草协议

起草协议阶段的主要工作是通过谈判记录，回顾谈判过程、做出适当让步、表达最终意愿。谈判记录是洽谈的原始资料，也是起草合同的重要依据，谈判记录的目的在于核实谈判过程中双方发言的主要内容，以免出现误解与偏差。谈判人员必须要具有相关的知识和与表达的技巧，通过回顾可以认清形势、明确双方的方向、采取措施加快签约的进程。最后的让步决定着谈判结果，让步与妥协的关键是要掌握好时机和幅度，让步的基本原则是应该得到相应的回报。协议的文字要简洁明确，内容要具体完整、条理要清楚严谨。

（2）签约

契约是用文字形式表述谈判结果，规定当事人的权利与义务并具有法律效力的文件。它的作用是保证当事人所享有的权利，约束当事人履行所承担的义务。在签约阶段注意不要轻易在对方拟定的谈判协议上签字，一定要详细谨慎地检查核实协议的内容，双方的责任、义务是否明确，在确信没有问题后方可签字。

谈判结束后，还有一项重要的工作，就是总结谈判的经验与失误，以指导今后的工作。

9.2.3 公共关系谈判的准备工作

谈判的准备是谈判获得成功的前提和基础。为了能够有条不紊地掌握谈判形势，控制谈判进程，谈判之前应尽量做好以下工作：确定谈判内容、明确己方的形势和对方的状况、了解谈判的限制、确定谈判的策略和技巧。

1. 确定谈判内容

谈判内容就是明确双方的争论点、可能的冲突点。一般来说，一个商务谈判包括一个或两个主要的争论点（如价格、折扣、合同期限等），以及一些其他的次要争论点。例如，对一个销售代理合同来说，主要问题可能是折扣率、年销售额、合同时间跨度、代理唯一权限等，其他还有售后服务、销售培训等，哪些是应该优先考虑的问题，哪些是允许让步的内容，对现有资料进行分析及评估，把争议点都列出来，排出优先顺序。一旦谈判开始，谈判人员很容易被一些琐碎的事情（如争议、出价、还价、让步这些事情）分散注意力。这个时候，如果事先对自己的目标不是很清楚，谈判人员就会失去判断力，影响谈判效果。

2. 明确己方的形势

谈判的内容被确定下来后，下一项主要工作是确定己方的谈判目标，也就是在明确己方的优势和劣势的前提下，明确己方想从谈判中得到什么。

(1) 要拟订谈判目标，明确谈判的最终目的

一般来说目标是有形的，如价格、比例、条款明细等。商务谈判中经常遇到的问题就是价格问题，这一般也是谈判利益冲突的焦点问题，所以谈判人员应该对谈判目标有个明确的定义，这就需要把所有想要的目标陈列出来，并将其按优先顺序排序。当然，目标必须是具体的、现实的，并且是通过一定努力可以被实现的。

准备工作的一个重要部分就是设定己方让步的限度。如果你是一个出口商，你要确定自己所能承受的最低价；如果你是一个进口商，你就要确定自己所能接受的最高价。在谈判前，要确定一个底线，一旦谈判超越这个底线，那么谈判即可中止。这个底线要建立在调查研究和实际情况的基础之上，必须要科学合理，不能过高或过低。

确定开价时，应该考虑对方的文化背景和市场条件，要确定符合实际的、可信的、合情合理的开价。在某些情况下，可以在开价后迅速做出让步，但很多时候这种行为会显得你对双方即将建立的商业关系不够认真，所以开价必须慎重，应留有选择的余地。

(2) 要明确己方的优势和劣势

明确己方的优势可以让己方在谈判中处于有利的地位。在谈判中，很多谈判人员喜欢在关键时候把对方的弱点摆到桌面上来争取对方最大的让步。在这里一定要认识到，一些弱点是不可避免的，但也有一些可以被弱化或转为优势。例如，当你代表一个生产能力较弱的小工厂和大公司谈判时，第一步就要确定对方愿意和你合作的真正原因。只有当你正视了他人

和自己的优势和劣势,并进行正确客观的评估之后,才会认识到,那些你以为的弱点,在不同的商业环境下很有可能是你特有的优势。

3. 明确对方的状况

和明确己方的形势同等重要的是了解对方想从谈判中得到什么。这些信息一般不易获得,这就需要推测对方的目标、优劣势、策略等,这些可以通过在谈判中对对方的言行进行观察得到证实。通常,谈判人员需要获得对方的以下信息:对方所在国(地区)的政策、法规、商务习俗、风土人情;对方谈判人员的状况;对方的现有资源,包括财务状况;对方的兴趣点和需要;对方的目标;对方的替代方案;对方的谈判策略和技巧。其中重要的有以下几方面。

(1) 现有资源、兴趣点和需要

在谈判前从媒体、咨询公司、上市报表、商会,甚至从与之打过交道的公司那里尽量多地收集对方的信息,尤其是有关对方的现有资源、谈判兴趣点和对方的真正需要等信息。

(2) 谈判目标

确定对方的资源实力和需要后,下一步要做的就是了解对方的目标。分析对手真正目标的方法就是对收集到的所有信息进行分析,估计对手的谈判目标,然后与对方进行接触,随时根据最新信息对之进行更正。最不可取的分析方式是谈判代表依据自己的标准、价值观来对对方的谈判目标进行推测。

(3) 替代方案

在准备过程中,己方必须准备好替代方案。这个方案为一旦谈判破裂提供了另一个可行性计划。同样,也必须要刺探对方的替代方案。一般情况下,当对方有一个相当吸引人的替代方案,在谈判中对方就会表现得相当自信,会设定较高的目标;而如果对方的替代方案相对较弱,对方就会在谈判中极力讨价还价。

4. 了解谈判的限制

谈判中至关重要的部分是为让步设定界限,即作为卖方的最低价和作为买方的最高价。在准备阶段,双方都必须确定谈判中所能接受的范围。例如,作为卖方,通过对产品成本与相关费用的详细分析,必须明白在哪一点己方将无利可图;同样,作为买方,要事先确定所能接受的最高价和相关条件。这两点之间的区域就是议价区。总体上,双方正是在这个区域内进行讨价还价和让步的。了解这个限制,就要了解以下3项内容。

(1) 目标点与保留点

目标点指谈判最想要达到的一种理想的解决方案。这个目标点应该是在对现实情况评估的基础上做出的。保留点则意味着当谈判进行到这一点时,谈判方就会对谈判失去兴趣,离开谈判桌。谈判的结果更多依赖于谈判双方的保留点,确定谈判方的保留点的一个方法是最佳替代方案。

(2) 最佳替代方案

最佳替代方案是指在不能与对方达成一致协议的情况下,己方可以选择的最佳方案。知道最佳替代方案就意味着如果目前的谈判没有成功,你对下一步应该做什么心中有数,这样可以避免签署不良协议。

一个强大的替代方案是重要的谈判工具,只有为可能的失败准备好后路,才能避免孤注一掷。如果拥有较好的替代方案，就有较强的谈判威力。谈判专家罗杰·费舍尔曾形象地描述了这一点："当你同老板谈补贴问题时，你希望在屁股兜里揣些什么？一把枪？还是另一名雇主提供给你的工作机会，而且这个雇主正是你所在公司的一个强硬竞争者呢？"当事方不仅要估算自己的最佳替代方案，还要仔细考虑对方的最佳替代方案，这样就可以对各种突然出现的可能性有一定的准备。

(3) 议价区域

议价区域指当事双方各自的保留点或底线之间的区域。如果在这个区域内达成协议，双方都是有利可图的。当然，在实践中，人们很难确定议价区域的范围，因为无法确切知道对方的底线。但是，根据能够得到的信息，也可猜测这个底线。如果双方的底线有重叠，这就意味着双方最后有可能达成协议。

5. 确定谈判的策略

(1) 选择谈判策略

谈判的策略有竞争型和合作型两大类。竞争型策略是一种争取利益最大化的策略，谈判方的开局较高，很少让步。这种谈判代表在谈判中不注意创造和谐的合作气氛。持合作型谈判策略的谈判方则持一种互惠互利的合作态度，在谈判中双方互相交换信息，体谅对方的处境，力求得到一个双方都满意的结果。但一个纯粹的合作关系也是不切实际的，在谈判中更多的是采取合作与竞争相结合的策略。因此，在谈判前制定多种策略，以随机应变。

(2) 谈判的最初定位

在谈判前，应该在考虑对方文化和背景的基础上推测其最初定位。在一些文化中，当事方经常开局很高，给自己留下足够的空间，如在中东地区的商业往来中，讨价还价是非常普遍的，所以当事方开局一般要高一些。而在一些西方地区中，谈判方不太愿意还价，所以谈判方一般把开局定在他愿意接受的区域附近。

(3) 让步的策略

每一个谈判都有其特点，要求有特定的策略和相应战术。在某些情况下首先让步的谈判者可能被认为处于弱势，致使对方会施加压力以得到更多的让步；然而在另一种环境下，同样的举动可能被看作一种要求回报的合作信号。采取合作的策略，可以使双方在交易中建立融洽的商业关系，使谈判成功，双方都能受益。但一个纯粹的合作关系也是不切实际的，在谈判中更多的是采取合作与竞争相结合的策略。因此，在谈判前制定多种策略，以方便随机应变。

谈判中，让步的时机与方式和让步本身的价值一样重要。在准备阶段必须要决定，如果必要的话，己方可以做出哪些让步，如何让步，在何时让步；如果必要，还需计算出这些让步的成本。在谈判之前要考虑几种可供选择的策略，一旦谈判不理想，就改变谈判策略。有时候，一个小小的让步也可以让对方相信这是个不错的收获，一旦对方认为这个让步是值得的，在以后的谈判中，他就会更合作，或者提出互惠的方案。

在任何一个谈判中，最重要的环节就是计划和准备阶段。谈判双方都有自己的优势和劣势，只有做好了充分准备，才能在谈判中随机应变，灵活处理，顺利达到预期的目的。

9.2.4 公共关系谈判的常用策略

【拓展视频：公共关系之中国合伙人经典谈判片段】

谈判策略是指谈判人员在谈判过程中为了达到预期的目的，而采取的各种方式、措施、技巧、战术、手段的总称。任何一项成功的谈判都是灵活巧妙运用谈判策略的结果。掌握了最基本的谈判策略，就可以在谈判活动中灵活地加以运用。

1. 开诚布公策略

开诚布公策略的基本含义是指谈判人员在谈判过程中持诚恳、坦率的态度向对方袒露自己的真实想法和观点，实事求是地介绍己方情况，客观地提出己方的要求，以促使对方通力合作，使双方在诚恳、坦率的气氛中有效地完成各自的使命。这一策略在双方都对谈判抱有诚意的前提下，在报价阶段很有效。它有助于谈判人员达成一个双方都满意的协议，从而促成双方的长期合作。

实际上，完全把自己暴露给对方是不可能的，也是不现实的。人们总有一些不愿意和不可能全部告诉别人的事情；不讲实情，是出于某种策略，讲出实情，也是策略的需要，采取这种策略是以取得好的效果为前提的。因此，人们所讲的"开诚布公"是指向对方透露90%的情况。有的谈判人员不但有与对方达成协议的能力，还能够不断地为对方提供情况，提出建设性意见。因此，如果能够把"开诚布公"和其他技巧联系起来使用，并使其发挥作用，这对双方都是有利的。

2. 投石问路策略

投石问路策略是指在谈判中为了摸清对方的虚实、掌握对方的心理，通过不断提出假设某种情况，试探对方的底细。采取"假定……将会……"的策略，目的是使谈判的形式不拘泥于固定的模式。例如，在谈判中，不断地提出如下种种问题："如果我再增加一倍的订货，价格会便宜一点吗？""如果我们自己检验产品质量，你们在技术上会有什么新的要求吗？"

这些假设包含着虚拟的假设和真正的假设，可能是一方真正打算采取的措施或做出让步，也可能是一方虚拟的假设条件，以试探对方对此问题的态度、观点。在试探和提议阶段，这种发问的方法不失为一种积极的方式，它将有助于双方为了共同的利益而选择最佳的成交途径。

然而，如果谈判已十分深入，再运用这个策略只能引起分歧。如果双方已经为报价做了许多准备，甚至已经在讨价还价了，而在这时，对方突然说："如果我对报价做些重大的修改，会怎么样？"这样就可能有损已形成的合作气氛。因此，投石问路这个策略，用在谈判开始时的一般性探底阶段较为有效。

3. 休会策略

谈判进行到某一阶段或遇到某种障碍时，谈判双方或一方提出中断会议，休息一会儿的要求。休息是一种有很大潜在影响的策略，它是谈判人员调节、控制谈判过程，缓和谈判气氛，融洽双方关系的一种策略技巧。在休息期间，让双方回顾一下谈判的进展情况，重新考虑情况，或者让头脑清醒一下再进入洽谈，这些都是有必要的。一般情况下，休息的建议会得到对方积极响应。休息不仅有利于己方，对双方、对共同合作也十分有益。

在休息期间，应研究怎样进行下一阶段的谈判，归纳一下正在讨论的问题，检查己方人员的工作情况或者对后面的谈判提出一些新的构想。同时要考虑怎样重新开谈，考虑后面的洽谈方案和如何做开场陈述。最好能带着新的建议重新步入谈判会场。

休会一般是经由一方提出，另一方同意才能采用的方式，这需要双方的配合。因此，为了避免对方的拒绝，提出休会一方要把握好时机，看准对方态度的变化。如对方也有休会的需要，则一拍即合，立即生效。一般地说，如东道主提出休会，客人出于礼貌很少拒绝。

4. 举重若轻策略

谈判要有缜密的逻辑思维和举重若轻的谈判艺术。说话要瞻前顾后，不能顾此失彼，更不可前后矛盾。对自己所说出的关键词、关键数字和关键性问题要牢记不忘。在讨论其他问题甚至闲聊时，也要避免说出与这些关键问题相矛盾的语言，否则将会引起对方的猜疑而导致被动。同时，尽量不要按照对方的思路走。要千方百计地把对方的思路引导到自己的思路上来。要学会举重若轻和举轻若重策略的利用。

所谓举重若轻，就是在讨论重大问题、难点问题或双方分歧较大的问题时，可以用轻松的语言去交流。这样就不至于把谈判双方的神经搞得过于紧张，甚至引发谈判的僵局。而举轻若重，就是对那些双方分歧不大，甚至一些无关紧要的小事，倒可以用严肃认真的态度去洽谈。一是表明认真负责的谈判态度，二是可以利用这些小事冲淡或化解关键的分歧。如果在关键问题上谈不下去，也可以采取迂回战术。

有时候，这些方法只要利用得当，也能达到同样的谈判目的。春秋战国时期，苏秦的弟弟苏代就用这种灵活的方式说服西周，顺利地解决了一次东周和西周之间的水利纠纷，并且拿到了双份奖金。当时，东周为了发展农业，提高农作物的产量，准备改种水稻。西周在高处掌握着水的资源，知道东周改种水稻的消息，坚持不给东周放水。东周非常着急，于是发出话来，谁能去说服西周放水，国家要给予重奖。这时，苏秦的弟弟苏代就自告奋勇去说服西周。他对西周人说："我听说你们不给东周放水，这个决定可是不高明啊。"西周人问："怎么不高明呢？"苏代说："你们不给东周放水，他们就没有办法改种水稻，只能改种小麦。这样，他们就再也不用求你们了。你们和东周打交道也就没有主动权了。"西周人问："苏先生，以你的意见怎么办好呢？"苏代说："要听我的意见，你们就给东周放水。让他们顺利地改种水稻。改种水稻就常年都需要水，这样，东周的经济命脉就掌握在你们手里了。他们时刻都得仰仗你们、巴结你们。"西周人听了觉得有道理。不但同意给东周放水，而且重重奖励了苏代。

5. 声东击西策略

在谈判中，一方会故意向另一方提供一大堆复杂、琐碎，甚至多半是不切实际的信息、资料，把对方的注意力集中在己方不甚感兴趣的问题上，借以分散对方的注意力，致使对方埋头查找所提供的资料，却分辨不清哪些是与谈判内容直接相关的，既浪费了时间、精力，又没有掌握所需情况，甚至还会被对方的假情报所迷惑。具体的运用方法是，如果己方认为对方最注重的是价格，而己方关心的是交货时间，那么进攻的方向，可以是付款条件问题，这样就可以把对方从两个主要议题上引开。

实际的谈判结果也证明，只有更好地隐藏真正的利益需要，才能更好地实现谈判目标，尤其是在自己不能完全信任对方的情况下。如果自己在某个重要问题上想让对方先让步的话，就可以利用声东击西策略，故意把这一问题轻描淡写地一笔带过，反而强调不重要的部分，造成对方的错觉，这样可能就会较容易达到目的。但也要提防对方在谈判中使用同样办法来拖延时间，或分散己方注意力，如果有迹象表明对方也是在搞声东击西，己方应立即采取针锋相对的策略。

6. 白脸红脸策略

美国大富豪霍华·休斯是个脾气暴躁、性格执拗的人。一次，他要购买一批飞机，由于金额巨大，对飞机制造商来说是一笔好买卖。霍华·休斯要求在条约上写明他所提出的34项要求，其中部分要求没有退让余地。由于他态度跋扈、立场强硬、方式简单，拒不考虑对方的面子，也激起了飞机制造商的愤怒，对方也拒不相让。谈判始终冲突激烈，最后搞得这位大富翁勃然大怒，拂袖而去。后来，霍华·休斯派代理人继续同对方谈判。霍华·休斯告诉代理人，只要争取到34项中的那11项没有退让余地的条款，就可以达成他认为十分满意的协议。该代理人与飞机制造商洽商后，竟然取得了霍华·休斯希望载入协议34项中的30项，当然那11项要求也全部达到了。霍华·休斯十分佩服代理人的本事，便问他是怎么做到的。代理人回答："很简单，每次谈判一陷入僵局，我便问他们'你们到底是希望和我谈呢？还是希望再请霍华·休斯本人出面来谈？'经我这么一问，对方只好乖乖地说'算了算了，一切就照你的意思办吧'。"

要使用"白脸"和"红脸"的战术，就需要有两名谈判者。第一位出现谈判者唱的就是"白脸"，他采取咄咄逼人的攻势，提出过分的要求，傲慢无礼，立场僵硬，让对方看了心烦，产生反感，激起对方产生"真不想再和这种人谈下去了"的反应。然后，"红脸"出场，他以温文尔雅的态度、诚恳的表情、合情合理的谈吐对待对方，与对方不断妥协、让步，调和双方的关系，缓解紧张气氛，达成双方的谅解，并巧妙地暗示，如果他不能与对方达成协议而使谈判陷入僵局，那么"白脸"还会再次出场。这番话会给对方心理上造成一种压力。在这种情况下，对方一方面会由于不愿与"白脸"继续打交道，另一方面会由于"红脸"的可亲态度而同"红脸"达成协议。利用"白脸"与"红脸"策略就是利用谈判者既想与你合作，但又不愿与"白脸"打交道的心理诱导对方妥协的战术。这种方法有时十分有效。

7. 以退为进策略

以退为进策略是指在谈判中以做出实际的退让或妥协，从而达到进一步进攻的目的。从表面上看，谈判的一方是退让或妥协，或委曲求全，但实际上退让是为了以后更好地进攻，或实现更大的目标。这一策略的高明之处在于纵观全局，通盘考虑，不计一时之得失，退一步是为了进两步。

在谈判中运用以退为进这一策略较多的情况是，谈判一方故意向对方提出两种不同的条件，然后迫使对方接受条件中的一个，这里的退往往是指提出方的另一条件。多数的做法是，先向对方提出温和的要求，然后再提出强硬的要求。一般情况下，对方要在两者中选择其一，当然你的温和要求对方就很容易接受了。为了在谈判中获取更大的利益，适当的让步是一种有效的方法。你退一步，谈判双方皆大欢喜，关系融洽，交易总成本就会下降，使再进两步也成为可能。

但是运用以退为进策略要认真考虑其后果，一旦退步的后果对己方十分不利，或者对对方的反应没有把握，不要轻易使用这一策略。

8. 吊筑高台策略

吊筑高台策略也称报高价法，是指卖方提出一个远高于买方实际要求的谈判起点，来与对手讨价还价，最后再做出让步，达成协议的谈判策略。实践证明，如果卖方开价较高，则往往在较高的价格上成交；相反，如果买方开价很低，则往往在较低的价格上成交。因为大多数的最终协议结果往往在这个价格的中间，或者接近中间的价格上成交，所以很多高明的谈判人员，在不导致谈判破裂的前提下，抬高报价，从而争取更大的利益。

1984年，美国洛杉矶成功地举办了第23届夏季奥运会，并赢利1.5亿美元，创造了奥运史上的一个奇迹。这里除了其组织者企业家彼得·尤伯罗斯具有出色的组织才能和超群的管理才能外，更重要的是得益于他卓越的谈判艺术。第23届夏季奥运会的巨额资金，可以说基本上是彼得·尤伯罗斯谈出来的。而他运用的谈判策略正是吊筑高台，喊价要狠。当时，彼得·尤伯罗斯一开始就对赞助商提出了很高的条件，其中包括每位赞助商的赞助款项不得少于400万美元。很高的要价并未吓跑赞助商，由于奥运会的特殊地位和作用，各方面的赞助商都纷至沓来，并且相互之间展开了激烈的竞争。最后，彼得·尤伯罗斯在众多赞助商竞争者中挑选了30家，终于轻松地解决了所需的全部资金。从而提高了奥运会的身价，也增强了奥运会承办者的信心。

但是过高的报价，有可能会让对方认为没有谈判的诚意，而导致谈判破裂；另外，太高的价格会延长谈判时间，降低谈判效率，还有可能让竞争的第三者乘虚而入。

9. 最后通牒策略

最后通牒原来是外交上的术语，通常是一国对另一国提出某种苛刻条件或绝对要求，限制在一定时间内接受其要求，否则就使用某种强制手段。在谈判中，最后通牒策略是指谈判的一方锁定一个最后条件，期望对方被迫接受这个条件而达成协议的一种方法。

在谈判中，双方已经过长时间激烈的讨价还价阶段，在许多内容上已经达成共识，只是在最后一两个问题上相持不下，这时谈判的一方就可给另一方提出一个最后的方案，给对方一定的期限。另一方就会考虑自己是否准备放弃这次盈利的机会，是否牺牲前面已投入的巨大谈判成本，权衡利弊，是接受还是放弃。一般来说，最后通牒包含以下两个方面。

（1）最后期限

最后期限即规定谈判的最后截止日期。从统计数字来看，有很多谈判，尤其较复杂的谈判，都是在谈判期限即将截止才达成协议的。不过，未设定期限的谈判也为数不少。谈判若设有期限，那么除非期限已到，否则谈判者是不会感觉到什么压力的，所谓"不见棺材不掉泪"就是这个道理。当谈判的期限越接近，双方的紧迫感便会日益增加，而这种不安与焦虑，在谈判终止的那一天、那一时刻，将会达到顶点——这也正是运用谈判技巧的最佳时机。

（2）最后出价

最后出价即谈判一方给出一个最低的价格，告诉对方要么在这个价格上成交，要么谈判破裂。要使最后出价产生较好的效果，提出的时间和方式很重要。如果双方处在剑拔弩张、各不相让，甚至是十分气愤的对峙状况下，提出最后报价，很可能会被对方误认为是威胁。为了自卫反击，他会干脆拒绝你的最后报价。在提出最后报价时，尽量让对方感到这是己方所能接受的最合适的价格了。而且报价的口气一定要委婉诚恳。这样，对方才容易接受。同时，督促对方也尽量采取和解姿态。

1978年9月6日—17日，美国总统卡特、埃及总统萨达特和以色列总理贝京在戴维营进行了为期12天的三方秘密会谈，此次会议的目的是解决埃及、以色列之间对立30年来的所有悬而未决的问题。这些问题十分复杂，谈判双方在会谈中发生了激烈的争执，彼此抱定自己的谈判立场，各执一词，所以谈判从一开始就进行得非常缓慢，而且经常中断，没有人有把握能谈出什么结果来。于是，主事者美国便不得不为谈判设定一个期限——就在下个礼拜天。果然，随着最后期限一天天地接近，总算有一些问题得到了解决。而就在截止前的一两天，谈判的节奏突然变得前所未有地顺利，更多的问题迎刃而解，埃及、以色列双方也最终签订了具有重大历史意义的《戴维营协议》，由此诞生了以色列与阿拉伯这对邻国宿敌之间的第一份和平协议，也打开了通往中东的和平之门。

在谈判中，无论提出"最后期限"要求的是哪一方，期限一旦决定，就不可轻易更改。所以无论如何，都必须倾注全力，在期限内完成所有的准备工作，以免受到期限的压力。

10. 有限权力策略

有限权力是指谈判人员使用权力的有限性。当谈判人员发觉他正被迫做出远非他能接受的让步时，他会声明没有被授予达成这种协议的权力。这通常是谈判人员抵抗到最后时刻而亮出的一张"王牌"。

谈判人员受到限制的权力是多方面的，有标准成本的限制、最高最低价格的限制、购买数额的限制、预算限制等，还有公司政策的限制、法律和保险的限制等。会利用限制的谈判人员，并不把这些看成对自己的约束，相反倒更能方便行事。首先，把限制作为借口，拒绝对方某些要求、提议，但又不伤其面子；其次，利用限制，借与高层决策人联系请示之机，更好地商讨处理问题的办法；再次，利用权力有限，迫使对方向自己让步，在权力有限的条件下与你洽谈。

一个优秀的谈判人员必须学会利用有限的权力作为谈判筹码，巧妙地与对方讨价还价。

9.3 公共关系演讲技巧

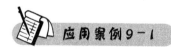

应用案例9-1

习近平的精彩演讲

【拓展视频：习近平演讲聚焦，构建人类命运共同体】

2017年1月18日，瑞士日内瓦万国宫，习近平出席"共商共筑人类命运共同体"高级别会议，并发表题为《共同构建人类命运共同体》的主旨演讲，深刻、全面、系统地阐述人类命运共同体理念。

"我们从哪里来、现在在哪里、将来到哪里去？"演讲开始，习近平以经典问句引发哲思。随后，他围绕历史与现实、过去和未来，引经据典、娓娓道来，深刻阐述构建人类命运共同体这一时代课题。

瑞士军刀是瑞士"工匠精神"的产物。以此为喻，习近平分享全球治理智慧。"我第一次得到一把瑞士军刀时，我就很佩服人们能赋予它那么多功能。我想，如果我们能为我们这个世界打造一把精巧的瑞士军刀就好了，人类遇到了什么问题，就用其中一个工具来解决它。"习近平一席话，引来全场两次热烈的掌声。

在这篇6000余字的演讲中,这样的妙喻与金句处处可寻:"我们要顺应人民呼声,接过历史接力棒,继续在和平与发展的马拉松跑道上奋勇向前。""让和平的薪火代代相传,让发展的动力源源不断,让文明的光芒熠熠生辉,是各国人民的期待,也是我们这一代政治家应有的担当。""邻居出了问题,不能光想着扎好自家篱笆,而应该去帮一把。"习近平每次话音刚落,掌声随即响起。

中西经典的引述,也成为习近平这篇演讲的亮点:"无偏无党,王道荡荡。"习近平引述《尚书》名句指出:"各国和国际司法机构应该确保国际法平等统一适用,不能搞双重标准,不能'合则用、不合则弃'。"

"海纳百川,有容乃大。"习近平引述该名句指出,我们要推进国际关系民主化,不能搞"一国独霸"或"几方共治"。紧接着,他提出四个"共同":世界命运应该由各国共同掌握,国际规则应该由各国共同书写,全球事务应该由各国共同治理,发展成果应该由各国共同分享。

"和羹之美,在于合异。"习近平引述《三国志》名句指出,文明差异不应该成为世界冲突的根源,而应该成为人类文明进步的动力。

"落其实思其树,饮其流怀其源。"习近平引述该句指出,中国发展得益于国际社会,中国也为全球发展作出了贡献。"欢迎各国搭乘中国发展的'顺风车'"。

演讲中,习近平还阐释了中西方的"和"文化,引述瑞士作家、诺贝尔文学奖获得者黑塞的名句:"不应为战争和毁灭效劳,而应为和平和谅解服务。",习近平阐释国与国的相处之道,强调应坚持对话协商,建设一个持久和平的世界。

万国宫理事厅天花板上,一幅浮雕画描绘宇宙中5个巨人的手紧紧握在一起,象征着世界五大洲人民的团结与合作。习近平阐释的人类命运共同体理念,成为联合国宪章宗旨和原则的重要传承和创新。

演讲是演讲者就某一问题向一定范围的听众发表讲话,是公共关系工作中最常用、最普遍的一种口语传播方式,是一种永远都不会过时的公关手段。演讲与平常的讲话不同,前期需要搜集相关素材和资料,对演讲主题进行相关调查,并根据调查的情况来确定演讲的主题和内容。习近平的这次演讲之所以能获得成功,是与他十分认真地对待这次演讲,做了大量的准备工作分不开的。要做一次成功的演讲,必须要了解演讲的听众,对听众的社会背景、思想动态、意见态度及行为方式等做透彻的分析研究,并以此为根据来确定自己演讲的主题、内容以及合适的演讲方式。

(资料来源:编者根据网络相关资料整理。)

9.3.1 公共关系演讲的表达技巧

演讲是公共关系人员与听众进行信息交流、互动的过程。在生活中,我们会碰到许多场合,需要当众说几句话;在商业环境中,演讲更为普遍,如为一项重要项目或销售说服潜在的顾客,在工作总结会上发表讲话等。

世上没有与生俱来的演讲家,任何人只要加强锻炼和培训,都可以当众说话或即兴演讲,关键是要掌握和运用一些技巧。了解演讲的技巧,有利于演讲者有效控制自己在发言时的情绪、声调、语速等。演讲者在与听众互动过程中有效运用以下技巧,可以引起听众的共鸣,留下美好的印象。

1. 语言技巧

(1)演讲语言的基本要求

演讲语言是人们交流思想、表达情感、传递信息的工具。演讲语言的运用会直接影响演讲的社会效果。

① 清晰准确。演讲当然要听众知道你说的是什么,使用的语言一定要确切、清晰地表现出所要讲述的事实和思想。只有准确的语言才能真实地反映出内在的思想,才能为听众接受,达到宣传、影响听众的目的。寻找准确恰当的词没有绝对的法则,但通常最简单的词,

也可以具体、生动地引起听众的感官反应。尽量少用形容词和各种限定词，要重视实意动词和名词的使用。

② 简洁流畅。要做到语言的简洁，必须对自己要讲的思想内容经过认真思考，弄清道理，抓住要点，明确中心。不要有口头禅，有的人做报告开头喜欢用"这个、那个"，有的人喜欢每句结尾用"啊"，让人听起来很不舒服。

③ 声音响亮。演讲是讲给大家听的，要想把声音送到他人耳朵里，让人听得清楚，就需要声音响亮。

④ 通俗易懂。口头语与书面语是有区别的，演讲稿是要说给大家听的，一定要口语化。如果演讲的语言不通俗、听不懂，就会影响演讲的效果。为了使演讲的语言通俗平易，可以多用口语化的语言。如把生僻词换成常用的词，不用生造的、不合汉语规律的词语，恰当地使用方言词语，用简单的语言解释难以理解的术语。

（2）语言的修饰

"声音是语言的载体"。有效地使用声音包括6个要素：声音、语调、语速、语汇、发音和节奏。

① 音量合适。音量变化有利于准确地表达思想感情。要学会准确地控制和把握音量大小的变化。在情感激荡的地方，意思重复之处，音量要大些，反之则要小些。音量大小变化要自然、流畅，要是感情的自然流露。演讲时的声音是最能反映演讲者是否自信的一个因素。高音具有高亢、明亮的特点，多用来表示惊疑、欢乐、赞叹等情感；中音比较丰富多彩，多用来表示舒缓的感情；低音则比较低沉、宽厚，多用来表示沉郁、压抑悲哀之情。这些最好是通过朗诵进行训练。

② 语调贴切、自然、动情。语调是口语表达的重要手段，它能很好地辅助语言表情达意。语调要随着内容、环境的变化而不断调整，演讲时语调的起伏不仅能使演讲更生动，而且能传达演讲者丰富的感情信息。一般来说，升调传达着激昂的情绪，如兴奋、愤怒、谴责、疑问；降调则表达灰暗的情绪，如悔恨、伤心、失望和郁闷等。要特别注意不要在句子末尾降低音量，对重要的句子可突然提高或降低语调，以达到强调的作用。语调的选择和运用，必须切合思想内容，符合语言环境，考虑现场效果。语调贴切、自然正是演讲者思想感情在语言上的自然流露。因此，演讲者恰当地运用语调，事先必须准确地掌握演讲内容和感情。

③ 语速松弛结合。语速是指讲话的速度。确定演讲稿后，可根据内容以及自己的特性来确定语速。语速不仅有天生的因素，也可以通过后天的刻意训练来改变。在调整语速时，通常不要太快，太快不仅听不清楚，而且会给人一种紧张的感觉；也不能太慢，太慢会显得拖拖拉拉；在重要的词汇之前或之后略加停顿；对重要的词句，把声音拖长，并一字一句都很重；对不重要的句子，可以很快，甚至说五六个句子的时间和说五六个单词的时间差不多。一般来说，语速不要太快，也不要太慢，能找到自己说起来比较舒服，同时也适中的语速是最好的。要善于调整语言的速度和节奏，运用声音的美感增强演讲效果。

④ 语汇生动。尽量运用不同的语汇以增强语言的活力，运用生动形象的语言表达主题。为了增强气势，可以采用排比句，用重复的词汇加强语言的力量。排比是一种普遍应用的演讲技巧，是用句法结构相同的段落、句子或词组把两个或多个事物加以比较，借以突出它们的共同点和不同点。很多时候，排比的段落或句子是以一种递进的方式排列，营造出一种雷霆万钧的气势，同时朗朗上口，富有乐感。

⑤ 发音清晰正确。正确、清晰、连贯、优美的发音是吸引听众的最有力的法宝。发音要清晰，不要含含糊糊，切记"不要自己把自己的话吃掉"。有的人演讲时往往会把一个句子的最后一个或几个字吃掉。这种现象一定要设法避免，发音不清楚会给人留下没教养、思路不清、做事凌乱的印象。在演讲过程中一般不要用多余的填充词。

⑥ 节奏起伏结合。节奏与语速有关系，但不是一回事，语速只表示说话的速度，节奏包括起伏、强弱。演讲的节奏也是关系成败的一个重要因素。说话要有节奏，该快的时候快，该慢的时候慢，该起的时候起，这样有起伏、有快慢、有轻重，才形成了口语的乐感和悦耳动听，否则话语既不感人，又不动人，是呆板的。适当的停顿不仅会显得张弛有度，同时能给听众提供一个理解回味的时间，集中其注意力。另外，掌握节奏有助于控制演讲的时间，同时也是传递感情的一种方式。

2. 态势语技巧

语言除了有声语言表达，还有辅助语言，就是态势语。演讲的态势语是指演讲者的姿态、眼神、表情、手势等，它不仅有一定的表情达意的作用，而且更主要的是可以弥补演讲者口语表达的不足，使思想感情表达得直观、充分、形象、具体。演讲时信息的传播只有30%是通过有声语言传出去的，70%的信号是通过无声的信息发出去的。因此，演讲中除了要注重有声语言的表达，更多地要注重无声语言的表达，就像自己看见别人的表情常会说"我看见你就知道你要说什么"，这就是在用无声语言（态势语）传播信息。

演讲时，表情要自然，面带微笑；眼睛要直视听众，与听众进行眼神的交流；在演讲时适当加入一些姿势，以强调你的讲话，但不要过分夸张。运用非语言形式进行交流可能产生较好的效果。演讲时昂然挺立可以缓解演讲者可能感到的局促不安，不但看起来具有自信的神态，而且自己也会感觉到更加自信。切勿低头垂肩地站立，显出一副没精打采的样子。举止要文雅适度，不可以过分夸张，否则就会令人讨厌。

（1）表情

表情是一种重要的态势语言。演讲者要直面听众。听众最先看到的是演讲者的脸，继而通过演讲者的表情来确认演讲内容是否真实。面部表情把人复杂的内心世界，如幸福、痛苦、悲哀、失望、忧虑、愤怒等，都充分地展示出来，使听众在"察言观色"之中了解演讲者的内心世界，并因此而受到感染。人的面部表情贵在两个词：自然、真挚。面部表情应随演讲的内容和演讲者情感的变化而变化，一笑一颦都要和演讲的内容合拍。

演讲时的脸部表情无论好坏都会带给听众极其深刻的印象。演讲的内容即使再精彩，如果表情缺乏自信，演讲也容易变得欠缺说服力。控制脸部表情的方法：面向听众，不可垂头，垂头会给人丧气之感，而且若视线不能与听众接触，就难以吸引听众的注意；说话速度平稳，情绪即可稳定，脸部表情也得以放松，全身也随之泰然自若起来。

（2）眼神

眼神是指演讲者眼睛的神态，是通过眼睛来传递信息的一种态势语。人们常说"眼睛是心灵的窗户"，所以在演讲中眼睛要直视听众，与听众进行眼神的交流；注意眼神运用的灵活，以此影响听众的情绪，调整会场的气氛，进而达到理想的演讲效果。首先，演讲者的眼神要能"拢"住全体听众，不可瞪天看地，或盯住台下一隅，而要自然地平视向前，达到最后一排听众为止；其次，要照顾到台下两边的听众，以加强演讲者和听众的感情交流。

在大众面前说话必须忍受众目睽睽。当然，并非每位听众都会对你报以善意的目光。尽管如此，你还是不可以漠视听众的目光，避开听众的视线来说话。当你走到麦克风旁边站立在大众面前的那一瞬间，来自听众的视线有时甚至会让你觉得刺痛。克服这股视线压力的秘诀是一面进行演讲，一面从听众当中找寻对自己投以善意而温柔目光的人，并且无视那些冷淡的目光。此外，把自己的视线投向强烈"点头"以示首肯的人，可以增强自信。

（3）身体姿态

运用非语言形式进行交流可能产生较好的效果。在演讲时适当加入一些姿势，以强调自己的讲话，但不要过分夸张。演讲时应挺胸抬头，身体的重心平稳，既要做到挺拔，又不显得过于僵硬，一般提倡两腿略微分开，前后略有交叉，身体的重心放在一只脚上，另一只脚则起到平衡作用。这样，既便于站立，又便于移动，双手也可以自由摆动。发言时昂然挺立可以缓解演讲者可能感到的局促不安，不但能表现出自信的神态，而且自己也会感觉到更加自信。

一般而言，采取轻松的姿势比较合适。轻松的姿势首先就是要让身体放松，不要过度紧张。面前有演讲桌时，双手交叉自然放在身体的前面，切忌将手抱在胸前或把手背在后面。其次要注意的是，像心神不定、慌里慌张、站着纹丝不动、装腔作势、仰脸朝天、双手插兜、手撑在演讲桌上、身体靠着演讲桌等动作都会影响听众的情绪。最后，要注意在演讲中的一些细小的动作，如摇头、晃腿、摸脸、摆弄领带和笔等，也会影响演讲效果。

（4）手势

人在演讲中使用最多、动作最大的是手势。手势可以抒发感情、指示对象、模拟事物，还能体现个人风格，在演讲中有着不可低估的作用。在使用手势时要注意3点：①胳膊不要伸得过直，以免僵硬；②手指不宜弯曲，以免拙笨；③手势运用要和它所配合的那句话同始同终，以免分裂。

在演讲中，自然而安详的手势，可以帮助演讲者表现平和的心境；急剧而有力的手势，可以帮助演讲者升华情绪；柔和、平静的手势可以帮助演讲者抒发内心炽热的情感。在演讲中，手势的运用要有变化，要服从内容的需要，符合听众的习惯，简单明了，适度有节。

（5）仪表举止

要在演讲之初就与听众建立起友好的关系。演讲者要想使听众接受自己的观点和主张，首先必须赢得听众对自己的尊重、爱戴和好感。要做到这一点，适宜的仪表是一个不可忽视的因素。

服装会带给观众各种印象，所以穿着要得体，应以自然为准，以适合自己为宜，以符合自己身份为佳。服装要整洁大方、庄重朴素、色彩和谐，不宜过于华美、过于随便或不伦不类。另外，要保持衣着整洁。演讲开始之前重新审视自己的仪表，检查着装整洁与否。在正式的场合演讲，一般仍以深色西服、晚宴礼服为宜。而在轻松的场合，可适当穿着稍微花哨一点的服装。

演讲者的形象就是演讲者思想、道德、情操、学识及个性的外在表现，是演讲者的仪表、举止、礼貌、表情、谈吐的综合反映。不雅的服装和不美的举止谈吐，会使听众对演讲者产生厌烦和反感。演讲者需要具有一定的礼节，大多数听众喜欢一种友好和不拘泥的气氛，但决不能过分随便。听众喜欢那些自然的、正直的、诚恳的态度，反感那些做作的、傲慢的、轻浮的举止言谈。

9.3.2 公共关系演讲的心理效应

1. 空白效应

心理实验表明，在演讲的过程中，适当有些停顿、留一些空白，会取得良好的演讲效果，这就是空白效应。适当的停顿或留白可以给予演讲者和听众整理思路、体会情感的时间，从而达到"沟通同步"。

人们在面对一种不完美时，会在知觉中情不自禁地产生一种急于要改变并使之完美的趋向。因此，适当"留白"有利于提高演讲效果。例如，在表达方面留白，针对某些问题，演讲者不妨先不说出自己的观点，让听众去想、去说，让听众有表达自己意见的机会；在思考方面留白，给听众思考分析的机会，让听众独立地思考、判断和面对，有利于内容的进一步展开，可引起听众的好奇和注意。最有名的例子莫过于英国政治家赖伯斯在伦敦一次参事会上就劳动问题演讲时，中途停顿72秒的事例。这种根据表意需要而设计的特殊停顿，可谓匠心独具，最终收到了出奇制胜的效果。

一般来讲，在列举事例之前略作停顿，能引起听众独立思考；在做出妙语惊人的回答之后，稍作停顿，可使人咀嚼回味；在讲出奇闻轶事和精彩见解之后，在听众赞叹之余，特意停顿，可加深听众印象；在话题转移之际或会场气氛热烈之时，稍稍停顿，可加深听众记忆，给听众以领会抒情之机。同时，恰当的特殊停顿，也可以使演讲者本身赢得调整情绪的时机。

2. 超限效应

演讲到底是长一些好，还是短一些好，不能一概而论，只要有内容、有感情，长短都可以；不过，演讲最好还是短一些为好。特别是如果本来就没有多少话可说，却喋喋不休，便会让人生厌。即使演讲的内容很充实，如果太长，也会让听众受不了。因为这牵涉到心理学的一个"大脑疲劳"的理论。正常人持续接受信息的能力，在15分钟内达到顶峰，之后便持续下降，45～60分钟后进入低谷，也就是人们所说的脑疲劳期。

据说，美国著名作家马克·吐温有一次在教堂听牧师演讲。最初，他觉得牧师讲得很好，使人感动，准备捐款。过了10分钟，牧师还没有讲完，他有些不耐烦了，决定只捐一些零钱。又过了10分钟，牧师还没有讲完，于是他决定一分钱也不捐。到牧师终于结束了冗长的演讲开始募捐时，马克·吐温不仅未捐钱，还从盘子里拿走了两元钱。当然这不一定是一件真实的事，但它告诉人们这样一个道理，如果演讲太长，必然会让听众生厌。这种刺激过多、过强和作用时间过久而引起心理极不耐烦或反抗的心理现象，称为超限效应。

所以说，与其长而让听众生厌，不如短一些给人留下深刻印象。其实演讲短一些也能把问题说清楚。短，一方面能让听众意犹未尽，另一方面也能表现演讲者的概括能力。有这样一个例子，有次演讲比赛，一位女士走上讲台，在黑板上写出一道醒目的标题《论坚守岗位》，便走下讲台，扬长而去。在听众十分不解，甚至感到有些气愤时，演讲者又走上讲台说："如果我在演讲时离开讲台是不能容忍的话，那么在工作时间擅离职守的人难道不应该谴责吗？我的演讲完了，谢谢大家。"这时，听众恍然大悟。评比结果，她以独特的演讲表演和精巧的构思赢得了一等奖。

这个演讲可谓是短中之最了。听众的掌声说明她的演讲是成功的。因为演讲者虽然话不多，但她能借助下台这个行动，来说明自己演讲的内容，虽短，却非常有力，因而她的演讲给听众留下了极其深刻的印象。当然，上面所说的是两个极端的例子，但从中得出一个结论：演讲，一定要有话则长，无话则短，即使内容充实的演讲，也不宜太长。

3. 权威效应

所谓权威效应，是指说话的人如果地位高、有威信、受人敬重，则所说的话容易引起别人重视，并相信其正确性，即"人微言轻、人贵言重"。在现实生活中，利用权威效应的例子很多，如做广告时请权威人物赞誉某种产品，在辩论说理时引用权威人物的话作为论据等。如果演讲者在听众中享有声望与信誉，那么将对听众产生积极的心理作用。

（1）对听众态度的影响

如果演讲者在听众中有较高的威信，听众往往会由喜爱演讲者的人进而喜爱演讲内容。有时即使演讲内容他们并不熟悉或感兴趣，也会报以热情合作的态度。

（2）对听众认知心理的影响

社会心理学研究表明，人们对于来自权威方面的信息，一般都会不加分析地接受，按照权威人物的要求去做。

（3）对听众情感心理的影响

权威效应的最大作用就是对听众情感的影响。演讲者的威信使听众的好奇和期待心理得到了满足，听众就会对演讲者产生一种归属感、亲近感，便会带着兴趣聆听演讲。

演讲者在掌握了以上心理特征的基础上，便可以从以下几方面做起，树立自己在听众中的威信。首先，要摆正自己与听众的关系，不要态度傲慢，要以平等、谦和的姿态进行演讲；其次，要发挥"名片效应"和"自己人效应"。所谓"名片效应"，是指演讲者先申述一种与听众观点相同的观点，再说出演讲者想说的观点，这就很容易被听众接受。它可以让听众在一种观点认同的喜悦中自动解除精神防线。"自己人效应"则比"名片效应"更进了一层，即演讲者与听众不仅在观点上一致，而且有某种意义上的相似性，如性别、年龄、籍贯、职业、地位、经历、兴趣等，都会使听众产生信任感、亲近感，视演讲者为"自己人"。

4. 克服听众的逆反心理

在演讲中，听众常常会出现一种与演讲者的思想意识、表达情感相背离、相逆反的意识与思维，如反应冷淡、厌恶、说小话、起哄、离座，甚至刁难，其中刁难则属于不正常的逆反心理。对此，演讲者应该采取积极的态度去克服。

（1）保持积极向上的态度与听众沟通

演讲是思想的表现和情感的传达。听众产生逆反心理可能是由于演讲者的态度让他们误解了。对于反调，应泰然待之，与唱反调的人进行思想沟通，首先反省自己，对自己的过失，不装模作样地掩饰，及早敞开自己的胸怀，用诚意打动对方，让自己的思想与之发生共鸣。越是勇于承认过失，就越能体现自己的高姿态、高素质，越能赢得别人的敬佩。

（2）化解听众的逆反情绪

面对听众正常的逆反情绪，不能排斥和压制，而只能接受它、协调并化解它。因为听众正常的逆反心理来自演讲者自身，而不是听众。要注意演讲时的表情、仪表和用词。表情不要高傲，仪表不要太张扬，不要说大话和空话。

(3) 大度接纳过激的言辞和指责

应付反调，大度是关键。有些人自视甚高，瞧不起唱反调的人，这种人看起来很有骨气、很有手腕、很有魄力，实则外强中干素质平平，想维护自己的尊严和威信，用大话、狠话去堵众人之口，其结果可想而知。

(4) 坚决反击刁难者

对唱反调的人，有时也需要坚决反击，即摆事实讲道理，唱出自己的反调。对于听众正常的逆反心理，要尽力化解，但是对于那些因逆反心理而故意刁难的人，则有必要以冷静的态度直接驳斥，全力反击。

9.3.3 公共关系演讲的情感调动

1. 用巧妙的开场白吸引听众

演讲的开场白是演讲者与听众之间沟通的第一座桥梁，是演讲者给听众留下的第一印象。做演讲开场白最不易把握，要想三言两语抓住听众的心并非易事。如果在演讲的开始听众对你的话就不感兴趣，注意力一旦被分散了，那后面再精彩的言论也将黯然失色。一个能打动听众的开场白要匠心独运，以其新颖、奇趣、敏慧之美，抓住听众的注意力，才能立即控制场上气氛，从而为接下来的演讲内容顺利地搭梯架桥。在这个关键性阶段，必须设法与听众建立融洽的关系，同时要激起听众对演讲主题的浓厚兴趣。

首先，题目要新奇醒目。古人说："语不惊人死不休。"让演讲的题目像磁石一样，一下子吸引住听众。其次，标题不要深奥、空泛。演讲的主题应有针对性，对存在的问题有的放矢，而不能泛泛而谈。最后，主题还需是演讲者的创见，切不可老生常谈，人云亦云。

在演讲的开头切忌讲一些毫无必要的客套话，也不要东拉西扯、离题万里。开场白必须要注意紧扣主题，适合听众心理和环境，切不可为追求新奇而故弄玄虚。那么，应当怎样做好演讲的开头呢？

(1) 引人入胜的开头

演讲开头成败的关键在于能否吸引听众的注意力。一段精彩的开场白有 3 种作用：第一，吸引听众的注意力，激发听众的好奇心；第二，概述演讲的主要内容；第三，向听众阐明听演讲的必要性。演讲时吸引听众注意力的方式随题材、听众和场景的不同而改变，可以运用反问、举事例、轶闻趣事、经历、引言、幽默等手段。

(2) 设置悬念激发兴趣

人们都有好奇的天性，一旦有了疑虑，非得探明究竟不可。在开场白中制造悬念，往往会收到奇效。以惊人之语震撼听众的思想，达到吸引听众的注意并使之专注于演讲的主题。但要避免过分戏剧化，既不能频频使用，也不能悬而不解。在适当时应解开，使听众的好奇心得到满足，使前后内容互相照应。

(3) 为听众解释关键术语和讲解背景知识

如果演讲的成功与否取决于听众能否理解演讲中的某些术语或概念，那么在演讲开头解释关键术语和讲解背景知识就格外重要。因此，如果听众对演讲的主题不熟悉或是知之甚少，那么很有必要在开头部分对听众讲述与主题有关的背景知识，这不仅是听众理解演讲主题所必需的，而且还可以体现出主题的重要性。

2. 用丰富多彩的语言打动听众

演讲者与听众的信息交流是通过演讲语言来实现的，离开了语言，演讲也不复存在。丰富的学识是演讲成功的基本条件。演讲者必须要经常更新知识，跟上时代发展步伐，这样就可以在演讲中旁征博引、妙语惊人，把生动、具体、精彩的事例自如地组织到演讲中，保证演讲充实、新鲜、生动。要成为一名成功的演讲者，除了要有丰富的知识，还必须具备以下几种能力。

（1）敏锐的观察力

敏锐的观察力体现在3个方面：①在准备阶段，能从日常生活中提取那些能反映生活本质和社会主流的内容；②在演讲阶段，能了解听众的表情、心理及场上的气氛变化，及时调整演讲的内容、方式、节奏；③在演讲结束后，能从周围的反映中综合分析自己演讲的成败得失。

（2）丰富的想象力

在演讲中，有想象力才能使演讲内容新颖而充实，才能将各种各样的事物与演讲主题巧妙地组合起来，讲起来才能具有感染力。这需要演讲者对任何问题都有好奇心和求知欲望，并逐步拓展自己的知识层面。

（3）较强的记忆力

有了良好的记忆力，演讲的准备阶段就能迅速、准确地从大量的信息中提取合适的材料组织演讲稿，在演讲中才能将演讲稿的主要材料、观点、事例等牢记于心。

（4）良好的表达力

演讲者必须具备良好的表达能力。演讲稿写得再好，表达不出来，同样不是一个优秀的演讲者。人的表达能力可以经过后天训练而成。

（5）独特的语言风格

语言风格是语言运用中各种特点的综合反映。不同的人有不同的语言风格。个性明显、独特的语言风格能给人留下深刻的印象，还能产生意想不到的效果。演讲者若想用语言打动听众，给听众留下深刻印象，就要形成自己的语言风格。

① 简洁的语言风格。简洁就是要求人们在公共关系演讲中，尽量用简单而通俗易懂的语言表达高深的道理。语言只有简洁、质朴，才能使听众感到亲切，理解起来容易，切忌追求不必要的华丽辞藻。

② 幽默风趣的语言风格。作为一名演讲者，如果有自然的幽默感，就会占有优势。不时地运用幽默可以融洽发言者和听众的关系，增添乐趣，也可以消除紧张和分歧。在公共关系演讲中，根据演讲的内容和要求，适时适度地运用幽默的故事、风趣诙谐的语言，可使演讲顿然增色。一是可调节听众的情绪，减少听众的听觉疲劳，增强演讲的效果。二是有助于提高形象化的程度和水平。运用幽默的故事和风趣的语言去表达复杂的事物，使听众在笑声中增加对演讲者产生的信任感。但是，运用幽默风趣的语言进行公共关系演讲，不要用得过多，否则会影响演讲的严肃性和逻辑性，还会冲淡主题思想。另外，还要注意不能与演讲的场合和内容冲突。

③ 真诚朴实的语言风格。诚恳的态度、平实的语言能引起听众的共鸣，拉近与听众的心理距离。演讲要得到听众的首肯，需要以情感人。朴实的语言特点是质朴无华，平白如

水,清新自然,不加修饰,少用比喻而多用白描,使语境语义纯净、真诚、厚重,形象亲切、生动、感人。在演讲的语言描述中,不要进行过多的修饰,不要华而不实的辞藻,尤其自夸时更要有分寸,华而不实的语言只能使听众产生反感。自然的语言可以将演讲者的感慨和见识自然地表露出来。

④ 严肃冷峻的语言风格。这是庄重肃穆、沉稳典雅的语言格调,常给人以高雅严谨、雄浑壮丽的感觉。这种语言风格需要演讲者具有严谨的逻辑和博学的知识层面,多用于政论演讲及气氛庄重的场合。

语言从表面上看来是口才问题,实质上却是一个人修养、气质、智慧、品格的表现。语言效果的好坏,与一个人思想水平的高低、文化素养的深浅、内在气质的雅俗、语言艺术鉴赏能力的强弱等有着密切的联系。因此,要提高自己的演讲水平,除刻苦训练,提高语言表达能力,学习和掌握更多的语言技巧外,还必须提高自身素质,丰富内涵,提升文化品位,增强语言艺术鉴赏水平,培养良好的个人气质。

3. 用真情实感激起听众共鸣

演讲特别需要强烈的感情色彩,不仅要说服人,还要感染人。这种感情的投注,除了语言的抒情、表达时的激情,更重要的是内容的入情。演讲者阐明自己的主张,不仅要像写论说文那样选择典型的事例,而且要选择生动的事例,还要考虑最佳的表达角度和方式,才能达到预期的效果。演讲贵在打动人心,而要打动人心离不开演讲者的情感注入,即演讲者的感情流露和情绪表现。无论在演讲的起始、过程,还是推向高潮,乃至结束,演讲者的情绪都应随着演讲情节的变化而变化,富有情感性。

安德鲁·卡耐基历来强调演讲者一定要对所选择的题目有深切感受,是自己熟悉的并投入真情实感,不要压抑情感,相反要释放自己的热情,只有这样才能打动听众。上海交通大学第一届"学子人文"演讲晚会上有一位同学的演讲《流在我心里的父亲的泪》讲的是家贫的"我"在求学中屡遭挫折,最后考入上海交通大学的故事。"我"曾因为强要学费而挨过父亲的打,也曾在升学后的宴请中为父母敬酒,看到平素坚强的父亲眼角流下泪珠,自己的内心翻江倒海。她的演讲充满了真情实感,台下观众凝神静听,而后报以热烈的掌声。

4. 精彩有力的结尾让人回味无穷

演讲的结尾如同演讲的开端,都是演讲中最关键处。看一个演讲者有无经验,往往只看演讲首尾两端就可判断清楚。演讲的结尾要对演讲的整体内容做个概括后再总结,或对演讲全文要点进行简明扼要的小结,或以号召性、鼓动性的话结尾,或以诗文名言以及幽默俏皮的话结尾。言简意赅的结尾或意犹未尽时戛然而止都能够使听众精神振奋,并促使听众不断地思考和回味。

本 章 小 结

学习社交技巧和谈判技巧是现代社会每一个公共关系人员的需要。

本章阐述了公共关系的交往方式、社交心理、社交技巧、谈判技巧和演讲技巧。重点阐述了公共关系的社交技巧和谈判技巧。对于公共关系人员运用社交心理进行社会交往、运用谈判技巧进行公共关系谈判、运用演讲技巧进行公共关系演讲,以及提高工作效率都有重要作用。

习　题

1. 填空题

（1）在准备过程中，己方必须准备好_____。这个方案为一旦谈判破裂提供了另一个可行性打算。

（2）演讲的态势语言，是指演讲者的_____、_____、_____、_____等，它不仅有一定的表情达意的作用，而且更主要的是可以弥补口语表达的不足使思想感情表达得直观、充分、形象、具体。

（3）第一印象的强烈影响，在知觉的偏见的产生原因中称为_____。

2. 选择题

（1）人们在认识事物或人的时候，往往把认识对象的某些突出的特征或品质推广为对象的整体印象和看法，从而掩盖了对象的其他特征或品质，形成某种幻化的知觉，这一心理现象是（　　）。

　　A. 首因效应　　　　B. 近因效应　　　　C. 晕轮效应　　　　D. 定型作用

（2）一个优秀的演讲者必须具备的条件有（　　）。

　　A. 敏锐的观察力　　B. 较强的表达能力　　C. 丰富的想象力

　　D. 独特的语言风格　E. 较强的记忆力

3. 简答题

（1）何谓公共关系谈判？公共关系谈判的基本原则是什么？

（2）公共关系演讲中有哪些常见的心理效应？

（3）常见的公共关系交往的形式有哪几种？

（4）怎样做好组织的接待工作？

（5）在正式社交场合，应该注意交谈的内容与话题的哪些方面？

4. 实际操作训练

（1）将学生分成若干谈判小组，设定谈判场景，制订一份合理详细的谈判计划。

（2）根据谈判计划，营造谈判气氛，进行模拟商务谈判。

（3）设定场景，选几个同学进行主题演讲。

5. 案例应用

谈判中的演戏

意大利与我国某公司谈判出售某项技术，谈判已进行了一周，但进展不大。于是意大利代表罗尼先生告诉中方代表李先生："我还有两天时间可以谈判，希望中方配合，在次日拿出新的方案来。"次日上午，中方李先生在分析的基础上，拿出了一个方案，比中方原要求让步了5%（由要求意方降价40%改为35%）。意方罗尼先生说："李先生，我已降了15%，再降35%实在困难。"双方相互评论，解释一阵后，建议休会，下午2：00再谈。

下午复会后，意方先要中方报新的条件，李先生将其定价的基础和理由向意方做了解释，并再次要求意方考虑其要求。罗尼先生又重申了自己的看法，认为中方要求太高。谈判到下午4：00时，罗尼先生说："我为表示诚意向中方拿出我最后的价格，请中方考虑，最迟明天中午12：00以前告诉我是否接受。若不接受我就乘下午2：30的飞机回国。"说着把机票从包里抽出在李先生面前显示了一下。中方把意方的条件梳理后（意方再降5%），表示仍有困难，但可以研究。谈判结束。

中方研究意方价格后认为还差15%，但能不能再压价呢？明天怎么答复？李先生一方面与领导汇报，与助手及项目单位商量对策，另一方面派人调查明天下午是否有飞往意大利的2：30的航班。

结果该日下午2：30没有去欧洲的飞机，李先生认为意方的最后还价——机票是演戏，判断意方可能还有余地。于是在次日10：00给意方去了电话，表示："意方的努力，中方很赞赏，但双方距离仍然存在，需要双方进一步努力。作为响应，中方可以在意方改善的基础上，再降5%。"意方听到改进的意见后，没有走，只是认为中方要求仍太高。

这个案例中，意方的戏演得不好，没有达到预期的效果。若仍以机票为道具，则应把时间改成的确有飞往意大利航班的时间。若为表示"最后通牒"，可以把包合上，丢下一句："等贵方的回话。"随即结束谈判，效果会更好。或仍用原话，但不讲"若不接受，我就乘下午2：30的飞机回国"的话。中方破戏破得较好。双方谈判均有进取性，但相比之下，中方在心理战术方面更胜一筹。

（资料来源：编者根据百度知道相关资料整理。）

问题：
（1）意方的戏演得如何？效果又如何？应如何弥补漏洞？
（2）中方在让步及目标的调整上是否有针对性？
（3）结合本章所学的内容，对这个案例提出个人的可行性建议和方法。

【知识拓展】

第 10 章

危机公共关系

教学目标

通过本章学习，了解危机公共关系的类型、危机产生的原因，掌握危机公共关系的处理原则及要点。在危机事件的处理中，针对危机公共关系的不同类型，运用危机公共关系的处理原则对危机事件进行处理，让危害和损失降到最低程度。

教学要求

知识要点	能力要求	相关知识
危机公共关系概述	(1) 了解危机公共关系的类型；(2) 了解危机产生的原因；(3) 掌握危机的基本特性	(1) 危机；(2) 公共关系；(3) 危机公共关系
危机公共关系的处理	(1) 掌握危机公共关系的处理原则；(2) 了解危机公共关系的处理策略；(3) 学会处理常见的危机事件；(4) 掌握危机公共关系的评价	(1) 危机预警；(2) 危机管理小组

基本概念

危机公共关系　类型　处理要点

海底捞菜品"涨价"事件

2020年4月初,海底捞恢复堂食,随后,多地网友在社交媒体上反映海底捞门店菜品价格上涨。对此,海底捞承认得很痛快:涨价属实。海底捞公共关系科回应多家媒体称,由于疫情和成本上涨,公司调整了部分菜品价格,整体价格上涨幅度控制在6%,各城市实行差异化定价。于是,海底捞涨价上了微博热搜。

在业内看来,涨价是海底捞挽回损失的一个市场销售策略。停业两个多月的海底捞,据中信建投此前发布的研报称,疫情给海底捞2020年的营收带来损失约50.4亿元,这个数字是2019年海底捞年营收的18.98%,净利润损失约5.8亿元。

【拓展视频:"海底捞后厨事件"危机公关】

但消费者对价格很敏感。王松在北京一家互联网公司上班,原计划隔离结束后,和朋友去海底捞吃饭。"但海底捞涨价了,计划就搁置了。"对于王松来说,价格涨幅在20块钱以内还是可以接受的,但是从网上看到的消息,海底捞人均消费达220元以上,太贵了。

新浪财经在4月7日发起过一个关于消费者是否还会选择涨价后的海底捞调查问卷,参与人数共有3.2万人,将近78%的消费者表示不会选择海底捞,仅有2300多人表示还会去消费。

4月10日,海底捞发布《致歉信》,称此次涨价是公司管理层的错误决策,伤害了海底捞顾客的利益,对此深感抱歉。公司决定,自即日起,所有门店的菜品价格恢复到2020年1月26日门店停业前的标准。海底捞各地门店推出了自提业务,目前提供6.9折或7.9折的折扣。

随后,海底捞道歉的话题冲上微博热搜,并且赢得不少网友的好评。据统计,"海底捞道歉"话题截至发稿前话题阅读量已达4.9亿次。同时,在微博发文说正在吃海底捞的用户也不断增加。"海底捞涨价的时候的确会掉粉,降价之后好感度直线上升。"王松表示,近期会和朋友相约去海底捞吃饭。

(资料来源:编者根据知乎网相关资料整理。)

思考题
危机一旦产生,企业应采取的正确态度是什么?

企业从诞生日起,在日常经营过程中就会面临各种各样的危机,如意外事故、政策变化、环境污染、媒体负面报道、产品质量问题、经营决策、财务问题等。在竞争激烈、资讯发达的当今社会,这类事件一旦发生,轻则影响组织的正常运营,重则危及组织的生存和发展,并给相关公众带来极大的损失,给社会环境带来极大的破坏。如果不能及时正确处理,哪怕是一件很小的事情,都会对企业及其产品和声誉造成巨大的损害。因此,建立完善的危机管理机制十分必要,有效的危机管理已经成为企业发展的必备条件。

10.1 危机公共关系概述

危机是一种使企业遭受严重损失或面临严重损失威胁的突发事件。这些危机事件不仅会造成公众、组织的生命财产损失,而且会在短时间内波及很广的社会层面,严重危害组织的形象,使组织陷入困境,会对企业或品牌产生恶劣影响。危机不仅种类繁多、无所不在,而且防不胜防。危机是不可捉摸的,既可能发生在自己身上,也可能发生在竞争对手身上,还可能发生在全行业;危机又是难以判断的,既包含了导致失败的根源,同时蕴藏着成功的种子。因此,各类组织一定要对危机加以重视,严密监控,及时恰当地进行处理，再通过公共关系进行危机后组织形象的重建工作，力争把危机的损害降低到最低程度。

危机公共关系又称危机管理，是当前国际公共关系领域非常热门的专业公共关系实务，是公共关系最重要的工作之一，同时也是公共关系的最大价值所在。危机公共关系管理是在危机发生前进行预测，制定预警方案，当危机发生时启动应急程序，调动各种应急资源，应对和处理危机事件，帮助组织渡过难关的一系列工作。

 知识链接

党的二十大报告提出，要坚持安全第一、预防为主，建立大安全大应急框架，完善公共安全体系，推动公共安全治理模式向事前预防转型。推进安全生产风险专项整治，加强重点行业、重点领域安全监管。提高防灾减灾救灾和重大突发公共事件处置保障能力，加强国家区域应急力量建设。

10.1.1 危机公共关系的类型

危机有两种意思：一是指潜伏的祸根，二是指严重困难或生死成败的紧要关头。从中可以看出，企业的危机是潜在的或者已经发生的，会对企业的效益、市场和声誉造成破坏的事件。著名公共关系专家萨姆·布莱克认为：“问题一旦发生，无论大小都需要立即处理。”他把任何事物都存在可能发生的情况分为"已知的未知"和"未知的已知"，前者是由于机构本身的性质所决定的可能出现的问题，但究竟会不会发生、何时发生，人们无法预测。后者是指无法预测的突发性灾难。

1. 可预见的突发事件

这类事件或事故是可以预见的，但发生的时间、地点和规模则是无法预料的。通常来说，这类事件是由企业的生产和经营的性质确定的，如产品质量事故、经营战略失误等造成的危机。

以双汇"瘦肉精"事件为例，早在2002年，卫健委、国家市场监督管理总局就发布公告，明令禁止在饲料和动物饮用水中添加"瘦肉精"。2008年，最高人民检察院、公安部规定新的刑事案件立案追诉标准，对使用"瘦肉精"养殖生猪，以及宰杀、销售此类猪肉的企业或个人，将以生产并销售有毒、有害食品罪追究其刑事责任。济源双汇食品有限公司一名销售人员介绍，他们店里销售的猪肉基本上都严格按照18道检验正规生产，产品质量可靠。然而，按照双汇公司的规定，18道检验并不包括"瘦肉精"检测，这18道关口便形同虚设。事情被曝光后，双汇将问题定性于"对消费者的困扰"，还暗示问题根源在无法控制的产业链上游——养猪户。双汇这种缺乏诚意的道歉并没有被媒体和公众所接受。随着人民生活水平的提高，对食品的卫生、环保方面的要求日趋强烈，一旦社会组织在追求自身利益过程中不注意公众社会利益的保护，肯定要受到社会舆论的谴责和惩罚。而解决的唯一途径就是组织充分认识到错误，并积极承担起自身应尽的社会责任，采取积极有效的手段，减少组织在发展过程中对社会利益的损害。

2. 不可预见的突发事件

不可预见的突发事件通常是自然灾害和人为破坏等原因造成的，如战争、意外事故、经

济政策变化等。例如，2017 年，法国葡萄酒产量下降主要源于极端天气。2017 年 4 月底，正值葡萄树开花或出果的时期，法国遭遇反季节霜冻，一些葡萄园提前出现落花、落果现象，葡萄果实长势不佳。此外，霜冻没过多久，法国多地又迎来持续高温天气，也对葡萄产量造成进一步冲击。法国农业部统计办公室公布的数据显示，法国当年的葡萄酒产量预计为 37.6 亿升，比上年低 17%，比前 5 年的平均产量低 16%，创自 1991 年以来的历史新低。从地区来说，产量下降最明显的葡萄酒产区主要是法国西南部波尔多和夏朗德产区，以及法国东部的汝拉和阿尔萨斯产区，而勃艮第、博若莱等产区受冲击较小。从酒类来看，受影响最大的是高浓度酒，产量下降幅度达 31%。

此外，危机还可根据影响的程度划分为一般性危机和重大危机；根据危机关系涉及的范围划分为内部公共关系危机和外部公共关系危机；根据危机带来损失的表现形态划分为有形公共关系危机和无形公共关系危机；根据危机产生的原因划分为人为的危机和非人为的危机等类型。这些分类对认识不同类型危机事件的特点，以及采取相应措施是有帮助的。

10.1.2 危机产生的原因

分析危机发生的原因，对于采取正确的预防措施和制定有效的对策具有十分重要的意义。

1. 组织自身问题造成的危机

在社会组织发展过程中，企业内部管理不善、运行机制不完整、员工素质低下、企业决策失误或者公共关系意识淡薄等不仅会引发种种危机，而且在企业公共关系危机出现之后也难以自觉有效地处理危机，从而引发公众对组织的抵触、排斥和对抗，使企业陷入危机之中。

例如，发生在 2010 年年底的丰田汽车"踏板门"事件。丰田汽车公司社长丰田章男在美国国会陈词时坦承，由于公司扩张速度过快，产品质量管理和人员培训没有及时跟进，造成了一系列零部件缺陷。再如，卓达公司作为河北石家庄地区知名的房地产企业，2015 年 11 月，因涉嫌非法集资，被无界新闻网曝光。但卓达并没有在第一时间采取措施，而是采取激烈的对抗方式。2015 年 5 月 28 日上午 11：09 携程官方网站及 App 全面瘫痪，用户无法登录。针对突如其来的危机，携程在当日上午 12：50 在官方微博上发布并置顶了一篇微博，内容为"服务器遭到不明攻击"除这短短 9 个字，携程再没有任何表态，5 月 28 日下午 2 时，携程瘫痪事件刷爆朋友圈，引发各种猜测，引起了公众的恐慌。携程宕机的损失为平均每小时 106.48 万美元。由这类原因导致的公共关系危机完全是组织的责任，最易受到社会公众的强烈抨击，对组织形象的损害是极其严重的，造成的影响也很恶劣。对此类危机，组织应该首先以负责的态度向公众表明对此类事件改正的决心，并主动采取行动，解决引起负面报道的有关问题，并对因此类事件而受到伤害的目标公众给予某种补偿，再进一步告诉公众，组织本身将以此为鉴，在内部制度健全、提高员工素质及外部承担社会责任各方面，完善下一步计划与决策安排。

2. 意外事故造成的危机

例如，美国墨西哥湾原油泄漏事件。2010 年 4 月 20 日夜间，英国石油公司（British Petroleum，BP）租赁的"深水地平线"钻井平台在路易斯安那州附近的墨西哥湾水域爆炸并引发大火，大约36小时后沉入墨西哥湾，11名工作人员死亡。钻井平台底部油井漏油持续数月，超过400万桶原油泄漏，近1500千米海滩受到污染，引发美国历史上最严重的漏油事件。此次漏油事件严重破坏了海洋生态环境，导致大量鱼类死亡，水产业蒙受了惨重的损失，周边居民断了生计，生态环境遭受巨大的破坏，引起了环境保护组织和媒体的极大关注。专家认为，漏油产生的毒物会在食物链积聚，进而改变食物链网，浮油至少威胁到600种动物的安全，一些海洋物种可能因此而灭绝；漏油还使许多地方土壤受侵蚀，植被退化。此次漏油事件造成了巨大的环境破坏和经济损失，同时也给美国及北极近海油田开发带来变数。爆炸发生后几个小时，BP公司董事长亲自对死者家属表示慰问，并表示全力支持当时实施钻井作业的承包商跨洋公司做好善后处理。当得知有原油泄漏之后，BP公司立即启动泄漏应急处置预案，并开始扮演主角，调集大量资源防止油污扩散。4月29日，美国海岸警备队说BP公司"是一个负责任的油污泄漏者"。

同样是漏油事件，BP公司的危机公共关系要比二十多年前的美国埃克森公司高明许多。1989年3月24日，埃克森公司的一艘巨型油轮在美加交界的威廉王子湾附近触礁，原油大量泄出，在海面上形成一条宽约1千米、长达8千米的黑乎乎的漂油带，造成大量鱼类死亡，水产业蒙受了惨重的损失，生态环境遭受巨大的破坏，引起了环境保护组织和媒体的极大关注。事故发生后，埃克森公司既不向当地政府道歉，也不彻查事故原因，更不采取有效措施清理漂油带，致使事态恶化，引起当地政府、环保组织、新闻界对其群起而攻之，发起了一场"反埃克森运动"。最后，迫于压力，埃克森公司仅清理油污就付出了几百万美元，加上赔偿、罚款和客户的抵制总损失达几亿美元。其社会形象更是一落千丈。

危机公共关系十分重要，人们对当事方的态度比对灾难本身更看重。对这类危机事件的处理，一方面要迅速采取补救措施，尽可能做好善后处理工作，最大限度地减少各方面的损失，在公众中留下认真负责的好印象；另一方面要协调好舆论报道工作，防止各种谣言的流传，尽快把事实真相告诉公众，确保危机处理有一个较公正、有利的舆论环境。

3. 不利报道引起的危机

不利报道有两种情况：一种是对组织损害社会利益行为的真实报道，如违章排污、生产的产品有质量问题或不符合卫生标准、内部员工素质低下伤害消费者等；另一种则是对组织情况的一种失实报道。媒体的舆论导向作用非常显著，媒体宣传往往直接影响着公众对某种事件的评价态度与关注程度。因此，对任何一种不利报道，组织都必须对其进行充分的关注。对前一种不利报道，组织应该以负责的态度，主动及时地解决问题。对后一种不利报道，则应以严正的态度，用最有说服力的证据（如专家鉴定、权威部门评议、各类证明等）进行公开驳斥，并利用包括新闻发布会、公开声明等手段进行正当的商誉防卫，抑制谣言误导，还组织及相关产品以清白。

例如，美国墨西哥湾原油泄漏事件中的BP公司为了挽回声誉和重塑形象，在2010年6月买下了谷歌、雅虎等搜索引擎中有关漏油词条的搜索结果，以应对来自社会、媒体以及网络上的批评浪潮。现在如果在谷歌网站上搜索"石油泄漏"这个词，会立刻弹出一个醒目的链接指向BP公司官网。BP公司发言人说，公司买下谷歌、雅虎等搜索引擎的结果，目的是让人们更容易找到相关信息。这样可以方便人们了解到我们处理墨西哥湾漏油付出的努力，同时也让民众更容易找到一些关键信息的链接。例如，如何索赔、如何签名成为志愿者等。BP 公司此举是危机公共关系战略的重要组成部分，展示其处理危机的透明性，努力缓解公众和媒体对公司的批评。及时解决危机，主动牵引危机的关注点，让危机为企业品牌宣传所用才是企业成熟的表现。

4. 外界谣言引起的危机

在现代企业危机公共关系中，谣言传播的主体及其动机具有相当的复杂性，无论是企业的消费者还是竞争对手，抑或是社会公众都会成为谣言的策源地，主要有竞争对手、消费者、大众传媒、有意或无意制造事端的其他社会公众，他们充当着不同的角色。例如，2018年"星巴克咖啡致癌"的消息最早发布于 3 月 30 日下午，由一个叫做"澳洲 Mirror"的自媒体首发。3 月 31 日晚，微博上陆续出现"据说星巴克致癌"的消息，宣称咖啡致癌成了洛杉矶高等法院裁定星巴克的原因，标题也转换为《惊了，咖啡致癌？！法院已宣判星巴克》。当日 21 时左右，一些微博网友开始讨论"咖啡是否致癌"。4 月 1 日和之后几天，传统媒体开始介入，不少专家针对"喝咖啡致癌"这一说法的科学性进行了讨论，并附上了星巴克的回应。面对谣言，星巴克启动了危机公共关系：①举报造谣的微信账号；②星巴克中国在 4 月 1 日给所有媒体发布了声明，星巴克始终坚持为顾客提供高品质及安全可靠的食品与饮料，并致力于让顾客感受优质的星巴克体验，还附上了一份全美咖啡行业协会相关公告的图片，成功地化解了由谣言带来的危机。再如，2011 年 3 月引发我国全国范围内的辐射恐慌和抢盐风波。3 月 15 日，浙江省杭州市的一位网名为"渔翁"的普通员工，在个人计算机上敲下一段消息，并发在了几个 QQ 群里，称"据有价值信息，日本核电站爆炸对山东海域有影响，并不断地污染，请转告周边的家人朋友储备些盐、干海带，暂一年内不要吃海产品"。随后，这条消息被广泛转发，直至演化为两天后全国范围内的辐射恐慌和抢盐风波。3 月 17 日午间，国家发改委发出紧急通知强调，我国食用盐等日用消费品库存充裕，供应完全有保障，希望广大消费者理性消费，合理购买，不信谣、不传谣、不抢购，并协调各部门多方组织货源，保障食用盐等商品的市场供应。当日，中国盐业总公司成立应急工作领导小组，向全国各省、自治区、直辖市的盐业公司发出紧急通知，要求立即启动市场应急工作机制，直至市场恢复平稳，加大成品盐调拨力度，实行 24 小时配送服务，确保食盐市场稳定供应。随后，卫生、物价、工商等部门及各地方政府也快速进行辟谣。18 日，各地盐价逐渐恢复到正常，谣言告破。专家认为这是我国空前成功的一次辟谣。

5. 恶意破坏造成的危机

1982 年 9 月 29 日—30 日，在美国芝加哥地区发生了泰诺中毒事件。当时是有人有意陷害强生制药公司，故意用氰化物污染泰诺胶囊，致使 7 人死亡。其影响迅速扩散到全国各地，调查显示有 94%的消费者知道泰诺中毒事件。得到消息后，强生公司当即决定，不惜损失 1 亿美元的代价，全部收回市场上所有的泰诺胶囊，并花了 50 万美元将预警消息通过媒体发向全国。强生公司成功地处理了这一事件，在 3 个月内将产品的市场占有率恢复到危机前的 95%。为此，强生公司还获得了当年美国公共关系协会颁发的"银砧奖"。

6. 法律纠纷引起的危机

1996 年，湖南常德一位老人因病去世，其家属称是服用三株口服液致死的，在当地法院起诉三株公司，索赔29.8万元。一审三株公司败诉，其家属联系媒体借此大肆炒作。这一消息迅速被媒体在全国炒作起来。虽然终审三株公司胜诉，但是那一段时间，"三株口服液能喝死人"的传闻几乎妇孺皆知。四面楚歌中，三株产品的社会形象可谓一落千丈，所有工厂都停产，三株公司为此蒙受高达数十亿元的经济损失，从此一蹶不振。如果三株公司能够及早对危机因素充分重视并采取相应措施，例如与公安机关合作防止恶意敲诈，也许就会是另一种结局。

7. 社会抵制活动引起的危机

1973年8月，英国《新国际主义者》杂志发布报告，指责雀巢公司过度宣传其乳品对母乳的替代作用："发展中国家由于相信了这些宣传，每年有1000万婴儿因非母乳喂养而造成营养不良、疾病或死亡。"由此拉开了一场最初由慈善和宗教团体发起的抵制雀巢产品的世界性运动。事件之初，雀巢公司选择了对抗措施，虽然其在诉讼媒体的官司中胜诉，但法院判决书中"如果公司想避免再受到道德和法律上的指控，必须改变产品推广程序"的字句，使其赢得官司却失去了消费者的信任。直到1980年年底，雀巢公司才意识到对抗性的法律手段并不能解决所有的问题，于是改变策略，在广告上加入了母乳喂养的好处等营养学常识，还在华盛顿成立了雀巢营养学协调中心，致力于营养常识在世界范围的普及推广。最后抵制运动在1994年瓦解，雀巢公司挽回了声誉。

8. 自然灾害引起的危机

自然灾害是不以人的意志为转移的，它往往给组织带来意想不到的打击，如疯牛病使欧洲、特别是英国的畜牧业遭到沉重打击，很多公司受到毁灭性的重创。还有2003年年初的"非典"和2020年年初的新冠肺炎疫情，是人们无法控制的，都对很多相关组织造成重大影响。

9. 恐怖主义活动引起的危机

2014年3月1日晚9：20，10余名统一着装的暴徒蒙面持刀在云南昆明火车站广场、售票厅等处砍杀无辜群众，暴力案件已造成29名群众遇难、130余名群众受伤。造成社会群众的恐慌，社会局面的动荡。事件发生后，许多原本打算去昆明的游客改变计划，旅游、娱乐、购物等经济活动停顿，使得很多行业遭受严重损失，对云南省GDP的影响是相当大的。

10. 公共议题引起的危机

电磁污染已被公认为是在大气污染、水质污染、噪声污染之后的第四大公害。电磁辐射无色无味无形，可以穿透包括人体在内的多种物质，人体如果长期暴露在超过安全的辐射剂量下，细胞就会被大面积杀伤或杀死，并产生多种疾病。一般群众都担心源自高压电线、雷达、移动电话以及家用电器的电磁场对健康的负面影响，尤其是对儿童。结果，磁悬浮列车的线路建设、新的输电线和移动电话网络的建设在一些国家遇到了相当多的反对。这个议题对电器生产商的影响也不容忽视，可能会受到高新技术及其标准规范的冲击，每一项新质量标准的实施就意味着在原标准下的产品由合格品变为不合格品。

总之，除了上述列举的危机产生的原因之外，还有下列原因：劳资争议以及罢工、股东丧失信心、企业兼并、谣言、组织内部人员的贪污腐化等。危机事件产生的原因很多，也很复杂，有时可能由某种单一原因诱发，但多数情况下是几种因素综合作用而诱发的。只有在广泛收集有关信息的基础上，对造成企业危机的公共关系危机的原因进行深入全面的分析，才能做到有的放矢，对症下药，为公共关系危机的管理奠定坚实的基础。

10.1.3 危机的基本特性

1. 突发性

几乎所有的危机事件都是在人们无法预料的情况下发生的，危机何时发生、怎样发生、在什么方面发生等，都会带有极大的偶然性。虽然可估计事件发生的可能性，但却无法事先知道事件一定发生，更无法确定其发生的具体时间、地点、影响深度和实际规模，特别是一些不可抗力的因素导致的危机，如地震、海啸、台风、雪灾、政变等，更是复杂、难以预料和抗拒。因此，危机一旦发生，会引起组织内部和外部公众的恐慌和混乱，使人措手不及，如果没有任何危机应急措施就可能造成更大的损失。面对这种局面，公共关系人员要迅速行动，采取应急措施，防止事态的蔓延和扩大。2014年4月16日上午8：58，一艘载有470多人的"世越号"客轮在韩国西南海域发生浸水事故而下沉。船上有325名中学生、15名教师、30名船务人员，以及101名其他乘客。此外还载有150～180辆汽车和1157吨货物。最终"世越号"事发时搭载的476人中，172人获救，295人确认遇难，尚有9人下落不明。

2. 聚焦性

现代社会信息传播技术发达，由于危机的严重危害性自然会引起媒体和公众的极大关注，成为社会舆论的焦点、热点问题。而媒体对危机报道的内容和对危机报道的态度影响着公众对危机的看法和态度。进入信息时代后，信息传播渠道的多样化、时效的高速化、范围的全球化，使企业危机情境迅速公开化，成为公众聚集的中心，成为各种媒体热炒的素材。近几年来，媒体正越来越多地扮演这种角色，将一个个企业推到风口浪尖。特别是伴随事件而来的强大社会舆论压力，更成为危机处理中最为复杂和棘手的问题。

很多企业遇到危机时，对媒体保持沉默，拒不接见。面对媒体时采取这样的态度，原因在于企业严重低估了媒体的力量，对媒体可能带来的影响没有引起充分的重视。2020年3·15晚会中曝光的"养海参整箱放敌敌畏""汉堡王用过期面包制作""毛巾生产线的暗黑面"，等等。所有这些事件在全国范围形成巨大影响力的背后都无一例外地有各种媒体力量的推动。所以，企业必须重视媒体的力量，并给予充分的关注。

3. 破坏性

任何危机事件都会给社会组织的经济利益或者声誉产生不同程度的不利影响。危机越严重的事件，其破坏性则更大。从组织的角度看，它破坏组织的形象，影响组织的经营，给组织带来严重的形象危机和巨大的经济损失；从社会的角度看，它给社会公众带来恐慌与损失。由于危机的突发性特点，还会造成混乱和恐慌，由于决策的时间以及信息有限，往往会导致决策失误，从而带来不可估量的损失。而且危机往往具有连锁反应，引发一系列的冲击，从而扩大事态。当事的社会组织如不能及时有效地处置，就会被社会公众迅速"抛弃"，数十年甚至上百年的形象基础也会因此而毁于一旦。例如，前例双汇"瘦肉精"事件，2018年3月15日双汇股票跌停，市值蒸发了103亿元，从3月15日起到31日，影响销售额约15亿元，品牌损失则难以估量。BP公司的股价更是从危机爆发前的59.88美元/股暴跌到2010年7月初的36.52美元/股，市值缩水数百亿美元。三鹿公司的危机事件导致董事长田文华被判处无期徒刑，企业资产被拍卖的结局。

4. 紧迫性

紧迫性源于突发性，其严重性与破坏性密切相关。对企业来说，危机一旦爆发，其破坏性的能量就会被迅速释放，并呈快速蔓延之势，如果不能及时控制，谣言四起，危机会急剧恶化，使企业遭受更大损失。而且由于危机的连锁反应以及新闻的快速传播，如果给公众留下反应迟缓、漠视公众利益的形象，势必会失去公众的同情、理解和支持，损害品牌的美誉度和忠诚度。因此，对于危机处理，可供做出正确决策的时间是极其有限的，而这也正是对决策者最严峻的考验。

有些企业在危机爆发后，由于没有及时和公众沟通，导致危机不断升级。例如，丰田汽车公司的"踏板门"事件。以2010年1月21日宣布在美国召回230万辆汽车为开端，丰田在全球的大规模召回正式展开，在此后的数天内又宣布全球召回540万辆，并在美国暂停生产、销售8款车型。尽管在这几天里连续发生了多次召回，但丰田汽车并没有发表任何公开声明，仅仅在报纸上刊登了公开的召回消息。这种状况一直持续到1月29日美国国会宣布对丰田汽车的召回展开调查。在当天，丰田汽车公司社长丰田章男在瑞士达沃斯论坛上被日本媒体拦截后，才发表了几句听上去有些"轻描淡写"的致歉声明。正是这关键的8天，使丰田汽车被动地落入了美国国会的主导当中。

5. 建设性

建设性是指危机事件的发生使组织潜在的问题得以充分暴露，通过对危机事件的妥善处理，既可以挽回影响，也有可能建立信誉，塑造形象，使原本不佳的公共关系状态获得转机。只有认识危机的建设性，才会采取主动姿态，沉着冷静而满怀信心地面对危机，从中寻找并抓住任何可能的机会。只有勇于面对危机者，才有可能认识到公共关系危机在破坏公共关系良好状态的同时，也为组织建立富有竞争力的声誉，树立组织的形象和为组织的重大问题创造了机会。将群情激愤的危机成功地化解的经典案例是强生公司对泰诺事件的处理。强生公司将药品全部召回，并重新设计了包装，并在3个月内将市场占有率恢复到危机前的95%，强生公司由此获得了更高的声誉。

10.2 危机公共关系的处理

10.2.1 危机公共关系的处理原则

危机事件一旦发生，不采取措施或者采取不正确的措施都会把企业拖入无法挽救的境地。而有效的危机处理，不但可以尽量减少损失和降低影响，甚至可能让企业在处理过程中受益，可以重新建立企业的信誉。以下是危机处理的几项原则。

1. 及时性原则

及时是处理危机的第一原则，企业对危机的反应必须快捷。危机一旦发生，各种信息将迅速传播，在资讯传播如此发达的今天，拖延时间会让公众对企业失去信任，这时如不及时控制，可能失去对全局的控制。因此，企业应该在最短时间内做出反应，与媒体和公众进行沟通，通过传播媒介表明态度，尽快把正确可靠的信息告知公众，消除受害者、消费者、社会公众对企业品牌的不信任，避免反面宣传不断传播所带来的不良影响。

例如，百度创始人、董事长兼首席执行官李彦宏的贴吧出现了一句其本人留言："史无前例，史无前例呀！"2010年1月12日上午7点开始，中国最大中文搜索引擎"百度"遭到黑客攻击，长时间无法正常访问。范围涉及四川、福建、江苏、吉林、浙江、北京、广东等省市。10：45，百度相关人士出面表示，故障"还在查，目前原因不明"，公司相关部门正在积极处理。当日上午约11点起，部分地区陆续恢复正常访问。12：51，百度表达了自己对此事件的震惊。下午6点，百度发表声明，称目前已解决大部分地区的登录问题。对于部分中国网友基于义愤报复性攻击其他国外网站的做法，百度称"我们并不鼓励这样的做法，请大家保持冷静"。

2. 承担责任原则

发生危机事件后，公众和社会遭受损失，必然会产生强烈的不满情绪。有些企业在发生危机，受到媒体批评和公众指责时会觉得非常委屈。尤其是事件初发阶段，原因尚未查明，社会舆论往往一边倒。这个时候企业应该勇于承担责任，无论谁是谁非，都不要企图推卸责任。如果的确是组织的责任，就应该勇敢地为这个错误道歉，并承担起应负的责任；如果不是组织的过失，也应及时向受害者、消费者表示歉意，以表达企业的诚意，争取公众的谅解，从而赢得舆论的广泛理解和同情，同时这也避免了在真相查明之前事态的进一步恶化。必须知道，公开道歉不一定是坏事，反而会获得媒体和公众的谅解和欣赏；即使责任不在自己，也可以向公众展示良好的企业形象。

例如，2016年11月底，一篇《罗一笑，你给我站住》在朋友圈疯狂刷屏，起源于深圳某杂志社主编罗尔撰文5岁女儿罗一笑患白血病，并在微信公众号上利用赞赏筹款。但随后网友扒出其隐瞒房产及私家车财产状况，且事件涉嫌营销炒作等情况，遭到网友炮轰。当罗一笑事件在极度不可控的新媒体环境下被无限放大之后，涉嫌炒作的罗尔、"P2P观察"和深圳市民政局先后出面回应，依然未能平息事件。最终，同年12月1日，微信终于出手，将这起事件中涉及的262.69万元赞赏全部原路退还给赞赏用户。当公众的善心被有心之人利用之后，微信出手保护了所有人的善心。这次有力、果断的危机公关，得到了大多数用户的好评。

因此，危机一旦出现，企业就应该以诚恳的态度面向公众，不应该回避问题和错误，更不应该通过作秀式的公关表演欺骗公众。只有真诚道歉、及时弥补、积极查处、主动改进，才能及时重塑企业形象，重新找回公众的信任。

3. 真诚沟通原则

企业处于危机漩涡中时，一举一动都受到公众和媒体的关注，越是隐瞒真相越会引起公众的怀疑。面对危机，应尽快向公众说明情况，并致以歉意，从而体现企业勇于承担责任、对消费者负责的企业文化，赢得公众的同情和理解；同时，要对公众抱着诚心诚意的态度，要以消费者的利益为重，不回避问题和错误，及时向公众说明事件的进展情况，敢于纠正，才可能取得公众的谅解，从而促使他们也采取合作的态度。

2008 年 3 月 31 日，东航云南分公司 18 架航班"集体返航"，千余名旅客滞留机场，官方表示是由于天气原因所致。同年 4 月 2 日，有消息称，返航是由于飞行员停工造成，但东航仍坚持称返航是天气原因所致。4 月 7 日，东航承认返航事件存在人为因素，称已对涉嫌当事人实施停飞和调查处理。4 月 16 日，民航局就东航返航事件做出处罚决定，停止东航云南地区部分航线、航班的经营权。这是一个典型的失败危机公共关系案例。危机公共关系的原则之一就是讲真话，与公众真诚沟通，而东航一开始就将返航原因归咎于天气；又传出返航班机上 QAR（Quick Access Recorder，快速存取记录器）数据离奇丢失的消息，而且最终无人对此事负责。此事造成同年 4 月的客座率与 3 月以及前一年同期相比，均下降了 10 个百分点，甚至有旅客在网上表示要联名抵制东航。

20 世纪 70 年代日本本田公司发生过一次严重危机——缺陷车事件。当时本田公司刚进入小轿车市场，在几家实力雄厚的大企业的夹缝中生存。然而，其刚打开销路的 N360 型小轿车出现了严重的质量问题，造成上百起人身伤亡事故。受害者及家属组成联盟，以示抗议，本田公司一下子声名狼藉，企业生存岌岌可危。可贵的是，本田公司并未在舆论的重压下乱了阵脚，而是立即决定，以真诚的态度承认失误。本田公司马上举行记者招待会，通过传播媒介向社会认错，总经理道歉之后引咎辞职。同时宣布收回所有 N360 型小轿车，并向顾客赔偿全部损失。他们还重金聘请消费者担任本田的质量监督员，经常请记者到企业参观访问，接受舆论监督。本田公司的诚心打动了挑剔的日本人，在公众心中树立起了信得过的形象。

4. 人道主义原则

现代市场竞争中，企业的利益越来越与公众利益联系在一起，危机事件处理中应首先考虑公众利益，而且危机事件在不少情况下会带来生命财产的损失，舆论界对造成危及人的生命安全的事故或事件尤其重视，甚至加以渲染。因此，在危机发生后，组织不能推卸责任，先要挽救生命财产、治病救人，发扬人道主义精神，为受害者表达关怀和同情心，用诚恳的态度去赢得公众。无谓的辩解只能导致公众产生不信任感。

1997 年 6 月，内江市有一个出生仅 3 个月的婴儿因中毒身亡，死前该婴儿曾食用过 4 个厂家生产的婴儿食品，其中就有杭州未来食品有限公司生产的未来牌营养米粉。婴儿的父母怀疑与这些食品有关，投诉至内江市卫生防疫站。在 4 个涉嫌生产厂家中，未来食品有限公司是最早赶到出事地点的。当时，婴儿中毒身亡的消息早已在内江市民中传开，厂家的一言一行已成为市民关注的焦点。然而在产品质量检测结果还没有出来之前，未来食品有限公司已向死者的家属表示慰问，又送上 6000 元的慰问金，表明如果公司的产品真有质量问题，公司决不推卸责任，同时感谢死者家属对本公司产品的支持。未来食品有限公司的言行不仅感动了孩子的父母、亲友，也在内江的市民中广为传颂。通过这次事件，杭州未来食品有限公司的知名度、美誉度以前所未有的程度在当地大幅提高。

5. 未雨绸缪原则

任何企业在发展过程中都不可能一帆风顺，各种风险与突发事件会随时袭来。无论何种形式的危机，都对企业构成威胁。任何危机事件的发生总有一个渐进的形成过程，只要加强防范，便有可能发现潜在危机，从而制定多种可供选择的应变措施，将其消除在萌芽状态。这是处理一切危机管理和危机公共关系的基本原则。

许多著名的跨国公司现在都很注重危机管理。他们通过调查分析，预测将要遇到的问题和危机发生的基本进展情况，从而制定多种可供选择的应变方案。同时还通过危机培训，树立员工的危机意识，加强企业的危机防范。例如，在壳牌英国公司总部，有一个遇到重大危机才启用的办公楼。壳牌中国公司每年都要对员工、合资方的管理层进行危机公共关系培训，参加人数占全部员工的10%以上。还有很多分公司则设有专门的危机公关顾问，负责危机的预测和危机发生后的公共关系策划工作。

6. 一致性原则

危机发生后，组织在面对危机所做的任何反应，必须保证前后所提供的信息一致。如果组织发布的信息前后矛盾，媒体就会对组织发布的信息产生疑虑，甚至不信任。最好的办法是指定一个发言人，让企业只有一种声音对外，这样可以避免因多种声音对外而说法不一。对于第一线的工作人员要进行一些专业训练和一定的授权，让他们知道应该怎样以最快的速度解决危机中的问题。

双汇集团的危机发生后，就有多位负责人接受了媒体的采访，造成了非必需信息传递，甚至信息矛盾，如副总经理杜俊甫第一次接受采访时显然还没准备好，完全否认事实，称"双汇集团对瘦肉精一直有严格的管理和检测规定"。同样，光明"回奶"事件曝光后，公司的信息发布也是很不一致，危机处理前后的信息矛盾，使公众不知道什么是真的，什么是假的，因而对其的信任度也飞速下降。

7. 善始善终原则

危机局势得到基本控制并不意味着危机已经过去，企业还需要针对危机留下的负面影响做出一系列的补救工作。危机过去之后，留下的是利益的减少、设施的损坏、损害赔偿的支付、人才的耗损、企业声誉和良好形象的恶化等损失。一个危机事件结束后，企业又进入新的危机预防阶段，要把已经发生过的危机事件中所暴露的不足和处理危机过程中的经验加以总结，加强危机管理意识，提高企业的防危、抗危能力。另外，企业在处理危机时要特别注意牵涉政府关系、民族情绪等敏感问题的因素。2001年2月15日，三菱公司宣布收回全球150万辆有潜在问题的汽车，但中国境内7.2万辆帕杰罗越野车却不在此列。三菱公司缺乏诚意的解决方式及其对中国消费者的歧视性态度，受到舆论的强烈声讨，并引发了中国公众一系列抵制日货的浪潮。

总之，危机发生前，及早发现引发危机的线索和原因，预防它的发生；危机爆发后，应该做到迅速反应、主动承担责任、多方斡旋、人性化处理、坦诚友善。正确的方案和有效的执行可以将大事化小、小事化了，将困难消解于无形，将损失降到最低。

10.2.2 危机公共关系的处理策略

1. 临危不乱，迅速控制事态

许多企业在毫无准备的情况下发生危机，因手足无措而导致事件的失控，甚至从此走向衰落。突发危机事件的出现，要求决策者立刻做出正确反应并及时控制局势，否则会扩大突发危机事件的范围，甚至可能失去对全局的控制。因此，突发事件发生后，能否首先控制事态，使其不扩大、不升级、不蔓延，是处理突发事件的关键。

当危机出现的时候千万不要惊慌，因为慌乱会导致企业无法看清危机的实质，无法实施有效的措施。面对突如其来的危机，应做到临危不乱，尽快成立危机应对小组，尽快分析危机发生的原因，抓住危机实质，在第一时间迅速做出判断，采取果断、正确的处理措施，及时与消费者进行良好沟通，同时邀请报道此事件的媒体全程跟踪采访。无论面对的是何种类型、性质的危机，企业都要主动承担责任，并积极进行处理。即使责任不在企业，也要留有余地；要体现企业的大度，积极主动地维护消费者利益，尽力消除事件造成的直接危害，创造良好的社会氛围。

例如，2017年8月25日，《法制晚报·看法新闻》记者曝出卧底海底捞，发现海底捞北京劲松店、太阳宫店后厨存在老鼠乱窜、打扫卫生的簸箕和餐具同池混洗、用顾客使用的火锅漏勺掏下水道等卫生安全隐患问题，引发舆论一片哗然。问题曝光后，海底捞在事件发生后连发两篇声明。从上午事件发酵，微信群聊和朋友圈引爆，到第一篇声明出现，前后不过3个小时，海底捞的第一篇声明，涉及的信息线索、要素、结构顺序、遣词造句，无一不是堪称标准化危机公关声明体例范文。当天傍晚，海底捞又快速发出第二篇声明，企业盖章生效对外发出的危机公关声明，每一个字，每一个标点符号，都是经过反复仔细推敲拿捏过的。海底捞临危不乱，勇敢地面对错误，坦诚公布事情的真相，积极地采取措施加以补救，从而消除了公众的质疑，控制了事态的继续发展。

2. 建立预警检测机制

企业的危机好比"飞来之祸"，随时随地都可能发生。但危机的出现绝对不是偶然的，在爆发前都或多或少、或迟或早出现过预警信号，只是并不是所有预警信号都能被发现并得到足够的重视。一些企业是等到危机无法收拾的时候才出面调停，但往往大势已去，难以扭转乾坤。及时准确地捕捉到这些预警信号，并及早采取修正措施将潜在危机化解于萌芽状态，是企业危机管理的一个关键，也是成本最低的危机管理方式。例如，预先确定企业的哪些成员是危机处理小组成员；面对不同的危机，一旦发生应该遵循什么样的流程，谁做发言人、持什么样的态度、和哪些媒体联系、和社会公众保持什么样的联系等。有很多媒体在报道企业危机事件的时候，都提到了很多企业"找不到人""电话不接"等情况，这就是典型的没有预警机制的表现。

建立完善的公共关系预警系统，在面对危机的时候就能够泰然处之。这个预警系统还包括外部检测，如聘请外部专家作为企业顾问参与企业经营管理，并从外部客观地对企业进行有效监测，从而将危机苗头消灭在萌芽状态，也是一种投入少、收益大的管理方法。

 知识链接

党的二十大报告提出，要强化国家安全工作协调机制，完善国家安全法治体系、战略体系、政策体系、风险监测预警体系、国家应急管理体系，完善重点领域安全保障体系和重要专项协调指挥体系，强化经济、重大基础设施、金融、网络、数据、生物、资源、核、太空、海洋等安全保障体系建设。

3. 权威证实

在危机发生后，企业要邀请公正、权威机构来帮助解决危机，以便确保社会公众对组织的信任，时刻准备应付意外情况。不少危机事件的平息在很大程度上是成功运用权威

公断的结果。例如，在"酒类产品抽查出现致癌物质"的谣言蔓延后，贵州茅台酒厂立刻与国家市场监督管理总局、贵州省质量监督检验检疫局及相关行业协会等有关机构进行沟通，结论是公司产品完全不存在个别媒体报道的情况。相关专家也纷纷从专业角度阐述了酒类没有添加所谓"致癌物质"亚硝酸钠的必要。

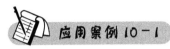

应用案例10-1

王老吉夏枯草事件

2009年4月，一个消费者在自己的博客中称自己的胃溃疡是由于饮用王老吉所致。同年5月11日，国家疾控中心营养与食品安全所常务副所长给红罐王老吉定了性：王老吉凉茶中部分成分和原料确实不包括在卫健委公布的、允许食用的中药材名单之列。王老吉被卷入"添加门"危机风波。5月12日，广东食品协会紧急召开记者招待会，称王老吉凉茶中含有夏枯草配方是合法的，不存在添加物违规问题。5月14日，卫健委也发表声明确认王老吉凉茶在2005年已备案，并认可夏枯草的安全性。王老吉就此化解危机。

（资料来源：林景新.2009年十大企业危机管理案例盘点［N］.河北经济日报，2010-01-05.）

4. 公益法

在解决问题的同时，通过公益活动也可以转变公众对企业的看法，或是转移其注意力。"5·12"汶川地震当天，万科集团宣布捐款200万元。与万科集团2007年净利润超过48亿元相比，200万善款尚不足其净利润的0.4‰，引发了公众的信任危机。5月15日，王石在博客中予以回应："200万是个适当的数额。企业的捐赠活动应该可持续，而不应成为负担，普通员工的捐款以10元为限。"其意就是不要让慈善成为负担。此回应立刻遭到网民的批评与指责。此后的5日万科集团股价大跌12%。5月21日，万科集团发出"补捐"公告，称将参与四川地震灾区的临时安置、灾后恢复与重建工作，该工作为纯公益性质，净支出额度为1亿元。

5. 现身说法

现身说法可以消除消费者对产品的误解，重建消费者对品牌的信心。在1996年比利时发生可口可乐中毒事件时，为了澄清自己，可口可乐公司的第一个最直接的举措是总裁当场喝了一瓶可口可乐。再如，在疯牛病疯狂蔓延前夕，当时的英国卫生部长还带领全家人出现在电视台，由卫生部长本人亲自喂他的孩子吃用牛肉做成的三明治，以表明英国的牛肉是安全的。

6. 民族大旗法

2000年，美国微软公司起诉北京亚都科技集团侵犯计算机软件著作权并要求赔偿。此前刚刚发生以美国为首的北约轰炸中国驻南大使馆事件。于是亚都树起民族大旗，在公众中宣传微软的用意绝对不是区区的一个亚都，亚都既不是第一家，也不会是最后一家。之前已有华为、北大方正向微软支付近千万元人民币赔款及微软起诉北京海四达科技开发公司和民安投资咨询公司胜诉获巨额赔偿金事件。状告亚都只是微软上门收账行动的另一步棋，亚都将此事公开披露，更多的是为了昭示天下。并希望更多的企业能从中得到启示，也希望我国软件行业在残酷的市场竞争中丰满羽翼，开发出适合中国自己的软件产品。此举将微软置于扼杀中国软件产业的位置，随后在传播媒介中形成一致反对微软的声音，使其由主动变为被动，从有理变为无理。

10.2.3 常见危机事件处理要点

1. 积极与新闻媒体合作

一旦发生危机事件，组织就会成为新闻媒体关注的焦点，组织与媒体打交道的方式就成了影响组织与公众关系的关键因素。新闻媒体搜集并传播的有关信息往往要受自己的主观影响，而这样的信息如果传达给公众，将深远地影响着消费者的心理和购买行为。因此，在处理危机事件的过程中，组织必须处理好与新闻媒体的关系，组织应积极主动与新闻媒体合作，只有采取公开、坦诚的态度，才能取得新闻媒体的信任和支持，更何况组织与公众的沟通也只有借助新闻媒体的支持才有可能进行。

（1）与新闻媒体保持密切联系

为了迅速解决危机，一方面组织公共关系人员要迅速解答记者提问，告诉已被证实的事实真相，保证新闻的及时性，给公众留下本组织开诚布公、愿意合作的良好印象；另一方面，要与新闻界保持密切联系，及时了解社会公众对此事件的各种反应、某些权威人士的观点等，以便及时有效地防止各种错误消息传播和谣言流传。

（2）尽可能为新闻媒体提供方便

要尽可能为新闻媒体提供方便的条件，相互体谅，避免双方的矛盾或误解。组织如果反应不当，很少提供或者不能提供可靠的消息，那么新闻媒体就会求助于其他消息来源，而这些消息来源很可能是不准确的或者不可靠的，这些消息将可能导致公众对组织产生负面的印象。因此，组织应为新闻媒体提供方便，尽可能为新闻媒体的采访扫除障碍。

（3）与记者保持友好合作

如果对有些问题的确不能完全答复，也应尽可能给予满意的信息而不能断然拒绝采访，对一些确实不能回答的问题，则应请媒体谅解。对新闻报道中与事实不符的，组织也应及时指出并要求更正，可以请求公正权威机构的帮助，对一些造谣中伤行为，应以严正的态度要求肇事人撤回并表示歉意。此外，在危机采访的接待中，对所有记者要一视同仁，不要亲疏有别。只有有理有节的处理，才能得到新闻媒体的尊敬，避免不必要的矛盾和误解。

2. 成立危机管理机构，确定新闻发言人

目前，越来越多的大企业都设有危机管理机构，制定审核危机处理方案和工作程序，可以尽快遏制危机的扩散。这个机构可以是一群人，也可以是以一个人为中心的几个人。这一机构应根据具体实际情况而设立，既可以是临时性的，也可以是长期性的。在危机发生后，它的作用在于将危机真相告诉消费者，同时这一机构可以调用企业资源并尽快开展行动。此外，还可以根据危机内容和可能的发展趋势，确定是否聘请外部专家介入对危机的处理，有些危机只有靠专业的、经验丰富的公共关系专家，才能帮助组织控制灾难。

另外，还必须确立合适的对外发言人，统一对外宣传口径，代表组织向公众介绍危机事件真相和组织正在做出的努力，让公众尽快了解事实，杜绝谣传，理智地对事件做出分析判断，然后再采取合适的行动。如果对外口径不一致，前后矛盾，很容易使工作陷入混乱，不利于问题的解决。对外发言人一般由处理危机事件的高层领导人担任,其职责是召开记者招待会,接待记者并回答记者问题,向传播媒介报告有关处理问题的各种措施及进展情况,并对那些歪曲性报道予以纠正。

3. 把握信息发布的主动权

在传播沟通中,要让自己的组织成为权威的信息源,掌握对外报道的主动权,就有必要举行新闻发布会,使组织把握主动权并直接控制有关事件的信息。因为新闻发布会为组织提供了一个对所发生的事件进行评述的机会。会上要详细地、准确地解释发生了什么事故,情形如何,自己已做了哪些工作,得到了哪些组织的配合等;还要对发生的危机表示遗憾,对有关人士表示关心,切忌推卸责任。

通常,事故发生的最初几个小时或最初几天,由于组织掌握的确切信息太少,是危机最难处理的时候。此时,应尽可能用组织的背景材料及其设施情况来填补新闻消息的空白,以显示组织愿意与外界进行合作和沟通。这样可以使组织迅速、有效地成为权威的危机信息源,掌握传播的主动权。同时,要联络一些特殊人士,如政府部门权威人士、行业专家、专业机构、消费者协会等,寻求其理解与支持。由于这类人士特殊的权威地位,组织若能与其保持良好的沟通,他们就会站在理解与支持的立场,至少不会以反对者身份指责组织。而且这类公众很可能会在危机中成为第二信息来源,其发出的信息对组织与公众的影响力是不容忽视的,对于减少谣传、寻求传媒与公众的理解非常有利。

应用案例 10-2

周杰伦怒斥安保人员事件

2017 年 4 月 30 日晚,在周杰伦西安个人演唱会现场,一名安保人员把前排一名歌迷粉丝的灯牌丢掉,这个举动被台上的周杰伦看到了,周杰伦当众怒斥安保人员"滚出去"。

事后,得知安保人员之所以将歌迷灯牌丢掉,是因为前排歌迷灯牌挡住了后排歌迷的视线,安保人员是为保护更多歌迷的利益才上前阻止。周杰伦第一时间通过公司官方微博以及演唱会主办方等公开渠道向这位安保人员道歉。

第二步,以书面形式道歉之后,周杰伦又录制了一段道歉的视频,并亲自到安保指挥部,向演唱会期间执勤的安保人员表示感谢,同时当面向这位安保人员道歉并取得原谅。

及时、得当、有诚意,这样的危机公关,帮助周杰伦成功地挽回了个人品牌声誉。

(资料来源:编者根据网络资料整理。)

4. 高度重视、慎重处理

现在,消费者对企业社会责任的期望值越来越高,这意味着企业一旦遇到问题,就有可能发生危机。危机爆发之后,并不会自行消失,相反,它会恶化并且迅速蔓延,引起其他危机。因此,企业经营者必须对危机管理予以高度的重视,当危机事件发生之后,要迅速掌握各方面的信息,根据这些信息的搜集和分析,迅速拟出处理危机事件的公共关系计划,采取紧急行动,防止危机的扩散,控制危机损失,尽力使危机损失最小化。这个工作需刻不容缓地去做。前面所述的可口可乐公司在发现中毒事件之后,就赶紧通知停止销售一切可口可乐的产品,以防止中毒事件继续发生,为下一步危机调查和解决打下了基础。

在处理客户投诉时，企业应平等地对待客户，及时与顾客进行沟通。否则，轻者将影响企业在顾客中的形象，导致经营业绩的下降，重者有可能会导致企业的衰落、停产、倒闭。有很多案例说明了因一些小事引发，企业又没有给予足够的关注，最后导致企业经营深受影响甚至倒闭的事件，如三株、爱多等。

在东芝笔记本事件中可以看到，在网上对东芝"赔美国人美金，给中国人补丁"进行披露后，在相当长的时间内东芝没有采取措施，反应淡漠，没有主动与消费者进行沟通，导致事件进一步恶化。待东芝公司在一周后觉得应该发表言论时，已经错过了危机公共关系处理中最重要的时机。从这个事件中我们看到，一旦危机事件发生后，组织应有的态度是正视危机并认真对待。如果置之不理，企图任其自生自灭，必然会触犯公众，引发众怒。因此，危机事件发生之后，首选应在思想上予以高度重视。在危机处理中，就算组织有道理，也应该向消费者进行解释说明，以求达成谅解，缓和对立情绪，不使消费者产生被歧视的感觉。

5. 危机后组织形象的重塑

危机对于任何企业都是一场严峻的考验，但同时也是一个机会。就公共关系而言，危机是一次让组织决策者理解公共关系、重视公共关系的机会；就组织而言，危机则是一次让组织形象提升一个层次的机会，这也就是危机管理的目的所在。有时，危机对一个素质良好的组织是一个借机塑造组织形象的机会，但是对大多数经历危机的企业来说，不管是否有能力解决危机，其企业形象都不同程度地受到了损害，不利影响会在今后企业的生产经营活动中日益体现出来。

首先，针对危机处理难免留下的后遗症，对危机相关伤亡或遭受损害人员进行安抚，避免危机处理的负面效应，采取措施重建或确保公众对政府的信任与支持，摆脱危机阴影，使公众安心。其次，要总结危机处理经验教训、危机管理机制成熟与否、危机预防得当与否，将其中的经验教训纳入危机管理的范畴，以此完善危机管理机制，避免下一个危机的发生。

在恢复时期，必须树立强烈的重建良好公共关系形象的意识，公共关系人员应该在如何重塑企业形象上多下功夫。一旦组织发生了危机，就会失去公众的信任。同时组织也会失去了长期以来经过艰辛努力所建立的良好公共关系环境和产品市场份额，导致组织美誉度及经济效益下降。因此，如何力挽狂澜并重塑形象是组织面临的主要问题。只有当企业的形象得以重塑，组织才能谈得上进入了良好的公共关系状态。

对企业内部，要诚实和坦率地安排各种交流活动，保证内部信息畅通无阻，增强企业管理的透明度和员工对组织的信任感；动员企业全体员工参与决策，做出组织在新的环境中的发展计划；进一步完善组织管理的各项制度和措施，规范组织行为。

对企业外部，要与媒体保持联络，充分运用媒体进行连续性正面报道，将企业在危机后所采取的新措施和新进展告诉给公众，使公众能真正了解组织及其行为，并能逐步对组织重新产生信任感；可以不断与媒体进行沟通，增加组织在承担社会责任、重视社会利益方面的活动与投入，与广大公众全面沟通；可以通过倡议发起某种社会公德大讨论、积极支持社区建设、热心社会公益事业、关心社会热点问题等各种形式，通过积极参与社会活动向公众展示组织回报社会、服务公众的良好形象。同时，争取拿出一些过硬的服务项目和产品在社会上公开亮相，从本质上改变公众对组织的不良印象。

10.2.4 危机公共关系的评价

危机公共关系的评价是危机管理的最后一个重要环节，它对制定新一轮的危机预防措施有着重要的参考价值。在社会组织平息危机之后，并不意味着危机管理工作的终结，还需要评价事件发生期间公共关系处理的方式、方法的合理性及方法的有效性。在此基础上，还需进一步消除社会影响，重塑组织形象，为今后的工作积累经验，以使组织真正走上正常发展之路。它包括以下几个方面。

1. 危机公共关系评价的原则

公共关系人员运用公关手段处理公共关系危机所表现出来的态度，特别是处理问题时的措施，都具有实际的意义和为今后工作提供借鉴的研究价值。因此，进行危机公共关系评价要本着客观性原则和讲求实效原则来进行。

（1）客观性原则

组织在危机公共关系的处理过程中采取了什么样的措施，进行了什么样的分析，做出了什么样的决策，调查到什么样的第一手材料，都要客观地、实事求是地对其加以分析和总结，从中找到切实可行的处理问题的规律。

（2）讲求实效原则

处理危机公共关系的成功与失败，要用以下标准来评价危机管理的实际效果：在危机处理过程中，公众受到的不良影响是不是降到了最低；给社会造成的损害是不是最小；组织是不是以最小的代价保住了组织在经济方面最大的利益；是否以最大的努力挽回组织在公众中的形象，以最大可能恢复了组织的美誉度和公众对其的信任。

2. 危机公共关系评价的内容

对一次危机公共关系管理工作进行全面的评价，包括对预警系统的组织和工作程序、危机应变计划、危机决策和处理等各方面的评价；要详尽地列出在事件处理工作中存在的各种问题，提高处理突发事件的能力。同时，企业也要推广突发事件处理过程中的经验，企业经验的推广能增强员工的信心和自豪感，同时也有利于增强企业的竞争力。因此，企业应善于从危机中发现企业的优点和长处并加以推广和利用。

3. 危机公共关系评价的意义

当一次对企业发展有重大影响的危机事件过去之后，要进行事后的评价。事后评价对应对下一次重大突发事件有着很强的借鉴意义。对危机公共关系进行评价既是组织本身的需要，也是社会和公众的需要。首先对于社会组织而言，危机事件的发生往往给组织造成伤害和损失，小到利润下降、经济效益受损；大到使组织遭受灭顶之灾。因此，研究危机出现的原因和规律，特别是处理危机的方法、步骤和措施，对组织防止或解决危机是很有意义的。其次，每一次危机事件都会在社会公众心目中留下深刻的印象。把对危机公共关系工作的分析、评价和总结借助于媒体传达给公众，能让公众更透彻地了解本组织，重新塑造组织的形象，帮助组织重新建立自己的知名度和信誉度。

本 章 小 结

【拓展视频：公关危机让我很痛苦】

不同的组织总会遇到各种各样的危机。危机是任何社会组织都不能回避、必须面对的，但危机有时也是一种契机，关键在于如何处理。防范危机的发生以及事先周密的危机预警系统，对潜在的危机做出分析和预测是危机管理的重点。如果危机发生，应迅速成立危机管理小组，委任合适的新闻发言人，及时发出正确信息，并与媒体保持紧密的联络；妥善处理好危机中的伤亡事件，最大限度地减少危机事件带来的损失，并在危机消除后，总结事件处理过程中的经验教训，以利于企业的长足发展。

习　　题

1. 填空题

（1）危机有两种含义：一是＿＿＿＿，二是＿＿＿＿。

（2）危机的特点有＿＿＿＿、＿＿＿＿、＿＿＿＿、＿＿＿＿、＿＿＿＿。

（3）每一次危机既包含了导致失败的根源，又蕴藏着成功的种子。善于发现、精心培育，进而收获潜在的成功机会，让危机转化为商机，这句话反映了危机的＿＿＿＿特征。

（4）三鹿奶粉被误报后，三鹿公司立刻请卫健委、国家市场监督管理总局等六部委联合下达文件，就事件给予澄清和说明。这是采取了危机处理的＿＿＿＿策略。

2. 选择题

（1）危机对于社会组织而言（　　）。
　A. 是可以避免的　　　　　　　　　　B. 大部分组织是可以避免的
　C. 大部分组织是不可避免的　　　　　D. 是不可避免的

（2）使组织面临公共关系危机的情况主要有（　　）。
　A. 组织自身行为不当　　　　　　　　B. 突发事件
　C. 失实报道　　　　　　　　　　　　D. 与公众发生冲突

（3）如果组织发生了重大的公共关系危机，公共关系人员面对记者的采访应该（　　）。
　A. 找借口推脱组织的责任　　　　　　B. 避而不见记者
　C. 实事求是地说清事实真相　　　　　D. 寻求新的发展途径

（4）由于企业内部的犯罪活动及其他违背公众利益的社会越轨行为，从而危及企业生存和发展，这属于（　　）。
　A. 恶性事故　　　B. 经营危机　　　C. 管理危机　　　D. 形象危机

3. 简答题

（1）什么是危机管理？应该如何处理危机？

（2）危机形成的原因主要有哪些？

（3）危机公共关系的原则是什么？

（4）从中国政府面对"抢盐风波"开展的危机公共关系中，你得到了哪些启示？

4. 实际操作训练

（1）假设你在一个知名的酒厂工作。最近有媒体报道称在你厂的酒中发现了死苍蝇，导致了工厂销量下降。后来经过调查，发现有苍蝇的酒是假酒。如果你是这个厂的公关部主管，请问你会怎么处理这件事情？

（2）2007年11月10日，重庆家乐福超市沙坪坝店在店庆10周年的促销活动中引发踩踏事故，造成3人死亡，31人受伤。事故原因是家乐福超市推出一款特价菜籽油，原价每桶51.4元的5升装菜籽油只卖39.9元。上午8：40超市刚开门营业时，大量市民涌进超市抢购，因有人滑倒而引发踩踏事故。请用公关知识来分析如何预防此类事故的发生。

5. 案例应用

逃避沟通，BOSS直聘不可承受的生命之重

2017年5月，东北大学资源勘查工程专业毕业生李文星，毕业后不想从事与本专业相关的工作。后来在BOSS直聘平台上拿到了在天津一家名为"北京科蓝软件系统股份有限公司"的offer，随后只身赴天津报到。据亲友描述，到该公司报到后的李文星态度冷淡、频繁失联、多次借钱。7月14日，李文星的尸体在天津静海区被发现。

经天津市静海区城关派出所确认，于7月14日从一处水坑打捞出的男性尸体，为东北大学毕业生李文星。至于李文星接触的"北京科蓝软件系统股份有限公司"是一家冒名招聘的公司。

李文星实则被骗进天津某传销组织，8月初，事件被曝光，随即因为此事，BOSS直聘被舆论推上风口浪尖。对此，BOSS直聘给媒体发了两次声明，第一次于2017年7月28日，只是简单叙述了配合此事的经过，并将问题推给了传销组织，绝口不提自己的审核问题。只是在最后进行了表态："在一切水落石出之际，依据法律应当承担的一切责任，都愿意彻底承担。"

在越来越多媒体对BOSS直聘的审核问题提出质疑，并实际操作审核问题确实存在之后，BOSS直聘在8月3日的凌晨发出第二份声明。BOSS直聘详细介绍了其没有重视和解决审核问题的始末，并在最后给出了解决方案。有趣的是，两份回应都未出现在官方社交平台上，而是直接发给了媒体。直到被曝光近10天后，BOSS直聘才正式发布道歉信。然而公众的不信任和怒火却已经无法平息。

这种"逃避式"公关的做法实在不可取，也显示了品牌面对已逝去生命的冷血。既然BOSS直聘承认了自己的问题，也有时间大半夜给媒体群发第二份声明，却不在自己的官方社交媒体平台上积极公布此事的进展，以回应用户和媒体对此事的关注。至于对受害者的安抚就更无从谈起了。

表面上看，BOSS直聘是希望尽量减少主动提及此事的次数，不让官方对危机进行扩散，但实际上，纸包不住火。危机公关从来都不应该是掩饰或者粉饰问题。

（资料来源：编者根据中国公关网相关资料整理。）

问题：

（1）请对该企业的危机公共关系工作进行评论。

（2）请对该企业提出危机公共关系建议。

【第10章　在线答题】

第 3 篇

实务礼仪

第 11 章

公共关系礼仪

教学目标

通过本章学习,理解公共关系礼仪的含义、作用,了解公共关系礼仪的基本特征和原则,熟悉公共关系社交礼仪的基本要求和特点,掌握公共关系礼仪的基本操作要领。

教学要求

知识要点	能力要求	相关知识
公共关系礼仪概述	(1)理解公共关系礼仪的含义;(2)了解公共关系礼仪的作用;(3)熟悉公共关系礼仪的特征和原则	(1)继承性;(2)实用性;(3)灵活性;(4)民族性;(5)发展性;(6)影响公众;(7)信用;(8)自律
公共关系社交礼仪	(1)知道公共关系社交礼仪的特征;(2)了解公共关系社交礼仪的种类;(3)掌握公共关系社交礼仪的操作要领	(1)社交礼貌用语;(2)日常行为礼仪;(3)见面礼仪;(4)交谈礼仪;(5)餐饮礼仪;(6)仪容礼仪;(7)服饰礼仪
公共关系社交礼仪的训练	(1)了解公共关系社交礼仪的顺序;(2)把握公共关系社交礼仪的度;(3)完成公共关系社交礼仪的自我训练	(1)规范礼貌用语训练;(2)规范体态语训练
公共关系社交礼仪的应用	(1)运用公共关系礼仪进行对内、对外的沟通与协调;(2)体现自身修养水平和业务素质	(1)公共关系礼仪;(2)公共关系社交礼仪与公共关系关系人员的素质;(3)形象的关系

基本概念

礼仪　公共关系礼仪

Kiss Bye

一位华裔外商数年前在某城市投资了一个百万美元的项目,由于经营得当,又得到了各方的支持,几年下来,生意越做越好,投资的回报率相当高。高兴之余,这位外商决定宴请一批新、老客户,合作伙伴以及代理商等以表示谢意。地点就设在市内最豪华的一家五星级酒店的顶楼旋转餐厅,这是一个以高水准的服务而著称的餐厅。果然,客人们都受到了热情而周到的接待,酒菜也很丰富,宾主都十分欢愉。

席间,这位外商乘兴多喝了几杯,有了些许的醉意。到了22:00左右,宴会接近尾声,有些客人开始退席,这位外商也站起身,打算离去。一位女服务员将他送到餐厅门口,有礼貌地道别:"多谢您的光临,先生。请慢走。"

谁知道,这位外商下楼后没多久,又返回了餐厅。女服务员以为他忘记了什么东西,问他:"先生,您有什么事呢?有什么我可以帮助您的地方?"

"喔,没什么,"外商回答:"只是,刚才我忘记吻你一下了。"

虽然大家都明白他是喝多了,还是有很多人哄笑起来。外商站在那里不动,一副不吻不罢休的样子。其他的服务员都望着这位女服务员,不知她如何应付这个场面。

只见她平静地走到外商面前,落落大方地伸出一只手,外商拿起她的手,吻了一下,然后满意地下楼去了。这一次他没有折回来。

众人都用佩服的眼光看着她,一个十分难堪的局面,被这位女服务员处理得自然、得体,不留遗憾。

该案例中的女服务员在面临这一意外事件时的灵活应对,避免了尴尬局面,又使客人十分满意。由此给我们的启发是,公共关系人员可能会遇到各种各样的客人,他们有着不同的文化和制度背景、不同的价值观念和不同的性格特征,公共关系人员怎样才能做到应对自如、游刃有余呢?

(资料来源:憨氏,2007. 时尚商务礼仪 [M]. 内蒙古:内蒙古文化出版社.)

思考题

上述案例给你的感受是什么?

11.1 公共关系礼仪概述

公共关系礼仪是将礼仪的具体要求在公共关系的管理中进行运用,这种运用既表现为对公共关系从业人员的礼仪规范的要求,公共关系人员个人形象的塑造,也表现为在公共关系活动时所要遵循的一系列基本工作程序,更是传统礼仪在当代公共关系活动中的发展。

11.1.1 礼仪与公共关系礼仪

礼仪是一个复合词,由"礼"和"仪"两部分组成。礼是敬意的通称;为表示敬意而隆重举行的仪式称礼仪。换句话说,礼仪是指一个国家、一个民族、一个部门、一个行业、一个团体、一个家庭乃至一个人,在其内部和在其与外界进行各种交往活动时,必须遵循的道德行为规范与准则。礼仪的本质就是通过一些规范化的行为以表示人际间的相互敬重、友善和体谅。

礼仪是指人们在社会交往活动中形成的行为规范与准则,它是社会道德、习俗、宗教等方面规范人们的行为,是文明道德修养的一种外在表现形式。礼仪不是随便制定的,是在人际交往中以一定的约定俗成的程序、方式表现的律己、敬人的过程，涉及穿着、交往、沟通、情商等内容。它源于特定的民族、国家长期形成的伦理道德观念和社会生活习俗，是一种约定的行为规范。从个人修养的角度来看，礼仪是一个人内在修养和素质的外在表现；从交际的角度来看，礼仪是人们交际中的一种方法和艺术；从传播的角度来看，礼仪是人际交往中用来相互沟通的技巧。

一般说来，礼仪作为一种约定的行为规范主要表现在以下4方面。

① 礼貌：表示一种规范，是人们言语动作谦虚恭敬的表现，如做家长的经常教育子女要有礼貌。

② 礼节：人们表示尊敬、问候、祝愿等惯用的形式，是一种分寸的要求。它强调的是人们交往时必须掌握好一种度，过和不及都会达不到效果。

③ 仪式：人们按照礼貌和礼节做事情的程序。这种程序是让事情的解决找到了共同的规则，并使大家有所适应，如开幕典礼、签字仪式、剪彩仪式等。

④ 仪表：裸露在外能被人看到的外表。如容貌、服饰、姿态、举止等。

礼仪侧重于个人形象的塑造，而公共关系礼仪则是着力打造组织形象。由此可以认为，公共关系礼仪就是公共关系人员在开展公共关系活动中所必须遵循的礼仪程式或规范。礼仪与公共关系的结合体现了一种内在追求与外在形式的一致性，也是公共关系管理的礼仪要求。

11.1.2 公共关系礼仪的作用

由于现代社会的日益开放和世界文化的多元化，世界各国人们的交往日益频繁与快捷，必须要求人们在交往中要知礼、懂礼、用礼，人们对公共关系礼仪的需求日益迫切。目前，无论是政府机关、学校、企业、公司，还是事业单位、商场、服务行业都非常重视公共关系礼仪的学习。公共关系礼仪在塑造组织良好形象、维护组织内部团结、拓展组织对外友好往来、提高组织员工的文明水准、广泛传递组织信息等方面都发挥了积极而有效的作用。

1. 塑造组织良好形象

社会组织的形象问题是影响组织生存与发展的关键问题，决不可掉以轻心。组织拥有良好的形象就等于拥有了一笔无形资产。良好的形象能赢得顾客的信赖，能获得社会的赞誉，能提升组织的社会地位，能提高竞争力，能美化市场、美化社会环境。

国内外一些名牌企业、享有盛誉的大公司、集团都具有良好的组织形象。我国的海尔集团对员工的礼仪要求严格、全面、具体。对为顾客上门服务的员工在礼貌、礼节方面的要求更是细致入微。每位海尔人都能以规范的公共关系礼仪行为修养和规范的举止来维护海尔的企业形象，并赢得了用户的一致好评。

2. 维护组织内部团结

公共关系礼仪能使人气质变温和，能教人敬重别人，能化干戈为玉帛，能变对立为合作。组织的凝聚力离不开公共关系礼仪。如果组织成员不讲公共关系礼仪，都自以为是、自高自大、目中无人、语言粗俗、举止鲁莽、气急败坏、态度恶劣，再加上不修边幅、衣冠不整、蓬头垢面，试想，这样的组织成员能精诚合作、团结一致吗？这样的组织会有凝聚力吗？只有注重公共关系礼仪的组织，才能维护组织内部的团结，增强组织的凝聚力。

组织举行的仪式对维护组织的内部团结也会产生意想不到的效果。例如，我国首都北京天安门广场，每天清晨的升旗仪式，不仅吸引了成千上万的人前来观看，而且在庄严神圣的气氛中，也使中国人感到无比骄傲和自豪。企业举行开张、开业的庆祝仪式，挂牌、揭幕仪式，表彰、颁奖礼仪等，都能激励企业员工的士气，激发和调动员工对企业组织的归属感、认同感，从而强化员工的主人翁意识，增强责任心。

3. 拓展组织对外友好往来

公共关系的宗旨是"内求团结，外谋发展"。公共关系礼仪既可以促进组织内部团结，又可以拓展对外的友好往来，使组织广结良缘。

公共关系礼仪强调待人文明礼貌、尊重友善，同时注重以良好的仪容、仪表、仪态出现在社交场所。良好的形象与修养必然会得到公众的赞美，这有利于增强人际友好往来，有利于结识新朋友、扩大社交圈。

公共关系礼仪是教人们怎样做一个受欢迎的、有吸引力的人。组织成员如果人人都注重公共关系礼仪，组织对外的友好交往必然得以拓展。

4. 提高组织员工的文明水准

礼仪是人类文明的标志，公共关系礼仪是组织与公众文明交往活动的规范。强调组织员工注重学习公共关系礼仪，不断向员工灌输公共关系礼仪知识，无形中就提高了组织员工的文明水准。

一个组织的员工衣着整洁大方，态度热情温和，举止言谈彬彬有礼，待人接物礼貌耐心，举行仪式认真规范，试问谁会认为这样的组织文明水准不高呢？市场呼唤这样的组织，社会更需要这种具有较高文明水准的组织。

5. 广泛传递组织信息

公共关系强调双向沟通，学术界的权威卡特利普和森特提出"双向对称"的原则，即组织应把信息准确无误地传递给公众，与此同时，也要把公众的信息及时反馈给组织。传递组织信息是公共关系的重要职能之一。

由于人们处在知识经济时代，信息的"爆炸"已导致信息数量巨大，呈现信息泛滥、充斥整个社会的局面，"信息"作为稀缺资源的地位已被"注意力"所取代。

组织传递信息怎样吸引公众的注意力呢？这就要突破传统的传播定势，突破仅依赖广播、电视、广告、网络、报纸、杂志等媒体传播的模式，以更新颖、更独特的方式吸引公众的眼球。公共关系礼仪恰恰能发挥它的优势，以新颖的方式传递组织信息并能吸引公众的注意力。如海尔集团，通过上门服务员工体现规范的礼仪，向公众传递了"海尔真诚为顾客服务"的信息。

综合上述，公共关系礼仪的作用显而易见。因此，社会上的各类组织都十分重视公共关系礼仪，对员工加强公共关系礼仪培训的组织也与日俱增，这将有利于全社会文明水平的提高。

11.1.3 公共关系礼仪的基本特征

1. 实用性

实用性特征是指公共关系是一门操作性很强的学科，注重的是一种实际应用。实用性体现在公共关系人员自身的操作和其表现的价值。任何组织、任何时候都会碰到公共关系礼仪的问题，都会用到公共关系礼仪知识。

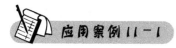

不当的电话

小侯毕业后，投了几十份简历，才获得面试机会，这是一家人力资源咨询公司，面试方法也与众不同，除了回答问题还在计算机上做了大约3小时的测评题，面试结束后，让他们在两天之内等通知。小侯因为以前有过一年多的人力资源工作经验，所以主管将他的名字列在录取名单中，等待与老板研究后再确定。第二天下午，心情急切的小侯打电话给公司说："公司录不录取我们没关系，能否把测评结果给我们？"接电话的主管愣了一下，和蔼地告诉他："测评结果只是公司用来选拔人才用，不给个人。"小侯接着又补充一句："录不录取我没有关系，我只想要测评结果，因为我测评了三个多小时呢！"放下电话，主管立即将录取名单取出，划掉了小侯的名字。

（资料来源：编者根据豆丁网相关资料整理。）

在现实公共关系礼仪活动中，类似的例子随处可见。只有认真学好公共关系礼仪知识，才不至于临场出错，给工作带来负面影响。

2. 共通性

公共关系礼仪是礼仪在公共关系活动中的应用，具有较严格的规范和要求，是各类组织和人们在公共关系活动中必须共同遵循的。公共关系礼仪具有共通性，尤其是在国际交往中，有许多规范是世界共同的、相通的。例如，迎接国家领导人来访、铺红地毯、检阅仪仗队、奏两国国歌、献花、领导人讲话、群众夹道欢迎等；庆典仪式、签字仪式、会见、会谈、礼宾次序等；国际性的大型活动开幕仪式、程序等；谈判、宴请女士优先规则等，基本都是世界通用的。而且随着社会的发展，社会文明水平的普遍提高，世界日益全球化、国际化、一体化，公共关系礼仪的共通性会更加突出和明显。

3. 灵活性

灵活性特征显示了公共关系礼仪在运用中的一种应变性。公众是多变的，公共关系过程是持续的，应因人而异、因地而异、因时而异地灵活把握。

例如，男士和女士同时进电梯，一般男士让女士先进去，自己再进去。但如果是由带队的工作人员带领，那么工作人员无论是男女都要先进电梯，按住按钮，等大家都进来了再关好电梯门。到了预订楼层，工作人员又按住按钮，等大家都走出电梯后，自己才最后走出电梯。

又如，乘坐小车，如有专职司机，一般最尊贵的客人应坐在副驾驶座的后面（也有的认为应坐在司机的后面，这就说明了具有灵活性）。但如果是主人、领导或董事长的夫人也一同迎接客人，则夫人应坐在副驾驶座上，客人坐在后排座位上。如果客人自己提出坐在前面，也要灵活安排，而不是死板教条。

4. 民族性

世界文化的多元化使礼仪和公共关系具有民族性特征。各国、各地区、各民族的礼仪风俗呈现千姿百态的个性化特征。在公共关系人员了解到公共关系礼仪具有共通性的同时，也要认识到公共关系礼仪的民族性。由于不同国家、不同民族长期积淀的文化差异，导致接待礼仪、见面礼仪、交谈礼仪、馈赠礼仪、风俗礼仪等也都存在很大差异。例如，国际交往中的见面礼节就体现了民族性特征，除了较普遍的握手礼外，还有拥抱礼、亲吻礼、吻手礼、鞠躬礼、跪拜礼、合十礼、拱手礼等。

俗话说："十里不同风，百里不同俗。"公共关系人员必须依据民族性特征，尊重和了解各国、各民族不同的礼仪风俗，尽力做到"入境问俗，入乡随俗"，以便能与他们融洽和谐地交往。

5. 发展性

发展性特征是一种需要特别关注的特征。礼仪自产生以后从未停止过发展和变化，每种礼仪都会经历产生、形成、改革、修正、发展的过程。公共关系礼仪也随着社会的发展而发展，随着时代的变化而变化；随着全社会文明程度的提升，不断与时俱进，不断完善。例如，我国从封建社会的"三从四德"到现在的"男女平等""尊重妇女""女士优先"等，都体现了礼仪与时俱进的发展性。

从一个组织的生存意义来看，公共关系追求的是长远的利益和持久的形象。因此，公共关系礼仪总是要与时代合拍，与社会发展相协调。没有亘古不变的准则和永恒的模式。公共关系礼仪只有不断发展，才能永葆其旺盛的生命力，才能发挥教育、指导人们规范言行举止的作用。

11.1.4 公共关系礼仪的原则

1. 自律原则

这是一种对别人宽容的心理意志力的表现，要求约束自己的言行举止，这本身就是礼仪的基本境界。因为忍耐就是一种优雅。在社会交往中，要经常学会自我反省、自我控制、自我约束；讲究求同存异，不强求一律、求全责备、斤斤计较；当他人与自己的观点、行为相左时，多体谅、多理解、多换位思考、多设身处地为他人着想。

2. 影响公众原则

公共关系礼仪的目标性很明确，即对目标公众开展公共关系活动并在与公众的交往中体现公共关系人员的个人形象。因此，公共关系礼仪的任何作用都会直接影响到与公共关系主体密切相关的一定的公众，如在新闻发布会上如果能主动地直接称呼记者的姓名往往会带来另一种效果，这是礼仪的一种具体运用，体现了对公众的重视。在与公众的交往中有一些基本要素往往会诱发公众的防卫心理，因为一旦有人向你表述一些观点时，表达的深浅程度是与对你的评价和判断有关的。由于这是一种自己内在的表现，所以来自对方的任何不恰当的评论都会引起其防卫心理，使其终止表述，沟通也会就此停止。因此，对别人的了解是沟通与交流的前提。

3. 信用原则

言必行，行必果。信用原则就是在交往中开诚布公、言行一致、言而有信。在无法做到一些事情时，学会说"不"也是一种信用。

4. 实践原则

公共关系的准则更多的不是理念性的或思辨性的,而是实践性的,可以充分地体现在公共关系的日常行为和活动中,同时也会为公共关系工作的顺利开展带来明显的效益。实践的原则也要求公共关系人员在学习礼仪时必须掌握操作方法,如各种公共关系文书的撰写,各种专项活动的设置与礼仪设计,以及个人形象的设计等。

5. 适度原则

礼仪并非越多越好,所谓"礼多人不怪"的观点是不对的。作家安东·巴浦洛维奇·契诃夫在其短篇小说《小公务员之死》中,为人们讲述了这样一个令人啼笑皆非的故事。小公务员切尔维亚科夫在看戏时,不小心打了一个喷嚏,他觉得这个喷嚏给坐在自己前面的一位将军带来了不快,于是开始道歉。他在戏剧的演出过程中道了歉,在幕间休息时再次道歉,事后又专程赶到将军的办公室请求将军宽恕。可是,切尔维亚科夫仍然感到自己还是没能以适当的方式向将军致以歉意,还没有得到将军的真正宽恕,又多次前往将军的办公室道歉。终于,这位将军被切尔维亚科夫无休止的道歉惹得勃然大怒,他把这个小公务员从办公室里轰了出去。切尔维亚科夫吓得惶惶不可终日,回到家中,郁郁寡欢。不久,这个可怜的小公务员便在愧疚和抱憾中死去。在实际工作中,一定要注意适度原则,视情况而定,适可而止,否则会让人反感甚至厌恶。

11.2 公共关系社交礼仪

背后的鞠躬

日本人讲礼貌,行鞠躬礼是司空见惯的,可是我国某留学生在日本期间看到的一次鞠躬礼给他留下了深刻的印象。

一位手提皮箱的客人走进大厅,行李员立即微笑着迎上前去,鞠躬问候,并跟在客人身后问客人是否要帮助提皮箱。这位客人也许有急事吧,嘴里说了声:"不用,谢谢。"头也没回径直朝电梯走去,那位行李员朝着那匆匆离去的背影深深地鞠了一躬,嘴里还不断地说:"欢迎,欢迎!"这位留学生看到这情景困惑不解,便问身旁的日本经理:"当面给客人鞠躬是为了礼貌服务,可那位行李员朝客人的后背深鞠躬又是为什么呢?""既是为了这位客人,也是为了其他客人。"经理说,"如果此时那位客人突然回头,他会对我们的热情欢迎留下印象。同时,这也是给大堂里的其他客人看的,他们会想,当我转过身去,饭店的员工肯定对我一样礼貌。"

公共关系人员在日常交往活动中所具有的表示尊重、敬意、亲善和友好的行为规范与惯用形式,对于处理好各种公共关系具有重大意义。

(资料来源:编者根据百度文库相关资料整理。)

11.2.1 社交礼貌用语

常用的社交礼貌用语主要如下。

① 与人相见说"您好"。

② 问人姓氏说"贵姓"。
③ 问人住址说"府上"。
④ 自己住家说"寒舍"。
⑤ 求人办事说"拜托"。
⑥ 请人协助说"劳驾"。
⑦ 请人解答说"请教"。
⑧ 麻烦别人说"打扰"。
⑨ 接受好意说"领情"。
⑩ 求人指点说"赐教"。
⑪ 得人帮助说"谢谢"。
⑫ 祝人健康说"保重"。
⑬ 向人祝贺说"恭喜"。
⑭ 老人年龄说"高寿"。
⑮ 身体不适说"欠安"。
⑯ 看望别人说"拜访"。
⑰ 请人接受说"笑纳"。
⑱ 希望照顾说"关照"。
⑲ 赞人见解说"高见"。
⑳ 请人赴约说"赏光"。
㉑ 请人谅解说"包涵"。
㉒ 无法满足说"抱歉"。
㉓ 等候别人说"恭候"。
㉔ 初次见面说"久仰"。
㉕ 许久不见，要说"久违"。
㉖ 陪伴朋友说"奉陪"。
㉗ 中途先走，要说"失陪"。
㉘ 迎接朋友说"欢迎"。
㉙ 请人别送，要说"留步"。
㉚ 送别朋友说"再会"。

日常社交过程中，下述礼貌用语要广泛运用。
① 问候语："早上好""下午好""晚上好""您好""很高兴认识您"等。
② 欢迎语："欢迎光临""请多指教""请多关照"等。
③ 感谢语："谢谢""让您费心了""给您添麻烦了"等。
④ 致歉语："对不起""请原谅""很抱歉""请稍等"等。
⑤ 谅解语："别客气""不用谢""没关系""请不要放在心上"等。
⑥ 祝福语："祝您一路顺风""身体健康""生活愉快""万事大吉"等。
⑦ 告别语："再见，欢迎下次光临""欢迎再来"等。

11.2.2 见面礼仪

1. 称呼礼仪

称呼是指人们在日常交往应酬中所采用的彼此之间的称谓语,也是当面招呼对方,以表明彼此关系的名称。它是人际交往语言中的先行官。在社会交往中,如何称呼对方,这直接关系到双方之间的亲疏、了解程度、对对方的尊重程度及个人修养等。一个得体的称呼会令彼此感觉良好,为以后的交往打下良好的基础,否则会令对方心里不悦,影响到彼此的关系。在社交、工作场合中常用的称呼总的要求是要庄重、正式、规范。

(1) 职务称呼

职务称呼一般在较为正式的官方活动、政府活动、公司活动、学术性活动中使用。以示身份有别,敬意有加,而且要就高不就低,如王总经理、张主任、刘校长等。

(2) 职称称呼

对于有专业技术职称的人,尤其是有高级、中级职称者,可以在工作中直接以其职称相称,如龙主编、常律师、叶工程师等。

(3) 学衔称呼

在工作中以学衔作为称呼,可以增加被称者的权威性,同时有助于增强现场的学术氛围,如刘博士;也可以在学衔前加上姓名,如张明博士。一般对学士、硕士不称呼其学衔。

(4) 职业称呼

在工作中,可以直接以职业作为称呼,如老师、教练、会计、医生等。在一般情况下,此类称呼前,均可加上姓氏或者姓名,如刘老师、于教练、王会计等。

(5) 泛尊称

泛尊称就是对社会各界人士在一般的社交中都可以使用的,如男的称先生,不分男女称同志。

2. 介绍礼仪

介绍礼仪是礼仪中基本的、很重要的内容,介绍是人与人之间相互认识交往的第一座桥梁。从礼仪的角度来讲,介绍可以分为自我介绍和为他人做介绍两类。

(1) 自我介绍

自我介绍的时间应该限制在一分钟或者半分钟左右。一般情况下,自我介绍可以分为以下 5 种模式。

① 应酬式。应酬式的自我介绍适用于某些公共场合和一般性的社交场合,它的对象主要是进行一般接触的交往对象。它的内容就一项,就是你的姓名。例如,"您好,我是李方"。

② 公务式。一般而论,公务式自我介绍需要包括以下 4 个基本要素:姓名、单位、部门、职务。例如,"您好,我叫张正,是景天科技公司的销售经理"。

③ 交流式。交流式自我介绍的内容主要包括介绍者的姓名、工作、籍贯、学历、兴趣及与交往对象的某些熟人的关系。例如,"您好,我叫张正,是景天科技公司的销售经理,是李方的老乡,都是武汉人"。

④ 礼仪式。礼仪式的自我介绍,适用于讲座、报告、演出、庆典、仪式等一些正规而

隆重的场合。礼仪式的自我介绍的内容包括姓名、单位、职务等项，但是还应多加入一些适宜的谦辞、敬语，以示自己礼待交往对象。例如，"各位来宾，大家好！我叫张正，我是景天科技公司的销售经理。我代表本公司热烈欢迎各位光临我们的展览会，希望大家……"

⑤ 问答式。问答式的自我介绍一般适用于应试、应聘等场合。问答式的自我介绍讲究问什么答什么，有问必答。例如，考官问："先生您好，请问您怎么称呼？（请问您贵姓？）"考生回答："您好，我叫张正。"

（2）为他人做介绍

为他人做介绍，通常是介绍不相识的人相互认识，或者把一个人引荐给其他人，当介绍人时要注意以下礼仪。

① 掌握介绍顺序。介绍他人的一般规则是尊者居后。就是把双方之中地位较低的一方首先介绍给地位较高的一方，即"尊者有优先知情权"。通常，先将男士介绍给女士，先将晚辈介绍给长辈，先将职位低者介绍给职位高者，先将未婚者介绍给已婚者，先将客人介绍给主人，先将家人介绍给同事、朋友。

② 在介绍过程中，先称呼女士、年长者、主人、已婚者、职位高者。例如，先把职位低者介绍给职位高者时，可以这样说："王总，这是张秘书。"然后介绍说："张秘书，这位是王总经理。"当被介绍人是同性别、年龄相仿或一时难以辨别其身份、地位时，可以先把与自己关系较为熟悉的一方介绍给自己较为生疏的一方。

③ 偶然相遇时，不一定要向对方介绍自己的同伴，除非认为有这个必要，希望他们交往。如果两个相识的女子相遇，有一个男子与其中一位女子相伴，他应知趣地退到一旁，至多点一下头表示礼貌。

总之，随着现代交往范围的不断扩大，尤其是公共关系人员，关于介绍的礼仪知识是必须掌握的，不然很容易闹出笑话。另外，在别人为你引见某人，并把他介绍给你之后，你作为被介绍人也应该有非常得体的举止：主动、及时地站在对方的面前，目视对方，待介绍人介绍完毕之后，应与对方握一下手，起码也要点头示意，同时说一些诸如"你好""认识你很高兴""幸会""请多关照"之类的话，也可视情况递上自己的名片。

11.2.3 日常行为礼仪

1. 握手礼仪

握手是人们日常交往中最常见的一种见面致意礼节，表示欢迎、致意、问候、寒暄、辞别、祝贺、感谢、慰问等多种含义。

【拓展视频：礼仪中的握手规范】

（1）握手的方法

一般是双方站立，相距一步，各伸出右手，掌心向左，拇指张开，四指并拢，上身略向前倾，眼睛注视对方，面带微笑，手掌与地面垂直，手臂自然弯曲，上下轻摇。握手时，应让对方感到你的诚恳与真挚，不要斜视别处或东张西望，更不可与某人握手的同时，与另一人交谈。握手的方式千差万别，不同的方式体现不同的意蕴。通过握手，可以初步了解对方的性格特征、待人接物的态度等。

常见的握手方式有以下几种。

① 控制式，即握手者掌心向下，以求居高临下。

② 乞讨式，即握手者掌心向上，以示谦卑与恭敬。
③ 手套式，即握手者双手握住对方的手，以求更加尊重、亲切、感激和有求于人。
④ 死鱼式，即握手者有气无力，毫无生机。
⑤ 蛮横式，即握手者出手力猛，显得鲁莽。
⑥ 抓指尖式，即握手者出手仅轻点对方指尖，显得清高冷淡。

（2）握手礼仪规范

① 从握手时间上来看，初次见面者握手时，用时一般不超过20秒，老朋友之间最长也不超过30秒。握手一般不宜轻轻一碰就放下，也不可久握不放。

② 从仪态上来说，男性握手时应脱去手套；握手毕，不可当面擦手；握手不可跨着门槛或隔着门槛，不可东张西望，不可用手指指点点，不可出示不干净或湿的手，不可左手去握。

③ 在力度上，既不能有气无力，也不能握得太紧。太轻，会被人认为你傲慢冷漠或缺乏诚意；太紧，会被人感觉你热情过火或粗鲁轻佻。

④ 在次序上，一般遵循先同性后异性、先长辈后晚辈、先已婚者后未婚者、先主人后客人、先贵宾后一般宾客、先职位高者后职位低者的原则。握手时，要体现对长辈、主人、上级的尊重。男士与女士握手要晚出手（即等女士先伸手）、手轻时短；与长辈、上级或贵宾握手时，也要晚出手（即等对方先伸手）、快步趋前、酌情问候，不可久握不放。

2. 名片礼仪

名片是经过设计的能表示自己身份、便于交往和开展工作的卡片。一般用白色纸张印刷，也有的用彩色纸张印刷。名片上一般印有姓名、职称、职务、工作单位、电话等，还有的名片上印有业务范围、社会兼职等内容。在业务往来和社交场合中，人们已经越来越离不开名片了。为了让名片发挥更大作用，人们总结了一些在社交场合递送和接受名片的基本礼仪。

① 递送名片时机要恰当。一般在双方交谈得较融洽，有表示建立联系之意时或双方告辞时，顺手取出名片递给对方，以示有意结识对方并保持联络。

② 递送名片时，双目正视对方，不可目光游离不定或漫不经心，要使名片正面朝向对方，用双手或右手递送给对方，并说相应的寒暄语。例如"请多关照""请笑纳"等。

③ 接受名片时，要目视对方，用双手或右手接过，态度恭敬，并点头致意。接过名片后，要认真阅看一下以示敬重和有兴趣，可以说些表示客气的话，如"深感荣幸"等。看过名片后，郑重放入口袋或名片夹，或其他适当地方，切不可随手置于旁边，或随意扔于桌上或其他地方，也不可随意在手中玩弄。

3. 交谈礼仪

与人交谈时，应时刻记住倾听是谈话的重要技巧。交谈的目的是交流，一定要让对方讲话，而且要让对方明白自己的兴趣所在。因此，听人说话是一件非常重要的事情，倾听本身就是对对方谈话的一种褒奖方式。如果能够耐心、专注地倾听对方的谈话，就等于以自己的体语告诉对方："你的谈话值得我如此专注地倾听。"这样就可以无形地提高对方的自尊心和自信心。谈话人会对你产生亲切感，从而拉近与你心理距离。耐心地倾听是一个人基本的礼仪修养。

① 专心倾听。当别人与你交谈时，应目视对方，与说话人交流目光，以示专心，还要静听。倾听者可以通过赞许性的动作语言，如眼神、点头或手势、适当地发出"哦""嗯"等，表示自己在专心地倾听，从而鼓励对方说下去。一个出色的倾听者具有强大的魅力，能使谈话者感到自己的重要性。

② 适当的情绪投入。听者应轻松自如、神情专注，应随着说话人情绪的变化而伴之喜怒哀乐的表情，即倾听者应在对方谈话时给予适当的反馈。否则对方激昂愤慨，你却毫无反应，他就没有情绪说下去了。

③ 适当地提问或插问。通过一些简短的提问或插问，暗示对方自己确实对他的话感兴趣，或启发对方，引出你感兴趣的话题。

④ 学会边听边想。听比说快，听者在听话过程中总有时间空着等待。在这些时间空隙里，应该回味讲话人的观点、定义、论据等，把讲话人的观点和自己的观点做比较，预想好自己将要阐述的观点的理由，设想可能有的介于自己和说话人之间的第三种观点等。

⑤ 在倾听时，身体也要像耳朵一样注意听。眼睛注视讲话者，不要斜着身子。表达自己的不同观点时要克制自己的愤怒，以更礼貌的方式进行表述。

4. 电话礼仪

电话是沟通信息、建立友谊的桥梁，接打电话实际上是在为社会组织和通话者树立一种电话形象。电话形象即人们在整个通话过程中的语言、声调、内容、表情、时间感等的集合，它能够真实地反映一个人的素质、待人接物的态度，以及通话者所在单位的整体水平。

（1）打电话前的4项准备

左手拿听筒右手拿笔；挺直脊背说话；通话重点一一列出；拨电话前先"清场"。

（2）打电话的礼仪

① 时间选择，包括选择打电话的时间和电话交谈所持续的时间。不同的通话时间将会收到不同的交谈效果。最佳的打电话时间是根据对方行业性质、作息时间、个人生活习惯等来确定的，不能以自己的时间安排或需要来确定。时间紧张会使通话效果受影响。除了紧急要事，一般不在早上7:00以前或中午午休时或晚上10:30以后打电话。打国际长途电话还要注意各国和地区的时差，如急需在清晨、深夜、用餐等可能影响对方休息或用餐时打电话，应当先致歉意。通话的持续时间应遵循"长话短说"的原则，要合理控制通话时间，一般每次通话的时间最好限定在3分钟内。

② 礼貌通话。电话接通后，首先应面带笑容地说一声："您好！"然后主动告知对方自己的单位、姓名及自己要找的人的姓名，如说："我是××单位的×××，请×××先生（或小姐）接电话，谢谢。"即使接电话者正是你要找的人或是你熟悉的声音，仍要主动告知对方自己的姓名。需要对方帮你找人听电话时，应手持电话筒静候，不能在电话里哼歌，也不能放下听筒干别的事。如果对方说你要找的人不在，切不可毫无回音地就将电话挂断，而应说："谢谢，打扰了！"或说："谢谢，我过一会儿再打来"等。

注意通话时的表情及声音。虽然电话交谈对方看不到你，但可以通过声音感觉到你的神态和表情。优雅的声音出自笑脸，微笑着打电话，能让对方听到你友好、坦诚的声音。打电话时，音量要适中，表达要清晰，重要的话可重复一遍。

通话时嘴里不能吃东西或吸烟，不能与旁人说话。如果遇上急事，需要与身边的人做简短交流，则应向对方道歉后手捂话筒。

③ 挂断电话。一般由打电话者使用简洁的结束语或告别语，如说，"好，就这样吧，再见"提醒对方将要挂断电话。听到对方放下听筒后才挂断电话，是对对方的尊重。挂断电话时应轻轻放下听筒，不能鲁莽地"啪"一下挂断。

（3）接电话礼仪

① 铃响两次即接电话。一般待听到完整的两次铃响后，拿起听筒，显得既稳重而又不清高。铃响四五次才慢腾腾地接电话，显得不礼貌。若响了4次以上，接电话后应说："您好，对不起，让您久等了"以示歉意。

② 礼貌通话。拿起听筒，应先说一声："您好！"，然后报出自己单位的名称或自己的姓名。碰到对方打错电话时，应体谅地说"没关系"或"不要紧"。如果不是找你，而是请某人听电话，且对方没主动报姓名，不要先去问对方是谁，以免给人造成误会，应礼貌地请对方"稍候"。喊人接电话时应手掩听筒或把听筒轻轻放下，不能大喊："×××，你的电话"，而应走到听电话人身边通知。如果听电话的人不在，可对对方说："对不起，×××不在，需要我转告吗？"切忌冷冰冰地说一声："他不在。"

③ 仔细倾听，做好记录。电话机旁应放笔或电话记录本，养成记录必要电话内容的习惯，仔细倾听对方电话内容，重要的事情应认真记录。记录完毕后，可重复一遍，核对准确。

适时反馈，结束通话。听电话时，应尽量避免打断对方的讲话，但要给予对方积极反馈，不时以"嗯""好""对"等作答，让对方感到你在认真听。通话结束时，应谦恭地问一下对方："请问，您还有什么事吗？"这既是必要的客套，也是提醒对方是否讲完了所要讲的所有内容，是一种很有人情味的表现。

11.2.4　餐饮礼仪

应用案例 11-3

尴尬的场景

某公司的业务员张先生晚饭时走进一家西餐厅就餐。服务员很快把饭菜端上来了。张先生拿起刀叉，使劲切割牛排，刀盘摩擦发出阵阵刺耳的响声，他将牛排切成块后，接着用叉子一大块一大块地塞进嘴里，狼吞虎咽，并将鸡骨、鱼刺吐于洁白的台布上。中途，张先生随意将刀叉并排往餐盘上一放，将餐巾摺在桌上，起身去了趟洗手间。回来后却发现饭菜已经被端走，餐桌也已收拾干净，服务员站在门口等着他结账。张先生非常生气，与服务员争吵起来。

将洗手用的水喝了

李鸿章出使德国时，应俾斯麦之邀前往赴宴，由于不懂西餐礼仪，他把一碗吃水果后洗手用的水端起来喝了。当时俾斯麦为不使李鸿章难堪，他也将洗手水一饮而尽，见此情形，其他官员只得忍笑奉陪。

这是两个比较极端的例子，但也说明餐饮行为一动一静总关礼。

自古以来，设宴款待都是最常用的促进人际交往的重要方式。现在，商业邀宴成为非常有潜力的商业工具，许多人相信餐桌是绝佳的会谈地点，愉悦放松的用餐状态非常有利于进一步达成共识。但是，如果不懂得礼仪，其危害性也是巨大的。不但令人耻笑，而且会使公司形象大打折扣。

（资料来源：编者根据网络资料整理。）

1. 中餐礼仪

（1）桌次座次

主桌有两种：一种是长方形横摆桌，主客面向众席而坐；另一种是大圆桌，圆桌中央设花坛或围桌，主客围桌而坐。主桌的座位应摆放席卡名签。

一般来说，台下最前列的一两桌是为贵宾和第一主人准备的，赴宴者如果不是主宾，最好不要贸然入座。

中式宴会多使用圆桌，如果是多桌中餐，则每桌都有一位主人或招待人负责照应，其两侧的座位是留给本桌上宾的。除非受到邀请，赴宴者也不宜去坐。

如果桌数较多时，则将排列序号放在餐桌上。隆重的中餐还为每位客人准备一份菜单。

在国际交往场合和商务交际场合，中餐习惯于按身份和职务高低排列席位；如果夫人或女士出席，通常将女士排在一起，即主宾坐在男主人右上方，其夫人坐在女主人右上方，如图11.1所示。

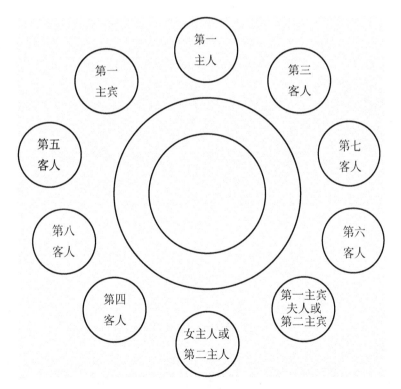

图 11.1　座次安排示意图

如遇主宾身份高于主人时，为表示对主宾的尊重，可以请主宾坐在主人的位子上，而主人侧坐在主宾的位子上，第二主人坐在主宾的左侧或按常规排列。

主宾偕夫人，而主人的夫人因故不能出席时，可请与主人有联系且身份相当的女士坐第二主人的位子；若无适当的女士出席，可把主宾夫妇安排在主人的左右两侧。

（2）中餐的餐具及使用礼仪

中餐的餐具主要有杯、盘、碗、碟、筷、匙等。在正式的宴会上，水杯放在菜盘左上方，酒杯放在右上方。筷子与汤匙可放在专用桌子上或放在纸套内。公用的筷子和汤匙最好放在专用的桌子上。要备好牙签和烟灰缸。

中餐有别于西餐的餐具主要是筷子。在中国几千年的饮食文化中，用筷子形成了基本的规矩和礼仪。例如，忌敲筷子，在等待就餐时，不能坐在桌边一手拿一根筷子随意敲打或用筷子敲打碗盏或茶杯；忌掷筷，在进餐前发放筷子时，要把筷子一双双理顺，然后轻轻地放在每个餐位前，相距较远时，可请人递交过去，不能随手掷在桌子上，更不能掷在桌下；忌交叉筷子。

2. 西餐礼仪

西方就餐的礼仪以自然、实际为主，不讲客套、谦让，但用餐中的规矩却很多。西餐的位置排列与中餐有相当大的区别，中餐多使用圆桌，而西餐一般都使用长桌。如果男女二人同去餐厅，男士应请女士坐在自己的右边，还要注意不可让她坐在人来人往的过道边。若只有一个靠墙的位置，应请女士就座，男士坐在她的对面。如果是两对夫妻就餐，夫人们应坐在靠墙的位置上，先生们则分别坐在各自夫人的对面。

如果两位男士陪同一位女士进餐，女士应坐在两位男士中间。如果两位同性进餐，那么靠墙的位置应让给其中的年长者。西餐还有个规矩，即每人入座或离座，均应从座椅的左侧进出。举行正式宴会时，座席排列按国际惯例：桌次的高低依距离主桌位置的远近而右高左低，桌次多时应摆上桌次牌。

西餐的座席排列，同一桌上席位高低以距离主人座位的远近而定，右高左低，男女交叉安排，如图11.2和图11.3所示。

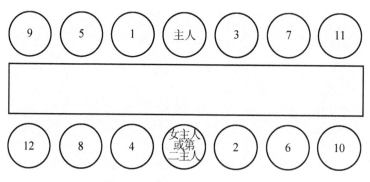

图11.2 西餐的座席排列（一）

非官方接待时，以女主人的席位为准。主宾坐在女主人右首；主宾夫人坐在男主人右首。举行两桌以上的西式宴会，各桌均应有第一主人，其位置应与主桌主人的位置相同，其宾客也依主桌的座位排列方法就座。

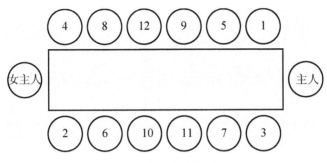

图 11.3　西餐的座席排列（二）

11.2.5　舞会礼仪

舞会是一种很不错的社交场合，它能促进人们之间的交往和增进友谊。虽然舞会的气氛通常都很轻松，但种种礼仪却不可忽视。无论是参加家庭舞会还是到夜总会跳舞，除了化妆打扮要适合舞会的气氛，最重要的是应该保持自己的兴致，使周围的人也跟着快乐起来。参加舞会，下列几点可供参考。

① 先确切地了解舞会的性质，再决定该穿的衣服与做适当的修饰，过与不及都要避免。不可浓妆艳抹地参加舞会，也不要穿牛仔裤挤在人群里。参加任何性质的舞会，在服装和首饰上都不能过分张扬，以免让人觉得俗气。

② 跳舞时不要晃动肩膀，否则会让人觉得轻佻、不庄重。对不熟的舞蹈，不要贸然去跳，除非邀舞的人不在乎你踩他的脚，或你自己不怕出洋相。跳舞时，对方询问你的姓名时可以告诉他，如果不想让他知道，只告知姓氏便可。他询问你的地址时，如果不想让他知道，可以说"××知道我住在什么地方"，这不是拒绝得很巧妙吗？作为男士，也应知难而退了。

③ 注意坐姿。舞会中的灯光通常比较暗，而且朦胧，男士只能看见你的仪态，所以要随时注意保持优美的仪态。

④ 舞会正在进行中，不可因音乐、气氛的感染而表现得太过放肆，尤其是在跳舞时，不要闭上眼睛。不要与同性共舞，以免发生误会。不要在跳舞时把面颊靠在他肩上，除非你们已是一对被公认的情侣。请小心，不要把口红沾染在男伴的衣襟上或领带上。

⑤ 交际舞的特点是男女共舞，邀请舞伴通常是男士的任务。男士邀请舞伴时，应姿态端庄、彬彬有礼地走到女士面前，微笑点头，同时伸出右手，掌心向上，手指向舞池并说："我可以请你跳舞吗？"如果被邀女士的丈夫或父母在场，要先向他们致意问候，得到同意后方可邀请女士跳舞。舞曲结束后，要把女士送到座位旁或送回其家人身边并致谢。

⑥ 如果想提早离开会场，仅悄悄地向主人招呼一声即可，千万不可在大众面前言明要早走之意，以免破坏其他人的玩兴，而使主人难以控制场中的气氛。

11.2.6　服饰礼仪

服饰是指人的衣着及其所用饰品的统称，是人形体的外延，有遮体御寒、美化人体的作用。公共关系人员在社交场合中的衣着服饰，反映其精神面貌、文化涵养和审美情趣，在一定程度上影响其公共关系活动目标的实现。日本著名的推销大王齐腾竹之助在他的自传体著作《高明的推销术》中说:"服装虽不能造出完人,但是,初次见面给人印象的30%产生于服装。"

1. 服饰穿戴的基本原则与要求

(1) 体现自身个性特点

作为个体的每个人,其自身的生理(体型、年龄、肤色等)及性格、性别等特征各不相同,服饰的选择也应有所区别。选择服饰要注意扬长避短、扬美避丑,要体现自己的个性特征。例如,从性别而言,男士要表现阳刚与潇洒,女士要展示柔美与娴雅。从体型肤色来说,身材娇小,宜选择造型简洁、色彩明快、花朵图案的服饰;"V"形夹克衫较适合双肩过窄的男士;"H"形套裙适合腰粗腹大的女士。肤色偏黄偏暗者,要避免穿着与肤色相近或深色的服装(如黄、深灰、蓝紫色等)。

(2) 遵循 TOP(Time Object Place)原则

服饰选择与穿戴要考虑时间、目的和地点3方面的综合因素。

① 时间(Time)。着装时要考虑的时间因素包括3个方面。一是根据一天中早上、日间或晚上等时间的变化选择着装,如早晨户外运动时,着运动装或休闲装;白天上班时,着工作装、职业装;晚上参加社交活动时,着正式的礼服。二是指根据四季的更替,考虑服饰的厚薄、色彩、式样,如冬装、春秋装、夏装。三是指着装要顺应时代潮流的发展,不可过于猎奇,也不要过分落伍。

② 目的(Object)。选择服装要考虑具体交往、交际对象的需要。例如,公关小姐穿着牛仔服去赴商务宴会、参加吊唁活动着装鲜亮就不合要求;上班时间最好穿着打扮职业化些;参加婚礼或宴会、舞会时则应精心打扮,展示出自己的潇洒气质和迷人风采。一般来说,正式场合应西装革履,但有时简朴的装扮反而会带来更佳的效果。

③ 地点(Place)。所处地点、场所、位置和环境等不同,选择着装也有所不同,主要有上班、社交和休闲3种情形。一般来说,休闲时的打扮应比较随意,以舒适为宜;上班时着装应整洁、大方、高雅,无须引人注目,切忌过分暴露;社交场所的衣着可适当新潮、个性化一些,但不可显得轻浮或过分夸张。

2. 着装礼仪

(1) 男士着装礼仪

① 色彩。要体现庄重、俊逸,色度上不求华丽、鲜艳,色彩变化上不宜过多,一般以不超过3种颜色为好,以免显得轻浮。

② 帽子与手套。戴帽子和手套一般在室外,但与人握手时应脱去手套以示礼貌,向人致意应取下帽子以示尊重,室内社交场合不要戴手套和帽子。

③ 鞋袜。在正式场合,以穿黑色或深棕色皮鞋为宜,娱乐场所可穿白色或浅色皮鞋。穿袜子,袜子的长度要高及小腿中上部,颜色以单一色调为好,而着礼服时的袜子颜色要与西裤的颜色相近,白色袜子忌穿于正式场合。

④ 衣裤。一般场合可以穿着便装,即各式外衣、牛仔裤等日常服装;而正式场合则应着礼服或西装,如典礼、仪式、会见等。在男士服装中,比较普通或典型的服装就是西装。西装穿着看似简单,其实也要遵从一定的规范,避免"八忌":一忌西裤过短或过长(裤脚

盖住皮鞋为基准），二忌衬衫不扎于裤内，三忌不扣衬衫扣子，四忌西服袖子长于衬衫袖子，五忌衣裤袋内鼓鼓囊囊，六忌领带太短（一般以领带盖住皮带扣为宜），七忌西服配便鞋（休闲鞋、球鞋、旅游鞋、凉鞋等），八忌衣裤皱皱巴巴、污渍斑斑。

(2) 女士着装礼仪

① 帽子与手套。只要是正式场合（无室内外之分），女士均可戴帽子，但帽檐不能过宽。

② 鞋袜。社交场合，穿鞋要注意鞋子与衣裙色彩和款式的协调，但不可穿凉鞋、拖鞋等，如布鞋配套裙不恰当。穿着裙装时，应配长筒或连裤丝袜，袜口不得短于裙摆边；颜色以肉色或黑色为主，袜子大小松紧要合适；不能穿挑丝、有洞或缝补过的袜子，也不要当众整理自己的袜子。

③ 衣裙。正式场合（如会议、庆典等）应着典雅大方的套装（以上衣、下裙为宜），以民族性或古典性服装为宜。一般的基本要求：避免过于性感的装扮，如袒胸露背、露脐与露肩等，都是不太适合的；避免过"透"，透明外衣需配内衬；避免过"短"，裙边要稍长，至少长及膝盖。

11.2.7 仪容礼仪

仪容就是人的外貌，即容貌。它是一种无声的语言，在人际交往的最初阶段，给人的第一印象会直接影响人际交往的效果。因此，在公共关系实际工作中，要求公共关系人员在社交场合讲求仪容，力求做到仪容得体、举止大方。

但是，公共关系中讲的仪容与日常生活中人们谈论的美丽、漂亮并不是一回事。美丽、漂亮是人的先天条件，而仪容则是先天条件加上后天努力共同作用的结果。人的先天条件是基因遗传所致，有的人天生丽质，有的人相貌平平，具有不可选择性；而人的后天努力则具有一定的可塑性。俗话说："三分长相，七分打扮。"精心的设计、修饰可以让"丑小鸭变成白天鹅"，可以让人变得风度潇洒、气质高雅；不修边幅、衣衫不整的人先天条件再好，也会让人难以忍受。在公共关系实践中，这些修饰、打扮的方法是可以学习的。经过学习，了解一些修饰仪容的基本技巧并熟练运用，每个人都可以变得更美丽、更潇洒。

一般来说，仪容包括面部、头发和肢体等部分。下面就简单地介绍一些人们在公共关系社交场合应注意的基本问题。

1. 面部

面部好比人的"门面"。面部是仪容修饰中最重要的环节之一。美化面部的基本要求是端庄、自然、清洁和适当修饰。

(1) 男士要求

男士注意每天修面剃须，切忌胡子拉碴地参加各种社交活动。即使蓄须，也需考虑工作允许，并注重常修剪、讲整洁。男士除非参加舞台演艺活动，一般不宜化妆，否则有失庄重。

(2) 女士要求

女士注意恰当地化妆与修饰，但不可过于标新立异、离奇出众。女士化妆与修饰应注意以下几点。

① 化妆的浓淡选择。一般情况下，总体宜以淡雅、自然为主，白天（自然光下）略施粉黛即可，不宜厚粉艳妆；晚间社交活动，则多为浓妆。但在公共场所，不能当众化妆或补妆，如确有必要，可在避人的卧室或洗手间操作。

② 眉眼修饰。应注意眼影的浓淡、涂抹范围应与时间、场合、服饰等相适应。眉部修饰要避免出现残眉、断眉、竖眉、八字眉等形状。有的人喜欢文眉、文眼线，求一劳永逸，但作为公共关系人员，则不宜选择此法。眼部还要注意清洁，避免眼角出现分泌物。

③ 口腔。讲究卫生，勤刷牙，防止口臭，禁食气味较刺鼻的食物，如葱、蒜、韭菜、腐乳等；唇部避免开裂爆皮和嘴角异物，口红或唇膏的涂抹宜以淡雅为主，不宜大红大紫。

2. 头发

在社交场合，头发的基本要求是发式整洁、发型得体。

（1）发式

整洁的发式可给人以神清气爽的印象。为保持头发整洁，要勤洗头，至少每周3次，最好每天一次，并及时梳理。整饰发式通常每半月一次，以保持适当的发长。另外，要注意不要当众梳理头发，也不可乱扔断发与头屑等物，也不可以手代梳。

（2）发型

发型的选择应考虑工作场所、时间、年龄及个性、体貌特征等因素，基本要求是长短适当、风格庄重。对男士而言，要求是前发不覆额、侧发不掩耳、后发不触领，不可长发披肩或梳起发辫，也不可剃光头；对女士而言，一般以简约、明快为宜，脸形较长者不宜头发过短，脸形较短者则不宜头发过长；个高者可留长发，并可梳理蓬松，个矮者宜剪短发，不可梳理成大波浪发式；肤色暗黄者不宜留披肩发。另外，染发不应改变自然本色，也不可过于前卫时髦。

3. 肢体

人的四肢既是劳动的工具，也是在社交场合展示自我风采和魅力的载体。任何优美的体态语言离不开四肢的和谐运用。因此，在公共关系礼仪中也非常重视对四肢的合理运用。这就要求人们合理地修饰自己的手臂和腿脚，以保持一个良好的整体形象。

（1）手臂的保养和妆饰

① 保洁保养。要勤于洗手，确保无泥垢、无污痕，保持清洁，特别场合要按规定戴好手套；要注意保养手部皮肤，避免出现粗糙、破裂、红肿、生疮及伤病创面等。

② 妆饰。不留长指甲，不可涂抹彩色指甲油或在指甲上绘画造型；手臂上不可刺字、刻画。因温度或某种交际场所而身着短袖或无袖服装时，最好剃去腋毛；若手臂汗毛过于浓密，也应设法去除。

（2）腿脚的清洁和美化

① 清洁。勤于洗脚，特别是赤脚穿鞋时要保持趾甲、趾缝及脚跟等处清洁。要勤换袜子，最好每天换洗一双，不要穿着不易透气、易生异味的袜子。要勤于换鞋，并注意鞋面、鞋跟、鞋底等处的清洁。

② 美化。注意腿毛，少数女士腿毛十分浓密，又需穿裙子，则最好设法去除，或选择颜色较深的长筒丝袜。勤剪趾甲，并注意剪除趾甲周围可能出现的死皮。忌化彩妆，除可涂抹养护趾甲的无色油外，不可涂彩色造型。

11.2.8 仪态

仪态指人的不同姿态。人的姿态能透露和传递出各种各样的信息。人的姿态在一定程度上可以看出他的心态、修养、素质、文明水准等，所以不可轻视。在公共关系交往中，应特别注意以良好的姿态出现在公众的面前。"站有站相，坐有坐相"是对一个人行为举止最基本的要求。

1. 站姿

(1) 规范的站姿

① 头正。头要端正，两眼平视前方，嘴微闭，直颈，下颌微收；表情自然，面带微笑。
② 肩平。两肩平正，微微放松，稍向后下沉。
③ 臂垂。两肩平整，两臂自然下垂，手指自然弯曲，中指对准裤缝。
④ 躯挺。胸部挺起、腹部往里收，腰部正直，臀部收紧。
⑤ 腿并。两腿立直，两腿要直、贴紧，膝盖放松，大腿稍收紧上提；身体重心放在脚掌前部，身体重心应尽量提高。女士站立时，脚跟靠拢，膝和脚后跟应靠紧，两脚尖夹角呈45°~60°。

(2) 几种常见的站姿

① 肃立站姿。两脚并拢，两膝绷直并严，挺胸抬头，收腹立腰，双臂自然下垂，下颌微收，双目平视。
② 体前交叉式。

男士：左脚向左横迈一小步，两脚展开，两脚尖与脚跟的距离相等，两脚之间距离小于肩宽为宜，双手在腹前交叉，右手大拇指与四指分开搭在左手腕部，身体重心放在两脚上，腰背挺直，注意不要挺腹或后仰。

女士：站成右丁字步，即两脚尖稍稍展开，右脚在前，将右脚跟靠于左脚内侧前端，腿绷直并严，腰背挺直，双手在腹前交叉，右手握左手的手指部分，使左手四指不外露，左右手大拇指内收在手心处。

③ 体后交叉式。（背手）要领：两脚跟并拢两脚尖展开约60°角，腿绷直，腰背直立，两手在身后交叉，右手搭左手腕部，两手心向上收。

④ 体后单背式。（背垂手）要领：站成左丁字步，即左脚跟靠于右脚内侧中间位置，使两脚尖展开约90°角，身体重心放在两脚上，左手后背半握拳，右手自然下垂。

另外，也可站成右丁字步，即右脚跟靠于左脚内侧中间位置，使两脚尖展开约90°角，右手后背半握拳，左手自然下垂。

⑤ 体前单屈臂式。要领：右脚内侧贴于左脚跟处（丁字步），两脚尖展开约90°角，左手臂自然下垂，右臂肘关节屈，右前臂抬至中腹部，右手心向里，手指自然弯曲。

另外，也可以左脚内侧贴于右脚跟处（丁字步），两脚尖展开约90°角，右手臂自然下垂，左臂肘关节屈，左前臂抬至中腹部，左手心向里，手指自然弯曲，身体重心放在两脚上。

2. 走姿

(1) 规范的走姿

① 头正。双目平视，收颌，表情自然平和。

② 肩平。要双肩平稳，两臂摆动。摆动时，手腕要进行配合，离开双腿不超过一拳的距离。手掌心向内，两手自然弯曲。上身挺直，收腹立腰，重心稍前倾。精神饱满，面带微笑。

③ 步位直。在行走时，双脚行走的轨迹，应当呈现为一条直线（两脚跟走在一条直线上，两脚尖略开，脚尖偏离中心线约10°角）。

④ 步幅适当。行走中两脚落地的距离大约为一个脚长，即前脚的脚跟距后脚的脚尖相距一个脚的长度为宜。

⑤ 步速平稳。行进的速度应当保持均匀、平稳，匀速前进，不要忽快忽慢。行走速度，一般男士每分钟108～110步，女士每分钟118～120步。

⑥ 走路用腰力，要有韵律感。如果走路时腰部松懈，就会有吃重的感觉，不美观；如果拖着脚走路，更显得没有朝气。

（2）禁忌的走姿

① 方向不定。在行走时，方向不明确，忽左忽右。

② 瞻前顾后。行走时，左顾右盼，反复回过头注视身后或身旁，会给人轻浮，缺少教养之感。

③ 速度多变。行走时，忽快忽慢，或突然快步奔跑，或突然止步不前。

④ 声响过大。在行走时，用力过猛，脚步声太响，会影响别人。

⑤ 八字步态。在行走时，两脚脚尖向内侧伸是内八字，两脚脚尖向外侧伸是外八字，这两种步态都不雅。

多人一起行走时，不要排成横队，不要勾肩搭背。遇急事可加快步伐，但不可慌张奔跑。

3. 坐姿

（1）入座的姿势

① 注意顺序。当与他人一起入座时，要讲究先后顺序，礼让尊长，不能抢先就座。

② 讲究方位。正式场合通常应从左侧走向自己的座位，从右侧离开自己的座位。

③ 落座无声。入座时，应不慌不忙，悄无声息；调整坐姿，也不宜出声。

④ 入座得法。就座时，应转身背对座位，如距座位较远，可以右脚后移半步，待腿部接触座位边缘后，再轻轻坐下。女士入座时尤要娴雅、文静、柔美，若穿裙子则应将裙子后片向前拢一下，以显得端庄娴雅。

有的场合座位已事先排好，并放上名卡，可按排定次序就座；有的场合不排座次，应注意选择适合自己身份、地位的座位，不要随便占尊者、长者的位子；有的活动场合有坐有站，要注意给年长者和女士让座。

（2）坐定的姿势

① 根据座位的高低，调整坐姿的具体形式。在较为正式的场合，通常坐下之后不应坐满座位，大约占2/3的位置即可，不要只坐一个边或深陷椅中。

② 挺直上身，头部端正，目视前方，或面对交谈对象。两手自然地放在双膝上或椅子扶手上，正坐时，双手应掌心向下，叠放在大腿上，也可以一左一右扶住座位两侧的扶手。侧坐之时，双手叠放或相握，放在身体侧向的那条大腿上。在一般情况下，不要靠座位的背部。只有当无人在场或个人休息时，才可以这样做。

(3) 几种常用坐姿

① 坐姿基本方式（正襟危坐式）。这种坐姿适合于正规的场合，如谈判、会谈、签字仪式等。上身与大腿、大腿与小腿，均为直角，膝盖和脚跟并拢。具体来讲，男士就座后双腿可张开一些，但不应宽过肩。女士就座后，特别是身着短裙时，必须并拢大腿。双手轻放于膝盖上，嘴微闭，面带微笑，两眼凝视说话对象。

② 两腿交叠的坐姿（两腿叠放式）。这种坐姿适用于女士在正规或非正规场合采用，尤其适合穿短裙子的女士采用（或处于身份地位高时场合）。造型极为优雅，有一种大方高贵之感。要求：将双腿完全一上一下交叠，交叠后的两腿之间没有任何缝隙，犹如一条直线。两脚可自然斜放或直放（可依椅子的高度决定）。斜放后的腿部与地面约45°角，叠放在上的脚尖垂向地面。

③ 双脚斜放式（双腿斜放式）。坐在较低的椅子上时，双脚垂直放置的话，膝盖可能会高过腰，较不雅观，这时最好将两脚斜放。这种坐姿特别适用于穿裙子的女士在较低处就座时使用。要求：双膝先并拢，然后双脚向左或向右斜放，力求使斜放后的腿部与地面约45°角。

④ 双脚交叉式（脚踝交叉的坐姿）。这种坐姿适用于各种场合，男女皆适宜。要求：双膝并拢，双脚在踝部交叉，交叉后的双脚可以内收，也可以斜放，但不宜向前方直伸出去。这种坐姿感觉比较自然，但随时都要注意膝盖不可分开。

⑤ 前伸后曲式。这是一种适用于女士的优美的坐姿。要求：大腿并紧之后，向前伸出一条腿，并将另一条腿屈后，两脚脚掌着地，双脚前后要保持在同一条直线上。适用于非正式场合。

⑥ 脚踝盘着并收起的坐姿。椅子较低时，除了可斜坐之外，还可以将脚踝盘着，往椅子下靠。但像沙发这种下面没有空间的椅子，就不可采取这种坐姿，若是柜台或酒吧内的高脚椅子，就可以采取这种坐姿。

4. 蹲姿

(1) 规范蹲姿

蹲姿的基本要领：站在所取物品的旁边，蹲下屈膝去拿，而不要低头，也不要弓背，要慢慢地把腰部放低；两腿合力支撑身体，掌握好身体的重心，臀部向下。下蹲时应自然、得体、大方，不遮遮掩掩。

(2) 两种优美蹲姿

① 交叉式蹲姿。下蹲时，右脚在前，左脚在后，右小腿垂直于地面，全脚着地。左腿在后与右腿交叉重叠，左膝由后面伸向右侧，左脚跟提起，左前脚掌着地。两腿前后紧靠，合力支撑身体。臀部向下，上身稍前倾。

② 高低式蹲姿。下蹲时，左脚在前，右脚稍后，不重叠，两腿紧靠向下蹲。左脚全脚掌着地，小腿垂直于地面，右脚跟提起，右前脚掌着地。右膝低于左膝，两膝内侧紧靠。臀部向下，基本上以右腿支撑身体。身体形成两个重心：一是腰部，二是右大腿。手放膝盖上方，手指与膝并齐。

本 章 小 结

【拓展视频：为表示友好,毛泽东向外国友人行了一个风趣的礼】

学习礼仪、应用公共关系礼仪是现代社会每一位公共关系人员的需要。

本章阐述了公共关系礼仪的含义、作用、基本特征和应遵循的原则；重点阐述了公共关系活动中日常见面、日常行为、餐饮、舞会、服饰、仪容、仪态等社交礼仪的基本特点和要求，以及应注意的问题。这对于公共关系人员处理好各种公共关系、提高工作效率、加强相互之间的合作、增进彼此间的感情与友谊，都有重要作用。

习 题

1. 填空题

（1）礼仪由_____、_____、_____、_____ 4项基本要素构成。

（2）依据礼仪适用对象、适用范围的不同，大致可被分为_____、_____、_____、_____、_____等几大分支。

（3）公共关系礼仪一般表现为_____、_____、_____、_____及_____等特征。

（4）商务公共关系的作用有_____、_____、_____、_____。

2. 选择题

（1）下列对礼仪的叙述正确的是（ ）。

A. 礼仪是礼和仪的综合，礼是表示敬意的通称，为表示敬意而隆重举行的仪式，叫作礼仪

B. 礼仪的本质就是通过一些规范化的行为以表示人际间的相互敬重、友善和体谅

C. 从个人修养的角度来看，礼仪是一个人内在修养和素质的外在表现

D. 从传播的角度来看，礼仪是人们交际中的一种艺术，是一种交际的方法

（2）礼仪的主体，指的是礼仪活动的（ ）。

A. 操作者　　　　　　　　　　　　　　B. 实施者

C. 操作者和实施者　　　　　　　　　　D. 指向者和承受者

（3）礼仪依据其适用对象、适用范围的不同，大致有五大主要分支，其中被称国家公务员礼仪的是（ ）。

A. 政务礼仪　　　　　　　　　　　　　B. 商务礼仪

C. 社交礼仪　　　　　　　　　　　　　D. 涉外礼仪

（4）心理学家杰克仁·布吉通过对群体行为的研究，揭示出会引起他人防卫的6种常见行为，下列不属于其中的行为是（ ）。

A. 积极评价　　　　　　　　　　　　　B. 意图控制

C. 过度自尊　　　　　　　　　　　　　D. 自以为是

3. 简答题

（1）公共关系礼仪的作用是什么？

(2) 公共关系礼仪的基本原则有哪些?
(3) 打电话时应注意哪些事项?
(4) 服饰穿戴的基本要求是什么?

4. 实际操作训练

(1) 设定礼仪场景,教师示范,学生上台训练。
(2) 将学生分组,以组为单位把礼仪知识穿插排练成舞台表演剧。

5. 案例应用

谁对谁错

某超市来了一位女士,她在挑选好了商品后走到一个收银台要求刷卡,收银员客气地给她解释,这个收银台只收现金不刷卡,这位女士觉得这家购物市场的收银台设置很不合理因而感到不满。当这位女士开始抱怨时,收银员也感到委屈,因为并不是她的过错。当收银员也表现得不耐烦时,这位女士更加生气,于是从最初的抱怨转为指责,最后双方开始争吵。在争吵时,这位女士打了收银员一个巴掌,经理及时赶到,将双方劝开,转而要求所有上班的员工在下班前回答一个问题,问题很简单,即今天的事情谁对谁错。最后超市员工的意见分为3种:第一种意见认为顾客永远是对的,不过不能因为顾客是上帝,员工在工作岗位上的人身安全都没有保障;第二种意见认为问题很复杂,回去考虑后再回答,在很多时候逃避就是对问题的解决方法;第三种意见认为错在收银员,因为她没有把事态平息在自己被掌掴以前。

这是一个生活中经常会遇到的问题,一种职业赋予人们的到底是一种什么样的责任。很明显,这是两位很有自我意识的人,尽管发生问题时他们的身份是不一样的,这位收银员处于解决问题的主动地位,而这位顾客正在接受着一种服务,作为处于主动地位的收银员应该具备的是一种职业给予的自我控制与约束,以及对顾客主动积极的服务态度,但是,这种角色在这位收银员身上并未体现,因为这种职业的角色关键不仅仅是一种情绪上的问题,同时也体现了对职业能力的要求。

(资料来源:熊卫平,2004. 现代公关礼仪 [M]. 北京:高等教育出版社.)

问题:
(1) 案例中女收银员的行为对于公共关系活动有哪些启发?
(2) 案例中女收银员的行为是情绪控制问题,还是职业能力问题?
(3) 用服务礼仪规范应当怎样处理案例中的问题?

【知识拓展】

第12章

公共关系日常实务礼仪

教学目标

通过本章学习，了解公共关系公务礼仪的类型，掌握各种公务礼仪的特点，了解社交类公共关系文书的种类并掌握各种文书的格式，了解公共关系专业文书的特点。

教学要求

知识要点	能力要求	相关知识
公共关系公务礼仪	（1）了解公务礼仪的基本规范；（2）学会在公务场合用礼仪与人交往；（3）掌握待人处事的技巧	（1）接待礼仪；（2）会议礼仪；（3）洽谈礼仪；（4）馈赠礼仪
社交类公共关系文书	（1）了解社交类公共关系文书的特点；（2）能够进行公共关系文书写作；（3）具备较强的书面表达能力	（1）请柬；（2）贺年卡；（3）聘书；（4）邀请信；（5）贺电；（6）慰问信；（7）唁电与报丧讣告
公共关系专业文书礼仪	（1）了解公共关系专业文书的特点；（2）了解公共关系专业文书的格式；（3）学会用专业文书处理有关事务	（1）新闻稿；（2）公共关系简报；（3）公共关系广告文案
公共关系礼仪的应用	（1）运用公共关系礼仪进行沟通与协调；（2）自我训练，顺应公关实践操作的需要	（1）公共关系礼仪与自我训练；（2）公共关系礼仪与工作实践

基本概念

实务礼仪　　公务礼仪　　文书礼仪

修改了 6 次的回执

有一位大学生从外国语学院毕业后分配到某国使馆当翻译，上班第一天，大使就给她来了个"下马威"。

她刚在办公桌前坐下，就接到另一国举办国庆招待会的请柬，让某国大使出席。大使让她回话：同意出席。她按请柬回执上的电话号码，打电话告诉了对方。过了一会儿，大使不放心，把她叫了过去，询问刚才的事是怎么处理的。她老实回答说已给对方打过电话了。大使认为这样不够礼貌，因为她现在处理的每一件公务都关系到其所在国家的声誉，要求她必须小心谨慎、严守规矩。于是她郑重其事地写了一份回执，送给大使过目。大使仍不满意，表示仅说明出席还不行，还要回一句表示祝贺的话。她又做了第三次修改，挖空心思地写了一句热烈的祝词，满怀信心地又一次呈现给大使。没想到大使又一次挑出了毛病：你没有说清楚什么时候去。她马上又加上了一句"按原定时间到会"的字句。大使一看连声说：不行。因为在外交文件上不能用"原定时间"的说法，必须复述对方规定的时间、地点，以示正规和对该事务的重视。当她做了第五次修改后，她长长地出了一口气，心想，这回可真是天衣无缝、尽善尽美了。谁知过了 10 分钟，大使又一次传旨：鉴于前任大使与另一个大使私交甚好，我准备提前 5 分钟到达，请按照这个意思再发一张回执。她心里暗暗叫苦，一张回执，她整整折腾了 6 次。

案例中尽管是一份小小的回执，但所传达的却是一种综合的信息。大使的每一项要求都是合理的、科学的和规范的，是符合礼仪的原则和要求的。这位大学生从中学到了很多知识与处理问题的方法。

由此可见，公共关系实务礼仪的学习和在实际工作中的运用是多么重要。

公共关系实务是指公共关系的行为或活动，因其是一种专业的、规范的活动方式，必然涉及活动的程序，以及为实现活动效果而提出的特殊要求，这些概括为公共关系实务礼仪。

公共关系实务礼仪作为一种职业活动，有自己的专门业务领域和工作范围，既包括公共关系公务礼仪、社交礼仪，也包括各种常用公共关系文书、公共关系社交类文书礼仪，以及公共关系专业文书礼仪。

（资料来源：熊卫平，2004. 现代公关礼仪 [M]. 北京：高等教育出版社.）

思考题
你从上述案例中得到了什么启示？

12.1 公共关系公务礼仪

现代社会需要一支高素质的公务人员队伍，为此，各级公务人员应知礼、懂礼并行礼。公务礼仪包括的内容比较多，在第 11 章我们已经学习了公共关系礼仪的基本知识，本节重点介绍公务人员在日常工作中的接待礼仪、会议礼仪、洽谈礼仪、馈赠礼仪等。通过学习，了解公务礼仪基本规范，学会在公务场合用正确的方法与人交往，掌握待人处事的技巧；改善自身的职业形象，提高职业能力，同时完善组织形象，提高办事效率。

12.1.1 接待礼仪

接待是公共关系活动中的一项重要的日常性工作。由于各种原因，一个组织要面对很多的来访者，如记者、协作单位、股东、上级主管部门、投诉的顾客、社区团体、参观团体、参会人员、远道而来的外宾等。对于来访接待，公共关系人员绝不能掉以轻心，而应充分认识到这项工作的重要性。

① 它是公众了解组织的第一步，也是组织给公众的第一印象，它直接关系到组织的社会声誉和形象。

② 接待工作是公众与组织直接而具体的接触活动，它不但涉及公众的利益，还涉及公众的尊严、情感等问题。

③ 见微知著，平凡而日常性的接待工作，也能反映一个组织的作风。

④ 接待工作既是公众了解组织的窗口，也是组织了解公众的窗口。因此，公共关系人员应认真做好来访接待工作。

要做好来访接待工作，应把握好以下几方面的技巧。

① 要做好接待的准备工作。接待的准备工作应从两方面进行：其一，公共关系人员自身的准备工作；其二，接待环境的准备工作。

② 对所有来访者都应以礼相待，切忌"以貌取人"或"以事取人"。在做外宾的接待工作中，应特别注意有礼有节、不卑不亢。

③ 对所有来访者都应热情周到，处处替来访者着想。

④ 对所有来访者都应真诚相待。

12.1.2 会议礼仪

会议礼仪是召开会议前、会议中、会议后及参会人应注意的事项。懂得会议礼仪对会议精神的执行有较大的促进作用。

1. 会议座次排定

大型会议应考虑主席台、主持人和发言人的位次。主席台的位次排列要遵循3点要求：一是前排高于后排；二是中央高于两侧；三是右侧高于左侧（政务会议则为左侧高于右侧）。主持人之位，可在前排正中，也可居于前排最右侧。发言席一般可设于主席台正前方，或者其右方。主席台必须排座次、放座次牌，以便领导同志对号入座，避免上台之后互相谦让。

2. 会议发言人的礼仪

会议发言有正式发言和自由发言两种，前者一般是领导发言，后者一般是讨论发言。正式发言者应着装整洁合体，走上主席台时应步态自然有力，体现一种成竹在胸、自信自强的风度与气质。发言时应口齿清晰，讲究逻辑，简明扼要。如果是书面发言，要时常抬头扫视一下会场，不能低头读稿，旁若无人。发言完毕，应对听众的倾听表示谢意。

自由发言则较随意，但应要注意，发言应讲究顺序和秩序，不能争抢发言；发言应简短，观点应明确；与他人有分歧时，应以理服人，态度平和，听从主持人的安排，不能只顾自己。

如果有人向发言人提问，应礼貌作答，对不能回答的问题，应机智而礼貌地说明理由，对提问人的批评和意见应认真听取，即使提问者的批评是错误的，也不应失态。

3. 会议参加者礼仪

会议参加者应衣着整洁、仪表大方、准时入场、进出有序，依会议安排落座。开会时应认真听讲，不要私下小声说话或交头接耳，发言人发言结束时，应鼓掌致意，中途退场应轻手轻脚，不影响他人。

4. 主持人的礼仪

各种会议的主持人一般由具有一定职位的人来担任，其礼仪表现对会议能否圆满成功有着重要的影响。

主持人应衣着整洁、大方庄重、精神饱满，切忌不修边幅。

主持人走上主席台时应步履稳健有力，行走的速度因会议的性质而定，对较快、较热烈的会议步频应较快。

入席后，如果是站立主持，应双腿并拢，腰背挺直。持稿时，应右手持稿的底中部，左手五指并拢自然下垂。双手持稿时，应与胸齐高。坐姿主持时，应身体挺直，双臂前伸，两手轻按于桌沿。主持过程中，切忌出现搔头、揉眼等不雅动作。

主持人言谈应口齿清楚，思维敏捷，简明扼要。

主持人应根据会议性质调节会议气氛，或庄重，或幽默，或沉稳，或活泼。

主持人对会场上的熟人不能打招呼，更不能寒暄闲谈。会议开始前，可点头、微笑致意。

12.1.3 洽谈礼仪

洽谈是在社会交往中存在某种关系的有关各方，为了保持接触、建立联系、进行合作、达成交易、拟定协议、签署合同、要求索赔，或是为了处理争端、消除分歧，而坐在一起进行面对面的讨论与协商，以求达成某种程度上的妥协。

洽谈的礼仪性准备是要求洽谈者在安排或准备洽谈会时，应当注重自己的仪表，预备好洽谈的场所、布置好洽谈的座次，并且以此来显示我方对洽谈的重视，以及对洽谈对象的尊重。

举行双边洽谈时，应使用长桌或椭圆形桌子，宾主应分坐于桌子两侧。若桌子横放，则面对正门的一方为上，应属于客方；背对正门的一方为下，应属于主方。若桌子竖放，则应以进门的方向为准，右侧为上，属于客方；左侧为下，属于主方。

在进行洽谈时，各方的主谈人员应在自己一方居中而坐。其余人员则应遵循右高左低的原则，依照职位的高低由近及远地分别在主谈人员的两侧就座。举行多边洽谈时，为了避免失礼，按照国际惯例，一般均以圆桌为洽谈桌来举行"圆桌会议"。具体洽谈时应坚持以下原则。

（1）要礼敬对手

礼敬对手即所谓"你敬我一尺，我敬你一丈"，保持绅士风度或淑女风范。

（2）要依法办事

提倡法律至尊，不能在洽谈中搞"人情公关"，不能与对方称兄道弟，向对方施以小恩小惠。任何有经验的谈判人士，都不会在洽谈会上让情感战胜理智。

（3）要平等协商

有关各方在合理、合法的情况下，可以进行讨价还价。

（4）要求同存异

在任何一次正常的洽谈中，都没有绝对的胜利者和绝对的失败者。在洽谈会上，妥协是通过有关各方的相互让步来实现的。

(5) 要互利互惠

任何成员方在享受其他成员方的优惠待遇时，必须给其他成员方以对等的优惠待遇。只有遵循互惠互利才能在成员之间达成协议，维护成员方之间的利益平衡。

(6) 要人事分开

在洽谈会上，应当理解洽谈对手的处境，不要向对方提出不切实际的要求，或是一厢情愿地渴望对方向自己施舍或回报。

12.1.4 馈赠礼仪

在社会交往中，礼尚往来是人之常情。在纪念之日、喜庆之时、探视病人、亲友远行、酬谢他人、拜访做客的时候送上一份恰当的礼物，不仅可以表达自己的心意，而且有助于加深双方的感情。

1. 赠礼的原则

(1) 因人而异

置办礼物前，要搞清受礼对象是单位还是个人。如果是赠送单位，就应考虑单位的性质、经营项目、设施状况、经营规模等情况；如果是赠送个人，则应了解对方的性格特点、爱好禁忌、身份地位、身体状况等内容。一般来说，出乎受礼者意料而又是其向往已久的赠礼是最成功的。

(2) 因事而异

赠礼者应对送礼物的性质有清醒的认识。如果送给单位，应先弄清对方是开业典礼还是周年庆，是庆功颁奖还是产品转向。如果送给个人，应搞清对方是生日庆典还是结婚仪式，是高就荣升还是乔迁新居。这对赠礼目的的达成至关重要。

(3) 时间恰当

赠礼贵在及时、准确。对生日、婚嫁、周年庆贺等较大的喜庆活动，等到参加完仪式、宴会之后再补送礼物是失礼的。当然，毫无理由地过早赠送也并不合适。

(4) 注意场合

从地点上讲，赠礼要考虑场合。一般来说，在大庭广众之下，宜送高雅、大方、体面的礼物，如书籍、鲜花等；而与衣食住行有关的生活用品则适宜在私下场合赠送。

(5) 适当包装

对礼物进行包装，不仅可使一件外表朴素的礼物显得美观，更具有艺术性，而且更能表达赠礼者的精心与诚意。包装前，应取下礼物上的价格标签，选择受礼者喜欢的材料和颜色进行包装。包装完毕后，贴上写有自己祝词和签名的缎带或彩色卡片，使对方清楚是谁赠送的礼物。

2. 礼物的选择

(1) 结婚礼物

结婚礼物以美观、实用、具有纪念意义最为适当。赠送前最好能与其他准备送礼的人商量一下，配合选送，以免重复。如果与收礼者是很熟的朋友，也可先征求他的意见。字画、餐具和其他家庭生活用品是人们普遍乐于接受的礼物。如果用金钱替代礼物，可在封套上写明"贺仪"等字样；如果是一般的礼物，则用一张红纸，写明收礼人及送礼人的姓名。

（2）贺岁礼物

为亲朋好友的生日选送礼物，既要讲究实用，又要投其所好。对年老的长者，可送寿联、寿桃、寿糕或营养品；对小孩，可送衣服、鞋帽或玩具。一般性的生日礼物，可送生日蛋糕、衣物、鲜花、书籍、影集、工艺品等。

（3）探视病人的礼物

探望生病的亲友，礼物以鲜花和食物为主。食物的选择应根据病人的情况，以能帮助病人战胜疾病、适宜食用为基本原则。

（4）远行礼物

亲友远行，一般以赠送适宜于旅途的食品、水果及轻松的书刊比较合适，也可以直接送钱。

12.2 公共关系文书礼仪

对外联系、对外交往、保障组织机构与社会各类公众之间的沟通，是公共关系人员的日常重要活动和工作。这就要求公共关系人员不但要有较好的口头表达能力，而且要熟悉一般日常公共关系写作，具备较强的书面语言表述的水准。公关部门在对外联络工作中，大部分是通过文件、报告、函件、展览、演说、报道、总结等形式进行的。这些都存在一个文字媒体的问题。书面语言能力的好坏，常常直接影响到组织机构政策、方针的贯彻和组织形象，更反映出该组织机构管理者的文化素质。因此，作为公共关系人员在公共关系写作上必须引起足够的重视。

12.2.1 公共关系文书的内容与特点

作为一名公共关系人员，应该具备多方面的基本技能，如组织领导能力、社会交际能力及各方面的专业技能，其中包括表达能力（文字表达能力和口头表达能力）。公共关系人员特别要谙熟各类公共关系文书写作。

1. 公共关系文书的内容

公共关系活动的各个环节都要使用公共关系文书。一般来说，公共关系文书是指与公共关系活动有联系的文书。从公共关系学和文书学的概念来说，公共关系文书就是组织为了树立良好形象，在采取一定的策略和手段进行管理活动过程中，记录信息、表达意图、互相联络的文字材料。

公共关系文书一般可分为以下几类。

① 公文类：命令、决定、通告、公告、通知、简报、报告、请示、批复、意见、议案、会议纪要、函、条例、规章等。

② 礼仪类：请柬、祝词、欢迎词、欢送词、题词、邀请书、讣告、悼词、唁电、贺信、贺联、慰问电等。

③ 交际类：名片、介绍信、便函、证明信等。

④ 契据类：契约、合同、协议书、条据、招标书、投标书等。

⑤ 文书类：申请书、保证书、决心书、挑战书、应战书、倡议书、建议书、聘书等。

⑥ 策划类：公共关系策划书、市场调查报告、市场调查问卷设计。

⑦ 广告类：书刊广告文稿、电视广告文稿、广播广告文稿等。

2. 公共关系文书的特点

（1）实用性

公共关系文书是在进行公共关系活动过程中撰写的文字材料，具有很强的实用性，是在传递信息、交流信息、反馈信息过程中，具体处理公共关系活动时所必须用文字来表达的办事工具。

（2）广泛性

有人说公共关系文书是"无所不在的交通工具"，这是有道理的。正因为公共关系文书是个"跨国公司"，所以使用十分广泛。就范围来看，有上行文、平行文、下行文；就时间来看，每个组织几乎天天都要使用。

（3）规范性

在所有公共关系涉及的文书中，除广告写作、公共关系策划书、市场调查报告等少数文本外，公共关系文书的写作具有典型的规范性。这种规范性不仅表现在对公共关系文书所用纸张的质地和尺寸有统一的要求，对于书写形式也有统一的要求。

（4）艺术性

公共关系工作本身是一门富于艺术性的工作。这里讲的艺术性并非花言巧语、哗众取宠、矫揉造作、华而不实，而是指文章的结构、语言、表达方式等要给人以美感，达到内容和形式上的完美结合，如贺信、倡议书、请柬等常用的公共关系文书，都应讲究内容美、语言美、形式美，庄重而不严肃，亲切而不妩媚。

12.2.2 公文

1. 公文的概念和特点

（1）公文的概念

公文是行政机关在行政管理过程中形成的具有法定效力和规范体式的文书，是依法行政和进行公务活动的重要工具。

（2）公文的特点

① 公文的制发者须是法定作者。公文的作者是法定的，是能以自己的名义行使职权和承担义务的机关、团体、企事业单位。公文起草者只是组织的代笔人。公文的读者具有特定性。有的公文的读者是特指的受文机关，有的公文的读者是社会全体成员。

② 公文的制发具有严格的程序性。公文从准备撰写到制作成文，都有严格的程序。公文的体式必须符合《党政机关公文处理工作条例》规定的体式，即规范体式。公文在撰写和制发过程中要受公文处理程序的严格制约。公文的草拟、审核、签发、复核、缮印、用印、登记、分发等环节之间的先后次序是固定的，不能随意颠倒或错乱。

③ 公文具有法定的权威性和约束力。公文具有代行法定职权的功能，对受文机关在法定的时间和空间范围内具有强制性。但应注意，公文的权威性和约束力受一定时空的限制，其法定效力也是现实效用，任何公文都不是永远有效的。

2. 公文的类型

（1）按照公文的功能来划分

2012年实施的《党政机关公文处理工作条例》规定，我国行政机关现行的公文有15种：决议、决定、命令（令）、公报、公告、通告、意见、通知、通报、报告、请示、批复、议案、函和纪要。

（2）按照行文方向来划分

按照行文方向来划分，可分为下行文（如命令、通知、批复等）、上行文（如报告、请示等）和平行文（如函）。下行文指具有隶属关系的上级发给下级机关的公文；上行文指具有隶属关系的下级机关呈报给上级机关的公文；平行文指不相隶属机关之间来往的公文。所谓隶属关系，是指上下级机关具有直接管理和被管理的关系。

（3）按照缓急程度来划分

按照缓急程度来划分，可分为特急、急件、一般文件3类。对特急文件要求在接件后一天内办理完毕，急件应在接件后3天内办理完毕。有的紧急公文不仅标明紧急程度，还可在标题的文种前加以限定，如《×××公司关于加强安全检查工作的紧急通知》。

（4）按照保密级别来划分

按照保密级别来划分，可分为绝密、机密和秘密3个等级。绝密文件是指涉及党和国家核心机密的文书；机密文件是指涉及党和国家重要机密的文书；秘密文件是指涉及党和国家一般秘密的文书。具有保密级别的文件一旦泄漏，会使党和国家的安全和利益遭受不同程度的损害。

12.2.3 通知

1. 通知的概念和种类

（1）通知的概念

通知是"适用于批转下级机关的公文，转发上级机关和不相隶属机关的公文，传达要求下级机关办理和需要有关单位周知或者执行的事项，任免人员"的公文。通知是使用相当广泛的公文文体，一般是下行文或平行文。

（2）通知的种类

根据其适用范围，通知可分指示性通知、任免人员的通知、转发性通知、会议通知等。

① 指示性通知。用于布置下级机关工作事项、指示方法、步骤，如《国务院办公厅关于禁止发放使用各种代币购物券的通知》。

② 任免人员的通知。用于任免和聘用干部，如《国务院办公厅关于调整国务院三峡工程移民试点工作领导小组组成人员的通知》。

③ 转发性通知。即颁布（颁发）与转发公文时使用的通知。

④ 会议通知。这是组织会议的单位制发的公文，如《宁波市外贸局关于召开外贸会议的通知》。

2. 通知的文体结构和内容结构

（1）文件结构

不同类型的通知，其基本格式是一致的，一般包括标题、主送机关、正文、发文机关、签署、附件等部分。这里着重介绍正文部分的写作。

（2）内容结构

① 标题一般应写明发文机关、事由和文种，如《国务院关于进一步加快旅游业发展的通知》。情况特殊的通知，如"紧急通知""补充通知"等都应在标题中写明，如国家经贸委（现商务部）《关于立即停止生产一次性发泡塑料餐具的紧急通知》。

② 主送机关即被通知的单位或个人，在正文前顶格书写，后跟冒号，以示引领下文。无固定通知对象者或知照范围广泛的通知则可不写。

③ 正文一般由3部分组成。

A. 事由。这是通知的开头，应写明制发通知的缘由、目的、依据或情况。内容单纯的通知，可省去发文缘由，直接写目的。

B. 事项。写出通知的内容，即要求受文机关承办、执行和应予以知晓的事项。这些内容如较复杂，可分条列项写出。

C. 结尾。这部分常用"特此通知""专此通知"之类的习惯用语结尾。

④ 签署。它是在正文右下方写明发文机关的名称和日期，若发文机关在标题中已出现，签署则可省略。

⑤ 附件。它是告知性通知及批示性通知常带有附件。

通知的例文如下。

【例文12-1】

国务院办公厅关于印发2018年政务公开工作要点的通知

国办发〔2018〕23号

各省、自治区、直辖市人民政府，国务院各部委、各直属机构：

《2018年政务公开工作要点》已经国务院同意，现印发给你们，请结合实际认真贯彻落实。

国务院办公厅
2018年4月8日

（资料来源：中华人民共和国中央人民政府网站）

12.2.4 信函

信函作为公共关系文书中的一种文本，是党政机关、社会团体、企事业单位之间公务活动中处理大小公务的专用信件的总称。它的适用范围最为广泛，既可以用于上下级之间，也可用于平行的不相隶属的部门或单位之间。

信函一般有告知函、商洽函、问复函和请准函4种。

① 告知函的功能是主动将有关信息（如问题、意见、情况）告知对方。

② 商洽函是不相隶属机关之间商洽工作的函，如洽谈人员培训、人事调转、产权交易、商品买卖等均可使用商洽函。

③ 问复函是向有关机关询问、答复有关问题情况的函。有隶属关系的上下级之间，上级可用函询问，但下级不能用函答复，而应以报告的形式予以答复。

④ 请准函是请求批准函和审批函的合称，是向不相隶属的主管机关请求批准或用来答复审批事项的函。

信函的例文如下。

【例文 12-2】

普天太力 HESR 项目客户告知函

尊敬的客户：
　　您好！
　　北京普天太力通信科技有限公司（以下简称"普天太力"）自华为县级体验店项目（HESR）成立一年多时间以来，一直得到您的大力支持与帮助，在此，我们向您表示衷心的感谢！
　　普天太力在 HESR 项目伊始，秉持着"公平、高效、公开、透明"的原则与客户开展项目合作，力求为客户提供一个更为纯粹的平台。
　　普天太力作为央企，正道经营、廉洁从业是基本的要求。一直以来，普天太力无论在自身经营管理，还是与客户伙伴的合作中，都始终秉持正道经营、廉洁从业。正道经营是公司长期生存发展必须坚守的原则；公司把廉洁从业纳入企业的核心价值观，建立完善了"德为根本、奋斗不息、业绩优先、担当有为、取财有道"的核心价值观体系，形成了全体干部员工共同遵守的行为规范和准则。
　　本次我们征询您对于普天太力在客户招商、门店建设、门店运营管理、门店产品供应等方面存在的问题，我们期待您给出建议与反馈。此次征求反馈，将由普天太力总部直接进行收集和处理。
　　请将您对普天太力 HESR 项目的工作改进建议，发送邮件至 HESR@ putiantaili. com。
　　请将您对普天太力 HESR 项目有关于"正道经营、廉洁从业"方面的投诉，发送邮件至 LJ@ putiantaili. com。
　　您的每一次参与和建议，都会促使我们不断地进步。我们真诚期待您的回复！

北京普天太力通信科技有限公司
2018 年 3 月 6 日

12.2.5　书信

书信是人们在不能、不便或不需要见面的情况下，为了交流信息、沟通感情、联系事务而采用的一种文书形式，也是公共关系活动的重要媒介。

书信可以分为一般书信、专用书信等。对于各种书信文体及其礼仪要求，公共关系人员都应有所掌握，以便在代表组织书写时正确使用。一封合理的书信，就是一次成功的公共关系活动。信写得不好、没有礼貌、不得体，就会给收信人一个不良的印象，甚至成为笑柄。

1. 一般书信

一般书信是指父母子女之间、兄弟姐妹之间、亲朋好友之间为了表达互相鼓励、祝贺、问候、寒暄、关照等思想或情感而写的书信。旧时这类书信的礼仪要求很高、很复杂，新式书信已简略很多，但也还是要注意基本的格式。

在通常情况下，称呼应写在信笺的第一行顶格处，如"经理""董事长""小李""刘芳"等，称呼之后加冒号。

问候语一般写在正文的开始和结尾之前，写在开始的问候语可以用"您好""你好"等；写在正文结尾的问候语是指让收信人转告他人的问候语，如"请代问你父母好""请代问李经理及全体同仁好"等。在写信人与收信人关系很密切或经常通信的情况下，问候语也可以不写。

正文写完之后，顶格或空两格写一些表示祝福的、敬意的、鼓励的话，如"敬祝健康长寿""恭祝康乐永驻""此致敬礼""祝圣诞快乐"等。具体说什么,应根据与对方的关系、对方的职业、写信的季节等考虑。

祝词之后应署名。署名应写在信的正文的右下方。必要时可以在前面写上与对方的关系用语,在后面写上必要的谦辞,如"部下刘华""外孙李再东拜上"。署名之后在名字下方写日期。可以写年、月、日,也可以写月、日,或只写日,有的还在日期之后写上一天中写信的具体时间。也有的在日期之后写写信的地点,这在写于旅途中的信上比较常见,如"6月6日于广州白云宾馆"等。

2. 专用书信

专用书信是个人与社会组织之间,社会组织彼此之间为了某项具体的需要而使用的书信。

（1）介绍信

介绍信是社会组织为了介绍到有关单位了解情况、联系工作、参观访问的人的身份的一种专用书信。内容包括被介绍人的姓名、身份,随访的人数、活动的目的、对受访单位的请求等。介绍信的例文如下。

【例文12-3】

介绍信

迅达信息公司：

兹介绍我公司×××同志前往贵公司学习商务软件制作技术,请予以接洽为盼。

此致

敬礼

腾飞实业股份有限公司（盖章）

××××年××月××日

（2）证明信

证明信是社会组织为证明个人的身份、履历、学历及其他事项的真实情况而使用的专用书信。书写证明信时要慎重,除了对所证明的事实一定要准确无误外,还应注意用语明确、肯定,不得涂改,为便于查考,证明信应留底稿并进行登记。证明信的例文如下。

【例文12-4】

证明

××县物资局：

你局×××同志,原属我局职工,已于××××年××月评为助理经济师,情况属实,特此证明。

××市机电公司（公章）

××××年××月××日

专用书信的礼仪主要不是表现在格式、用语方面,而是表现在所写情况的真实、准确、实事求是方面。所介绍、证明、反映的情况越真实,就越是一种礼仪风范的表现。相反,如果所提供的情况是虚假的,或含糊不清,就是对对方的失利和无礼。

12.2.6 商业书信（英文）的格式

商业书信一般可分为6个部分：开端、信内地址、称呼、正文、结语、署名。有时信内还附有"再启"，相当于中文书信中的"又及"。

1. 开端

在信纸的右上角，详尽地写下发信人的企业（商号）名称、地址、日期和电话号码。如果是印有公司名称和地址的专用信笺则不必再写，但日期一定要写上。

2. 信内地址

写在信里面的地址除了信纸右上角的发信人地址外还在信纸左上角（位置略低于发信人地址）写明受信人的人名，企业名称和详细地址，应与信封上写的一样，不可随意改动。

3. 称呼

无论是写给个人的或企业的信件，在开始时必须有称呼。对外称呼一般为先生、女士、小姐等。如收信人的身份特殊，在社会上有很高的地位，如教授、博士等，应照用其头衔，如写信给政府部门的领导可称阁下。

4. 正文

写作要求与中文略同，但不可信纸两面都写，如需要再接第二页，可用一张空白信纸，不必再写开端。只是要注明页数。如左上角写上收信人名字，在右上角可写上发信日期即可。

5. 结语

英文书信的结语相当于中文书信结尾的"此致敬礼"，一般是"致以最崇高的敬意""致以最美好的祝愿"等语。结语的第一个字母要大写。

6. 署名

无论打字还是手写，都应用笔签署，应该在笔签名的下面，再用打字机打出正确的名字或用正楷将全名写下。

除此之外，一般英文商业书信与中文公函一样，为了方便收发和存档备用，可在称呼之下正中位置列上事由提纲，相当于中文公函中的标题。

12.3 社交类公共关系文书

社交类公共关系文书是一个组织为了协调与公众之间的关系，出于礼貌、礼节的需要对公众表示感谢、庆贺、慰问、邀约等思想感情或意愿而使用的实用文书。

12.3.1 社交类公共关系文书的内容与特点

1. 社交类公共关系文书的内容

社交类公共关系文书包括的内容比较多，一般可以划分为以下几类。

① 迎来送往类。它是组织之间的欢迎、欢送、答谢仪式上所适用的表示礼节的致辞，是使用频率很高的礼仪文书之一。常用的有欢迎词、欢送词、告别词、祝酒词和答谢词等。写作格式大体相同。

② 喜庆祝贺类。它是在重大节日、纪念日或开业、工程落成、重要会议召开、重要人物寿诞、取得重大成就之际，向对方表示庆贺、祝贺之意而使用的礼节性文书。常用的有祝词、贺词、贺信、贺电、贺卡和贺联等。

③ 聘请邀请类。它是聘请或邀请有关人物担任某项工作或参加某项活动的短信，是用于人际交往和礼仪应酬的实用文书。一般有特定的样式，装帧讲究、书写美观。常用的有请柬、邀请函和聘书等。

④ 哀悼吊唁类。它是对死者表示哀悼和怀念，以及对死者亲属表示慰问所使用的文书，常用的有讣告、悼词、唁电、祭文、挽联等。

2. 社交类公共关系文书的特点

（1）礼节性

礼节性是它最本质的也是第一个特点。礼节性可以表现出两层含义：一是以礼相待，充分地表达了对对方的尊重和礼貌之意；二是选择适当的时机，如喜庆节日、重大活动或婚丧寿诞之时，要适逢其时，否则便失去了意义。

（2）规范性

社交文书都有固定的体式，如请柬、聘书，不但要在内容上遵循惯用写法与格式，就连纸张质量、大小尺寸、装帧都有一定的要求和样式。这些体式是在长期的礼仪活动中约定俗成的，带有一定的规范性。不合体式的礼仪文书将被视为轻率的、不礼貌的行为，会影响公关效果。

（3）情感性

社交是一种情感交流活动，联络感情、增进友谊是它的内容和目的。作为情感交流的工具，社交文书应该充满感情，或热烈，或惜别，或感谢，或哀悼，或祝贺，都应该是情真意切，溢于言表，当然也要把握好一定的度。

（4）简明性

社交文书不是为了阐明实质性的问题，而是出于礼仪上的需要，只要能表达某种情感即可，无须长篇大论。因此，社交文书内容上大多简短精练，有的甚至只有一两句话。

在公共关系活动中，对不同的公共关系工作、不同的公共关系场合，不同的公共关系对象，要选用适宜的公共关系文书，否则就可能会影响公共关系活动的顺利进行。因此，公共关系文书必须符合礼节性和规范性的要求。

12.3.2 请柬

请柬通常也称请帖、柬帖，是为邀请客人参加各种纪念活动、婚宴、晚会、诞辰和重要会议等而发出的一种书面形式的通知。在决定一些比较重大的事项或庄重的场合，如规格较高的会议、宴请、展览等，需要宾客参加时通常都发出请柬，一般用套红制成帖子形式，所以又称柬帖。

请柬的特点一是要注重礼貌，措辞典雅。发出请柬既出于礼貌所需，也能对客人起到提醒备忘作用。它是一种庄重与谦虚、严肃与简便相结合的礼仪文书，用语要简短、热情、文雅。二是要对象明确、制作精美。请柬所邀请的内容、时间、地点、被邀请者的姓名、头衔具体明确，装帧美观、大方，以示对被邀请者的尊重。

请柬的例文如下。

【例文 12-5】

请柬

××单位：

　　为答谢与我公司就××工作多年来的合作，我公司于××××年××月××日，在迎宾馆二楼餐厅××号包厢，宴请市领导、轻工业局领导和与会单位负责人。酒宴于晚上×点开始。

××公司
××××年××月××日

12.3.3　贺年卡

贺年卡的历史最早可追溯到先秦时代，古时又称"刺""谒"或"帖"。最早主要流行于士绅阶层，在新年伊始，职位或辈分低的会向年长或职位高的登门拜年。如果主人不在，或家有贵宾不便会客，拜年的人便留下红色名片（或印红字者），上有"登府拜年恭贺新禧"的字样，以表亲自上门拜年之意。

贺年卡目前已成为公共关系活动中简便表达祝贺情感的一种方式，在印有贺词的贺年卡上最好写上亲笔签字。

贺年卡的例文如下。

【例文 12-6】

××公司新年贺卡

感谢您过去一年中对我公司的关心和支持，并祝您在新的一年中事业发达，再展宏图。

Many thanks for the concerns and favors you showed to ×× Company in the last year, and best wishes for your greater success in the coming new year.

公关部经理：（亲笔签名）
Manager of Public Relation：
2008.12.25

12.3.4　聘书

聘书是某单位聘请专业人才担任某项职务或承担某项工作所用的一种专用文书。

聘书的结构由标题、称谓、正文、结尾署名和日期组成。

① 标题。首页或内页正中写"聘书"或"聘请书"字样。

② 称谓。写被聘者的姓名，格式与一般书信相同。

③ 聘书的正文。第一，交代聘请的原因和聘任后所从事的工作，或所要担任的职务。第二，写明聘任期限，如"聘期两年""聘期自2000年2月20日至2005年2月20日"。第三，聘任待遇。聘任待遇可直接写在聘书之上，也可另附详尽的聘约或公函写明具体的待

遇，要视情况而定。另外，正文还要写上对被聘者的希望。这一点一般可以写在聘书上，也可以不写，而通过其他途径使受聘人切实明白自己的职责。

④ 结尾。表示敬意或祝颂。

⑤ 署名和日期。单位署名一般要加盖公章。

聘书的例文如下。

【例文 12 - 7】

聘书

赵爽同志：

　　兹聘请您为永乐家电集团维修部总工程师、主任，聘期自 2011 年 4 月 5 日—2012 年 4 月 5 日，聘任期间享受集团高级工程师全额工资待遇。

永乐家电集团（章）
2010 年 4 月 2 日

12.3.5 欢迎词、欢送词、答谢词

1. 欢迎词

（1）欢迎词的概念

欢迎词是行政机关、企事业单位、社会团体或个人在举行隆重庆典、大型集会、欢迎仪式或洗尘宴会上，主人对友好团体或个人的来访表示欢迎的讲话稿。简而言之，即企业单位对来宾表示欢迎的讲话稿。

（2）欢迎词的特点

一般的欢迎词都是一种礼节性的外交或公关辞令，遣词造句十分讲究礼貌，称呼使用尊称。

欢迎词是社交礼仪演讲词的一种，语言生动简洁，具有较强的口语性。欢迎词又是对来宾表示欢迎和尊重，表达友好交往的讲话稿，具有欢愉性的特点，语言亲切。

欢迎词一般都比较简短，言简意赅，短小精悍，旨在进一步增强双方的交流与合作，营造和强化友好和谐的社交气氛。

欢迎词的落款可以省略，也可以写在标题下面，最后也可写上致辞人的身份、姓名和时间。

欢迎词的例文如下。

【例文 12 - 8】

欢迎词

尊敬的佐藤先生、女士们、先生们：

　　今晚我们为能有机会与中国人民的老朋友佐藤先生欢聚在一起，感到非常荣幸。首先，让我代表出席今天晚会的各界人士，并以我个人名义，向远道而来的贵宾表示热烈的欢迎，并致以美好的祝愿和问候。

　　中日两国人民有着悠久的经济、文化交流历史，这次佐藤先生一行来访，就是这种传统友谊的继续和发展。我们殷切地期望通过这次访问，能进一步增进我们之间业已存在的友谊，进一步扩大我们之间的业务往来，使两国人民共同受益。

　　现在，我再一次对佐藤先生一行表示热烈的欢迎，并祝愿你们的访问成功，生活愉快！

2. 欢送词

（1）欢送词的概念

欢送词是行政机关、企事业单位、社会团体或个人国家机关或单位，在公共场合欢送友好团体或亲友出行时的讲话稿。从表达方式上可分为现场讲演欢送词和报刊发表欢送词两种。

（2）欢送词的特点

欢送词的特点与欢迎词的特点基本相同，口语化也是欢送词的显著特点之一。因此，遣词造句也应注意使用生活化的语言，使送别既富有情趣又自然得体。

欢送词还具有惜别性，表达出亲朋好友远行时的感受，表达出真切的送别之情与祝愿，格调不必过于低沉、悲伤，应把握好分别时所用言辞的分寸。

欢送词的例文如下。

【例文12-9】

欢送词

尊敬的约翰布朗先生：

再过半小时，您就要起程回国了。我代表宇辉集团公司，并受王副部长之托，向您及您率领的代表团全体成员表示最热烈的欢送！

我十分高兴看到近一个星期以来，我们双方本着互惠互让的原则，经过多次会谈，达成了4个实质性协议，取得了令人满意的成果。在此，我们对您在洽谈中表现出的诚意和合作态度，深表感谢！我衷心地希望您和您的同事们今后一如既往，为进一步发展我们双方的经济贸易往来而不懈努力！

我们期待着您和您的同事们明年再来这里访问。

谨致最美好的祝愿！

宇辉集团公司总经理　程维
2009年2月9日

3. 答谢词

（1）答谢词的概念

与欢迎词或欢送词相对应，答谢词是在专门仪式、宴会、招待会上，由宾客出面发表的对主人的热情接待表示感谢的讲话稿。答谢词也指客人在举行必要的答谢活动中所发表的感谢主人的盛情款待的讲话。

（2）答谢词的特点

① 讲究客套、充满真情。在特定的礼仪场合，答谢词十分讲究必要的客套话的使用，对主人的热情款待和众多关照表示答礼、谢意和感激之情的语言热情洋溢、充满真情。

② 注重照应、尊重习惯。答谢词是主人致欢迎词、欢送词之后，其内容注重与欢迎词内容的照应。即使预先准备了答谢词，也要根据现场的特定环境做修改补充，根据情境临场发挥。在异地做客，要了解当地的民情、风俗，尊重对方的习惯。这体现了对主人的尊重。

③ 篇幅简短、气氛热烈。答谢词主要诚挚地表达对主人的谢意，营造和谐友好的现场气氛，篇幅应短小精悍。

答谢词的例文如下。

【例文 12-10】

致领导

尊敬的领导：

　　感谢您的关怀，感谢您的帮助，感谢您对我做的一切……请接受我新春的祝愿，祝您平安幸福。

　　我也许不是您最出色的员工，而您却是我最崇敬的领导！感谢您对我的帮助、培育。

　　这么多年了，感谢领导对我的悉心栽培，没有伯乐，我永远都不会是千里马，你们昨日的呵护成就了今天的我，感谢您！

　　感谢领导对我的细心栽培，使我全面提升了自己的业务水平……

　　千里之行，积于跬步；万里之船，成于罗盘。感谢领导平日的指点，才有我今天的成就。在这充满温馨的日子里，让花朵和微笑回归您疲惫的心灵，让祝福长久地留在您心中，我还要说声：谢谢您！

×××
××××年××月××日

12.3.6　祝贺词

　　祝贺词也称祝贺辞，是表示祝贺、祝愿的言辞和文章，是人们在交际活动中使用频率较高的一种日常文书。

　　现在，祝贺词常常用于社会组织或者个人对取得巨大成绩、做出卓越贡献的集体或者个人表示赞扬、祝贺，对一些重要会议、节日、庆典、开业、晋升、婚礼、寿辰等表示庆贺、祝愿的场合。它是个人与个人、个人与团体、团体与团体、国家与国家之间，在相互理解与支持的基础上，表达良好祝愿、加深相互情谊的一种重要的交际方式。重要的祝贺信往往对广大群众有很大的激励和教育作用。

　　祝贺词一定要及时，注意篇幅的简短，文字的明快，做到及时快速。

　　无论是用于祝愿还是祝贺，祝贺词都有明确的祝贺对象，称呼应礼貌具体，态度应诚恳。

　　祝贺词是在喜庆的场合对祝贺对象表达一种真诚的赞颂、祝福和良好心愿。因此，喜庆性是贺词的基本特点。祝贺词的语言热情洋溢，充满喜庆。

　　祝贺词的例文如下。

【例文 12-11】

习近平致人民日报创刊 70 周年的贺信

　　值此人民日报创刊 70 周年之际，我代表党中央，向你们表示热烈的祝贺！向报社全体新闻工作者和离退休同志致以诚挚的问候！

　　人民日报是党中央机关报。70 年来，在党中央坚强领导下，人民日报坚持政治家办报和党性原则，与党和人民同心同德，深入宣传党的理论和路线方针政策，热情报道人民的伟大实践，在革命、建设、改革各个历史时期发挥了十分重要的作用，创造了光荣历史。

　　当前，中国特色社会主义进入了新时代，全面建设社会主义现代化强国新征程已经开启。人民日报要深入学习贯彻新时代中国特色社会主义思想和党的十九大精神，忠实履行党的新闻舆论工作职责使命，坚持正确政治方向，弘扬优良传统，深化改革创新，加强队伍建设，改进宣传报道，讲好中国故事，构建全媒体传播格局，不断提升传播力、引导力、影响力、公信力，为实现"两个一百年"奋斗目标、实现中华民族伟大复兴的中国梦作出新的更大贡献！

习近平
2018 年 6 月 15 日

（资料来源：人民网。）

12.3.7 邀请信

邀请信是邀请亲朋好友或知名人士、专家等参加某项重要活动时常用的请约性书信。在国际交往以及日常的各种社交活动中，这类书信使用广泛。邀请信与请柬有相似之处，它实际上就是一种比较复杂的请柬，但它使用范围比请柬更广泛，信息容量更大，除了起请柬的作用外，还有向被邀请者交代有关需要做的事情的作用。而请柬比邀请信庄重、典雅，表达的礼仪、情感色彩更浓一些。

邀请信在实际应用中要体现对被邀请者的礼貌，表达尊重之意，以达到传递信息、沟通感情的效果，具有较强的礼仪性。

一般邀请信的发送对象是针对特定的单位或个人，具有确指性的特点。

邀请信按用途分类，有会议类邀请信，专为庆祝会、纪念会、座谈会等发出；活动类邀请信，专为仪式、宴请、执行等发出；工作类邀请信，专为成果的评审、鉴定、决策的论证而发出。

邀请信的例文如下。

【例文12－12】

有你的清华更精彩

——致 2018 年高考考生的邀请信

亲爱的年轻朋友们：

此时此刻，你或许还沉浸在高考时的紧张当中，或许已经开始享受假期的自由，但我想你一定会思考：未来的大学画卷将会在哪里展开？在此我代表清华大学诚挚地邀请你加入清华人的行列，在美丽的清华园开启新的人生旅程。

"西山苍苍，东海茫茫，吾校庄严，巍然中央。"清华自 1911 年建校以来，始终与民族共命运、与时代同步伐，培养了一大批学术大师、兴业英才、治国人才。一代又一代的清华人在这个园子里镌刻了青春、找到了热爱，踏上了更加广阔的人生舞台。清华大学是一所勇于担当的学校。教育部本科教学评估专家组这样评价清华："一所大学和她所培养的人才，在一个大国自强和崛起的过程中发挥了如此重要的作用，放眼全球，也是少有的精彩！"

来清华，你将在通专融合的天地里获得全面成长。一个具备健全人格的人，既要有渊博的知识，又要有高尚的情怀，还要有一流的专业素养。通识教育和专业教育的有机融合是培养健全人格的重要途径。正在全面实施的大类招生和大类培养，能使你在比较中找到自己的人生志趣，又能为你的未来发展奠定宽厚的知识基础。你可以选修第二学位和辅修学位，从跨学科的学习中汲取丰富的营养。你可以在"开放交流时间"中，主动和不同专业的教师畅谈，从中获取学识和教诲，感受有温度的教育。在清华，你将在"更人文"的氛围中立德立言、无问西东。

来清华，你将在多样的平台上展露个性风采。自主选择是个性化发展的前提，也是多样成长的基础。在清华，你的大学你做主。你可以在学术世界中钻研探索，成为备受瞩目的学术新秀；你可以在艺术殿堂里充分展露天赋，让你的才华一鸣惊人；你可以在创新创业平台上迸发灵感，成为新领域"吃螃蟹"的第一人；你可以在各类社团组织中发光发热，变身社交达人；你可以在公益实践中默默投入，为改变世界贡献力量；你还可以在体育运动中挥洒汗水，让文明精神和野蛮体魄融于一身。无论你的"可以"有多少，无论你的"可以"是什么，清华都将为你的"可以"提供最有力的支持和最宽广的平台。

来清华，你将在国际化的格局中提升全球视野。全球化是 21 世纪的重要特征，21 世纪的一流人才必须拥有全球的视野。在清华，你可以与来自全球 128 个国家的国际学生共同学习，不出国门就可以在多元文化环境中与不同背景的人交流合作。你可以从众多的海外交流学习项目中做出选择，在"读万卷书、行万里路"中不断提升自己的国际视野。从苏世民书院到美国西雅图全球创新学院，从意大利米兰的中意设计创新基地到印度尼西亚的东南亚中心，还有第一个由中国高校牵头的高级别国际大学联盟——亚洲大学联盟，这些优质的国际化项目让你从清华走向世界，用梦想连接未来。目之所及虽在一处，心之所向应在四海。

一所大学往往因其传统而被大家铭记。清华的传统是"自强不息、厚德载物"的校训，是"行胜于言"的校风，是"中西融汇、古今贯通、文理渗透"的办学风格，是"爱国奉献、追求卓越"的精神，是"又红又专、全面发展"的培养特色。我相信，来到清华，你将深深感受到清华传统的力量，并由此焕发出新的人生光彩！

亲爱的同学，我无比激动地期待着你的到来。来到清华，你一定会被人文日新的清华所吸引。如果你要问我："'少有的精彩'有多精彩？"我会告诉你："有你的清华更精彩！"

清华大学校长　邱勇
2018 年 6 月

12.3.8　贺电

贺电是表示祝贺、致敬、赞颂的电报，一般以上级机关、有影响的领导人或代表人物的名义，向有关单位或个人发电。贺电可以直接发给对方，有的也可以通过传播媒介公开宣传。

写作贺电电文时，首先要写清楚祝贺对象的名称或姓名，个人的姓名后还应加上职务或相应的称呼以示尊重。正文用字要精练，做到短小、准确、有情。内容包括祝贺何事或何人，赞扬所取得的成就、贡献或良好品德。其次表示祝贺或致敬，提出希望或祝愿。末尾写明发贺电的单位名称或个人姓名、发贺电的日期。

贺电的例文请参考新华网的相关内容。

12.3.9　开幕词

开幕词是党政机关、社会团体、企事业单位的领导人，在会议开幕时所做的讲话，旨在阐明会议的指导思想、宗旨、重要意义，向与会者提出开好会议的中心任务和要求。

开幕词的写作要求：一是要简洁明了、短小精悍，忌长篇累牍、言不及义，多使用祈使句，表示祝贺和希望；二是语言应通俗易懂、简洁明快。

开幕词有侧重性开幕词和一般性开幕词两种。侧重性开幕词往往对会议召开的历史背景、重大意义或会议的中心议题等做重点阐述，其他问题一带而过。一般性开幕词则只对会议的目的、议程、基本精神、来宾等做简要概述。

【拓展视频：开幕词】

开幕词的例文请扫二维码进行学习。

12.3.10　慰问信

慰问信是以组织或个人名义向在某方面作出特殊贡献或遇到意外损失或巨大灾难的集体或个人关切致意，表示问候同情的一种书信。

慰问信可以直接寄给本人，但大多是以张贴、登报，在电台、电视上播放的形式出现的。公开性是慰问信的一个特点。

无论是对有突出贡献者的慰问还是对遭遇灾难者的慰问，情感的沟通是支撑慰问信的一个深层基础。慰问正是通过这种赞扬表达崇敬之情或同情表达关切之意的方式来达成双方的情感交流和相互理解的。节日的慰问，尤其是为某一群体而设的节日慰问，更是起着相互沟通情感的作用，如"三八"妇女节、教师节等节日慰问。

慰问信的例文如下。

【例文 12-13】

慰问信

全县父老乡亲们：

　　锦鸡辞旧岁，瑞犬报丰年。值此新春佳节来临之际，县委、县政府向全县人民致以亲切的慰问和诚挚的祝福。衷心祝愿大家新年快乐，阖家安康，万事如意！

　　2017年，是我县经济社会发展极不平凡的一年。这一年，我们圆满完成脱贫攻坚各项指标任务，全县10120户28357名建档立卡贫困群众实现"两不愁、三保障"，农村水、电、路、网络、有线电视、文化活动场所、卫生室等基础设施和公共服务设施全面改善，特别是实施易地扶贫搬迁工程，让3627户9376名贫困群众住上了安全温暖的新房。脱贫攻坚顺利通过了"市考""省考"，这是全县各级干部奋力作为和广大人民群众共同努力的结果。这一年，我们大力实施"1236"战略，苹果产量首次突破20万吨，首次出口美国、澳大利亚等国家；壶口景区游客人数再次突破百万人次，全县旅游经济效益连年增长；以大气、水、土壤污染防治为重点的生态环境治理力度前所未有，生态文明建设深入推进。这一年，我们在教育、医疗、就业、社会保障等民生事业上的投入最多，特别是对困难群众和特殊群众做到了应保尽保、应扶尽扶、应助尽助，全县人民的幸福感和获得感不断增强。这一年，任重道远，许多帮扶工作都是在摸着石头过河，一边学习，一边探索，没有成功经验可借鉴，没有既定模式可参考，工作中还有一些不尽如人意的地方，请多提宝贵意见。幸福是奋斗出来的，共享发展成果，过上富裕美好的生活，关键靠自己，关键靠奋斗。有县委县政府的大力扶持，有社会各界的鼎力帮助，为每一位吉县人创业兴业提供了良好环境，为每一个渴望过上好日子的吉县人创造了便利条件。向往美好，努力打拼，方能成人成己。为了家人的幸福、家庭的富裕、家乡的发展，县委、县政府希望大家大力弘扬"尚善、坚韧、务实、图强"的吉县精神，坚持发扬艰苦奋斗、自力更生的良好传统，积极参与脱贫攻坚，靠自己的辛勤劳动发家致富，早日奔小康，共建美丽家园！

　　让我们不忘初心，上下同欲者胜！让我们携起手来，同心同德、群策群力，顽强拼搏、锐意进取，为决胜脱贫攻坚、全面建成小康、圆就民富县强的"吉县梦"而共同努力奋斗！

吉县人民政府
2018年2月10日

12.3.11 唁电与报丧讣告

1. 唁电

唁电是哀悼死者、慰问死者家属的工具。唁电的主要内容是表达一种悲痛的情感，劝慰死者亲友节哀顺变，保重身体。常用词句范例如下。

惊闻×××噩耗，不胜伤悼，望节哀释念。

尊翁仙逝，悼英名，谨此遥叩灵帏，以寄哀思。

良友英年早逝，不胜骇悼，死者已矣。望节哀顺变，多多珍重。

忽闻大讣，甚出意外，深致哀悼，尚冀达观，自珍为祷。

2. 报丧讣告

讣告又称讣闻，是告丧的意思，通常是治丧委员会或死者亲属为了将死讯告知死者亲友和社会各界而制发。讣告有一般式和公告式两种。

最常见的讣告是一般式讣告，写作时要注意以下几点。

一是在开头一行的正中写"讣告"或死者姓名加"讣告"二字。

二是正文应首先写明死者的姓名、身份，逝世的日期、地点、原因、终年岁数等。

三是简要介绍死者生前重大的、具有代表性的、影响深远的业绩。

四是要写明追悼会的时间、地点及乘车安排等。

五是正文右下方署上制发讣告的单位或个人名称、制发时间。

讣告的例文如下。

【例文 12-14】

讣 告

××省数学学会常务理事、××市数学学会理事长、原××大学×××教授，因病医治无效，于×月×日×时×分在××医院去世，享年×岁。现定于本月×日上午×时，在××殡仪馆举行遗体告别仪式和追悼会。敬请×××先生的生前好友、学生届时莅临，学校于×日上午×时在学校门口有专车接送。

×××先生治丧委员会

××××年××月××日

公告式讣告是地位较高、社会影响较大的人物逝世后，由党和国家或较高级别的机关、团体发布的。在结构上，通常由机关团体的报丧公告、治丧委员会公告、治丧委员会名单3个部分组成。这种讣告不常用于一般公共关系人员的工作，故略去详细叙述。

12.4 公共关系专业文书礼仪

12.4.1 新闻稿

在公共关系工作中，新闻稿的撰写是一项经常性的基本工作。新闻稿在公共关系实务中的作用是，借助新闻媒体可以扩大宣传范围，提高公共主体的知名度，加速组织与公众主体之间的信息沟通，争取公众的理解、信任和支持，在公众心目中树立起良好的形象。

一般意义上所说的新闻即新闻报道，也就是写作学中说的"消息"。陆定一同志曾经下过一个定义，新闻"就是新近发生事实的报道"。这个定义说明：新闻是新近的，而不是过时的；新闻是真实的，而不是虚构的、浮夸的。事实是第一性的，报道是第二性的。广义的新闻包括消息、通信、特写、调查报告、评论等多种报刊载体。狭义的新闻就是指消息。

1. 消息的概念

消息是对新近发生的具有社会意义的事实的简短报道。它广泛地运用于报刊、广播和电视。在科学技术发达、信息交流繁多的现代社会里，编辑消息，并通过报刊、广播、电视等媒体迅速传递消息，已成为报道各种消息，促进商品经济发展和科技交流的必备的、重要的手段。

2. 消息的分类

消息有不同的分类。根据消息内容所涉及的范围，可分为工业消息、农业消息、国内消息、国际消息等。根据报道的意图与写作形式，通常把消息分成4类。

① 动态消息。它是迅速而简要地报道新近发生的重大事件或工作中的新成就、新问题的一种消息。其特点是文字简要、表达直接、反映迅捷，在各类新闻中，其数量最大，是消息的重点。篇幅极短的消息又叫简讯或简明新闻。

② 经验消息。它是对某一具体部门、单位的典型经验和成功做法进行的集中报道。它从具体事实中总结出经验，需要交代情况，介绍做法，反映发展变化。这类消息重在突出新闻事实的典型意义，故又有人称之为典型报送。这种消息的宣传目的极为明显。

③ 综合消息。它是把发生在不同地点、不同单位、各具特色、性质相同的事实综合在一起，并体现一个主题的报道。在综合概括事实的基础上进行分析，提出见解，揭示规律。

④ 述评消息。用以分析说明报道事实的本质和意义。在写法上常常采取边述边评，述评消息具有很强的引导作用，所以写作时应注意用词。

3. 消息的构成

消息的写作在西方被视为热门学问。在我国，由于信息越来越被人们所重视，因此，在写作内容和技巧上也有很大的发展。一般消息通常包括导语、主体、结尾3个部分。它的内容一般有5个要素，即时间（When）、地点（Where）、什么人（Who）、什么事（What）、为什么（Why），有时还加上如何进行（How）、西方新闻学简称5个要素"5个W"或"5个W"加"H"。

① 导语是消息的开头，它起两个作用：一是用简洁的语言把新鲜的、最重要的事实放在前面，说明主题，给人以概括的印象；二是引起读者极大的兴趣，非看下去不可。

② 主体是消息的主要内容部分。它用充实、典型的具体材料印证导语中的揭示，回答导语中的问题。主体部分动用的材料必须是经过选择的、有说服力的，但又必须是客观的、实事求是的。

③ 结尾是消息的结束语。它的作用是阐明新闻事实的意义，指出事件发展趋向，加深听众和读者的理解和印象。好的结尾可以起到画龙点睛的作用。

12.4.2 公共关系简报

1. 公共关系简报的概念、特点和种类

（1）概念

公共关系简报是党政机关、人民团体、企事业单位编发的一种单页或多页的内部文件，是一种以反映情况、交流经验、传递信息为主要目的的简要报道。各单位内部编发的"××简报""××动态""内部参考""情况交流""信息通报"等，基本上都属于简报范畴。

(2) 特点

公共关系简报的特点可以用 4 个字概括：快、新、实、简。

① 快，指反应迅速及时。公共关系简报具有新闻性，追求时效性，要求发现、汇集情况快，撰写成文快，编印制发快。

② 新，指内容新鲜、有新意。公共关系简报要提出新情况、新问题和新经验。善于捕捉工作、社会生活中的"新"，使公共关系简报具有更强的指导性和交流性。

③ 实，指反映情况要客观，即公共关系简报所反映的情况和问题要真实、准确，不能随意夸大或缩小。

④ 简，指简短，文字少，内容精，开门见山，直接叙事，一语中的，尽可能为一事一议，少做综合报道。字数一般为几百字，最好不超过千字。

(3) 种类

公共关系简报按其性质可分为工作简报、动态简报和会议简报 3 种。

① 工作简报，也称情况简报，即反映本部门、本系统各方面工作情况的简报。

② 动态简报，即反映各部门与领域新情况、新动态的简报，如《市场动态》《学术动态》《文化信息》等。

③ 会议简报，即举行会议期间编发的简报，是报道会议进程和讨论内容的简报，主要用于一些大、中型会议，利于组织和引导会议。

2. 公共关系简报的格式

公共关系简报有自己比较固定的、独特的外在撰写形式，分为报头、报体、报尾 3 个部分。

① 报头，约占首页的 1/3，下面常用一条横线与行文部分隔开，它包括简报名称、简报期号、编发单位、印发日期、保密要求、编号。

② 报体，有标题、正文和署名 3 个部分。标题位置在报头横线之下居中排列。正文是简报的主要内容。有些简报在正文之前还要加上按语，即简报编者的说明或评价。署名位置在正文右下侧，若作者是单位则不必署名。

③ 报尾，即发送范围和印制份数。给上级机关的称"报"，给下级机关的称"发"，给不相隶属的机关称"送"。

12.4.3　公共关系广告文案

1. 公共关系广告的概念和特点

所谓公共关系广告，就是设法增进公众对组织的整体了解，提高组织的知名度和美誉度，从而使组织活动得到公众的理解、信任、支持和合作的一种广告。公共关系广告除具有一般商品广告有偿性、自主性、真实性和艺术性特征外，还具有区别于一般商品广告的特点："商品广告是要人们买我，公共关系广告是要人们爱我""商品广告是推销商品，公共关系广告是推销形象"。

公共关系广告的内容十分广泛，各种组织都可以运用公共关系广告做宣传，以引起社会公众对组织的注意，激发起社会公众的兴趣，达到"推销"组织机构的形象、显示出企业自身的能力和实力、扩大组织知名度和美誉度的目的。

一个组织，无论生产何种产品或提供何种服务，其自身都需要长期稳定地发展下去，这就决定了公共关系广告的目标要着重于长期的、长远的利益。

公共关系广告并非直接劝告人们去购买商品或享受服务，而是通过间接的手段让公众了解组织并产生好感。

2. 公共关系广告的要求

公共关系广告宣传要遵循政策性原则要求，表现在两方面：一是广告承办单位要遵循国家颁布的广告法规来组织广告业务活动，拒绝刊登违法广告；二是组织或企业做广告宣传时，必须严格遵守国家法令要求，不能搞违法经营和违法宣传。

公共关系广告的真实性要求是其生命所在，必须以事实为依据。要展现企业的真实面貌，不能浮夸，更不能造假。

公共关系广告应明确向谁做广告。在某种意义上讲，公共关系广告的针对性要求比商品广告的要求更为迫切。

社会上任何一类组织的生存和发展都是团结协作的体现、整体努力的结果。在公共关系广告中，对组织所获得的成功要作为整个社会、内外公众，特别是广大员工齐心协力、共同奋斗的结果来加以体现。

一个企业在制作公共关系广告时，应明确其信念、行动宗旨、经营方式、服务措施及企业标志等，并运用文字推敲、象征比喻、情感调动等表现方式来达到形成组织独特风格的目的，以引起社会公众对企业的注意，加深公众对企业的印象。

3. 公共关系广告的制作技巧

广告的艺术创作技巧在广告活动中占有重要位置。公共关系广告和商业广告一样，都需要极高的创作技巧。在这一方面，美国奥美广告公司的创办者大卫·奥格威有独到的见解。他认为，广告的内容比表现内容的方法更重要；若是你的广告的基础不是上乘的创意，它必遭失败；讲事实，消费者不是低能儿，他们需要你给他们提供全部信息；使你的广告宣传具有现代意识；若是你运气好，创作了一则很好的广告，就不妨重复地使用它，直到它的号召力减退；千万不要写那种连你也不想让你的家人看的广告；形象和品牌，每一则广告都应被看成对品牌形象这种复杂现象在做贡献；不要当文抄公，模仿可能是"最真诚不过的抄袭方式"，但它也是品质低劣的标志。关于广告的标题，他认为，标题是大多数平面广告最重要的部分，它是决定读者是不是准备继续读正文的关键所在；读标题的人平均为读正文的人的5倍。换句话说，标题代表着一则广告所花费用的80%。写标题应遵循一定的原则：标题好比商品价码标签，用它来向你的潜在买主打招呼；每个标题都应带出产品给潜在买主自身利益的承诺；始终注意在标题中加入新的信息，因为消费者总是在寻找新产品或者老产品的新用法，或者老产品的新改进；标题里加进一些充满感情的字就可以起到加强的作用；标题应引起读者的好奇心，调查表明，在标题中写否定词是很危险的。关于广告正文，他认为，不要旁敲侧击，要直截了当；不要用最高级形容词，也不要用一般化字眼和陈词滥调；多用用户的经验来表达内容；多向用户提供有用的咨询或服务；避免唱高调；使用用户在日常生活交谈中用的通俗语言写文案。

本 章 小 结

本章在前面阐述了公共关系实务礼仪中的公务礼仪的基本知识,重点阐述了接待礼仪、会议礼仪、洽谈礼仪、馈赠礼仪的行为规范,要求学生学会在公务场合用正确的方法与人交往,掌握待人处事的技巧,改善自身的职业形象,提高职业能力。本章用3节内容重点阐述了公共关系各类文书礼仪的基本知识,包括公共关系文书中的公文、通知、信函、书信等;社交类公共关系文书中的请柬、贺年卡、聘书、欢迎词、欢送词、答谢词、祝贺词、邀请信、贺电、开幕词、慰问信、唁电与报丧讣告等有关知识。最后介绍了公共关系专业文书中的新闻稿、公共关系简报、公共关系广告文案的有关知识。要求学生通过例文和文体知识的学习,了解常见各类公共关系文书的特点,掌握公共关系文书的文体结构和写作规范及应注意的事项。这对于公共关系过程中组织之间的交往与合作,维护自身形象,增进彼此的感情与友谊,都有重要的作用。

习 题

1. 填空题

(1) 接待工作中要对所有来访者都应以礼相待,切忌_____或_____。在做外宾的接待工作中,应特别注意_____、_____。

(2) 大型会议应考虑主席台的位次。主席台的位次排列要遵循3点要求:_____;_____;_____。

(3) 举行双边洽谈时,应使用长桌或椭圆形桌子,宾主应分坐于桌子两侧。若桌子横放,则_____为上,应属于客方;_____为下,应属于主方。若桌子竖放,则应以进门的方向为准,_____为上,属于客方;_____为下,属于主方。

(4) 社交类公共关系文书的特点是_____、_____、_____、_____。

(5) 信函作为公共关系文书中的一种文本,是_____、_____、_____之间公务活动中处理大小公务的专用信件的总称。它的适用范围最为广泛,既可以用于_____间,也可用于_____部门单位之间。

(6) 公共关系广告的要求是_____、_____、_____、_____、_____。

2. 选择题

(1) 书写不能用( )。
A. 铅笔　　　　　B. 蓝墨水　　　　　C. 红墨水　　　　　D. 墨汁

(2) 店铺开张用的剪贴属于( )。
A. 喜庆帖　　　　B. 祝帖　　　　　　C. 谢帖　　　　　　D. 应酬谏帖

(3) 赠送礼物时要注意( )所表达的情意。
A. 送礼者　　　　B. 礼物　　　　　　C. 受礼者　　　　　D. 时机

(4) 写邀请信要特别注意( )。
A. 礼仪性　　　　B. 确指性　　　　　C. 公开性　　　　　D. 口语化

(5) 公共关系简报的特点主要有( )。

A. 反应迅速及时 B. 内容新鲜，有新意
C. 反映情况和问题真实、准确 D. 内容精简

3. 简答题

（1）简述接待客人礼仪的具体内容。
（2）洽谈时应坚持的方针有哪些？
（3）简述公文的特点和类型。

4. 实际操作训练

（1）书信有哪些组成部分？为曾给过你帮助的组织或个人写一封感谢信。
（2）为一种产品拟写一句广告语，语言要简洁、新颖、生动。
（3）请为外出实习的学生开一封介绍信。

5. 案例应用

数百万元办公用具的生意也告吹了

某公司新建的办公大楼需要添置一系列办公家具，价值数百万元。公司的总经理已做了决定，向A公司购买这批办公用具。这天，A公司的销售员打电话来，要上门拜访这位总经理。总经理打算等对方来了，就在订单上盖章，定下这笔生意。不料对方比预定的时间提前了2个小时，原来对方听说这家公司的员工宿舍也要在近期落成，希望员工宿舍需要的家具也能向A公司购买。为了谈这件事，销售人员还带来了一大堆的资料，摆满了台面。总经理没料到对方会提前到访，刚好手边又有事，便请秘书让对方等一会。这位销售员等了不到半小时，就开始不耐烦了，一边收拾起资料一边说："我还是改天再来拜访吧。"

这时，总经理发现对方在收拾资料准备离开时，将自己刚才递上的名片不小心掉在了地上，对方却并没发觉，走时还无意从名片上踩了过去。但这个失误却令总经理改变了初衷，A公司不仅没有机会与对方商谈员工宿舍的设备购买，连几乎到手的数百万元办公用具的生意也告吹了。

此案例说明学习公共关系礼仪知识的重要性。公共关系礼仪体现细节，细节体现素质，细节决定成败。作为公共关系的从业人员，由于经常要对内、对外的沟通与协调，礼仪也就成了公共关系人员在进行公共关系具体活动及与公众交往时必须遵守的最基本的规范和准则之一。也就是说，礼仪是公共关系人员必须掌握和娴熟运用的社交、商务技能。

（资料来源：作者根据百度知道相关资料整理。）

问题：

（1）请用所学知识分析A公司的销售员为何丢掉了到手的生意。
（2）A公司的销售员违反了什么礼仪规范？

【知识拓展】

参考文献

艾伦·H. 森特，帕特里克·杰克逊，斯泰西·史密斯，等，2017. 公共关系实务：管理案例与问题 [M]. 8版. 张丹丹，张素洁，张政，译. 北京：清华大学出版社.
陈春花，曹洲涛，李洁芳，等，2013. 企业文化 [M]. 2版. 北京：机械工业出版社.
陈春花，乐国林，李洁芳，等，2017. 企业文化 [M]. 3版. 北京：机械工业出版社.
陈先红，2017. 现代公共关系学 [M]. 2版. 北京：高等教育出版社.
成光琳，2016. 公共关系实务技巧 [M]. 北京：中国人民大学出版社.
董原，2012. 公共关系学 [M]. 北京：中国铁道出版社.
樊帅，2017. 企业公共关系案例解析 [M]. 北京：清华大学出版社.
冯冈平，奚菁，2017. 企业管理案例 [M]. 北京：清华大学出版社.
弗雷泽·P. 西泰尔，2017. 公共关系实务 [M]. 3版. 潘艳丽，吴秀云，等译. 北京：清华大学出版社.
龚荒，2009. 公共关系原理、实务、案例 [M]. 北京：清华大学出版社.
管玉梅，2018. 公共关系学 [M]. 2版. 北京：机械工业出版社.
黑启明，韩晓莉，2016. 公共关系理论与实务 [M]. 杭州：浙江大学出版社.
胡秀花. 2008. 公共关系理论与实务 [M]. 成都：西南财经大学出版社.
居延安，2013. 公共关系学 [M]. 5版. 上海：复旦大学出版社.
奎军，1998. 公关经典100 [M]. 广州：广州出版社.
李兴国，2005. 公共关系实用教程 [M]. 北京：高等教育出版社.
李兴国，2015. 公共关系学 [M]. 2版. 北京：中国人民大学出版社.
栗玉香，2016. 公共关系 [M]. 5版. 大连：东北财经大学出版社.
刘军，2018. 公共关系学 [M]. 3版. 北京：机械工业出版社.
乜瑛，2017. 公共关系学 [M]. 杭州：浙江大学出版社.
宋常桐，2007. 公共关系与现代礼仪 [M]. 2版. 北京：清华大学出版社.
覃素香，杨元元，2018. 公共关系实务 [M]. 北京：清华大学出版社.
陶应虎，顾建平，吴静，等，2015. 公共关系原理与实务 [M]. 3版. 北京：清华大学出版社.
王珑，2011. 公共关系理论与实务 [M]. 3版. 重庆：重庆大学出版社.
王秀方，2018. 公共关系理论与实务 [M]. 2版. 北京：清华大学出版社.
吴少华，2015. 公共关系理论与实务 [M]. 北京：人民邮电出版社.
吴忠军，2018. 中外民俗 [M]. 5版. 大连：东北财经大学出版社.
谢红霞，2014. 公共关系原理与实务 [M]. 3版. 大连：东北财经大学出版社.
杨再春，林瑜彬，2016. 公共关系理论与实务 [M]. 2版. 北京：机械工业出版社.
殷智红，2017. 公共关系实务 [M]. 大连：东北财经大学出版社.
张岩松，2015. 公关与礼仪 [M]. 2版. 大连：东北财经大学出版社.
赵宏中，2003. 公共关系学（修订本）[M]. 武汉：武汉理工大学出版社.
周安华，2016. 公共关系学理论、实务与技巧 [M]. 5版. 北京：中国人民大学出版社.